빅샷,
황인선의 마케팅 All

빅샷, 황인선의 마케팅 ALL

2021년 9월 30일 초판 1쇄 발행
2022년 2월 28일 초판 2쇄 발행

지은이 | 황인선
펴낸곳 | 도서출판 이새
펴낸이 | 임진택
책임편집 | 전경심
디자인 | ledesign 이현정

출판등록 | 제2020-000038호
등록일자 | 2015년 07월 21일
주소 | 인천광역시 서구 청라한내로 100번길 8-28, 청라레이크봄 806호
전화 | 02-305-6200, 070-4275-5802(팩스)
이메일 | info@isaebooks.com

BIG SHOT

빅샷,
황인선의 마케팅 All

황인선 지음

ISAE BOOKS

•

•

"미디어는 바다이며, 마케팅은 그 안에 뜬 배"라고
선(禪)처럼 알려주신 멘토 박충환 교수님,
그리고 상상 실험을 지원하고 같이한
KT&G 경영진과 선후배들에게 이 책을 바칩니다.

•

•

마케팅 진법의 세계

한 30대 여성이 어둡고 넓은 실내 광장을 조심조심 걸어가며 팔을 들어 올리고 어딘가를 쳐다보더니 또 걸어간다. 거기서 좀 떨어진 곳에서는 젊은 남성이 성큼성큼 걸어가면서 획 방향을 틀고 벽 쪽으로 가더니 멈칫 섰다가 돌아선다.

광장 밖에서 이 장면을 보는 사람들은 신기해하기도 하고 키득거리기도 하면서 지켜본다. 제삼자의 시선으로 보면 광장에는 어둠 외엔 아무것도 없다. 무엇이 이들 남녀를 이렇게 행동하게 했을까? 여기는 VR 아트 체험장이다. 장소는 영종도 파라다이스 아트홀. 2019년에 있었던 상황이다.

무협지의 '진법(陣法)'을 아는가? 나무, 돌 등 주변 환경을 이용해서 설치자가 진법을 깔아놓으면 진에 갇힌 자는 안에서 안개, 구름, 천둥이나 천길 벼랑을 경험하면서 쩔쩔맨다. 거꾸로 환락의 진법을 펼치면 그 안에서 사지가 풀릴 정도로 행복해한다. 충무공은 판옥선의 장점을 활용한 학익진으로 적을 무찔렀고, 2018년 영화 〈레디 플레이어 원〉은 '오아시스'라는 가상 진법을 깔아놓았다.

VR과 진법, 영화. 냉철한 당신은 이것들이 비현실적이라고 생각할 것이다. 그러나 이 시대를 사는 당신은 이미 가상 진법 세상에 빠져 있다. 훨씬 더 치밀하며 광대한 진법! 백화점, 온라인과 모바일 쇼핑몰, SNS, 스크린 광고, 거리와 상점, 교회, 집에 날아드는 팸플릿부터 브랜드로는 삼성, 애플, 넷플릭스, CGV, 유니클로, 스타벅스, 네이버와 카카오, 배달의민족, 마켓컬리, 쿠팡, 직방, 당근마켓 등 우리가 사는 곳곳에 이 진법은 깔려 있다.

당신은 의지대로 이들을 사용한다고 믿는가? 지금 집에 쌓여 있는 브랜드 제품은 과연 필요한 것들이어서 구매한 것일까? 5G 기능은 몇 퍼센트나 사용하는가? 옷장에 안 입는 옷과 넥타이는 몇 개? 해외 여행은 자주 가면서 국내 여행은 왜 안 갈까? 유럽은 실천하는데 한국인들은 지구를 위한 소비에 왜 여전히 인색한가? 엄청난 쓰레기를 양산하는 기업들은 왜 수치심 대신 자부심을 느끼는가? 마케팅 책 중 《여자의 지갑을 열게 하는 ○○가지 방법》, 《쇼핑은 어떻게 최고의 엔터테인먼트가 되었나》 등의 제목을 보면 당신은 조종되고 있다는 것이 느껴지지 않는가! 독일의 철학자이자 미디어 이론가인 노르베르트 볼츠는 그의 책 《컬트 마케팅》에서 쇼핑 문화를 고해성사 심리와 비유하면서 컬트(cult)로 정의한다.

이들에겐 당연히 배후가 있다. 타깃을 설정하고 고객 욕망을 조작하는 마케팅이다. "욕망의 전쟁", "독가스가 돼라" 지시하는 21세기

빅브라더! 그 진법에 갇혀서 당신은 행복해하고 감탄하다가 결국 무장 해제되어 지갑을 열게 된다. 혜택이라 쓰고 손해라 읽는 쓸쓸한 경험도 한다. 마음도, 관계도, 미래도 연다. 서서히 중독되다가 나중에는 신념이 된다. 그렇게 해서 혼족, 미닝아웃, 편리미엄, 특화생존, 보복 소비 등은 컬트가 된다. 바이럴로 나르고 '좋아요'를 누르고 구매 버튼을 클릭한다.

이것이 마케팅의 진법인데, 90퍼센트 이상의 사람들이 여전히 마케팅을 몰라 크고 작은 손해를 본다. 진법에 갇혀 있으면서 혼자서 아큐정전《阿Q正傳》에서 아Q를 지탱하게 만든 착각인 정신승리("마케팅은 사기야", "픙, 난 그딴 것에 넘어가지 않아", "내가 필요해서 스스로 판단하고 구매하는 거야" 등)를 주장하는 꼴이다.

소비자들이 마케팅을 무시하고 모르는 것, 이것이야말로 마케터들이 진정 원하는 것이다. 갇힌 사람이 진법을 모르길 바라는 것이 설계자다. 물론 마케팅은 순기능도 많다. 훨씬 많다. 세상을 풍요롭게 만들고 혁신도 엄청나게 했다. 마케팅을 위험하다고만 쓸 거면 나는 지난 30년간 광고와 마케팅 일을 하지 않았을 것이다. 잘 쓰면 훌륭한 멘토이고 치유자가 또 마케팅이다.

그래서 이 책을 썼다. 마케팅에 대해서 소비자들이 알아두면 좋을 쉬운 것부터 마케팅 고수 수준까지 전해주려고 한다. 혹시 당신이 소비자로서 "픙, 마케팅 따위 몰라도 돼"라는 입장을 고수한다면 이 책은 다른 사람에게 넘기기를 바란다. 대신 당신은 진법의 조롱에 갇힌 새로 살 것이다. 돈과 편, 가치를 손해보면서. 혹시 당신이 마케터라면 지금 마케팅을 제대로 하고 있는지 살펴보는 계기가 되기를 바란다. 개발자라면 소비자는 제품이 아니라 인식을 구매한다는 사실을 깨닫기를.

• • •

마케팅 개념의 기원은 16세기 네덜란드 장인들 역사까지 거슬러 올라가지만 마케팅의 나라 미국으로 제한하면 1881년 공식적으로 등장했다. 조 풀리지와 로버트 로즈의 공저 《킬링 마케팅》에 따르면, 미국에서 여성 요리사로 유명 인사가 된 마리아 팔로아가 1881년에 출간한 네 번째 책 《미스 팔로아의 새로운 요리책: 마케팅과 요리 안내서》에 마케팅(marketing)이라는 용어가 처음으로 등장한다. 이때의 '마케팅'은 시장에 가서 원하는 것을 전략적으로 찾아다니는 활동을 설명하는 동사로 사용했다. 주부들의 '장보기'에 해당한다. 다만 전략적으로 하는 것이니 '셰프들의 장보기' 정도 된다. 한때 핫했던 띵굴마켓의 창업자 띵굴마님의 활동도 마케팅이었다. 이것이 서서히 진화해서 오늘날 자본주의의 최종 병기가 되기까지에 이르렀다.

재치 넘치는 마케팅 이론가인 세스 고딘은 최신작 《이것이 마케팅이다》에서 "마케팅이란 다른 사람이 문제를 풀도록 돕는 너그러운 행위"라고 정의했다. 이 정의대로라면 거액의 기부금을 쾌척한 카카오나 배달의민족이 다른 너그러운 행위를 할 수도 있지 않나 싶다. 아시아 최대의 크리에이티브 축제와 상설관을 만들어 소비자에게 창의와 편을 주는 너그러운 행위 같은 것도 생각해볼 수 있었다. 현재의 마케팅은 디지털과 효율에만 몰려서 다양성이 많이 줄어들었다는 것이 내 판단이다. 이것은 너그럽지 않은 일이다.

유래를 보면 마케팅은 기업에서만 하는 것이 아니고 일상에서도 할 수 있다. 예전 일이지만 마케팅에서 힌트를 얻어 골치 아픈 문제를 풀었던 필자의 일화 두 개를 소개해본다.

나는 1993년 5월에 결혼했다. 그때나 지금이나 결혼하려면 통상적으로 6개월 전에 결혼식장, 신혼여행 예약을 하고 혼수와 청첩장 준비 등을 해야 한다. 특히 5월이면 결혼 시즌이라 예약도 매우 어렵고 가격도 비싸다. 그런데 나는 아내를 만나고 넉 달 열흘 만에 그것도 황금기인 5월에 정식 예식장에서 식을 올렸다. 처음 만나 석 달이 지나 결혼을 결심한 후, 한 달 만이었다. 통상적으로 하면 결혼식은 불가능했다. 그럼 어떻게? '결혼은 주말에', 이 관념만 버리면 되었다. 나는 월요일 점심시간에 마포 서울대 동창회관에서 결혼식을 했다. 청첩장도 안 돌렸다. 그런데도 식장은 초만원. 직장 동료와 지인들이 식도 보고 점심도 때우고 간 것이다. 도랑 치고 가재 잡고. 월요일에는 못 온다던 시골 어르신들은 막상 오셔서는 "얘, 차가 안 막혀서 좋다"고 하셨다.

신혼여행지는 사이판 섬과 거기서 글라이더 비행기로 30분쯤 떨어진 로타 섬으로 정했다. 사이판 공항에 내리니 넓은 공항에 지프 한 대가 와 있었다. 그런데 헐! 기사가 현지 여행사 사장이다. "어떻게 이런 날 결혼을? 독특하시네요" 하더니 고객이 우리밖에 없어서 직접 챙기겠다고 했다. 이틀간 지프를 타고 VIP 대접을 받았다. 마케팅을 아는 사람이라면 이 사례에서 차별화(평일), 선택과 집중(다른 경비는 다 줄이고 결혼에만 집중)을 떠올릴 것이다.

두 번째 에피소드. 나는 결혼 후 평촌에 살다가 과천의 아파트 1층으로 이사를 했다. 어머니도 모시게 되었는데 어머니 방이 좁았다. 설계사무소에 안전을 확인한 뒤 창고를 헐어 어머니 방과 합치는 공사를 했다. 일주일간의 공사가 끝나갈 무렵 아파트 반장이 내부를 보고는 관리사무소에 신고했다. 사무소장은 동 입주민 70퍼센트 이상의 동의를 받아오지 않으면 원상태로 돌리거나 1,000만 원의 벌금을 내야 한다고 엄포를 놓고 갔다. 그때 반장님이 자기가 대신 동의서를 받아주겠다고 했다. 그러더니 전부 반대표를 받아왔다. 오기가 났다. 지인들에게 방법을 물으니 선물을 돌려라, 어머니와 함께 방문해 읍소해라, 뇌물을 주라 따위의 조언을 해주었다. '뇌물이 벌금 1,000만 원보다는 싸겠지?' 고민하는데 옆에서 아내가 중얼거렸다.

"당신 광고 전문가라며? 남의 문제는 풀면서 이건 못 풀어요?"

'헉, 맞다.' 생각해보니 참조할 방법이 있었다. 오피니언 리더를 공략하라, 권위의 법칙, 동조화 심리, 생쥐가 통로를 찾아가는 방식 등이었다. 먼저 오피니언 리더를 찾았다. 우리한테 집을 판 아줌마! 그분에게 전화해서 상황을 설명하고 친하게 지냈던 분이 누구냐고 물었더니 2층 아주머니라고 했다. 아내와 그분을 찾아갔다. 다행히 전화 받았다면서 설계사무소의 안전 확인증을 보고는 두말없이 '찬성'에 서명을 해줬다. 나는 이어 그분에게도 친하게 지내는 분을 알려달라고 했다. 5층에 사시는 분이었고 교회 친구라고 했다. 그분을 찾아가서 2층 아주머니가 "제일 친하신 분(설득의 법칙에서 '상호성의 법칙'에 해당)이라고 해서 왔고 그분도 찬성했습니다" 하며 동의서를 보여주니 바로 찬성. 여기까지 진행되면 그다음부터는 동조화와 권위의 법칙이 적용된다. "앞에 분들은 전부 찬성했습니다" 하면 된다. 결국, 뇌물 안 쓰고 효자가 되었으며 원하는 바를 얻었다.

• • •

1990년대 초 한국에 마케팅 개념이 본격 도입된 지 30년 정도가 지났다. 그런데 주위를 보면 아직도 많은 이들이 마케팅을 무시하고 비난한다. 그렇다면 이들은 현대카드의 시티 브레이크, 구글과 네이버의 검색 서비스, 쿠팡의 로켓배송, 삼성화재의 애니콜서비스, 삼성전자의 A/S를 사기라고 생각할까?

2019년, 서울대학 경영학과 김상훈 교수의 《진정성 마케팅》을 읽다가 좀 놀랐다. 학부생들에게 마케팅을 뭐라고 생각하냐고 물었더니 70퍼센트가 "마케팅은 사기", "과대 포장술"이라고 답을 했단다. 다른 사람도 아니고 경영학을 공부하는 학생들이! 마케팅이 도입되고 30년이 지나도록 인식은 별로 바뀌지 않은 셈이다. 그것은 마치 우리가 발을 디디고 선 이 땅의 겉모습과 풍경이 지구 본체를 보지 못하게 만드는 사기이고 과대포장이라고 말하는 것과 다를 바가 없다.

엄마가 아이를 낳고 부모가 이름을 지어주고 그 아이 정체성을 드러내는 옷을 입히고 가문의 행동거지를 가르치는 것도 일종의 가문 마케팅이다. 서울대 학생들이 그렇게 대답한 것은 마케팅에 대한 무지, 자기는 도덕적으로 깨끗하다는 착각 또는 일부 저급한 마케팅에 대한 반감에서 비롯했을 것이다. 이유가 무지이든 착각 또는 반감이든 무조건 본인들 손해다.

어떤 교수는 구글은 검색 창에 광고도 띄우지 않고 더바디샵, 파타고니아 등은 광고를 하지 않는다고 말했다. 그 순진함에 웃음만 나온다. '그게 그들의 고차원적 광고 전략인데?' 새장 안의 마케팅밖에 모르는 마케터도 결국 마케팅에 대한 오해를 더 불러일으킨다. 자원을 낭비하고 궁극적으로는 우리 맘(Mom) 지구에 손해도 끼친다.

나이키와 애플은 제품은 다른 나라에서 만들고 그들은 디자인과 마케팅만 한다. 미국인은 비싼 강의료를 내고 TED 강의를 듣는다. 케냐, 브라질, 아르헨티나 등의 나라는 원료만 싸게 내다 판다. 마케팅과 디자인은 모른다. 결과는? 마케팅만 하는 미국의 부가가치는 엄청 높다. 마케팅이 제일 강한 나라도 미국이다. 국민이 마케팅을 알면 삶이 스마트해진다. 솔루션은 세상을 바꾼다.

● ● ●

보통 마케팅 개론은 일반인에게는 쓸데없는 것까지 다뤄서 부피만 엄청나고 내용도 딱딱하다. 'OO마케팅(예: 체험마케팅, 전자상거래마케팅)'

처럼 단일 주제를 가진 책은 특수한 분야만 다뤄서 마케팅의 큰 맥락을 놓친다. 젊은 저자의 글은 기술만 밝혀서 우물 안의 황소 같다. 인터넷에 떠도는 광고, 미디어, 마케팅 지식은 토막 지식이 대부분이다.

n86 이데올로기 세대인 내가 만일 기자나 공무원, 교수가 되었다면 지금쯤 아집쟁이가 되었을 것이다. 그러나 마케팅은 "바람이 불면 휘어야 한다"고 가르친다. 인간은 지구상 어떤 종보다 변덕쟁이다. 소처럼 두두두 한 방향으로만 달리지도 않고 두더지처럼 땅속에서만 살지도 않는다. 늘 변덕의 남매인 변화를 추구한다. 마케팅이 자주 바뀌고, 종류가 많은 것은 변화에 수그리고 적응하면서 '불변의 전략은 없다는 불변의 전략'으로 그때그때 더 나은 방법을 찾기 때문이다. 마케팅은 더 나은 세상을 위한 자본주의의 도구다. 인간은 만들고 욕망을 하고 정치를 하고 이익과 손해를 거래한다. 지구 유일의 호모 마케팅구스(Homo Marketingus)인 것이다! 그래서 여기까지 왔다.

나는 이 책을 집필할 때 마케팅의 역사와 상호 맥락을 보게 하면서 숫자만 중요시하는 경영자, 마케팅을 모르는 소상공인, 기술 승리만 믿는 스타트업과 개발자들이 오해를 깨고 마음을 열어 비즈니스 현장에서 빅샷(Big Shot) 승리자가 되도록 썼다. 책의 제목에도 있는 'Big Shot'이란 단어는 원래 '중요한 인물', '권위적인'이라는 뜻을 갖고 있지만 나는 '세상을 좀 더 바꾸는 마케팅'이라는 의미로 사용했다. 아직도 마케팅을 상술이라 생각하는 대학생들은 착각이라는 정신승리에서 벗어나게 될 것이다. 1990년부터 30년 동안 갑, (슈퍼)을,

병 팔자를 두루 거치며 광고, 대기업 마케팅, 브랜딩, 문화와 커뮤니티 기획, 사회혁신과 ESG, 그리고 이제는 구루미에서 미래 화상사회 연구까지 나처럼 두루 섭렵한 사람도 드물 것이다. 마케팅의 숲과 나무를 보는 데 도움이 될 것이다.

2021년 9월
황인선

* 이 책에는 퀴즈 56개가 나온다. 쉬운 문제도 있고 어려운 문제도 있다. 관점에 따라 답이 없을 수도 있다. 마케팅은 이론보다는 실전과 사례, 사고법이 중요하다. 그냥 넘어가시 밀고 퀴즈를 풀어보면서 책을 읽으면 향후 사고의 유연함과 현장 응용력이 더 커질 것이다. 마케팅, 커뮤니케이션 동아리를 운영하는 분들이나 대학(원)생들이 독자라면 게임 삼아 퀴즈를 같이 풀어봐도 좋겠다.

차 례

1부
펀펀한 마케팅

인간은 지구상 어떤 종보다 변덕쟁이다.

소처럼 두두두 한 방향으로만 달리지도 않고

두더지처럼 땅속에서만 살지도 않는다.

늘 변덕의 남매인 변화를 추구한다.

Big Shot
Marketing ALL

01

나의 자리에
너를 놓아라

제일기획에서 일할 때 많은 직종 중에 대머리이거나 머리카락이 하얀 선배들 중에 하필 카피라이터가 많다고 느낀 적이 있다. 왜 그럴까? 생각하다가 그들 상황을 보면서 깨달았다. 학교 다닐 때 다들 작문 공부를 했으니 카피는 누구나 쓰는 줄 알고 "내가 글을 써봐서 아는데", "단어 하나 센 걸로 바꿔줘", "그깟 한 줄 10분 뒤에 수정해줘" 하는 식으로 아무나 손을 얹고 낮잡아본다. 디자이너, PD한테는 절대 그런 말 안 한다. 한 단어 한 줄이 생명인 프로한테 '그깟 한 줄'이다. 그러니 머리가 빠지고 셀 수밖에. 그들은 그렇게 카피를 무시하고 부정한다. 마케팅도 그렇다. 마케팅을 부정하는 사람들은 대체로 완고한 사람들, 이슬만 먹을 것 같은 착한 사람들과 법칙을 사랑하는 과학기술 중심의 개발자들이다. 전자는 소위 '인식의 법칙' 묘미를 모르며 후자는 마케팅 불변의 법칙 이름이 붙은 '1등의 법칙', '필드의 법칙' 등을 말하면 코웃음 친다. "확률이 고작 30퍼센트도 안 되는 베팅인 주제에 법칙?"

그들은 광고의 종말, 마케팅의 종말이라는 말에 꽤 고소해한다. 그런데 무지한 사람들, 착한 사람들, 과학자 또는 개발자의 입맛을 맞추려고 '종말(end)' 운운하는 책이나 주장은 무조건 사기다. 역사의 종말, 이데올로기의 종말, 소비의 종말, 노동의 종말, 육식의 종말, 성장의 종말 중에서 실제로 종말을 맞이한 것이 있던가? 그들이 주장하려는 것은 "이제는 기존(past)과는 좀 달라질 것" 정도일 텐데 굳이 '종말'을 붙이는 이유는 별 내용도 없는 책을 《나도 한때는 포르노 배우…》 따위 제목으로 대박을 터뜨린 출판사들 꾐에 넘어갔거나 종교 수사학("말세가 다가왔다. 회개하라. 그럼 천국의 문이 열리리니")의 차용 아니면 자신이 종말을 선언하는 심판자 위치에 있다는 의사 神(pseudo-god) 착각에 불과하다.

마케팅의 목적, 방법에는 변화가 있어도 종말은 없다. 이름도 일종의 마케팅인데 이름 없는 기업을 본 적 있나? 바르다 김선생, 배달의민족, 밀리의 서재, 당근마켓, 알맹상점, 지구인 컴퍼니 등의 멋진 브랜드 이름은 뭔가? 엠블럼, SNS 토크를 고민하지 않는 기업이 있나? 네이버 검색 창에 뜨는 연관 검색어, 링크 사이트 그리고 구글의 링크 수법들이 마케팅이 아니란 말인가? 프로야구팀을 운영하는 구단주들이 그냥 야구가 좋아서 한단 말인가? 인간이 사지 않고 살 수 있나? 자본주의가 유지되고 팔려는 기업과 사려는 소비자의 욕망이 있는 한 마케팅 종말은 영원히 없다. 미래 SF 영화를 보면 오히려 더 넘쳐난다. 다만 방법과 철학이 변할 뿐. 〈마이너리티 리포트〉가 맞다면 더 지독해질 것이다. 이 영화에서 톰 크루즈가 잠재적 범죄자로 몰려 거리와 몰로 피해 다닐 때 모니터들은 안면 인식과 추천 기술로 톰 크루즈를 직접 호명하며 달려든다.

마케팅의 정의는 몇백 가지가 된다지만 나는 마케팅을 다음처럼 정의한다.

영업은 제품을 파는 것이고 마케팅은 마음을 사는 것이다.
마음을 사려면,
– 제품의 자리에 고객을 놓고,
– 기술의 자리에 욕구를 놓고,
– 나의 자리에 너를 놓아라.

10년 전부터 주장해온 나의 마케팅 정의다. 교과서에는 없다. 나는—좀 닭살 돋을지 몰라도—마케팅은 무엇보다 "사랑에서 온다"고 말한다. 육아법 이전에 중요한 것이 아이에 대한 엄마의 사랑일 것이다. 엄마는 가슴에 아이 머리를 안고 아이 소리를 들으려 한다. 그래서 교감과 감정이입(empathy)이 된다. 이입, 이것은 아이디어 그룹인 아이데오(IDEO)의 '디자인 싱킹' 과정에서 필수다. 그런데 대부분의 마케팅은 여성들 지갑을 터는 방법만 가르치고, 여성들 입장이 되어 보라는 주문은 하지 않는다. 예전에 제일기획 남자 대선배는 생리대 마케팅을 맡게 됐을 때 여성들을 이해하려고 생리대를 한 달간 차고 다녔다. 쇼? No. 최소한 제1고객인 광고주는 감동했다.

이입하라, 입장을 바꿔서 보라는 등의 주장은 점점 늘어나고 있다. 1996년 AT&T, P&G, 로레알, 유니레버 등 기업들을 위한 '인간욕망 프로젝트'를 하고 나서 《욕망의 진화》를 쓴 멜린다 데이비스는 마케터의 역할 변천을 3가지로 짚었다. 과거의 마케터는 '판매자'였다. TV 등 대중매체가 광범위하게 보급된 1950년대 이후에는 '엔터테이너' 역할을 했다. 그런데 2000년 이후에는 '치유자(Marketer as a Meta-Physician)'가 되라고 주장했다. 지금 보면 그녀는 디지털 코쿤족(cocoon族. 누에처럼 콕 박혀서 사는 젊은이들), 이브-올루션 등을 예언한 페이스 팝콘처럼 예언자 같다. 왜냐하면 지금 소비자들은 그녀 말처럼 ▲현실세계의 죽음을 슬퍼하고 ▲병든 마음을 위로하고 ▲공동체에서 안식을 찾아서 ▲가상세계에 나를 남기고 ▲미로에서 길을 찾아야 하는 5가지 상황에 있기 때문이다. 페이스 팝콘, 멜린다 데이비스가 20여 년 전에 한 주장이지만 요즘 트렌드 리포트에 나오는 한국과 비교해도 별반 다르지 않다. 이들의 욕망을 치유하는 것이 마케팅 미션이다. 《양심경제(The Conscience Economy)》는 이런 주장을 더 강화한다. 노키아의 글로벌 마케팅 부사장이었던 스티브 오버먼이 쓴 책인데 다음은 출판사 서평에서 일부 따온 내용이다.

오늘날의 소비자는 기업의 제품을 단순하게 구매하고 끝나는 것이 아니라, 자신의 지갑을 열어 돈을 쓸 때도 주위 사람들과 정보를 공유하고 세계에 긍정적인 영향을 끼치고 싶어 한다. 세상을 더 좋게 만들 수 있다고 믿고, 정부와 기업도 자신들의 믿음에 부응하기를 바란다. 이는 자본주의의 미래에 대한 논쟁이 벌어지는 가운데, 소셜 네트워크를 통한 미디어·오락·교육 상품의 등장, 식품 안전과 식량 안보, 무자비한 환경 파괴로 인한 재앙의 우려, 인공지능과 로봇공학 및 유전공학의 발달, 그리고 스마트폰이 소비자의 사고와 행동 양식을 바꾸고 있기 때문이다. 이제 소비자는 구매한 상품의 유용성과 함께 그것이 어떻게 만들어지고 유통되는지 자신의 견해를 블로그나 SNS에 올려 주변은 물론 전 세계 사람들과 공유한다. 자기 생각에 맞는 기업은 적극적으로 응원하는 반면, 가치관에 어긋나는 기업에 대해서는 불매운동을 벌인다. 사람들은 이제 시장을 선점한 고급 브랜드라도 노예 노동으로 만든 제품을 배격하고, 비싸더라도 공정무역 제품을 사려고 한다. 앞으로의 경제 환경에서 이익은 공익과 공존한다. (중략) 양심은 우리가 서로 긴밀한 의존관계에 있다는 상호연결성과 우리의 모든 행동이 서로에게 끼치는 영향을 공유하는 자기표현을 모두 필요로 한다. 디지털 혁명으로 세계는 점점 더 양심적이어야 할 뿐만 아니라 우리의 양심도 점점 깨어나고 있다.

좋은 말이고 일부 그렇게 변화하기도 한다. 그런데 2021년 현재 기준으로 보면 회의도 든다. 사회혁신 그룹인 서울혁신센터장을 지낸 내가 보기에는 아직도 지구의 5퍼센트 정도의 마케터들만 저자 말처럼 하고 20퍼센트 정도는 그들을 모방하는 척만 한다. 60퍼센트는 무관심하고 20퍼센트는 대놓고 망친다. 미국·한국·프랑스·중국 등은 양극화와 불평등이 더 심해질 것 같고 2021년의 백신 자국중심주의를 보면 인류애를 믿을 수 있을지 의문이 든다. 중국·인도·브라질 등 인구 대국의 신중산층 소비, 암호화폐까지 이용하는 금융 자본주의, 트럼프를 찍고 브렉시트에 찬성한 미국, 영국의 백인 노동자들과 월가의 악마들, 동남아의 돈독 오른 신흥 상인, 한국·일본·대만 등에 등장한 귀차니스트와 스몸비(스마트폰과 좀비의 합성어)들! 그래도 많이 나아졌고 미래에는 변화가 있으리라고 믿지만 글쎄.

선거 때마다 희망과 변화를 말하지만 정치는 몰라도 정치인을 보면 변화와 희망은 애초 글렀고, 피터 드러커의 바람처럼 일단 5퍼센트의 경영자들이라도 잘해야겠다. 깨인 사고를 하는 경영 사상가 게리 해멀이 말한 것처럼 지난 100년 역사에서 가장 혁신적이었던 것은 기술이 아니라 경영이었기 때문이다. 경영이 중산층의 꿈을 이루게 해준 것은 확실하다. "선진국 성장의 둔화는 그동안의 성장의 결과"라고 주장하는 디트리히 볼래스는 그의 책 《성장의 종말(Fully Grown)》에서 "생산성 증가는 기술 자체와 관계가 있다기보다는 기업이나 산업 등 서로 다른 경제활동에서 노동자와 자본을 분배하는 방식과 더욱 관계가 있다"며 역시 경영의 큰 역할을 말한다. 물론 경영에서 중요한 것은 마케팅과 혁신적 개발이다.

02

마케팅을 하려면
인간을 먼저 사랑하라

유시민은 정치할 때 뿔난 소리를 곧잘 했고 그 독설 때문에 욕을 많이 먹었다. 일단 그의 얼굴부터 남산 샌님에 좀 비아냥거리는 듯한 인상이다. 그가 돌연 정치를 그만뒀다. 정치를 그만두고 쓴 책에 그가 가슴 아프게 들었던 이야기를 고백했다. 어느 노인이 그에게 "먼저 사람이 돼라" 했단다. 말은 받는 사람의 마음이 중요한데 유시민이 특별히 그 사연을 써놓은 걸 보니 그는 사람이 되기로 한 모양이다. 그래서인가? 요즘의 그는 좀 편해 보인다. 베트남 축구 감독 박항서의 '아버지 리더십'은 히딩크 리더십과 디르디. 축구 스길을 가르치기 이선에 열능감, 자신감 부족에 빠진 베트남 대표 축구 선수 팀을 아버지처럼 안아줬다. 승리도 중요했지만 선수들을 사람으로 먼저 대한 것이다.

이들처럼 사람의 소리를 듣는 것이 중요하다. 그게 '나의 자리에 너를 놓는 마케팅'의 구현이다. 모든 것이 숫자로 객관화되는 AI와 빅데이터 시대일수록 더 그렇다.

보일러 가게에서 들려온 말

한 초로의 남자가 보일러 매장에 들렀다. 그는 보일러 업계의 후 발주자인 경동보일러 광고를 해야 한다. 기술적 차별점도 별로 없고 재고만 6개월 치가 쌓여 있는 회사다. 그러나 주부가 아닌 남자가 보일러를 제대로 알 리가 없다. 보일러를 이리저리 살펴보지만 아무 것도 떠오르지 않는다. '이번 광고 어렵겠군' 하며 막막해할 때 보일 러 뒤쪽에서 한 주부의 작은 말소리가 들려왔다. 30대 남자 마케터 라면 건성으로 들을 말이었지만 남자에게는 크게 들렸다. 그는 서둘 러 돌아와서 광고안을 만들었다. 그 광고는 수많은 패러디를 낳았으 며, 6개월 치 재고를 다 팔아 치우게 했다. 이후 그 보일러는 '효(孝) 보일러'라는 별명이 붙었다. 광고 내용은 이렇다.

Scene 시골집의 어느 노부부가 보이고 밖에는 눈이 쌓이고 있다. 기침 소리와 연탄을 갈러 나가는 할아버지… 눈은 계속 쌓이고… 광고가 끝 날 무렵 도시에 살 것만 같은 며느리의 목소리가 들리며 카피가 잔잔 하게 나타난다.

Copy "여보, 아버님 댁에 보일러 놔드려야겠어요."

이 광고를 만든 사람은 이강우! 광고판에서는 전설적 인물이다. 제일제당 다시다, '고향의 맛'도 이분 작품으로 알려져 있다. 이 광고 덕분에 배우 김혜자는 오랫동안 국민 어머니가 되었다. 이게 옛날 모델이라고? 글쎄, 영화 〈미나리〉의 구닥다리 할머니 윤여정은 왜 지금 세계를 강타했을까? 400년 전 유럽의 재투성이 소녀 신데렐라는 왜 지금 불멸의 신드롬이 되었을까? 우리는 왜 5,000년 전 웅녀 이야기를 들으며, 70만 년 전 영장류의 뒤를 캐고, 오래전 죽은 사람의 무덤을 찾을까?

이강우의 광고에는 무엇보다 사람 냄새가 난다. 그는 제품보다는 그 제품을 사는 사람의 마음을 먼저 본다. 제품은 뒤에 가려져 있다. 사람들은 그의 광고에서 위안을 얻는다. 그렇다고 제품의 본질을 놓치지는 않는다. 아니, 사람을 앞에 놓으니 그 제품이 더 산다. 꽤 시간이 흘렀는데도 이 광고를 기억하는 분이 아직도 많다. 강의에서 이 광고를 들려주면 MZ세대도 평화로운 표정을 지으며 따뜻한 미소를 짓는다. 그 이전에 맥심 커피 광고가 있었다. 맥심 광고는 1990년대를 대표하는 감성 광고였다. 중년의 남자가 혼자 오른 산, 내려다보이는 산하, 사람은 없고 저녁인지 새벽인지 사위가 어둑한 때 커피를 끓이고 연기가 모락모락 오를 때쯤 중년 남자의 중저음 보이스로 카피가 흐른다. "가슴이 따뜻한 사람과 만나고 싶다." 울컥. 그때는 심금을 울리는 광고가 좀 많았나. '휴먼테크', '가나와 함께라면 고독마저 감미롭다', '울어라! 암탉아', '그녀의 자전거가 내 가슴속으로 들어왔다', '그녀에게서 내 남자의 냄새가 난다' 등등.

1990년대 제일기획에는 한상규, 원태희, 최인아, 송치복, 박웅현, 신경화 같은 훌륭한 카피라이터가 많았다. 애플이나 샤넬 광고가 멋지다고 하는 세대는 어쩌면 이런 카피 광고가 침팬지 맘과 아기 침팬지가 서로 등을 긁어주는 정도의 느낌적인 느낌일까! 나는 요즘 광고도 열심히 본다. 2021년에 자주 보이는 안마기, 맥주, 햄버거, 자동차, 아파트, 치킨 광고들은 빅모델에 너무 의존한다. 재치는 있어도 사람 냄새가 없다. 그나마 브랜드 개성을 담은 광고는 현대카드, 한국관광공사, 배달의민족, KCC스위첸, SK하이닉스, 하이트진로, 리니지 정도다.

사는 게 아니고 사는 사람들

흔히 마케팅을 제품의 기능을 파는 행위로 착각하는데, 땡! 그건 하수의 관점이다. 고수는 인식을 판다. 이건 소비자와 마케터를 가르고 하수와 고수를 가르는 정말 중요한 차이다. 미세먼지 공포감을 틈타 '청정 맥주' 테라로 20년 만에 대박을 터트린 하이트가 1990년대 중반에 맥주판을 바꾼 빅샷 광고가 있다. 슬로건이 '500미터 지하 암반수 물로 만든 하이트!'였다. 만일 개발자가 광고를 만들었다면 당연히 제품의 신기능을 강조해서 '국내 최초 저온 숙성 맥주 탄생'이라고 했을 것이다. 그게 신제품의 특징이었으니까. '지하 암반수는 개뿔' 했을 것이다. 그런데 광고를 만든 사람은 그렇게 하지 않고 엉뚱한 착안을 했다. 사람들이 왜 하이트 500미터 지하 암반수 광고에 빠져들었을까? 당시는 OB맥주의 페놀수지 유출 사건 때문에 깨끗한 물 이슈가 한국을 뒤흔들던 때였기 때문이다. 맥주는 물이 90퍼센트인 술이다. 그래서 소비자들은 '500미터 지하 암반수…'에 마음이 쏠렸다. 기술이 아니라 사람의 불안한 마음이 열쇠였다.

"마케팅의 핵심 사상이 뭘까요?" 진지하게 묻는데 "개뿔 마케팅 따위에도 사상이 있어요?"라고 말하지 않기를. 왜냐하면 사상도 없는 한심한 마케팅에 사람들이 그렇게 휘둘린다고 생각하면 그게 더 비참하니까. 마케팅의 사상은 교환(exchange)이다. 교환을 기능으로 보지 말고 사상(spirit)으로 보자. 그럼 많은 것이 달라진다. 교환한다는 이 사상이 제도화되면서 시장을 만들고 결국 자본주의를 만들고 지금의 우리 삶을 만들었다. 일방적 빼먹기가 아니라 교환을 통해서 참여가 만들어지고 가치가 만들어진다. 교환엔 마음(heart)도 있다. 그래서 마음이 빠지면 마케팅은 로봇의 계산일 뿐이다. 마음은 비효율이 아니라 메타 효율이다. 아가를 돌보는 엄마의 손이 투자자의 것은 아닐 것이나, 세상을 위한 위대한 손이 된다.

제품을 사용하고 제품에 돈을 내는 주체는 누가 뭐래도 사람! 신도, 동물도, 로봇도 아니다. 이게 중요하다. 그래서 고수들은 튀는 것, 새로운 것에만 집착하지 않는다. 소비자의 속마음에 감춰진 '필요', '차마 말로 못하는 욕망'을 추적한다. 그리고 그 욕망을 알기 위해 현장에 나간다. 현장은 영어로 필드(field)나. 필드에는 전장이라는 뜻도 있다. 현장에는 진짜 사람이 있다. 그 사람들은 삶의 희로애락, 불안과 절망과 희망 사이에서 방황하는 존재들이다. 소비자는 자신의 실존, 방황과 절망을 풀려고 제품 앞에 선다. 자동차를 사고 옷을 사는 길동과 제니는 그 행위를 통해 자기를 표현하고 알아달라고 하는 거다.

2020년부터 TV 뉴스에 자주 등장하는 풍경이 있다. 명품 매장에 새벽부터 줄을 선 사람들 모습이다. 코로나19로 경기도 안 좋은데 사람들이 명품에 몰리는 이유가 뭘까? '보복 소비'란다. 세상에 없던 소비다. 울분과 분노, 외로움을 명품이라도 사서 보상받으려는 심리. 딱한가? 착각하지 말자. 2015년 영화 〈베테랑〉에 나왔던 "내가 돈이 없지 가오가 없냐?"라는 대사처럼 그들은 명품으로 가오를 사는 것이다. 연봉 4,000만 원인 사원이 리스로 미니쿠퍼를 사는 이유다. 이들은 계산도 한다. 명품은 사용자 자존심을 올려주고 이성을 유혹하는 짝짓기 전략에도 좋고 게다가 높은 중고 값이 오래 살아 있다. 왜 20대가 영끌과 빚투로 가상화폐 이더리움을 살까? 초조감과 투자 욕심 때문에? 글쎄. 혹시 그들은 평판을 구매한 것은 아닐까. 자기 관리를 하고 시류를 빨리 읽는 사람으로서의 평판. 그들 생각은 그처럼 복잡하다.

그래서 "소비자는 사는(buying) 사람이 아니고 사는(living) 사람"이라는 명제가 성립된다. 불경기인데 비싼 샤넬, 구찌가 잘 팔린다. 그런데 그것을 산 사람이 다 부자는 아니다. 그중 30퍼센트 정도는 먹을 것, 입을 것을 아껴 명품을 사는 일명 '레미제라블 구매자'다. 사무실에서 컴퓨터 엑셀 파일에 찍히는 판매 숫자만 보고 있으면 이들 30퍼센트의 레미제라블과 가오(かお. 顔) 심리는 안 보이고 돈만 보일

거다. 고객센터에 클레임이 들어오면 그것을 수량화해서 영업 파트와 R&D 파트를 닦달하는 근거 숫자로 쓴다.

그런데 사람을 다각도로 보게 되면 그런 클레임을 걸어오는 고객의 분노가 보인다. '내가 이 구찌를 어떻게 샀는데….' 그리고 그 이면에는 분노한 고객의 클레임을 받아내야 하는 고객센터 직원의 하루가 보인다. 100번도 넘게 무너지는 인격, 그 인격 뒤에 연결된 가족도 보인다. GS칼텍스는 그 연결을 보았다. 그래서 2017년 '마음이음 연결음' 서비스를 했다. 고객센터에 전화를 하면 "이 전화를 받는 사람은 제 소중한 아내입니다", "이 전화를 받는 분은 저의 소중한 엄마예요"라는 멘트가 나온다. 발신자는 고객센터 직원의 인격에 대해 잠깐이나마 생각하게 된다. 이 서비스는 대한민국 광고 대상에서 4개 상을 휩쓸었다. 기획자는 내가 만든 마케터 클럽 '시미트리'의 후배다.

사람은 그런데 복잡하다. 내가 위한다고 상대방이 다 받지는 않는다. A가 주는 빵은 받는데, C가 주는 빵은 B가 안 받을 수도 있다. 그래서 사람의 심리 메커니즘을 알아야 한다. 이게 마케팅의 묘미다. 삼성생명이 국제 광고제 프로모션 부문에서 큰 상을 받았던 적이 있다. '마포대교 자살 예방' 캠페인 덕분이었다. 마포대교는 투신자살이 많은 곳이다. 삼성생명은 사람의 생명을 보호해야 이익이 남는 회사다. 그래서 그곳에 "밥은 먹었어?", "무슨 고민 있어?", "바람 참 좋다", "또 만나요" 등의 따뜻한 위로와 생각을 돌리게 하는 글귀들을 이어서 걸었다. 자살을 결심한 사람들이 얼마나 뭉클할까

싶을 그런 글들이었다. 언론도 이 시도에 호평 기사를 썼다. 제일기획에서는 서로 그 광고 만들었다고 나서기도 했다. 그런데 아뿔싸, 충격적인 데이터가 나왔다. 그해 마포대교 투신자살 건수가 더 늘었다는 것이다. 한강 다리 전체 자살 건수가 늘지는 않았으니 다른 데서 자살할 사람이 마포대교로 와서 자살한 것이다. 스스로 목숨을 버리고자 하는 사람들은 누군가가 위로하면 그 사람이 더 마음 아파해주기를 기대하는⑴ 마음으로 죽음을 선택한다고 하는데 그런 심리 때문일까? 프레임 이론 관점으로 보면 다리의 글들은 모두 슬픔, 고민과 관련한 내용이어서 죽음의 프레임에서만 생각하게 만든 셈이다.

유사한 사례가 있다. 1973년 미국의 닉슨 대통령은 워터게이트 사건 때 궁지에 몰렸다. 그는 대국민 연설에서 연거푸 "저는 도청하지 않…"고를 반복했다. 그런데 사람들은 '도청' 프레임 속에서 닉슨이 도청했다고 믿어버렸다. 결국 그는 수치스럽게 하야해야 했다. 이게 인지 프레임이다. 삼성생명 광고는 그 프레임을 강화해버린 것이다. 반면 자살자가 많았던 일본의 어느 해안가 절벽은 지자체가 푯말 하나를 설치한 뒤 자살이 많이 줄었다고 한다. 그 푯말에는 마포대교 글귀와는 전혀 다른 프레임의 글이 적혀 있었다.

"그런데, 컴퓨터 자료는 지웠어?"

한국 같았으면 "죽음을 앞에 둔 사람에게 장난해?"라는 핀잔을 받았을 것 같은 엉뚱한 글이다. 하지만 사람들은 평판에 신경을 쓴다. 사는 동안은 물론 죽은 뒤의 평가에도 관심이 많다. 전문가들은 자살하러 간 사람이 혹시 컴퓨터에 남긴 불순한, 수치스러운 것이 죽은 후 자기(또는 가족)를 욕보이지 않을까 신경이 쓰여 다시 현실로 돌아갔다가 자살을 포기하게 된 것이라고 설명한다. 평판 프레임을 건드린 사례다.

사람−마케팅−깊은 통찰−비즈니스는 서로 이렇게 연결되어야 한다. 사람과 사업을 잇는 마케팅이 지혜로워야 하는 이유다. 그런데 이와 관련해서 우리가 착각하는 게 좀 있다.

Quiz 1

최근 일본과 한국 등에서 특히 20~30대 여성들의 자살이 늘고 있다. 코로나19 영향도 있지만 그 외 다른 원인도 있어 보인다. 그 원인'들'은 무엇일까?

03

마케팅에 대한
3가지 착각

마케팅에 대한 착각 중 하나는 "흥! 그럼 삼성, 현대, SK 창업자들이 마케팅을 알아서 성공했나?"라는 반발이다. 물론 이들 기업 창업자들은 해방 후에 사업을 시작했으니 마케팅 이론을 알 리 없다. 본격적인 마케팅은 1990년대 초에 제일기획을 통해 수입되었다. 그전에는 생산과 영업, '선전'만 있었다. 그렇다고 이병철, 정주영, 유일한, 박태준 등이 타고난 마케터였다는 용비어천가를 읊을 생각은 없다.

우리가 알아야 할 것이 있다. 당시 그들이 성공한 것은 장사였지 경영이 아니었다는 것. 두 번째 착각은, 그들이 활동하던 때는 절대적 결핍의 시대였다는 것이다. 저명한 인본주의 심리학자 매슬로의 '욕구 5단계' 중 가장 낮은 단계인 생리적 욕구와 안전에 대한 욕구만 채워주면 되는 시대였다. 그때는 생산과 영업, 제품 출시 수준의 장사와 선전만으로도 충분한 시기였다. '사는(living) 사람'은 쥐뿔 몰라도 됐고 고도화된 마케팅 이론을 개뿔 몰라도 가능했다. 그리고 그들이 시장 논리와 경영 사상으로 사업을 하던 때도 아니었다. '보이지 않는 검은손(black hands)'의 힘도 컸다. 그들은 경영의 목적이 고객의 가치 창조이고 경영에서 중요한 두 가지는 '마케팅'과 '혁신'이며 그중 마케팅의 본질이 교환임을 당연히 몰랐다. '너그러운 행위'도 몰랐다. 그래서 그들을 세상의 마음을 터치한 위대한 기업가로 마냥 칭찬만 할 수 없는 아픔이 있다. 미국에서 1800년대 말과 1900년대 초에 활동하면서 '○○의 왕'으로 불렸던 록펠러, 카네기, 밴더빌트, 모건 등도 마찬가지였다. 우리 어린이들이 읽는 이들 위인전의 절반은 틀렸다.

마지막 착각은, "그럼 그들은 과거 시대 사람들이라 치고 빌 게이츠 사례는 뭐냐? 그도 독점했고 로비했다, 사람=사업=통찰의 마케팅으로 성공한 것은 아니지 않느냐?"라고 묻는 것이다. 그 지적의 반은 맞다. 그런데 빌 게이츠의 아내 멜린다는 마케팅 매니저다. 그들 부부는 마케팅을 알았다는 얘기다. 멜린다는 후에 아이를 낳고 전 세계 수백만 명의 아이가 설사로 목숨을 잃는다는 사실을 알고 빌앤드멜린다게이츠재단을 설립했다. 빌 게이츠는 일찍 경영에서 물러나면서 창조적 자본주의를 주장했고 기후변화 전도사로도 활동하고 있다. 멜린다는 2019년 《누구도 멈출 수 없다(The Moment of Lift)》를 출간했다. 사업=마케팅=사람이 연결되지 않는가?

타자의 욕망을 욕망하는 시대

지금은 상대적 결핍의 시대다. 이건 중요한 시대 구분이다. 지금 MZ세대들은 절대적 결핍을 모를 것이다. 시대가 바뀌면 욕구에서 욕망의 시대로 변한다. 내가 가진 게 없어서 속상한 게 아니라 쟤는 A급인데 나는 B급이어서 속상한 것이 상대적 결핍이다. 쟤는 미니 쿠퍼 타는데 나는 쏘나타 타는 현실! 이는 욕망과 관계된다. 욕망은 타자를 지향한다. 거울 속에 비친 나보다 더 예쁜 내 친구처럼 되기를 욕망한다. 친구가 "어머, 옆집 똘이 엄마는 BMW 뽑았다더라" 하면 남편이 못나 보이고 괜히 밤잠을 못 잔다. 영화 〈기생충〉의 송강호네 가족이 벤처 갑부 이선균-조여정네 부잣집을 가지 않았으면 살인자가 되고 딸이 죽는 비극은 없었을 텐데 이선균 집을 보면서 욕망의 지도가 바뀌어버린 것이다. 욕망(desire)은 욕구(needs)와 달리 타자의 거울을 통해서 보는 2차 욕구다. SKY캐슬, 걸 크러시, 모방 소비, 셀럽·인플루언서 마케팅, 팬덤과 코스프레 등이 여기서 나온다. 진법에 갇힌 욕망! 지금처럼 경쟁이 심하고 많은 것이 투명해지고 사회적 욕망에 따라 변덕이 팥죽 끓듯 하고 미디어가 정신없이 욕망을 사주할 때라면 정주영 할아버지가 와도 성공하지 못했을 것이다. 커피를 마시는 직원한테 "이봐, 나라면 밥을 사 먹겠다" 하던 분이 오늘날 미친 커피 열풍, 공정 여행, 공유 경제를 이해할 수 있을까.

욕망은 쟤보다 잘되고 싶다는 저차원 욕망부터 '우리, 인류의 가치'를 좇는 고차원 욕망까지 사다리처럼 가치사슬이 이어져 있다.

나는 이것을 욕망의 사다리라고 부른다. 그 사다리 모형은 6부 빅샷에서 보여줄 것이다. 여기서는 일단 개념만 소개한다. 예를 들어 승리라는 욕망이 있다고 치자. 우리는 간과하지만, 이 승리에는 다차원의 수준이 있다. 드라마 〈SKY 캐슬〉은 재만 이기면 되는 저차원 경쟁의 이기적 승리 사다리에 있다. 나이키는 그걸 넘어서 '저스트 두 잇' 캠페인으로 나를 이기는 고차원 승리 사다리에 있다. 나이키 위에는 딜리버링 해피니스를 추구하는 자포스나 제3세계 커뮤니티 연대를 추구한 더바디샵처럼 '우리의 승리' 단계가 있다. 그들보다 더 위에는 '지구의 승리'를 추구하는 파타고니아의 고차원 승리가 있을 것이다.

일론 머스크가 이끄는 테슬라와 스페이스X 프로젝트는 기발함은 있지만 그들의 욕망이 정확하게 파악되지 않는다. 다른 욕망 사다리도 물론 많다. 예를 들어 먹거리, 유희, 혁신, 문화, 커뮤니티 등은 우리가 지켜야 하는 것들이다. 욕망으로써 이를 각각 분류하면 다 사다리 구조로 되어 있다. 예를 들어 먹거리는 식탐 수준부터 지구를 생각하는 식사까지 사다리 구조가 있다. 맥도날드나 KFC 같은 정크 푸드는 제일 낮은 수준, 바른 먹거리와 유기농을 추구하는 풀무원은 중간 수준, 지구인 컴퍼니가 추구하는 못생긴 과일 활용과 대체육(콩고기)은 사다리의 높은 수준에 있다. 아이러니한 것은 아래에 위치할수록 매출은 높아지는 것이다. 그럼에도 그들은 빅샷 마케팅이 아니며 따라서 낮은 수준에 있는 것은 분명하다. 그래서 그들은 자꾸 어린이를 대상으로 하고 후진국 시장으로 내려간다.

개발자들도 이젠 이런 마케팅에 대한 욕망의 구조를 알아야 한다. 내가 만났던 개발자 S의 이야기를 해보자.

트레셋 이야기

S는 중3 때 처음 브레이크 댄스를 추었고 아버지한테 1년을 졸라 춤추는 것을 허락받았다. 4년 후에는 세계대회에서 우승도 했다. 이후 '점프' 기획사인 '예감'의 원년 배우가 되어 아침 10시부터 저녁 10시까지 신체와 감정 트레이닝을 하고 시, 희곡, 소설 등의 작품을 읽으며 새로운 눈을 틔웠다. 브로드웨이, 웨스트엔드, 에든버러 등지에서 공연을 하면서 예술기획을 꿈꾸던 그는 뉴욕 투어를 갔을 때 들른 한 서점에서 기술, 콘셉트, 스토리, 디자인 등이 믹스된 책을 보고 영감을 받았고 뉴욕에서 돌아와 회사를 차렸다. 회사 '트레셋'은 그렇게 만들어졌다. 트레셋은 이탈리아어로 3을 의미한다. 로봇, 교육, 엔터테인먼트 3개 분야 사업을 한다는 뜻을 담은 것이다. 실제로 이 회사는 오픈 소스를 이용한 로봇 개발, 3D 프린팅과 코딩, 대기업 직원 대상 로봇 제작 실전 교육 등으로 수익을 올린다. S는 비보이와 로봇을 연결해 남다른 공연을 펼칠 수 있는 능력을 지닌 대표다.

어느 날 그가 프랑스 낭트에 있는 이색적인 동물원 이야기를 들려줬다. 쥘 베른의 환상적인 세계와 레오나르도 다 빈치의 역학, 낭트의 오랜 산업 역사를 예술적으로 표현한 '레 머신 드 릴'(Les Machines de l' ile, 섬의 기계들)'이 있는 동물원이다. 폐조선소를 개조한 그곳에 진짜 로봇은 없다. 한 번에 49명까지 탈 수 있는 거대한 로봇 코끼리가 이동하는데 밑에 들어가서 보면, 로봇 코끼리를 닮은 외형 아래에서 자동차들이 굴러가는 식이다. 그것을 보면서 S는 인간과 어울려 노는 동물 로봇(zoo-robot)을 꿈꿨다. 처음 S를 만났을 때 "뭐 하는 회사이지요?"라고 물으니까 대답 대신 PPT 화면을 보여줬다. 내 질문의 의도를 못 알아들은 것 같았다. 나는 PPT 설명을 원한게 아니었다. 나는 PPT를 보지 않고 S에게 "뭐 하는 회사냐?"고 다시 물었다. 그러자 그는 머리를 긁적이면서 다른 클라이언트들도 몇 번이나 뭐 하는 회사냐고 물어서 길게 설명해주면 고개를 끄덕이고는 다음에 만나면 또 "참, 당신네가 뭐 하는 회사였지?"라고 묻는다고 했다.

지갑을 가진 고객의 뇌는 지독할 정도로 경제적이다. 대통령이나 회장님 말씀이 아니면 대부분 기억하려는 수고를 안 한다. 개발자들은 다들 자기 기술에 관심이 있는 줄 착각한다. 나는 S에게 3차에 걸쳐 마케팅의 기본 개념을 가르쳐주었다. 그러자 연신 "아 맞아요", "그래서 그랬구나" 하고 맞장구를 치며 고개를 주억거렸다. 열심히 들어준 그가 고마워 나는 회사 콘셉트를 '로봇테인먼트 회사'로 하라고 힌트를 줬다. 그러면 고객의 욕망을 알게 되고 사다리의 어디에 집중할지 전략도 만들어진다. 얼마 후에 S를 다시 만났더니 회사 개발자들은 콘셉트에 대해 "엔터테인먼트 로봇이나 만드는 회사라고요?" 하면서 싫어했는데 회사 고문인 카이스트 교수는 매우 만족해했다고 전해줬다.

현대와 미래에는 회사나 브랜드의 정체성을 한두 개의 단어로 쉽게 설명할 수 있어야 한다. 물론 그 단어가 욕망의 사다리를 기초로 해서 만들어지면 더 효과적이다. 마켓컬리는 '신선식품 새벽 배송회사', 토스는 '간편 결제 시스템 금융회사'라고 간결하게 설명한다. '바르다 김선생', '히말라야 핑크 솔트', '몬스터 에너지 음료', '언리미트(unlimeat, 대체육)', '바르닭'은 이름만 들어도 뭐 하는 회사인지 안다. 이들 기업은 마케팅을 아는 회사들이다. 그러나 이 중 일부는 욕망의 사다리를 아직 이해하지 못하고 있는 듯하다. ㈜구루미는 화상 솔루션 회사다. 코로나19를 맞아 로켓 성장 중이다. 이름이 특이하게 구루미다. 여기에는 구름을 사랑하고 업계의 구루가 되겠다는 창업자의 지향과 창업자가 천문학과 출신, 파란색 염색 머리라는 스토리가 담겨 있다. 그런데 뭔가 빠진 것 같다. 나는 여기에 하나 더 붙여줬다. '지구를 생각하는, 화상 솔루션 회사'. 그래야 차별화되며 광고와 팬덤, 서비스 개발 전략이 달라진다.

Quiz 2

구루미의 '캠스터디(온라인 독서실)'의 주 이용자 중 80퍼센트 이상이 젊은 여성으로 취업준비생이다. 그런데 왜 남성보다 여성 비율이 압도적일까? 이들을 활용한 부가서비스 개발 방안으로 무엇이 있을까?

핫식스와 레드불은 같은 카페인 음료이지만 이름부터 얼마나 다른가! 풀무원, 총각네 야채가게, 배달의민족, 야놀자, 직방, 최인아 책방, 넷플릭스(Net+Flicks), 에어비앤비(Air+Bread+Bed) 등은 이름에서부터 스토리와 정체성이 명쾌하게 드러난다. 그러면 소비자들이 잘 기억하고 이것은 기업의 큰 자산이 된다. 나는 그간 스타트업이나 중소기업 10여 군데의 컨설팅을 해줬는데 속상하게도 성과가 별로 나지 않았다. 자본과 유통과 인력이 부족하기도 했지만, 무엇보다 경영자와 임직원 대부분이 마케팅을 몰랐다. 마케팅을 비용으로만 생각했고 큰 기업에서나 쓰는 비싼 도구로 오해하고 있었다. 당연히 효과에 대한 기대감도 현저히 낮았다.

Quiz 3

중소벤처기업에 다니는 임직원들은 SNS를 잘 쓰지 않는다. 그들이 회사를 위해 SNS를 전략적으로 쓸 수 있도록 동기부여가 필요해 보인다. 방법이 있다면 뭘까? 충주시 홍보 담당자인 김선태 주무관을 보면 SNS 시대에 1인의 힘이 얼마나 중요한지를 알 수 있다.

마케팅은 기본적으로 기업의 자리에 고객을 놓고 나의 자리에 너를 놓는 지혜다. 마케팅을 알아야 고상한 꿈이 생기고 시장에 잘 전달한다. P&G를 마케팅 사관학교라고 부른다. 비누·세제, 기타 가정용품의 제조업체임에도 첨단 하이테크 회사인 마이크로소프트의 CEO 스티브 발머, HP의 CEO 맥 휘트먼, GE의 CEO 제프리 이멜트부터 화장품 회사 에스티로더 CEO 파브리지오 프레다, 유니레버의 CEO 폴 폴먼 등이 다 P&G 출신이다. 이들은 P&G에서 P&G 마케팅이 아닌 마케팅의 지혜를 터득했다.

> **Quiz 4**
> 삼성, 현대, LG 출신자 중 다른 회사나 정부 기관 등에 가서 성공한 CEO들은 누구일까? 있기는 한가? 없다면 그 이유는 뭘까?

줄탁동시(啐啄同時)

줄(啐)은 병아리가 세상 밖으로 나오기 위해 알 속에서 껍질을 쪼는 것이고, 탁(啄)은 어미 닭이 그 소리를 듣고 껍질을 쪼아 깨트리는 것이다. 세 시간 안에 알 밖으로 나오지 못하면 질식해 죽는 병아리는 사력을 다해 알을 쪼고, 어미 닭은 그 신호를 알아차려 병아리의 부화를 돕는다. 즉, 줄과 탁이 동시에 일어나 하나의 온전한 생명이 탄생하는 것이다. 마케팅과 기술은 이런 줄탁동시 관계가 이상적이다. 줄이 기술, 탁이 마케팅이다. 밖에서 때맞춰 쪼아주지 않으면 기술은 죽는다. 비아그라, 3M의 포스트잇, 젠틀몬스터 등이 그렇게 해서 세상에 나왔다. 그런데 대기업 마케터들도 정작 마케팅을 제대로 이해하지 못하는 경우가 많다. 기질의 덫, 숫자의 함정, 소신과 영혼 없음 등에 빠지기 때문이다. 그런 실제 사례들을 살펴보자.

04

함정에 빠진
마케터들

Quiz 5

100,000,000이라는 숫자는 큰 숫자일까? 다음 글을 읽기 전에 마음속으로 답해
보라.

100,000,000이라는 숫자가 모래나 미세
먼지 알갱이를 가리키는 숫자이면 별게 아니다. 그런데 여기에 연도
나 명이 붙으면 꽤 큰 숫자다. 뒤에 달러가 붙어도 크다. 베트남 화
폐 단위 동(Dong)이 붙으면 원의 20분의 1이니 500만 원. 한국 돈이라
도 회삿돈 1억 원이면 아무것도 아니다. 내 돈이면 큰돈이다. 이 돈
을 만약 아내가 잃어버리면 사랑스러웠던 아내가 평생 원수로 보일
정도로 큰돈이다. 이것이 바로 행동경제학에서 말하는 내 마음의 회
계장부다. 장부값은 다 다르다.

0.1이라는 숫자가 있다. 이것은 작은 숫자일까?

사과 0.1개만 먹고는 우리가 살 수 없으니 작은 숫자다. 그러나 여
기에 퍼센트가 붙고 그것이 염산 같은 극독물질의 수치라면 420kg

정도 되는 우람한 소를 죽일 만큼 무서운 숫자가 된다. 과학자나 의사처럼 정밀을 요구하는 사람들에게 0.1은 아주 큰 숫자다. 코로나19 1일 확진자 1,000명은 무섭다. 그런데 이 숫자는 한국 전체 인구의 0.002퍼센트다. 0.1이 상승 추세를 알리는 숫자이면 희망의 사인이 되고, 하강 추세를 타는 숫자이면 공포의 숫자가 된다.

1이라는 숫자! 열매가 무성하게 달린 사과나무에서 하나의 사과는 없어져도 모른다. 사과나무가 300그루인 과수원에서 한 그루의 사과나무는 소중하지 않다. 그러나 황금 용이 지키는 단 하나의 황금 사과나무라면 얘기가 달라진다. 우주에 하나밖에 없는 하나님이면 더 엄청난 1이다. 나는 1이라는 숫자를 생각할 때 여러 기억들이 떠오른다. 그중에는 논산 훈련병 시절 소총 사격 훈련을 하고 나서 동료가 탄피 하나를 찾지 못해 그것을 찾을 때까지 단체 얼차려를 받았던 기억도 포함된다. '그깟 탄피 하나 때문에 이런….' 어릴 때부터 듣던 "쌀 한 톨, 참기름 한 방울도 아껴 먹엇" 하던 엄마의 잔소리도 떠오른다. "나 하나 꽃을 피우면 만산이 붉어진다"라는 시구도 떠오른다. 한 명의 아내, 하나의 조국, 하나의 심장은 누구나 알 정도로 큰 1이다. 제로에서 1은 한 단계가 아니라 건널 수 없는 존재와 무(無)차원의 차이다. 이게 숫자의 마술이다.

그런데 숫자는 보는 사람의 그릇, 비전과 기질 등에 따라 달라진다. 이건 중요한 문제다. 경영자들은 그래서 직원들이 올리는 숫자 평가자료를 볼 때 누가 작성했는지를 봐야 한다. 트리플 A형 부장이 소를 닭으로 만들어 보고했는지, 무서운 것 모르는 D 과장이 지렁

이를 용으로 만들어 보고했는지 살펴봐야 한다. 숫자는 수가 아니다. 의미이며 통찰이고, 배짱이며 전략이다. 공자(孔子), 맹자(孟子)처럼 위대한 것이 회사에서는 수자(數子)다.

숫자 읽기의 함정

가장 합리적인 것 같은 마케터에게도 숫자 읽기는 중요한 변수가 된다. 2006년 KT&G 브랜드 부장 시절, 신규 브랜드를 출시하려고 한 적이 있다. 경쟁 브랜드는 말보로, 골리앗 브랜드였다. 말보로 소비자는 도시에 사는 20~30대 트렌드세터 남자들. 미래 시장을 위해서는 중요한 소비자들이고 그중 일부만 흡수해도 말보로 성장세는 꺾인다. 그런데 너무 충성도가 강한 브랜드였다. 우리 팀은 '눈알만 파먹자'와 '강한 우군이 필요'하다고 판단했다. 우군을 찾으려고 20~30대 소비자와 관련된 환경 분석과 소비자 조사를 했다. 당시 한국은 영화 전성기였다. 천만 관객을 기록한 대박 영화들이 터져 나왔다. 배우뿐만 아니라 영화감독들도 인기가 치솟았다. 그래서 영화를 좋아하는 사람들을 타깃으로 경쟁 브랜드 시장을 조금만 먹자는 목표를 세웠다. 신규 브랜드에 최종 병기를 하나 장착하기로 했다. 전문가들의 추천을 거쳐 왕가위 감독이 결정되었다. 왕 감독은 〈화양연화〉, 〈중경삼림〉 등으로 글로벌 팬덤을 확보한 스타 감독이다. 그를 섭외하기 전에 먼저 시장조사를 했다. 경쟁 브랜드를 이용하는 소비자들 대상의 정량 조사였다. 담당 과장이 한 달쯤 지나 조사 결과를 가지고 왔는데 얼굴이 어두웠다. 두툼한 보고서를 내놓기에 직접 말로 하라고 했다.

"부장님, 결과가 별로입니다."

"구매 전환 의향률이 얼만데?"

"20퍼센트밖에 안 됩니다."

"그게 현재 경쟁 제품 이용자 중에서 나온 숫자야?"

"네."

순간적으로 어이가 없었다.

"그래? 그럼 예상 점유율과 브랜드 스위칭율이 얼마야?"

과장이 또 꼬리를 마는 대답을 했다.

"그건… 경쟁 제품 충성도가 워낙 높으니까요."

"20퍼센트면 실제 한 번은 사볼 사람을 그중 20퍼센트로 보고 그럼 경쟁 제품 이용자 중 4퍼센트, 거기에 그 뒤로도 계속 구매할 경우를 또 20퍼센트로 보면 0.8퍼센트네. 이게 작아?"

과장은 작은 눈을 껌뻑거리며 되물었다.

"0.8퍼센트면 작은 거 아닙니까?"

"0.8퍼센트는 경쟁 제품 순잠식률이야. 추정대로만 하면 0.8퍼센트가 오는데 그게 작아? 이거 굿 뉴스네. 왕가위 모델료 뽑아보고 대행사 연결하자고."

아! 니체는 말했다. 존재는 없고 해석만이 있을 뿐이라고. 마찬가지로 숫자 뒤에는 해석이 있다. 그런데 해석은 과학이 아니라 '6ㄲ' 중 깡, 끼에 해당하는 기질과 태도에서 나온다. 트리플 A형 과장은 0.8퍼센트, 이 숫자의 의미를 소심하게 읽었다. 그의 말을 그대로 믿었다면 회사는 큰 손실을 볼 뻔했다.

차별화의 함정

이번엔 KT&G 미래팀장 시절인 2012년 무렵의 일이다. 옆 부서에 좀 튀는 브랜드 매니저 J가 있었다. 30대 초반의 그는 브랜드를 출시해본 적이 없다. 옆에서 보니 이태원을 다람쥐처럼 들락날락했다. '클러버(clubber, 클럽을 다니는 사람)용 브랜드를 개발하려나?' 했는데 물어보니 게이 바에 다니면서 그들을 경험하는 중이라고 했다. 나도 홍대 앞, 이태원은 꽤 다녔고 게이도 몇 명은 안다. 흥미가 동해서 왜 하필 게이냐고 물어봤다. 그랬더니 게이는 양성의 감각을 동시에 가지고 있어서 요즘 같은 유니섹스 시대의 감각을 선도한다는 것이었다. 유명한 패션 디자이너나 영화감독 중에 게이가 많다고도 했다. 일리가 있어 보였다. 그래도 확인차 물었다.

"크리에이티브한 게이가 많다고?"

"네."

"나도 그렇게 듣긴 했는데, 그런데 네가 만나는 게이들은 크리에이티브해?"

"모르겠어요. 좀 다르기는 해요. 게이라면 차별화는 확실히 될 것 같아요."

"양성 감각을 좋아하는 수요가 얼마나 될 것 같은데?"

"게이가 전체 인구의 0.1퍼센트 수준이고 그중 흡연자가 30퍼센트라고 치면 0.03퍼센트 정도 되려나요? 거기에 호기심을 가진 유니섹스 수요를 더하면 좀 되지 않을까요?"

"그런데 게이 제품을 우리 회사가 내면 좋은 이미지가 더해질까? 게다가 수요가 거의 없어 가격도 꽤 올려야 타산이 맞을 것 같은데."

"그건 아직 생각 안 해봤는데요. 선배들이 무조건 차별화되는 제품을 찾으라고 해서…."

J는 그 뒤 이태원을 더 다녔는데 결국 프로젝트를 접고 말았다. 시장도 작고 KT&G 중역 중에 게이를 만나거나 좋아할 사람은 거의 없었을 테니까 쉽지 않았을 것이다. 그놈의 무조건적인 차별화 맹신이 그렇게 헛수고를 만들었다. 잭 트라우트는 한국 언론사 주최 포럼 강연에서 "차별화하라, 그렇게 하지 않으면 죽는다(Differentiate or Die)"고 극단적으로 말했다. 그가 예시한 성공 사례들만 들으면 뽕 가지만, 실제로는 꼭 그렇지도 않다. 차별화는 물론 필요한 전략이지만 소비자의 보편적 욕구를 무시하면 J가 '창의적인 게이들'이라는 덫에 빠진 것처럼 모난 판단을 하기 쉽다. 닭고기 수프와 흰 국물로 잠깐 대히트를 쳤던 팔도라면의 꼬꼬면은 1년도 안 돼 소비자가 찾지 않는 제품이 되어버렸다. 한국인은 워낙 얼큰한 것, 소고기 국물

을 좋아하니까. 팔도라면이 추가로 생산라인 증설을 안 했기에 망정이지 큰일날 뻔했다. 차별화라는 깃대도 보편성의 바다에 세워야 한다. 보편성의 바다란 소비자 인식, 즉 유용함의 카테고리를 말한다. 그 안에 들어가지 않으면 차별화도 소용없다.

Quiz 6

차별화의 함정에 빠진 국내 사례가 있다면 무엇일까? 차별화는 사회적 차원에서 보면 자원의 중복 투자, 소비자 오용 등 부작용도 많다. 그러나 이러한 사실은 종종 간과된다.

다음은 최문규 광고학 교수가 온라인 매거진 《매드타임스》에 게재한 글이다. 차별화의 문제와 가능성을 잘 지적하고 있다.

러시아 작가, 빅토르 쉬클로푸스키는 '낯설게 하기(defamiliari-zation)'라는 개념을 제시했다. 광고에서도 이런 기법을 쓴다. '이마트 국민 와인 프로젝트'에는 농촌 마을의 노인 분들을 등장시켜 천연덕스럽게 와인을 즐기고 와인을 이야기하는 모습이 나오는데 좀 낯설다. 마지막 부분에서 노인 분들이 외치는 "Wine is Normal"은 압권이다. 이처럼 '낯설게 하기' 방식은 적절하게 이용하면 광고에서도 다른 브랜드와의 차별화를 꾀하면서 참신한 충격을 줄 수 있다. 하지만 조심해야 할 점이 있다. 잘못 활용되면 '낯설게 하기'는 소비자들에게 외면당하고 그야말로 낯설어질 수가 있다. 1980년대에 미쓰비시의 '미라쥬' 자동차 광고가 그렇다. 이 브랜드는 '목도리 도마뱀'이라는 특이한 비주얼 소재를 이용해 대대적인 광고를 전개했다. 그러나 소비자들의 반응은 냉랭했다. "도대체 미라쥬와 목도리 도마뱀이 뭔 상관이지?" 데이비드 오길비도 젊은 시절, 멋모르고 차별화를 외칠 때가 있었다고 한다. 그때 한 선배가 다음과 같이 충고했다. "자네가 차별화만을 주장하고 싶다면, 아침마다 출근길에 양말을 입에 물고 나타나게. 그러면 당신은 회사에서 확실하게 차별화될 테니까."

공감으로 가는 문

그래픽 노블 중에 《아스테리오스 폴립》(데이비드 마추켈리)이 있다. 페이퍼 아키텍트(종이 위의 건축가)로서 늘 튀는 말과 행위로 주목을 끌던 주인공 아스테리오스 폴립의 이기심과 독단에 실망해 그와 결혼하려던 연인은 멀리 떠난다. 결국 모든 것이 엉망진창이 된 주인공은 조용한 곳에 은거해 사는 연인을 찾아가고 거기서 그녀의 진솔하고 따뜻한 태도에 위안을 받는다. 상을 많이 받은 이 작품에는 차별화 요소는 별로 없다. 대신 모두가 공감할 아픔과 위로가 있다. 차별화 반대편에는 이런 '공감'이 있음을 먼저 기억해야 한다.

마케팅을 설명하는 유명한 격언이 있다. "반 발자국만 앞서가라. 한 발자국을 앞서가면 뽕망치에 맞는다." 이걸 '중간 불일치 효과(moderately incongruity effect)'라고 한다. 변화가 없으면 주목하지 않고 반대로 너무 다르면 거부해버리는 사람들의 심리를 뜻한다. 마켓컬리,

알라딘 중고서점, 타다 등은 그런 점에서 어떤가? 새벽 배송은 모두가 군침 흘리는 시간 차별화 시장이지만 리스크가 많은 분야라서 전부 꺼렸는데 투자회사 출신인 김슬아 대표가 승부를 걸어 질주하고 있다. 새벽 배송은 환경이나 안전 면에서는 좀 문제가 있는 사업이지만(2020년 기준 포장비만 785억. 매출의 27.5퍼센트) 바쁜 소비자 편리 욕구에서는 반 발자국만 간 것이 맞다.

Quiz 7

지금은 배송 주도 시대다. 네이버, 카카오, 쿠팡, 우아한 형제들, 이 '네.카.쿠.우 브라더들'이 시장과 우리 일상을 지배한다. 이들로 인해 ①AI 분류 ②소비자의 남는 시간을 이용한 OTT 산업 ③실내 조경사업 ④골목상권 재부상 ⑤명상, 비만 치료사업 ⑥포장재 리사이클링 등이 예상된다. 그런데 이 중에 해당하지 않는 게 있다. 몇 번일까?

출판시장에서 서점은 다양한 차별화로 승부를 걸고 있다. 30대 워킹 여성들 타깃 블로깅에 맥주와 커피를 팔고 저자 직강 등으로 인기를 끌었던 북바이북, 네트워킹과 강남 아줌마들이 좋아하는 유명 저자 직강 프로그램을 결합한 최인아 책방, 조수용이 사운즈 한남에 연 라이프스타일 북 서점 그리고 현대카드가 고가의 디자인 전문서점을 한시적으로 오픈한 타셴 등이 그런 서점들이다.

일본에는 책을 한 권만 지정해서 파는 서섬, 책 표지를 가리고 전시하는 서점 등도 있다고 들었다. 책 안 읽는 시대에 훌륭한 시도들이다. 이들이 한발 앞서간 서점들이라면 알라딘 중고서점은 반 발자국만 앞서간 차별화 사례다. 책이 많으면 점점 공간을 차지한다. 그 책을 처분하면 적지만 얼마간의 수익도 되고, 반면 구매자 입장에서는 구하기 힘든 중고서적을 비교적 싼 값에 살 수도 있다. ESG 경영 관점에서도 리사이클링 효과가 크다. 또한 이 경험은 청계천 중고서점에서 유래한 것이니 검증된 모델이다. 빵 터지는 양말 굿즈(주홍 양말, '난장이가 쏘아 올린 양말', '노인과 양말' 등)도 판다. 이와 유사한 모델이 소프트웨어 기반의 지역 중고제품 거래 마켓인 당근마켓이다. 회사도 좋고 소비자도 좋고 지구에도 좋다.

그럼 '없는 가게' 카테고리는 어떨까? 포장이 없는 가게다. 사실 '없는 가게'는 2020년 서울혁신파크에서 6개월간 한시적으로 운영했던 무포장 가게다. 일단은 여러 가지 이유로 문을 닫았는데 가능성은 더 두고 봐야 할 숍 형태다. 중소벤처기업부 지원으로 주인이 없는 심야 무인샵 실험도 일부에서 진행 중이다. 유럽의 실험이나 자판기를 떠올려볼 수 있는데 24시간 일해야 하는 주인의 피로를 풀어주면서 심야 고객을 위한다는 점에서는 긍정적이다. 그러나 아직은 한 발자국 나간 것으로 보인다. 가게에서 주인은 단순히 판매상을 넘어 감시자+상담자+진열 디자이너인데 무인샵에 설치된 감시 카메라로 해결이 될지는 미지수다. 쏘카의 타다는 서비스 차별화 포인트가 반 발자국 앞서간 것이어서 인기가 많았다. 이상한 담합과 규제 때문에 도태되고 말았지만, 마케팅은 좋았다.

Quiz 8

다음 아이디어들은 반 발자국 앞서간 것일까, 한 발자국 앞서간 것일까?

- 로봇 아내 또는 일회용 남편 대출업
- 캠퍼스 없는 글로벌 대학교
- 냉장고 없는 키친 시스템
- 전기와 화학제품 안 쓰는… 그래서 신용카드 결제가 안 되는… 비전화(非電化) 카페
- 녹색 카레 또는 붉은 소주
- 공동 주방
- 아파트 차량을 50퍼센트 처분하고 아파트 내 공유 차량 제도 도입
- 청년 주택난 해소를 위해 독거노인 아파트 셰어하우스 비용을 서울시가 임대인에게 50퍼센트 지원
- 디지털 정당
- 선거에서 20~30대 투표는 1.5표로 가중 처리하는 제도 도입
- 40세 미만의 주니어 국회와 40세 이상의 시니어 국회로 분리
- 중복 조기교육 문제로 인해 초등학교 과정 2년 단축
- 서울시가 주말 차 없는 거리 5~10개 추가 실행

05

세상을 바꾼
MCN 아이디어들

MCN은 내 책《저부터 MCN이 될래요》에서 쓴 의미로, 미친놈의 이니셜이다. 꿈, 깡, 끼, 꼴, 끈, 꾀 6 'ㄲ'를 가지고 놀라운 기획력과 꾸준한 실행력으로 세상을 바꾼 사람이 MCN이다. MCN은 또한 의미(meaning)를 추구하며, 도전과 변화(challenge&change), 자기만의 기준(norm)을 가진 사람이다. 100여 년 마케팅 역사에는 MCN 마케팅 사례가 참 많다. 그 기발한 아이디어들은 세상을 바꾸고 꽉 막힌 우리네 생각도 틔워주었다. 예술가 집안에서 성장한 아이는 예술가가 될 확률이 높은 것처럼, 마케팅 아이디어들을 평소 눈여겨보면 우리 뇌도 더 말랑해진다. 이번엔 머리를 편하게 열고 그냥 그들의 세계를 보도록 하자. 책의 글자만 보지 말고 당시 상황을 상상해보는 것도 즐거울 것이다.

역발상

뚱뚱하고 빨간 옷에 푸짐한 흰색 수염의 12월 할아버지는 누구?
예스, 산타클로스. 그런데 이분의 모습이 원래부터 그랬던 것은 아
니다. AD 3세기 무렵 소아시아의 성인이었던 니콜라우스(키가 크고 마르
고 당나귀를 타고 다녔던)를 코카콜라가 1931년에 겨울 판매를 위해 현재의
모습으로 꾸민 것이다.

당시까지만 해도 산타클로스의 모습은 나라마다 다양했고 기념
하는 방식과 날짜도 달랐다. 이름도 생트 헤르, 페르 노엘, 크리스
크링글, 크리스마스 파더 등 다르게 불렸다고 한다. 산타클로스 광
고 이미지도 꼬마 요정에서부터 장난꾸러기 요정, 싸움꾼 난쟁이 등
나라마다 차이가 있었다.

청량음료라 겨울엔 판매가 부진할 수밖에 없었던 코카콜라는 겨
울 판매량을 늘리기 위해 고심하다가 겨울과 밀접한 상징인 산타클
로스를 발견했다. 광고를 담당했던 사람은 미국의 화가 헤든 선드블
롬. 인자한 인상에 코카콜라의 거품과 로고를 연상하게 하는 흰색
수염에 빨간색 외투를 입은 산타클로스의 이미지를 디자인했다.

이 산타클로스는 1931년 〈새터데이 이브닝 포스트〉라는 주간지
를 통해 처음 소개되었다. 헤드 선드블롬은 친구를 모델로 해서 그
리다가 친구가 죽고 난 후에는 자신의 모습을 응용해 산타클로스를
그렸다. 이렇게 창조된 산다클로스는 코카콜라가 세계적으로 전개
한 글로벌 마케팅에 힘입어 '세계인의 산타'로 자리 잡는다.

코카콜라 광고에는 북극곰도 나온다. 1993년에 첫선을 보였고,

2013년 초에는 영국 감독인 리들리 스콧이 북극곰 가족의 새로운 친구로 '스노 폴라 베어(Snow Polar Bear)'를 등장시켜 우정을 강조했다. (이상의 내용은 '인터브랜드'에서 부분 발췌) 대중적인 음료 브랜드 하나가 세상의 문화 코드와 상징, 캐릭터, 라이프스타일을 바꿔놓은 것이다.

Quiz 9
놀부보쌈의 놀부, 진로의 두꺼비, 한국 야쿠르트의 야쿠르트 아줌마 등은 이미지를 바꿀 혁신적인 방법이 없을까?

자, 이제는 엘리베이터 이야기를 해보겠다. 당신이 처음 엘리베이터를 만든 제조회사 사장이라고 가정해보자. 엘리베이터를 만들기는 했는데 속도가 너무 늦다. 처음에는 신기해하던 이용자들이 점점 속도 개선을 요구한다. 엔지니어들도 그래야 한다고 맞장구친다. 그런데 시일도 걸리고 비용도 많이 든다. 당신이 경영자라면 어떻게 하겠는가? 최초의 엘리베이터 제작사인 오티스는 엘리베이터 내부에 거울을 부착함으로써 간단하게 그 문제를 풀었다. 사람들이 거울을 보면서 속도를 덜 자각한 것이다.

미국 경제학자 아서 브라이언은 혁신의 정의에 대해 "기존 업무를 새로운 가능성의 영역에서 재표현하고 재영역화하는 것"이라고 했다. 엘리베이터 제작사인 오티스는 기술 영역을 심리 영역으로 재영역화해 성공한 것이다. 시간은 두 개의 모습을 지녔다고 한다. 바로 실제로서의 연대기적 시간인 크로노스의 시간과 기회의 시간인 카이로스의 시간이다. 위의 사례에서 오티스는 크로노스의 시간에 대한 고객들의 불만을 카이로스의 시간 개념을 이용해 멋지게 해결해 냈다. 이처럼 재영역화와 두 개의 시간 개념을 잘 활용하면 도시 문제의 새로운 해법을 찾을 수 있다.

도시의 도로는 늘 막힌다. 자동차 이용자들은 불만이 많다. 대안으로 도로를 넓히고 차 안에서 즐길 거리를 갖춘 차를 만들 수 있다. 전자는 토목업자 시각이고 후자는 카이로스 시간 개념을 쓴 것이다. 그러나 문제는 여전히 남는다. 탄소 문제다. 여기에 재영역화 개념을 도입하면 재택근무 확대와 차 없는 거리 조성을 생각할 수 있다. 전자는 코로나19를 맞아 많은 기업에서 시행해 효과를 보고 있는 방법이고, 후자는 프랑스 파리의 안 이달고 시장이 추진해서 호평을 받고 있는 대안이다.

요즘 도시인들은 생수를 많이 먹는다. 집집마다 정수기 한 대씩은 있다. 그런데 1990년대만 해도 생각지도 못했던 일이다. 물을 사서 마시다니? 그러다가 1990년대에 서울시의 물이 안 좋다고 해서 정수기 판매 사업이 시작되었다. 웅진코웨이가 선두였다.

그러나 정수기가 100만 원이 넘는 고가여서 고객들의 불만이 많았고 잦은 고장으로 민원도 많이 올라왔다. 회사로서는 존폐가 걸린 골칫거리였다. "가격을 내리자", "수백억 들여서라도 성능을 높이자" 등의 대안이 나왔다. 물론 이런 방법으로도 문제는 풀 수 있겠지만 놀라운 혁신은 아니다. 웅진코웨이는 최종적으로 정수기 렌트를 결정했다. 그리고 빅샷인 코디 제도를 실행했다. 코디들이 집집마다 다니면서 고장 난 정수기를 고쳐주고 수다도 떨면서 친구도 해줬다. 코디가 판매사원 역할도 해서 웅진코웨이 전체 브랜드 판매에 큰 시너지 효과를 가져왔다.

이게 혁신이다. 문제를 풀면서 새로운 시장을 만들어낸 창발적 사고. P&G의 전략가인 로저 마틴은《생각이 차이를 만든다》에서 이를 '통합적 사고'라고 표현한다. 통합적 사고는 한 가지 문제만 푸는데 집중하느라 또 다른 문제를 야기하는 것이 아니라 여러 문제를 통합적으로 풀어서 오히려 기회를 만드는 사고를 말한다. 지금 잘나가는 회사 사장님들께서는 영업 데이터만 보고 회사가 정상적으로 잘 돌아가고 있다고 믿겠지만 이렇게 놓쳐버린 기회 손실들이 엄청날 것이다. 다 자본과 비혁신적 근면함으로 막고 있을 뿐이다.

Quiz 10
요즘 그림이 비싼 데다가 안 팔려서 화랑과 화가들은 수입이 없고 일반 서민과 소상공인들, 벤처 회사 등은 집과 상점, 사무실에 그림 한 점이 없다. 어떻게 하면 이 문제를 혁신적 사고로 풀 수 있을까?

Quiz 11
스마트폰, 넷플릭스, 온택트, 메타버스 이용으로 지자체 도서관을 찾는 사람들이 감소하고 있다. 이 문제를 어떻게 풀면 좋을까?

인간은 유희적 동물이다. 그리고 카이로스의 시간을 산다. 이를 이용해 세상을 바꾼 재미난 마케팅이 있다. 바로 '데이 마케팅(Day-

Marketing)'이다. 지루한 일상에 점을 찍고 기업들 매출도 풀어주는 즐거운 사례. 과거엔 24절기에 따른 명절이나 성탄절, 불탄절 등으로 잔치 마케팅을 했다면 현대는 숫자와 기념일을 유머러스하게 연관시켜 기념일 상품을 판다. 밸런타인데이, 화이트데이, 블랙데이, 빼빼로데이, 삼겹살데이… 심지어 브라데이(Bra Day. 11월 8일의 8을 눕히면 'loo1', 브래지어를 닮았다고 해서)까지 있다. 축제도 일종의 데이 마케팅이다. 우리의 심심한 일상이 이들 기념일로 인해 깨어난다. 빼빼로데이의 경우는 하루에 연 매출의 40~60퍼센트가 팔린다.

미국의 블랙프라이데이나 사이버먼데이, 중국 알리바바가 타오바오몰에서 하는 광군절(光棍節)은 대박 데이 마케팅이다. 광군절은 중국에서 11월 11일을 가리키는 말로, 독신절(솔로데이)이라고도 한다. 1990년대 난징시 학생들이 11월 11일에 솔로들을 위해서 붙인 이름이다. 광군(光棍)은 중국어로 홀아비나 독신남 또는 애인이 없는 사람을 뜻한다. 숫자 '1'의 모습이 외롭게 서 있는 사람 모습과 비슷하다고 해서, 솔로를 챙겨주는 문화로 확산한 것이다. 혼자를 의미하는 '1'이 두 개가 겹친 1월 1일을 소(小)광군절, 세 개인 1월 11일과 11월 1일은 중(中)광군절, 4개가 겹친 11월 11일은 대(大)광군절이라고 부르고 젊은 층의 소개팅과 파티, 선물 교환 등이 미친 듯이 일어난다. 데이 마케팅 발상을 하려면 인류학과 축제, 역사를 공부해야 한다.

Quiz 12
한국 역사의 큰 별인 단군, 세종, 이순신 장군을 기념하는 행사는 있지만 데이 마케팅은 없다. 가능성이 없을까?

영국에서 시작된 코스프레는 유명한 전쟁 캡틴들을 기념하고 모방하는 데서 출발했다. 핼러윈(halloween)은 켈트인의 전통 축제 '사윈(samhain)'에서 기원했다. 켈트족은 한 해의 마지막 날이 되면 음식을 마련해 죽음의 신에게 제의를 올림으로써 죽은 이들의 혼을 달래고 악령을 쫓았다. 이때 악령들이 해를 끼칠까 두려워한 사람들이 자신을 같은 악령으로 착각하도록 기괴한 모습으로 꾸미는 풍습이 있었는데, 이것이 핼러윈 분장 문화의 원형이 되었다. 우리는 할로윈데이 대신 동짓날에 팥죽도 나누어 먹으며 '깨비데이' 마케팅을 하면 멋질 것 같다. 이 마케팅을 시작한다면 어느 산업 또는 어느 지역이 적당할까?

사회를 바꾼 굿 캠페인

뉴욕대학 환경학과 교수인 제니퍼 자케가 쓴 책 《수치심의 힘》을 보면 참치잡이 어선에 돌고래가 죽어 나가자 시민단체와 소비자들이 참치 안 먹기 운동을 벌이고, 파괴되는 숲을 보존하고자 숲 안 가기로 기업을 압박하는 등 소비 행동을 바꾸는 사례가 많이 나온다. 요즘 유럽의 셀럽들은 비행기 타는 것을 부끄러워하는 캠페인을 하고 있다. 이러한 행위들은 모두 '굿 캠페인(Good Campaign)'이다. 유한킴벌리는 수십 년간 '우리 강산 푸르게 푸르게' 캠페인으로 수백만 그루의 나무를 심어 녹색 한국을 만들었다. 기업의 '굿 캠페인'은 이처럼 사회에 긍정적 가치를 더하는, 부드러운 행동 유도 캠페인이다.

한국이 국가 부도를 선언하던 1998년, 멀리 대륙 너머 더바디샵 아니타 로딕 사장은 '자아 존중 고취' 캠페인을 통해 화장품 산업이 터무니없는 미의 기준을 내세우고 있다며 과장 광고 근절을 선포했다. 그러고는 '루비 캠페인'을 진행했다. 풍만한 몸매의 루비를 프린트한 포스터를 전 세계 더바디샵 매장에 거는 것으로 여성들에게 외모로부터의 자유를 선물한 것이다. 포스터에는 "전 세계에는 슈퍼모델 같은 몸매를 가진 8명의 여자와 그렇지 않은 30억 명의 여자가 있다"고 쓰여 있었다. 슈퍼모델 8명을 오히려 괴물로 본 것이다. 사실 평균율의 법칙에 비추어보면 8명의 그녀들은 돌연변이다. 30억 명의 여자들에게는 멋진 돌직구. 이런 돌직구 사고에서 굿 캠페인이 나온다.

아니타 로딕은 "기업가는 스토리텔러여야 하며, 다른 북소리에 맞춰 행진하는 사람"이라는 멋진 말도 남겼다. 우리는 살면서 다른 북소리에 얼마나 귀 기울일까! 아니타 로딕은 "정치나 종교보다 기업이 더 사회를 바꿀 수 있다"는 신념을 갖고, 지구와 인류를 위한 철학을 실행에 옮긴 MCN 기업가였다.

진, 선, 미는 전통적으로 우리가 추구해온 가치의 순서인데 언제부터인가 세상은 점점 미(美) 제일주의로 쏠리기 시작했다. 상업화된 미에 대한 반란은 이번엔 비누를 통해 이어졌다. 2004년 유니레버 도브는 10개국 3,200명의 여성을 대상으로 설문조사를 했는데, 자신은 아름답지 않다고 생각하는 여성들의 비율이 꽤 높았다. 50~64세 여성들의 91퍼센트는 노년의 미에 대한 사회 인식을 바꿔야 한다는 응답을 했다. 당연한 조사 결과인데도 도브는 생각을 전환해 그 요구를 받아들였고 '리얼 뷰티(Real Beauty)' 캠페인을 전개했다. 조사 결과 10명 중 4명만 자신의 곱슬머리를 사랑한다는 응답을 했다. 도브는 이에 착안해 비디오 광고를 제작했다. "너의 곱슬머리를 사랑해라"로 시작하는 광고 내용은 "자신의 주변 사람들이 곱슬머리를 좋아할 때, 소녀들이 자신의 곱슬머리를 사랑할 확률이 7배나 크다고 합니다"로 마친다. 이 광고는 1,000만 이상의 뷰를 기록했다. 유럽 여성들이 외모를 별로 꾸미지 않는 것은 이러한 기업들의 캠페인 영향도 있을 것이다. 반면 한국은 지금 어떤가? 남자들도 화장한다.

일회용 제품이 많은 요즘 중고 재활용 운동도 굿 캠페인이다. 이런 굿 캠페인을 사업 모델로 해 성공한 기업이 있다. 당근마켓이 저가 용품 위주의 거래 플랫폼이라면 이 기업은 중고 고가 명품을 거래한다. 'TTimes'에 따르면 미국의 중고 명품 거래 업체인 더리얼리얼(The Real Real)은 여러 산업의 중고 명품을 매년 1조 원씩 거래하는데 2020년까지 1,700만 건의 거래가 성사되었다. 명품 가격을 높인다는 일부 비난도 있지만 이를 통해 그동안 8억 2,700만 리터의 물과 1만 7,023톤의 탄소가 절감되었다. 수백 명의 전문가 일자리도 창출했다.

파타고니아! 이 회사는 소비자를 보고 사업하지 않는다. 맘 지구를 보고 사업한다. 쿨하고 핫하며 늘 우리의 사고를 깨준다. 이 빅샷 기업으로 인해 마케팅의 지평도 넓어졌다. 원래 파타고니아는 남미에 있는 거대한 지역이다. 마젤란 일행이 그곳에 갔다가 파타곤, 즉 거인들의 땅이란 뜻으로 이름을 붙인 곳이다. 파타고니아의 창업자인 이본 쉬나드는 오지 탐험가이자 등반가다. 당연히 파타고니아를 여행했을 것이다.

1973년에 설립된 아웃도어 의류 회사 파타고니아는 유기농 면으로만 옷을 만들고, 매출의 1퍼센트를 환경 단체에 기부한다. 2007년 미국 경제 전문지 〈포천〉은 지구에서 가장 '쿨'한 기업으로 이 회사를 꼽았다. 혹시 당신은 해어진 옷과 신발을 기워 입고 신는가? 그건 1970년대의 촌스러운 이야기라고? 파타고니아는 2011년 〈뉴욕타임스〉에 신제품 재킷 사진 위에 "필요하지 않다면 이 재킷을 사지 마라(Don't buy this jacket unless you need it)"는 내용의 광고를 실어 큰 화제를 불러일으켰다. 그리고 대신 중고 제품을 권했다. 창업자 이본 쉬나드는 허름한 스웨터에 밑창이 너덜너덜한 스니커즈를 신고 무대에 올라서서 나직한 목소리로 말했다.

　따지고 보면 친환경 제품은 없습니다. 물건을 생산하고 소비하는 과정 자체가 지구에 나쁜 영향을 줍니다. 인간은 유한한 자원을 낭비하는, 지구상에서 가장 유해한 종(種)입니다. 위험에 빠진 지구를 구하려면 어떻게 해야 할까요. 제품 자체를 생산하지 않아야 합니다. 그게 안 된다면, 적게 쓰는 것이 답입니다. 우리는 별로 필요도 없는데도 물건을 삽니다. 우리는 새 재킷을 사라고 마케팅하는 대신 반짇고리를 내놓았습니다. 중고 재킷을 수선해 입으라는 의미입니다. 중고 제품을 쓰도록 하는 것은 지구를 위해 기업이 할 수 있는, 아주 책임감 있는 행동 중 하나입니다.

　쉬나드 회장은 "우리의 사명은 과소비가 쿨하지 않게(uncool) 느껴지도록 하는 것"이라고 말한다. 그러면서 환경 파괴의 주범인 과소비를 없애고 단순하게 살라고 권한다. 또 과학자들과 지속적으로 의견을 나누며 2050년까지 인간의 자원 사용량이 현재의 5배까지 늘어날 것이라고 경고한다. 그는 환경 문제의 근원이 연평균 10퍼센트 성장을 끝없이 추구하는 기업들에게 있다고 본다. 실제로 상장기업은 매년 15퍼센트씩 성장해야 한다는 목표 아래 필요하지도 않은 수요를 자극한다. 그래서 마케팅 진법도 독하게 쓴다. 노스페이스, 컬럼비아 등이 유기농 면을 쓸 수 없는 것은 상장기업이기 때문이다.

쉬나드는 '건강한 성장'과 '뚱뚱한 성장'을 구분한다. 그리고 "뚱뚱한 비즈니스에선 빨리 성장할수록 빨리 죽는다"면서 "이는 장기적 계획에 집중하지 못하기 때문"이라고 말한다. 그는 의사결정을 할 때 지금부터 100년 후를 기준으로 삼고 "지옥은 제품이 아니라 광고로 경쟁하는 것"이라고 말한다. 또 말보로가 카우보이를 내세워 광고하는 것은 조작이라고 했고, 샌프란시스코 아웃도어 매장에 아시아 사람들이 붐비는 것은 제품이 아니라 로고를 사려는 수요라고 평가 절하했다.

쉬나드가 환경 문제에 관심을 갖게 된 계기는 파타고니아 설립 이전에 등산 장비를 생산하던 시절로 거슬러 올라간다. 그는 자신이 생산하는 암벽 등반용 강철 피톤이 암벽을 망가뜨리는 것을 보고 암벽을 훼손하지 않는 대체 장비인 알루미늄 쐐기를 개발한다. 그 후 '클린 클라이밍'의 중요성을 강조하는 전도사가 됐고, 알루미늄 쐐기 판매는 급증했다. 환경에 대한 그의 관심은 20년 뒤 파타고니아의 독특한 사명 선언문으로 표현되었다.

우리는 필요한 제품을 최고 품질로 만들고, 제품 생산으로 환경 피해를 주지 않으며, 환경 위기 극복을 위한 해법을 찾아 널리 알리고 실천한다.

파타고니아 직원들은 특히 사명감이 높다. 그들이 열심히 일하는 이유는 일을 사랑할 뿐 아니라 그 일을 통해 세상에 기여할 수 있다고 생각하기 때문이다. 탐스슈즈 창업자 블레이크 마이코스키, 더바디샵 창업자 아니타 로딕도 자신이 존경하는 경영자를 단연 MCN 사업가 이본 쉬나드로 꼽는다.

Quiz 13
파타고니아가 최근 맥주 산업과 포크(pork) 사업에 뛰어들었다. 왜 그랬을까?

Quiz 14
먹방 브이로그 세상이다. 당신이 만일 셰프라면 또 귀농한 농부라면 이본 쉬나드의 철학을 어떻게 당신 일에 적용할지 생각해보라.

다른 시례. 우리는 사진을 찰칵 씩을 때 본능적으로 웃는다. 그런데 잠깐, 내가 방금 '본능적'이라고 했나? 땡, 그건 내 실수다. 그것은 본능이 아니다. 훈련된 것이다. 원래 사람들은 사진을 찍을 때 화석처럼 굳어 있었다. 톨스토이 사진이나 카메라 초창기 사진들을 보라. 절대 웃지 않았다는 것을 알 수 있다. 톨스토이는 심지어 사진이 자신의 영혼을 뺏어간다고 믿었다. 1920년대 미국 학생들 졸업 앨범을 보면 다 굳은 얼굴이다. 왜 그랬을까? 레퍼런스 효과 때문이다. 전문가들은 그 아이들이 귀족들 초상화에서 근엄 뻣뻣한 포즈를 레퍼런스로 배운 때문이라고 해석한다.

귀족들 초상화 얼굴은 늘 근엄했다. 그러다가 1960년대에 와서 확연히 바뀐다. 모나리자의 미소보다 더 많이들 웃고 있다. 본능이 아닌 무언가 영향을 미쳤다는 증거다. 그게 뭘까? 코닥필름이다. 필름 제조사인 코닥필름은 사람들이 기념일에만 사진관에 와서 사진을 찍는 것이 판매 부진의 원인이라고 생각했다. 그래서 아이디어를 짜냈다. '늘 웃고 웃는 사진을 남기라'며 일상을 카메라에 담는 캠페인을 했다. 웃으면 뇌도 행복해져 사진 찍기에 대한 좋은 기억을 갖게 된다. 덕분에 지금 우리는 카메라만 들이대면 "치~즈, 김~치" 하며 웃는 웃봇이 되었다.

드문 경우이기는 하지만 요다 브랜딩이라는 것도 있다. 스타워즈에 나오는 지도자 요다에서 온 이름이다. 이 브랜딩은 하나의 신조를 선택하고 그것에 기반한 시장 선언을 한다. 오프라 윈프리는 본인 자체가 브랜드로 대표적인 요다 브랜딩 사례다. 분노한 여성들이 신조를 선언하는 블랙 위도우 스파이더나 샤넬의 뱀프 스타일 선언 등도 마찬가지다. "나는 소중하니까"라고 외치며 이혼도 불사하게 했던 염색제 로레알도 요다 브랜딩의 일종이다.

콘텐츠 마케팅의 원조들

진법 마케팅은 오래 남는 콘텐츠도 만든다. 이들 중 어떤 것은 사전보다도 강력하다. 2019년 2월 초, 친구가 2·8 독립선언을 기념한다며 시낭송회를 한다고 해서 종로 태화관 빌딩에 갔더니 133시간을 얼음 위에 서 있었다는 분이 나왔다. 133시간 동안 얼음에 서 있어야 할 이유를 모르겠다('미친 거 아냐?')는 듯 전부 멀뚱하니 보다가, 사회자가 그분이 기네스북에 등재되었다고 얘기를 하자 객석에서 비로소 와! 하며 박수가 터져 나왔다. 기네스북의 위엄이다.

기네스북은 브리태니커가 아니라 영국 맥주 회사가 만든 기록 책이다. 이 책을 만든 사연엔 우연과 호기심, 사업적 노림수가 있다. 1951년 11월 10일, 기네스(창업주 이름 '아서 기네스') 양조 회사 사장인 휴 비버 경은 아일랜드의 강변에서 새 사냥을 했는데, 골든 플로비라는 물새가 너무 빨라 한 마리도 잡지 못했다. 그 새가 유럽에서 가장 빠른 새일지도 모른다고 생각했으나 이를 확인할 수 있는 자료가 없었다. 사업 감각이 있었던 그는 세계 최초, 최대, 최고 등을 가리는 의문들이 술집 주당들 사이에서 숱하게 제기된다는 걸 알고 있었다. 그리고 그런 의문에 답을 주는 게 술집 영업에 유용할 것이라는 점에 착안해 책을 만들기로 했다.

3년 뒤 비버 경은 옥스퍼드대학 출신 맥허터 형제를 초대해 이 진기한 기록 책을 편집헤달라고 의뢰했나. 백허터 형제는 런던 신문 업계에 각종 기록과 수치를 제공하는 기록광이었다. 형제가 편집과 제작을 맡고, 책 제목은《기네스북 오브 레코즈》로 정했다. 이후《기네스북》이라는 약칭으로 불렸다. 1955년 198쪽의 양장본에 사진과 그림을 곁들여 영국과 세계의 최고 기록들을 수록한 초판본이 출간되었고 곧바로 베스트셀러가 되었다. 2003년에는 무려 1억 부 판매를 돌파했다.

그런데 이상한 인간들이 이 책에 등재되기 위해 위험을 무릅쓰는 일이 자주 발생했다. 현재는 음식 먹기나 불면 실험, 최연소 출산 등의 행위는 등재하지 않는다. 휴 비버 경이 몰랐던, 가장 빠른 새는 무엇일까? 매다. 먹이를 보고 날 때는 무려 시속 320킬로미터. 그럼 가장 높이 나는 새는? 기네스북을 보시라.

이것보다 사업적으로 더 대단한 게 있다. 식당을 하는 사람들이 목을 매는 미슐랭 가이드다. 프랑스의 타이어 회사인 미슐랭(美. 미쉐린) 사에서 발간하는 여행안내서로 1900년 타이어 구매 고객에게 무료로 나눠주던 자동차 여행안내 책자에서 출발했다. 미슐랭 가이드를 만든 앙드레 미슐랭은 당시 내무부 산하 지도국에 근무했는데, 프랑스를 여행하는 운전자들에게 무료로 배포되는 여행, 식당안내서를 펴냈다. 미슐랭 가이드가 미슐랭 타이어 회사 부설 여행정보국에서 발간된 것은 앙드레 미슐랭이 세계 최초로 분리, 조립되는 타이어를 발명해 미슐랭 타이어 회사를 만든 에두아르 미슐랭의 친형이었기 때문이다.

발행 초기의 목적은 속칭 잔머리에서 시작되었다. 자동차를 이용한 여행 산업을 발전시킴으로써 동생의 타이어 산업을 지원하기 위해서였으니까. 그 정도 가려면 차가 필요하고 많이 달려야 타이어가 많이 팔리니까. 초기에는 타이어 정보, 도로 법규, 자동차 정비, 주유소 위치 등이 주된 내용이었다. 지금 핵심 콘텐츠가 된 식당 소개는 운전자의 허기를 달래주는 차원이었다.

가이드북이 해가 갈수록 호평을 받자 1922년부터 유가로 판매되기 시작했고, 이후 대표적인 식당 지침서로 명성을 날리게 되었고 100년의 세월 동안 엄격성과 신뢰도를 바탕으로 오늘날 '미식가들의 성서'가 되었다. 책 가격은 24유로^(2011년 기준), 매년 130만 부 정도_(그린 시리즈는 150만 부) 판매되고 있다.

미슐랭 하면 떠오르는 것이 하나 더 있다. 캐릭터 '비벤덤'이다. 온몸을 타이어로 감은 환자! 아니 남자! 비벤덤은 오갈롭이라는 필명의 화가가 제작했는데 맥주 회사 광고 캐릭터로 제안했다가 거절된 안을 수정한 것이다. 최초의 비벤덤은 이집트의 미라가 연상되는 요상한 캐릭터였다가 계속 바뀌었다. 초기의 비벤덤은 손에 술잔을 들고 있었고, 이 캐릭터를 따라다닌 문구는 로마의 시인 호라티우스의 〈송가〉에서 인용한 "Nunc est Bibendum^(지금이 마실 때다)"였다. 술과 타이어! 오, No. 비벤덤은 이탈리아에서는 맥주와 시가를 즐기는 카사노바 댄서로 이미지화되기도 했다. 시가를 물고 사교계를 전전하는 비벤덤은 거만한 귀족의 모습이었는데, 시가는 고가의 자동차를 구매할 수 있는 상류층을 유혹하는 액세서리였다. '비벤덤 의자'는 20세기 대표 디자인 제품 중 하나이며 2018년 10월 글로벌 마케팅·광고 콘퍼런스에서 '세기의 아이콘' 어워드를 수상했다. 미슐랭은 현재 글로벌 타이어 업계 2위 기업이다.

용도 변경

남이섬! 어느덧 전설적인 명소가 되었다. 코로나19 이전엔 연 300만 명이 찾았다. 남이섬에 가면 배에서 내리자마자 보이는 고풍스런 대문 현판에 '입춘대길'이라는 한자가 쓰여 있다. 그런데 잘 보면 한자가 '入春大吉'이다. 원래 '입'은 '설'립(立) 자인데, 실수일까? 아니다. 이 글자를 만든 강우현 소장에 따르면 이 한자의 뜻은 '춘천에 들면 큰 복이 온다'는 의미란다. 춘이 봄이 아니라 춘천이라는 지명을 가리키는 것이라 '들'입(入) 자를 썼다는 것이다.

오호! 초입부터 이렇게 발상이 다르고 자유롭다. 강우현 소장은 상상 망치를 휘두르는 사람이니까. 섬에 지천으로 보이는 것이 녹색 소주병이다. 보통은 '쓰레기'라고 생각한다. 그런데 땡. 그것이 아님을 남이섬 제작자들은 여실히 보여준다. 그들은 소주병을 녹이고 잘라서 벽 디스플레이, 식당 수저 받침대, 길 조형물로 활용한다. 이 작업을 위한 전문 장인이 따로 있고 그분은 남이섬 명예의 전당에 올라 있다. 여기저기 세워진 옛날 대문이나 정자 또는 한옥들을 보면 사람들은 "와, 비싸겠다!" 하며 감탄하는데 또 땡. 그들은 새로 짓지 않았다. 각지에서 버려지거나 화재로 탄 것들을 가져와 재건한 것이다. 그들은 서울에서 버려지는 낙엽도 가져와 재활용한다.

남이섬 제작자들은 용도 변경으로 남이섬만의 독특한 업사이클링 아트 분위기를 연출한다. 상암동 문화비축기지도 석유비축기지를 용도 변경한 사례다. 용평 리조트 입구에는 김기덕 감독이 영화 〈봄 여름 가을 겨울 그리고 봄〉에 썼던 주왕산 호수 속 정자가 옮겨져 있다. 이렇게 용도를 변경하면 정자가 아니라 기억이 된다.

Quiz 16
행사 때마다 새롭게 단장하는 서울 예술의전당, 노들섬, 대전 엑스포공원 등에 용도 변경 미학이 가미된다면 어떤 재생, 재건을 이룰 수 있을까?

이번엔 좀 색(色)스러운 버전! 고개 숙인 남자들의 로망, 비아그라는 원래 협심증 치료제로 1998년 개발되었다. 정확하게 말하면 연구자들은 그렇게 믿고 개발했다. 만약 병원 대상으로 그렇게 팔았으면 화이자는 기회손실을 꽤 봤을 것이다. 그런데 신박하게도 경영자들은 그것이 발기부전에도 큰 효과가 있음을 주목했다. 협심증 치료 시장과 발기부전 시장 중 어디가 클까? 당연히 후자다. 지금 백신의 킹인 화이자는 이 한 수로 한때는 삼성전자 주가를 능가했다. 덕분에 남자들 정력제로 애꿎게 죽어나갔던 바다표범과 순록들 살육이 획기적으로 줄었고 포르노 감독들은 만세를 불렀다.

비아그라는 활력이라는 의미의 비거(vigor)와 무엇의 합성어일까? 힌트, 폭포 이름.

직장인들이 다이소에서 가장 많이 사는 것이 포스트잇이다. 나도 아이디어 메모를 할 때 많이 쓴다. 오늘날의 3M을 있게 한 포스트잇! 접착력이 있긴 한데 잘 떨어진다. 잘 떨어지는 접착제? 마치 '헤드가 무른 망치', '반만 잘리는 가위' 같은 것이었으니 처음에는 실패였다. 개발자는 서랍에 묻어두었고 그렇게 10년이 흘렀다. 그런데 연구실 누군가가 그 접착제를 활용해 붙였다 뗄 수 있는 메모지를 개발해 팔자고 제안했다. 3M은 그 뒤로 아예 포스트잇 회사로 불리고 있다.

방화로 불탄 남대문, 철거된 이순신 장군 동상, 산불로 타버린 강원도 나무들은 어떻게 쓰였는지 모르겠다. 우리가 참고할 만한 기발한 용도 변경 사례가 있다. 미국 뉴욕항 허드슨강 입구의 리버티섬(Liberty Island)에 세워진 자유의 여신상은 1776년 미국의 독립선언 100주년을 기념해서 프랑스 에펠이 만들어 1886년에 설치되었다. 그후 여신상은 점점 낡아 1984년 외부와 내부 철골을 바꾸는 대공사를 했다. 당연히 교체된 것들은 건축물 쓰레기로 버려져야 할 운명이었는데 한 유대인 사업자가 헐값에 샀다. 바보, 아무데도 쓸데없는 그것을 왜 사? 그런데 그는 그 부속품과 철골을 잘게 부수고 녹여 큐빅으로 만든 후 반지와 목걸이 등에 넣어 기념품을 만들었고 1달러에서 5달러에 팔았다. 아하, 기념품! 미국의 자유를 기념하는 상징물인 그것은 불티나게 팔려나갔다. 그는 폐기물에서 미국의 독립, 그 나라 자유의 기억을 본 것이다. 상술일까? 혜안일까?

강가에 버려진 수석, 산에 버려진 고목은 잘 활용하는 이 나라는 정작 광화문의 이순신 장군상, 불탄 남대문 등을 복원할 때 교체된 재료들은 폐기 처분했다. 만일 누군가 용도 변경 아이디어를 알았다면 우리는 남대문, 이순신 장군의 기억을 소중하게 소장했을 텐데. 지금 정부는 억지로 한식, 한복을 팔자고 하는데 이건 기억하자. '자동차, 반도체 칩만 팔 수 있는 건 아니다. 의미를 팔자! 용도를 다시 생각하자.'

허수아비는 논에 두면 새 쫓는 용도로 쓰이지만 도시공원에 설치하면 어그리아트(agri-art, 농업을 활용한 예술)가 된다. 볏짚을 시청 앞 광장에 한 달간 쌓아둬보라. 쓰레기일까, 추억일까. 볏짚 냄새를 향수로 만든다면? 밤바다를 환하게 밝히는 오징어 배 폐선이 있거든 이를 도시 빌딩의 옥상에 둬보라. 바다를 비추던 오징어 배 라이트가 도시의 등대가 될 것이다. 돌아가신 어머니가 살아생전 남긴 옷과 모자, 바느질 도구, 재봉틀, 편지, 그림 등 유품들을 태워버리지 않고, 소장하고 전시하는 '맘 메모리얼 뮤지엄'을 만들어 보관한다면 엄마가 보고 싶다고 페이스북에 글을 올리는 자식들 마음을 보듬어줄 것이다.

06

중심부가 사랑한
마케팅

하나의 원이 있다. 선은 경계다. 안과 밖이 있고 그래서 원에는 늘 중심부가 있고 주변부가 있다. 마케팅에서 말하는 중심부란 효율과 수익, 주주들 만족을 추구하는 기존의 큰 기업들(GE, 삼성, 현대, 도요타 같은)이 구축한 강고한 비즈니스 생태계를 말한다. 마케팅 100년사를 대략적으로라도 알기 위해 공룡 같은 중심부가 사랑한 마케팅을 먼저 보자.

마켓 1.0까지_기술, 인식, 시장화

미국 마케팅의 유래는 여성과 요리로부터 시작되었다. 여성 요리사 마리아 팔로아의 장보기! 그녀는 미국 마케팅 역사에서 인류 최초의 여성인 루시 같은 존재다. 그러나 실제 오늘날의 마케팅은 100여 년 전 산업화로 대량 시장이 만들어지면서 시작했다고 보는 것이 옳다. 마케팅은 시장수요조사, 생산, 영업, 브랜딩, 광고, 피드백 등으로 이루어지는데 이것은 성숙단계의 시장에서나 통하는 마케팅이다. 모든 것이 부족한 시대의 마케팅은 이와 달랐다. 중심부 마케팅 100년의 히스토리는 대략 다음과 같다.

산업화 초기에는 모든 것이 결핍이었다. 약도 없고 대량생산 차는 당연히 없었다. 공장에서 생산되면 그 제품들은 바로 팔려나갔고 초기에는 경쟁자도 없었다. 나가서 땅에 금을 그으면 그곳이 내 땅이었다. 미국 자동차 산업에서 초기에 생산된 차들은 당시로서는 세상을 바꿀 신기술이 적용되었지만, 너무 비싸고 표준화를 이루지 못해 주요 운송 수단이었던 마차조차 대체하지 못했다.

하지만 포드가 1908년 모델 T를 출시하면서 성능과 가격에서 미국 중산층들을 매료시켰고, 이는 대량 구매로 이어져 결국 자동차 시장의 지배적 표준을 창출하게 되었다. 검은색, 똑같은 사양, 저가! 처음에는 판매의 어려움을 겪었으나 가격을 더 낮추면서 이내 임계점을 넘어 불티나게 팔려나갔다.

그런데 인간, 그중에서도 소비자, 소비자 중에서도 부자는 늘 까탈스럽다. 차츰 부자 소비자들은 불만이 생겼다. 차가 온통 똑같고 가격이 낮아 내 신분, 내 기호에는 안 맞는다는 불평이었다. 그때 이 틈을 비집고 제너럴모터스가 등장했다. 제너럴모터스는 차 색상, 크기, 가격을 차별화했다. 포드와 제너럴모터스는 서로 영업 경쟁을 벌였다. 여기에 크라이슬러 등이 진출했고 1980년대에는 일본의 도요타와 혼다, 독일의 BMW와 폭스바겐 등이 쳐들어왔다. 심지어 현대자동차도 들어왔다.

보험, 세제, 학교 등 다른 산업도 상황은 비슷했다. 산업이 형성되고 경쟁자가 나오고 그들 간에 치열한 차별화가 이루어졌다. 1차는 영업 전쟁. 일본 세일즈맨은 에스키모에게도 냉장고를 판다는 영업의 신화까지 생겨났다. 파는 것이 인간이다. 팔아라, 팔아. 이런 전쟁 중에 1949년 미국의 극작가 아서 밀러의 《샐러리맨의 죽음》같은 작품도 만들어졌다.

오늘날의 마케팅 틀은 경쟁이 심해지면서 만들어졌다. 현대 경영의 아버지라고 불리는 피터 드러커는 "고객의 가치를 창조하는 것이 기업의 존재 이유"이며 "가치는 오직 '마케팅'과 '혁신' 두 개에 의해 만들어진다"고 강조했다. 존재 이유, 고객, 가치, 마케팅, 혁신 등은 혁명적인 주장이었다. 그러나 피터 드러커는 경영의 아버지이지 마케팅의 아버지는 아니었다. 미국 켈로그 경영대학원 석좌교수인 필립 코틀러가 마케팅의 아버지로 불린다. 그는 1967년에 오늘날 전 세계 경영대학원에서 가장 많이 채택한 교재 《마케팅 원리》를 출간해 마케팅의 기초를 세웠다. 내가 1990년 입사한 제일기획에서 가장 먼저 읽은 마케팅 책도 바로 이 책이었다.

이 책에 'STP' 개념이 나온다. 시장세분화(Segmentation), 목표시장(Targeting) 그리고 포지셔닝(Positioning)을 말한다. 오늘날 미디어가 SNS로 다변화되고 요상한(?) 산업들이 등장하면서 여러 파생 이론이 나오지만, 전략의 큰 줄기는 STP를 넘어서지 못한다. 코틀러는 마케팅의 원리를 비영리기구, 사회 관리, 국가 경영, 다른 자본주의로까지 확대했다. 80세가 넘은 그가 2021년에 출간한 책이 《마켓 5.0》이다.

그는 일찍이 마케팅 만트라(기도 주문)를 간단히 CCDVTP로 정의했는데 'Create, Communicate, Deliver the value to the target at a profit'을 뜻한다. 여기서 Profit 앞의 전치사를 for로 쓰지 않고 at으로 쓴 게 특이하다. 이 차이를 잘 봐야 한다. 이는 '이윤을 위해서'가 아니라 '이윤을 내면서'라는 뜻이다. 이윤이 필수조건이지만 충분조건은 아니라는 견해다. at은 그 후 《마켓 3.0》과 《마켓 4.0》에서 영혼, 진정성 등으로 발전할 씨를 잉태한 전치사가 됐다.

경영과 마케팅은 서로를 넘나들면서 발전했다. 1980년대에 하버드대학 경영대학원 마이클 포터 교수의 《경쟁전략》에서 핵심 경쟁 전략, 가치사슬 개념이 제기되었고 1990년대에는 광고 회사 출신인 알리스와 잭 트라우트의 《마케팅 불변의 법칙》, 《포지셔닝 》등이 출간되면서 필드의 법칙, 인식의 법칙, 선도자의 법칙 등 20여 개의 법칙이 강조되었다. 이들 법칙을 일일이 설명할 수는 없으므로 독자들은 인터넷을 참조하시길. 1990년대에 제일기획은 이를 신줏단지 모시듯 했다.

소득이 늘고 기술과 시장이 점차 발전하면서 관행, 통념이 고착화하자 '혁신(innovation)'이 중요한 것이 되었다. 역사의 일성 단계에서는 혁신을 악으로 치부하는 경향이 있었지만, 혁신이 중요해졌다는 것은 인류의 중대한 전환을 의미했다. 그런데 혁신은 기술 혁신만을 가리키는 건 아니다. 기술만으로는 혁신이 오지 않는다. 문제는 사용과 확산이다. 컴퓨터, www가 기업 연구소와 미국 군사 전략 연구소에만 갇혀 있었다면 그건 혁신이 아니다. 구소련의 기술은 대단했지만 시장이 없었기에 진정한 의미의 혁신이 오지 않았다. 600년 전 혁신의 대왕 세종의 한글과 인쇄술이 그랬다. 그래서 또 하나의 축이 필요하다. 뭘까? 바로 '인식'과 '시장화(marketizing, 마케팅과는 다른 개념으로 시장을 만들어가는 과정을 뜻함. 필자 조어)'다. 인식과 시장화로 선도자가 되는 혁신이어야 세상은 변화한다. 그 혁신은 기존의 것을 빠르게 붕괴한다. 그래서 기득권자, 낡아빠진 자들이 싫어한다.

경영학의 아인슈타인으로 불리는 미국 하버드대학 크리스텐슨 교수는 1995년 저서 《혁신가의 딜레마》를 통해 '와해성 혁신'을 제시했다. 기존 질서를 빠르게 와해하고 새로운 시장의 지배적 표준이 되는 것이 와해성 혁신이다. 포드의 모델 T는 대표적인 와해성 혁신 사례다. 여기까지가 마켓 1.0 시대였다. 기술이 발전하고 대중 시장이 만들어진 시기다.

마켓 2.0

마켓 1.0 시대에는 메이커에 의한 일방향 마케팅과 이익 중심 마케팅이 주를 이뤘다. 마켓 2.0 시대에는 미디어(특히 TV)가 발달하고 타깃이 세분화되면서 광고가 넘쳐나기 시작했다. 미디어에 따라 메시지가 분산되었다. 그래서 '통합 마케팅 커뮤니케이션(Integrated

Marketing Communication, IMC)' 개념이 도입되었다. 1990년대 중반에 제일기획에서 크게 각광받았던 개념이다.

그 시작은 1989년 '미국 광고대행사협회'가 "광고 이외 프로모션 활동의 중요성 증가와 소비자와 매체 시장의 세분화 현상이 나타나고 있으며, 데이터베이스 마케팅의 등장으로 고객들과 개별적인 관계 구축이 절실"해지면서 제시한 것이다. 이 협회는 IMC를 '광고, DM, 판매촉진, PR 등 다양한 커뮤니케이션 수단들의 전략적인 역할을 비교 검토하고, 명료성과 정확성 측면에서 최대의 커뮤니케이션 효과를 거둘 수 있도록 이들을 통합하는 총괄적인 계획 수립 과정'으로 정의한다. 말은 복잡하지만 여러 요소를 하나로 꿰라는 것이다. 안 그러면 소비자들이 헷갈리니까. IMC, 이 개념에 오래 푹 빠진 연구자가 제법 되는데 이 역시 이제는 디폴트 값이 되어버렸다. 요즘 강의할 때 이 단어 얘기를 하면 다들 멀뚱히 쳐다본다.

한국에 마케팅 개념이 본격적으로 도입된 시기는 언제일까? 내가 제일기획에 입사한 1990년까지만 해도 마케팅 개념은 생소했다. 광고나 카피라이터란 단어도 잘 쓰이지 않던 때다. 시중에서는 광고 대신 정치에서 쓰는 선전이 더 많았다. 당시 제일기획에서는 마케팅과 광고를 거의 동일시했고 크리에이티브는 학습이 아니라 우연에서 오는 것이거나 천재와 괴짜들만 하는 것으로 생각했다.

그런데 1990년부터 심심 제일모직과 세일기획, 풀무원 등에서 박충환 당시 피츠버그대학 석좌교수가 '마케팅 관리론'을 가르치기 시작했다. 그때부터 한국의 마케팅과 광고가 바뀌었다. 박충환 교수는 2012년에 USC 재직 중 마케팅계의 노벨상인 '소비자심리학회 펠로우'로 선정되는 영예를 안았다. 그는 마케팅에 관계된 편견들을 깨라고 주장했다. 이를테면 "브랜드는 생물처럼 라이프사이클이 있다는 주장은 허구", "마케팅 목표는 숫자가 아니라 콘셉트를 추출하고 구매 장애 요인을 제거하는 것", "광고는 마케팅의 아주 작은 부분"이라고 강조했다.

이는 큰 파문을 일으켰다. 이 대목에서 사적인 인연을 말하고 싶다. 2002년 KT&G는 마케팅 본부를 신설하고 그해 말 브랜드국에서 박충환 교수와 서강대 전성률 교수에게 브랜드 포트폴리오 작업을 맡겼다. 당시로서는 꽤 앞선 시도였다. 박 교수는 6개월쯤 지날 무렵, 담배 회사 마케팅으로 머리털 빠질 만큼 고민하던 나를 만나 "황 부장, 마케팅은 미디어라는 바다에 떠 있는 배야. 당신이 알던 TV, 신문 광고 따위는 아주 작은 배야. 다 잊어"라고 큰 가르침을 줬다. 장충동 국립극장 카페에서였다. 나는 그 후로 문화, 커뮤니티 등을 섭렵하는 마케팅 MCN이 되었던 것으로 기억한다. 진정한 멘토의 위력이다.

다시 제일기획 이야기로 돌아가자. 박 교수의 이론은 삼성과 제일기획 비즈니스 라인을 타고 퍼져나갔다. 1998년 IMF 외환위기를 전후해서 많은 기업이 도산하고 국내 기업들이 세계 시장에 노출되면서 비로소 CI와 브랜드 이론이 급격히 전파되었다. 데이비드 아커, 케빈 레인 켈러, 프랑스의 장 노엘 캐퍼러 등 '브랜드 이론가 빅 3'가 주류를 이루었다. 브랜드 이론 틀이 정교하게 갖춰졌고 이를 설파하는 이들은 학교와 강단, 컨설팅계에서 잘나갔다.

브랜드는 과학이나 법칙이 아니다. 기술 발전으로 영역 간 경계들이 무너지고 거기다가 기존의 통념을 깨는 블랙스완(애플, 구글, 페이스북 같은 유니콘, 더바디샵, 파타고니아 등) 사례들이 나타나면서 브랜드 이론은 얼마간 길을 잃었다. 대신 사이드 이론들이 나타났다. 혁신확산이론, 리엔지니어링 같은 Re- 이론, 블루오션 전략, 캐즘, 행동경제학, DM 마케팅 등이 그것들이다.

여기서 잠깐, 일반인들도 알아둘 것이 있다. 이들 중심부 마케팅 이론에서 쓰는 마켓 1.0에서 2.0 시대까지의 용어들이 사회로 흘러들어왔다는 것이다.

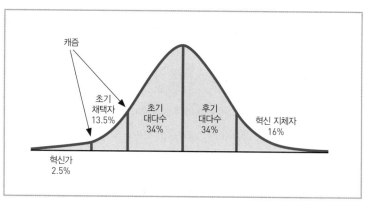

도표1 에버렛 로저스(1962)의 혁신확산이론. 캐즘은 필자가 삽입했음.

미션과 비전, 브랜드, '캐시카우(BCG 매트릭스에 나옴. 회사에 이익을 안겨주는 젖소 브랜드)', 타깃, 차별화와 세분화, 니치, 매스티지, 원-윈 전략, '이노베이터·얼리어답터·매스·래거드', 캐즘 등과 브레인스토밍, 안테나 숍, 미스터리 쇼퍼, 팝업스토어, 소프 드라마, 스팸메일, 텔레마케팅, 인바운드·아웃바운드 등이 그것들이다.

미션은 종교, 타깃·전략·원−원은 군사용어, 니치와 라이프스타일 등은 생물학 용어, 얼리어답터·래거드 등은 농업기술유통에서 기인한 말이다. 지질학 용어인 캐즘(chasm)은 지층 사이에 큰 틈이 생겨 서로 단절된 것을 뜻하는데 실리콘밸리 컨설턴트인 제프리 무어가 1991년 미국 벤처 업계의 성장 과정을 설명하는 이론으로 차용했다. 수많은 벤처 기업들은 이 캐즘의 계곡에서 돌풍을 맞고 계곡에 추락한다. 링크, 허브, 노드, 멱함수 등 네트워크 개념도 이후 일반 사회로 유통된다.

정보화 시대부터 현재까지를 마켓 3.0 시대라고도 하고 4.0 시대라고도 한다. 2021년에는 《마켓 5.0》이라는 제목의 책도 나왔다. 마켓 5.0은 기술과 휴머니티의 조화를 강조한다. '3.0'과 '4.0', '5.0'을 구분하라면 별로 차이를 모르겠지만 어쨌든 위의 전개를 보면 마케팅의 종말이라는 말과는 다르게 로킷 성장 중이다. 우주에는 수만 개의 인공위성이 떠 있다. 우리가 모른다고 없는 게 아니다.

이제는 정치단체, 예술기관, 방송국, 종교단체, 컨벤션 업계 등도 마케팅 전문가를 찾는다. 정부와 정당, 지자체는 최근 대놓고 마케팅 전문가와 '브랜드 담당관'을 공채한다. 이들과 만날수록 점점 마케터, 소비자, 개발자, 정치가, 공무원 이 5종은 같은 행성에 살지만, 이들은 각각 〈반지의 제왕〉에 나오는 간달프, 골룸, 요정, 엘프,

왕에 대응하는 존재들 아닌가 하는 생각이 든다. 특히 엘프, 왕들은 더 그렇다. 소비자들을 골룸이라 하니 섭섭하겠지만 골룸은 프로도의 타락한 모습이다. 영화 최종회에서 골룸과 프로도가 절대 반지(The One Ring)를 두고 싸우는 것을 보라. 그것은 내면의 모순된 두 페르소나의 싸움이다. 결국 프로도 자아가 이긴다. 상징적이다. 그리고 간달프는 조언자일 뿐 주인공이 될 수 없다.

빅데이터와 AI

중심부가 사랑한 마케팅으로 당연히 빅데이터와 AI를 넣어야 하는데 이들은 3부 데이터 마케팅에서 별도로 다루겠다.

모방전략

아이러니다. 창조를 말하지만, 오늘날 살아남은 중심부 기업이 잘한 것은 오히려 모방이다. 창조적 모방이라고도 한다. 모방은 쉽고 리스크가 적다. 애플 기술도 초기의 것들은 대부분 베낀 것이다. 맥도날드 제품도 마찬가지다. 천년 소림사 무술도 학, 곰, 사마귀, 뱀 등 동물들의 독특한 행위를 모방한 것이다. MZ세대는 밈(meme) 놀이를 하는데 이것도 본능에 가까운 모방 놀이다. 월마트 창업자인 샘 월튼은 "우리는 모든 것을 다 베꼈다. 다만 제일 잘했을 뿐"이라고 공공연히 말했다. 형제가 운영하는 독일의 로킷 인터넷 사는 비즈니스 모델 자체가 빠른 모방이다. 내가 만난 벤처기업들이 두려워하는 것도 대기업의 빠르고 전면적인 모방 전략이었다.

모방 전략은 일명 '사과 맛 확인' 이론이라고도 한다. 사과가 맛있는지 썩었는지 확인한 후에 진입하기 때문이다. 내가 KT&G에 있을 때 성공했던 여러 제품도 경쟁사를 모방한 것이 많았다. 삼성의 패스트 팔로워라는 전략도 물론 모방이다.

19세기 말 유명한 사회학자인 가브리엘 타르드는 "사회는 모방이며 모방은 일종의 몽유 상태"라고 설파했다. 그는 물리학, 생물학 그리고 사회학에서 모방의 법칙을 발견한다. 거울신경이 있는 인간은 타고난 모방의 동물이다. 모방은 피터 드러커가 전면 전략, 게릴라 전략, 틈새 전략, 고객창조 전략이라고 부른 4대 전략 중 하나인 게릴라 전략에 당당히 들어가 있다. 모방은 원천 기술을 개발한 기업이나 벤처 사업가가 그 기술의 용도를 고객의 욕구에 맞추지 못할 때는—모르거나 능력이 없어서—정당성을 인정받을 수 있다. 이때 고객의 욕구에는 제품뿐 아니라 유통이나 가격도 들어간다. 현재도 수많은 기업이 특허침해 논쟁에 휩싸여 있는데 다 모방 전략의 부산물이다. 모방은 불가피하다. 다만 도덕과 법의 테두리 그리고 고객에게 너그러운 행위라는 마케팅 정신 안에서 이루어져야 한다.

참고도서 | 《모방 전략》(스티븐 P. 슈나즈), 《모방의 법칙》(가브리엘 타르드)

행동경제학과 쾌락적 편집

마케팅은 마치 플랫폼 같아서 수없이 많은 학문의 기차들이 들어오고 나간다. 마켓 3.0 시대부터 새로운 대안으로 진화생물학*, 인류학, 네트워크 이론, 행동경제학 등의 통찰이 경영과 마케팅에 들어왔다. 마케터들은 그래서 공부를 많이 해야 한다. 그중에서―쓰기는 경제학이라고 쓰고 실제는 심리학인―행동경제학은 재미있고 어떨 때는 통쾌하고 어느 때는 사람을 비참하게 만든다. 왜 비참하냐 하면 생각보다 인간이 이성적이지 않기 때문이다. 이 학문은 정통 경제학의 가정과는 달리 인간은 이성(시스템2: 계산과 고민, 논리 등에 의해 신중히 내리는 의도적 시스템)이 아니라 감정이나 충동, 고정관념 등(시스템1: 본능적으로 빠르게 느끼는 즉흥적 시스템)에 의해 움직인다는 심리학 원리를 경제 행위에 적용하기 때문이다.

2017년 노벨경제학상을 받은 리처드 세일러의 《넛지》와 로버트 치알디니의 《설득의 심리학》을 보면 그 유용성을 잘 알 수 있다. 행동경제학은 이제는 잘 알려진 넛지(nudge) 외에 전망 이론(이익보다 손실에 민감하다는 손실회피 이론), 프레임 효과, 확증편향, 닻 내리기 효과, 보유 효과, 대표성 휴리스틱, 피크엔드 효과, 회상용이 효과 등 여러 효과를 주장했는데 이는 이스라엘 출신 학자들인 대니얼 카너먼(심리학)과 아모스 트버스키(경제수학)가 쓴 《생각에 관한 생각》에서 비롯된 발견들이다. 이들이 이스라엘 출신 심리학자와 수학자라는 사실이 중요한

---

* 진화생물학은 특히 짝짓기 이론·문화적 밈, 인류학은 교환과 선물·공간 설계에 유용한 '전망과 도피' 이론·터치(사회적 털 고르기 효과), 던바의 수 이론 등이 통찰을 준다.

데 두 사람은 대학교에서 교편을 잡으면서도 초보 심리학자로서 아랍과의 전쟁에 자주 투입되었다. 전쟁은 죽고 사는 문제다. 당연히 병사들이 실제로 무엇에 의해 어떻게 움직이는지 그 심리적 배경에 대해 누구보다 실질적으로 천착할 수밖에 없었다. 병사들의 비이성적 행동에 대한 이들의 설명은 매우 디테일하다. 두 사람은 행동경제학의 초석을 다진 인물들이다. 행동경제학은 경제학과 심리학이 융합된 학문이므로 마케팅 실무자들도 알아두면 매우 유용하다.

행동경제학의 한 갈래로 '쾌락 편집 가설'이 있다. 미국의 서비스 경영학자인 칼 알브레히트는 고객들의 불만을 분석해 공통 요인을 찾아냈다. 그리고 이를 '고객서비스의 7대 죄악'이라고 이름 붙였다. '무관심, 무시, 냉담, 어린애 취급, 로봇화, 규정 제일, 발뺌'이 그것들이다. 모두 감정과 기억에 관한 죄악이다. 그래서 서비스를 잘 이용하게 하려면 유쾌한 기억을 극대화하고, 불쾌한 기억은 최소화하는 것이 필요하다. 이것을 다루는 기술이 '쾌락적 편집(hedonic edition) 가설'이다. 주식이나 가상화폐에 투자한 뒤 지옥과 천당을 오간다든지, 몰에서 쇼핑을 많이 할 경우 흥분하거나 열받을 때가 꽤 있다. 이럴 때 열받지 말고 쾌락적인 정산을 하라는 것이 쾌락적 편집이다. 팩트를 속일 수는 없지만 시스템1로 작동하는 뇌는 속일 수 있기 때문이다.

행동경제학 이론으로 노벨경제학상을 수상한 리처드 세일러는 1985년 이익과 손실이 복합적으로 발생하는 상황에서 즐거움을 더 크게 느끼게 하거나 슬픔을 더 적게 느끼게 하는 방법 4가지를 다음과 같이 제시했다.

첫째, 복수의 이익이 있는 경우엔 나누라. 제품을 10퍼센트 할인해줄 때 단골 할인 2퍼센트, 계절 할인 3퍼센트, 판촉 할인 5퍼센트를 합해 총 10퍼센트 할인이라고 하라.

둘째, 복수의 손실이 발생하는 경우에는 합하라. 기업이 감원을 해야 한다면 한 번에 70명을 감원해라. 1차 40명, 2차 30명 감원과 같은 설상가상과 같은 상황은 만들지 마라. 놀이공원에서 놀이기구를 탈 때마다 이용권을 구입하게 하는 것보다는 놀이공원에 입장할 때 한 번에 자유이용권을 구입해 마음껏 놀이기구를 이용할 수 있도록 하는 것도 고객의 손실 감정을 줄이는 방법.

셋째·넷째, 이익과 손실이 동시에 발생한 경우 만약 이익이 손실보다 크면 합하고, 손실이 이익보다 큰 경우에는 나누라. 주식투자를 예를 들어 A주식에서 5만 원을 벌고, B주식에서 3만 원을 잃었다면 이익이 더 크기 때문에 2만 원을 벌었다고 합해서 생각하는 것이 더 기쁘다. 반대로 A주식에서 3만 원을 벌고 B주식에서 5만 원을 잃었다면 손실이 크기 때문에 B주식에서 5만 원 잃었지만 A주식에서는 3만 원을 벌었다고 나누어 생각하도록 하는 것이 좋다.

이처럼 인간이 이익과 손실에 대해 느끼는 심리를 이해하고 이 기술을 적용한다면 기쁨은 배가 되도록 하고 슬픔은 반으로 줄여주는 상황을 만들 수 있다. 나는 셋째, 넷째의 쾌락적 편집을 쉽게 '비빔밥의 원리', '전주 밥상의 원리'라고 부른다. 개별 반찬이 좋으면 전주 밥상으로 차려 따로따로 맛보고, 개별 반찬이 시원찮으면 합쳐서 비벼 먹는 원리다. 그래서 양반에게는 떡 벌어진 잔칫상, 가난한 서민들에게는 비빔밥 문화가 발달했는지도 모르겠다. 밀가루 도우 위에 소스를 되는 대로 막 올려 먹는 피자도 가난했던 이탈리아 남부에서 만들어진 음식이다.

참고도서 | 《생각에 관한 생각》(대니얼 카너먼 외), 《생각에 관한 생각 프로젝트》(마이클 루이스), 《넛지》(리처드 탈러·캐스 선스타인), 《설득의 심리학 1, 2》(로버트 치알디니), 《착각하는 CEO》(유정식), 《행동 심리학》(B.F. 스키너), 《선택의 기술》(크리스토퍼 시), 《본성이 답이다》(전중환), 《좋아 보이는 것들의 비밀》(이랑주)

ESG 마케팅

지구온난화의 원인으로 탄소가 문제시되면서 탄소 배출 절감을 위한 관심이 폭증하고 있다. 탄소 중립 대안 중 하나로 ESG^(Environment, Social, Governance)에 대한 기업들의 참여도 뜨겁다. 다음은 인터넷상에 돌아다니는 ESG 관련 글 중 일부다.

- 플라스틱 병을 종이로 감싼 용기를 출시해놓고 페이퍼 보틀이라는 네이밍으로 소비자 기만
- 선도적으로 종이 빨대 사용, 향후 4년 이내에 모든 매장에서 다회용 컵 사용 선언, 하지만 더 다양하고 잦은 굿즈 출시로 소비 부추김

- 페트병을 재활용한 의류 업계의 친환경 패션 마케팅 러시
- 무라벨 투명 페트병, '미래 10년을 위한 2030 ESG 경영 선언' 후 그린7 활동 등
- 할인마트 리필 자판기, 에코 리필 스테이션 운영
- SK, 삼성 등 ESG 전문가 채용과 전담 조직 신설
- ○○자산운용사, 16개 국내 주식형 공모 펀드에 ESG 평가 반영
- ○○기업, "올해가 ESG 경영 원년 될 것"
- 기업의 선행이 ESG라는 이름 아래 재무성과로 변신

이 글들에는 찬사와 비난이 섞여 있다. ESG 개념은 2003년 유엔 환경계획 금융 이니셔티브(UNEP FI)에서 처음 사용된 후, 2005년 유엔글로벌콤팩트(UNGC)에서 공식 용어가 되었다. ESG의 바탕에 깔린 개념은 지속가능한 발전(SDG)인데 이 역시 1987년부터 논의된 것이다. ESG와 CSR(Corporate Social Responsibility)의 개념은 헷갈릴 수도 있다. CSR이 기업의 평판과 가치를 위해 대응하는 관점을 담고 있다면, ESG는 지배구조 같은 비재무적인 요소도 포함해서 투자 의사를 결정하는 투자자의 관점이 더 크다.

주식시장에서도 ESG 기업에 대한 가치가 올라가고 있다. 한국은 2025년부터 자산 총액 2조 원 이상의 코스피 상장사 ESG 공시 의무화 도입, 2030년부터는 모든 코스피 상장사로 확대된다고 발표했다. 유럽에 제품을 수출하던 기업들이라면 이런 ESG가 낯설지 않을 것이다.

ESG 마케팅에 대한 부정적인 시선들도 있다. 실제로는 친환경적이지 않으면서 마치 그런 것처럼 홍보하는 위장 환경주의, 즉 그린 워싱(green washing) 기업과 친환경 관련 기업들의 가치를 지나치게 부풀리는 그린 버블이라는 지적도 많다. 이에 대해 콘텐츠 마케팅 솔루션을 제공하는 온라인 매체 '콘텐타 매거진'은 기업들에게 다음과 같은 권고를 한다.

1. ESG 미션 설정: 회사가 무엇을 이루려고 하는지 분명히 보여줄 수 있는 ESG 미션이 필요. 회사의 미션 자체를 ESG나 지속가능성에 맞춰 수정하는 것까지 가능.

2. ESG 비전 설정: 무엇을 달성한 것인지 분명하고 측정 가능한 목표가 필요. 예를 들어 미국의 아마존은 "2040년까지 탄소 배출 제로 달성"이라는 목표 공개.

3. 커뮤니케이션을 위한 온라인 공간: 직원이나 고객, 주주들이 쉽게 찾을 수 있도록 별도의 페이지나 채널 제공. 성공사례, 인터뷰 콘텐츠를 모으고 다양한 콘텐츠 포맷 시도.

4. 일관된 메시지: 다양한 소셜 미디어 채널을 활용, 채널별로 메시지가 일관되도록 가이드.

5. 홍보: ESG와 관련한 기업의 소식을 적극적으로 알려 다른 기업, 조직을 도울 것.

6. 강력한 콘텐츠 마케팅: 아직 다루지 않고 있는 키워드를 찾아서 회사의 핵심 비즈니스와 즉각적으로 연결되도록 할 것.

7. 직원들의 참여: ESG에 대한 콘텐츠를 꾸준히 만들어내려면 회사 경영진의 지지와 직원들의 참여가 중요. ESG 콘텐츠에서 중요한 것은 진정성임.

이외에 구독 마케팅이 있다. 신문이나 우유 배달처럼 제품 간의 차이가 별로 없고 한 번 선택하면 품질을 계속 신뢰할 수 있는 경우에 쓰는 방법이다. 최근엔 구독이 반찬, 옷, 화장품에서 그림까지 확산되어 스타트업뿐만 아니라 중소기업, 대기업도 가세 중이다. 기업으로서는 충성고객층을 확보함으로써 안정적인 수요 예측을 할 수 있는 록인(lock in. 가두기) 전략이 된다. 반면 소비자들의 구독 이유는 편리, 비용 절감 등에 있다. 다만 선택권의 양도와 게으름, 신뢰의 문제가 남게 된다. 마케팅을 넘으면 경제가 되는데, 소비자들의 라이프스타일이 변하면서 구독 마케팅은 구독 경제로까지 발전할 가능성이 크다.

이상이 중심부가 사랑한 마케팅 방법들이다. 이 중 핵심인 마케팅 전략 짜기 방법은 2부에서 다루겠다.

07

주변부가 사랑한
마케팅

주변부 마케팅은 기존 대기업들이 별로
선호하지 않는 툴이다. 그렇다고 주변부 마케팅이 중요하지 않거나
효과가 없다는 뜻은 아니다. 다만 대기업에서의 가중치와 사용 빈도
는 떨어진다. 대기업 핵심 경영자들과 단기 성과를 추구하는 주주들
성향 탓도 클 것이다. 필립 코틀러와 일부 마케팅 구루들은 오히려
주변부 마케팅을 미래 마케팅의 대안으로 점친다. 게리 해멀에 의하
면 정착민과 유목민의 관계처럼 중심부는 늘 주변부의 혁신에 영향
을 받는다. 중심부 마케팅이 수학, 시뮬레이션, 측정, 모델을 중시
한다면 주변부 마케팅은 예술, 스토리, 감성, 사회의식과 관계한다.
공익연계 마케팅, 스토리텔링 마케팅, 체험 마케팅, 문화 마케팅,
커뮤니티 마케팅, 콘텐츠(또는 브랜드 저널리즘) 마케팅, 진정성 마케팅, 고

유가치창출 마케팅 등이 그것들이다. 이 중 몇 가지의 개념만 알아보도록 하겠다. 문화·커뮤니티·진정성 마케팅은 따로 다루겠다.

공익연계 마케팅

나는 현재 공익마케팅조합 '퍼브23'의 웃음고문이다. 퍼브는 공적(public)이라는 뜻이고 23은 '중용 23장'에서 따온 숫자다. 조합의 모토는 '보이지 않는 가치를 보이도록'이다. 디지털 리터러시교육협회, '생각식당' 운영자 겸 기획자, 공정무역 회사 대표, 홍보 회사 대표, 글로벌 온라인 마케팅 회사 대표, BH 전 중소벤처기업 비서관 등 10여 명이 조합원이다. 2014년에 만들었는데 기업이나 지자체에 곧 공익 시장이 열릴 것으로 보고 뭉쳤다.

그러나 초기 고객은 비영리기관(NPO)이 많아서 수익이 나지 않았다. 지금 나는 사회혁신포럼 이사이기도 하다. 지자체의 변화를 지원하기 위한 포럼이다. 이렇게 내 신상을 늘어놓는 이유는 현재 마케팅 생태계에서 벌어지는 변화를 보여주기 위해서다.

어쨌든 공익연계 마케팅(Cause-Related Marketing)은 '3-Win' 효과가 있는데 ▲소비자에게 기금도 마련하고 ▲기업의 상품 판매를 촉진하며 ▲사회가치 창출에도 참여하기 때문이다. 이 마케팅의 효시는 1980년대 초 미국의 이미리간 익스프레스가 시노한 자유의 여신상 복구 지원 캠페인이다. 마케팅 방식은 사업 주체에 따라 3가지 유형으로 나뉜다.

가. 기업이 판매를 통해 발생한 수익 일부분을 기부하는 방식.

나. 기업과 비영리단체가 협력해 사회적 문제를 제품이나 홍보물에

삽입, 배부하는 방법.

다. 비영리단체의 명칭과 로고를 기입 이윤의 일정률과 교환하는 방식.

바나나우유는 플라스틱 용기 재활용을 위해 일명 '단지 세탁기'를 만들어 주요 장소에 비치했다. 여기에 빈 바나나우유 용기를 집어넣으면 쉽게 세탁되어 100퍼센트 재활용된다. 위에 제시된 '나'의 사례다.

이런 공익적 활동은 역사가 좀 길다. 세계적인 록그룹 U2의 리드 싱어 보노가 2006년 출범시킨 '레드' 사례에서 애플은 레드 브랜드를 단 아이팟 나노 한 대가 팔릴 때마다 10달러를 기부하고, 의류 업체인 갭은 해당 제품 판매 이익의 50퍼센트를 내놓았다.

인기 배우 안젤리나 졸리가 유전병을 우려해 유방 절단 수술을 받았듯이 여성들은 유방 관련 고민이 많다. 화장품 업체들의 타깃은 당연히 여성이다. 그래서 유방암 예방 글로벌 프로젝트인 '핑크 리본' 캠페인을 벌이고 있다. 이들 업체는 분홍색 리본을 단 제품이 팔릴 때마다 수익의 일정액을 유방암 연구 지원비로 기부한다.

2012년에 시작된 홈플러스의 '생명의 쇼핑카트'는 현재 203개 제휴사가 함께하는 캠페인이다. 제품을 구매하면 구매 금액의 1퍼센트를 소아암이나 백혈병을 앓는 어린 환자들을 위해 기부한다. 아웃도어 브랜드 라푸마는 '깃대종 보호 캠페인'으로 수익금 일부를 생태환경을 살리는 데 지원했고, 드러내지 않는 선행으로 갓뚜기로도 불

리는 오뚜기는 진라면의 판매 수익금 5퍼센트와 천하무적 야구단의 광고 출연료를 '꿈의 구장' 건립 기금으로 기부했다. 이 소문이 나면서 오뚜기는 매출이 많이 늘었고 팬덤도 확보했다.

2021년엔 쿠데타에 대항하는 미얀마 국민을 지원하고자 미얀마 군부 수익 관련 제품을 불매하거나 거꾸로 미얀마 커피 구매를 통해 그 수익금을 미얀마에 지원하는 공익연계 마케팅도 시민 차원에서 벌이고 있다.

이런 마케팅을 지원하는 세대가 이른바 'G세대'다. G세대의 'G'는 글로벌(global)과 그린(green)의 맨 앞 알파벳에서 따온 것으로 이들의 성향은 MZ세대와 비슷하다. 좋게 말하면 진취적이고, 미래지향적이며, 환경을 고려하고, 나눔과 공유와 협동을 지향하기 때문에 기부와 자선에도 관심이 많다. 물론 다른 세대에 비해 상대적으로 그렇다는 뜻이다. 반려동물, 비건, 에코 소비 등을 사랑하는 이들로 인해 공익연계 마케팅은 지속될 것으로 보인다.

이와 유사한 소셜 마케팅(Social Marketing)이 있는데, 상업적 이익보다는 사회적 이익을 목적으로 마케팅 원리를 사용해 인간 행동에 대규모로 영향을 주는 활동이다. 그러나 공익연계 마케팅은 기업의 이익에 더 비중을 둔다. 얼핏 보면 소셜 마케팅이 훌륭해 보이지만 이 마케팅은 일종의 운동(movement)이어서 공익연계 마케팅이 더 오래 실효를 거둘 것이다. 영국의 경제학자 에른스트 슈마허가 처음 필요성을 언급한 이후 관심을 모았던 중간기술(적정기술) 분야와 공정무역 그리고 요즘 주목을 받는 ESG 마케팅 등에서도 그런 평가가 나왔다. 기업이 이익 추구를 놓치면 망한다.

스토리텔링 마케팅

독자들은 단군신화, 도술 소년 홍길동과 전우치, 신데렐라와 왕자, 반지의 제왕, 해리포터와 철학자의 돌, 드라큘라의 사랑 이야기를 좋아할 것이다. "얘, 할머니가 이야기 하나 해줄까?" 하면 달려들지 않을 동서고금의 아이들은 없다. 어른들도 마찬가지다. KT&G 시절, 나는 20대 여성 인턴들을 모아놓고 스토리텔링 기법을 설명하다가 즉석에서 한 브랜드 탄생 이야기를 다음과 같이 만들어 들려준 적이 있다. 거듭 말한다. 즉석에서 지어낸 이야기다.

"스토리텔링의 예를 들자면 이런 거야. 내가 만든 이야기인데(여기서도 강조), 우리 회사 제조창에 반장이 있었어. 딸도 있었지. 예쁘고 착했대. 딸은 고양이의 여왕 샴 고양이를 아주 좋아했다는군. 반장님은 딸이 스무 살이 되면 그 고양이 선물을 하려고 했대. 그런데 딸이 열아홉 살 되던 해에 친구들이랑 여행을 갔다가 그만 교통사고로 죽은 거야."
(이구동성으로) "어머, 얼마나 슬펐을까요?"
"반장님 슬픔은 이루 말할 수가 없었겠지. 이 이야기를 들은 브랜드 부장이 반장님을 위로하고 딸을 기리기 위해서 만든 브랜드가 레종이야. 그래서 캐릭터를 샴 고양이로 하고 이름도 '레종(Raison)'으로 한 거지. 레종은 불어로 (존재의) 이유란 뜻이야."

"어머, 그런 스토리가? 정말 몰랐어요."

그때 옆에서 같이 듣던 남자 직원이 탄식했다.

"그런 스토리가 있는지 몰랐네요. 그래서 샴 고양이구나. 어쩐지…."

이들이 바보 같은가? 그런데 실제로 사람들은 "그거 누가 지어낸 이야기라는데…" 하면서도 "뭐냐 하면…"이라며 태연하게 이야기를 전한다. 이렇게 사람들은 이야기를 좋아한다. 고대부터 현재까지, 어린아이부터 노인에 이르기까지 이야기를 좋아하는 건 변함이 없다. 그러나 패턴은 시대에 따라 변한다.

마케팅에서 스토리텔링은 ▲회사 또는 제품의 연원과 관련이 되고, ▲서사 구조를 갖춘 이야기로 ▲소비자가 공감할 수 있는 것이어야 한다. 나는 스토리텔링을 원래 있던 이야기를 쓰는 '원천(natured) 스토리텔링'과 사업 과정에서 문화로 만들어진 '문화화된(cultured) 스토리텔링' 두 개로 나눈다.

스토리텔링이라는 용어는 스토리와 텔링으로 이루어진다. 《스토리텔링이란 무엇인가》(김정희)에 따르면 스토리가 '무엇'이라는 내용을 의미한다면, 텔링(telling)은 '어떻게'라는 형식을 나타낸다. 텔링 대신 쇼잉(showing, 설명 없이 보여주기만 하는 방식)도 있다. 문자 내러티브(narrative, 관점에 따라 시점을 뒤섞는 기법)와 달리 시간 순에 따른 구술의 특성을 띤다.

스토리텔링은 1995년 미국 콜로라도에서 열린 '니시털 스토리텔링 페스티벌'에서 처음 사용되었다. 현재는 디지털 미디어뿐만 아니라 다양한 문화 콘텐츠 장르로 활용된다. 한국에서 스토리텔링이 급

부상한 데는 덴마크 미래학자인 롤프 옌센이 화제작《드림 소사이어티》에서 신부족 회와 스토리텔링 시대의 도래를 강조한 것도 일조했다. 그는 스토리텔링 마케팅에도 적용해 그 유용성을 입증했다. 예를 들어, 상점에 놓인 달걀에 대해 성분이 어떻다, 특등이니 따위로 광고하는 것보다 "○○목장에 자유롭게 방목되어 ○○의 철학으로 ○○, ○○ 등 자연적인 것을 먹고 자란 ○○닭"이라고 홍보하는 게 낫다. 이런 목장에서 키운 닭이 낳은 달걀이라는 스토리를 알게 되면 사람들의 상상력과 공감 그리고 구매 의향이 올라간다.

하몽으로 유명한 스페인에서 자연 방목되어 도토리만 먹고 자란 소수의 이베리코 돼지 값은 일반 돼지 값보다 꽤 비싸다. 어떤 CEO는 "스토리텔링만 되면 다른 마케팅은 알 필요 없다"고 했을 정도로 때로는 강력한 힘을 발휘한다. 이런 스토리텔링 마케팅 사례는 꽤 풍부하다. 다음은 한국의 사례들이다.

원천 스토리텔링(Natured Storytelling)

설화 장복을 했더니 100세가 넘어서 동자처럼 되었다는 백세주 이야기, 형님 먼저 아우 먼저 스토리의 농심.

역사적 위인 백성을 위해 바닷물로 초당 두부를 만든 허엽(허균의 아버지) 이야기, ○○○ 대통령이 즐겨 마셨다던 ○○ 막걸리.

창업자 이병철 회장의 '스무고개 질문' 경영, 정주영 회장의 '빈대 철학', 유일한 회장의 감동적인 유서, 박태준 회장과 조정래 작가의 인연, 풀무원 창업자 원경선, NHN 공동 창업자이면서도

"배가 항구에 정박해 있으면 안전하다. 그러나 그것이 배의 존재 이유는 아니다"라고 말하며 독립해 카카오를 만든 김범수 의장, 유명한 독서광인 젠틀몬스터 김한국 사장.

코드 놀부보쌈의 놀부 철학, 6·25 전쟁과 부대찌개.

원조·거리 성심당, 마산 아구찜, 을지로·힙지로 골뱅이, 피맛골, 신당동 마복림 떡볶이.

문화화된 스토리텔링(Cultured Storytelling)

이국적 프랑스 신부가 가난한 임실 주민들을 위해 전수한 임실 치즈 이야기.

문화 만들기 스카이72 골프장과 붕어빵, 현대카드와 KT&G의 문화 마케팅, 하동 최참판댁.

의외성 1인분 가격이 35만 원인 한우 오마카세 식당인 마장동 '본 앤 브레드', 마약 김밥 '쿠사마 야요이'와 데미안 허스트 작품이 상설 전시된 파라다이스 호텔, 퀀텀 프로젝트의 젠틀몬스터, 쌈지의 천호균.

외국에는 더 재미있고 풍부한 사례들이 존재한다.

원천 스토리텔링(Naturod Storytelling)

설화 성민들 세금을 줄여주려고 나체로 말을 타고 성내를 돈 성주부인 고디바. 그녀를 보호하려고 문을 닫아걸고 피한 성민들. 그런데 발가벗은 그녀를 훔쳐보다가 천벌을 받아 장님이 된 엉큼한 피핑 톰. 그 이야기에 감동해 초콜릿 이름을 고디바로 정한 창업자. 프랑스 남작 아들 마르퀴즈가 마을에서 샘솟는 물을 마시고 고질병인 신장결석을 치유했다는 에비앙 스토리, 충견의 설화를 지닌 RCA.

창업자 마윈이 미국의 한 식당에서 우연히 떠올린 알리바바, 직원들 월급 주려고 도박에 베팅해서 기적적으로 딴 돈으로 재기했다는 페덱스, 그 외 유명한 리바이스, 에디슨(GE)과 불운한 천재 테슬라, 진공청소기의 제임스 다이슨.

차용 소설《백경》에서 커피를 유달리 사랑했다는 이등 항해사 스타벅과《오디세이》의 마녀 사이렌에서 유래한 스타벅스 캐릭터.

문화화된 스토리텔링(Cultured Storytelling)

기능 최초로 필터를 장착한 담배에 'Man Always Remember Love Because Of Romance Overver(남자는 흘러간 로맨스 때문에 항상 사랑을 기억한다)'라는 말의 맨 앞 알파벳을 연결해 제품 스토리를 만든 말보로.

의외성 사형수가 형 집행을 바로 앞두고 "렛스 두 잇(Let's do it)"이라고 했다는 라디오 뉴스에 착안해서 '저스트 두 잇'이라는 세기적인 슬로건을 만든 나이키.

실화 제휴사 사장이 "지금은 비록 애벌레이지만 언젠가는 화려한 나비가 될 것"이라는 편지를 보내오자 감동한 회사 대표가 제휴사 사장의 손녀 메르세데스를 브랜드 이름에 넣은 메르세데스

벤츠, 시어도어 루스벨트 대통령^(뉴딜의 프랭클린 루스벨트와 착각하지 말 것)이 덫에 걸린 새끼 곰을 풀어줬다는 스토리를 담은 테디 베어. 아멕스와 자유의 여신상.

영화 배경 티파니, 산토리니.

전설적 행위 마쓰시타 정경숙, 레드불의 스트라토스 프로젝트, 버진 그룹의 리처드 브랜슨

이외 스티브 잡스와 애플, 저커버그의 여자 기숙사 여학생 얼굴 비교 일화와 아이디어 표절^(이상 원천 스토리), 일론 머스크와 아이언맨^(문화화) 등도 유명한 스토리텔링 사례다.

현재 스토리텔링은 다양한 문화 콘텐츠 산업뿐만 아니라, 감성 마케팅, 정치, 교육, 저널리즘 등 거의 모든 영역에서 활용한다. 토속 제주 신화에 기반한 웹툰 겸 영화 〈신과 함께〉는 남녀노소 모두 좋아한다. 스토리텔링은 이처럼 신화와 설화의 귀환을 불러오며, 원형 스토리를 닮았을 때 전파력이 크다. 매력적 스토리의 요소로는 ▲낯설게 하기 ▲캐릭터의 고유성과 깊이 ▲공간적 특성 ▲극적 통일성을 꼽는다.

2010년대 한국에 불었던 스토리텔링 열풍은 별로 효과가 없었다. 왜 그랬을까? 인위적인 스토리텔링으로 뻔한 눈물 짜기 감동과 브랜드와의 억지 연결이 많았기 때문이다. 소비자는 이야기를 참 좋아하지만 멍청하지는 않다.

참고도서 | 《황금가지》(J.G. 프레이저), 《천의 얼굴을 가진 영웅》(조셉 캠벨), 《스

토리 전쟁》(조나 삭스), 《왜 왕자들은 백마를 타고 다녔을까》(박신영)

체험 마케팅

크리스피 숍을 지나면 달콤한 냄새에 갑자기 침이 돈다. 전통 만둣집 앞을 지나면 뿌옇게 올라오는 허연 김에 배가 불러도 들어가고 싶어진다. 주유소 앞에서 춤추는 빨간 모자 아가씨를 보면 거기에 차 대고 싶다. 이것이 신박한 체험 마케팅(Experiential Marketing)이다. 여기서 '-험' 단어들을 구분하고 넘어가자. 비슷한 듯하면서도 같지 않은 체험, 경험, 모험의 뜻을 구별한다.

• **체험** : 자기가 몸소 겪음. 지성, 언어, 습관에 의한 구성이 섞이지 않은 근원적인 것.

• **경험** : 자기가 실제로 해보거나 겪음. 단, 기존 인식 체계의 영향을 받음.

이상은 둘 다 영어로 'Experience'로 써야 해서 구별이 안 된다.

• **모험** : 위험을 무릅쓰고 어떤 일을 함.

날것의 체험을 핵심으로 삼는 체험 마케팅은 감각, 감정, 인지, 행동, 관계 등 5가지 차원에서 소비자들이 최고를 느끼도록 해주는 마케팅이다. 한국은 이 중에서 대체로 감각(오감 마케팅)에만 치중하는 한계를 보인다. 유튜브에서 인기 있는 ASMR은 '자율감각 쾌락반응(Autonomous Sensory Meridian Response)'을 뜻한다. 뇌를 자극해 심리적인 안정을 유도하는 영상으로 바람 부는 소리, 연필로 글씨를 쓰는 소리, 바스락거리는 소리 등을 제공한다. 레인스톡으로 부드러운 소리를 녹화하는 등의 기법을 쓴다. 힐링을 얻고자 하는 청취자들이 ASMR의 소리를 들으면 트리거(trigger)로 작용해 팅글(tingle, 기분 좋게 소름 돋는 느낌)을 느낀다.

ASMR은 2010년 무렵 미국, 호주 등지에서 유통되었으며 국내에서도 팟캐스트, 유튜브 등을 통해 접할 수 있다. 감각을 통해 감정을 움직이게 하는 최근의 체험 마케팅이다. 현대백화점은 딸과 어머니를 초대해 딸이 어머니 발을 씻어주는 특별한 시간을 갖게 하고 모녀가 같이 추억 여행을 할 수 있도록 지원해주는 프로그램을 운영한다. 로비 중앙에 가슴이 뻥 뚫린 노인 조각이 설치된 부산의 허심청(虛心廳) 등의 사례도 특기할 만하다.

독특한 체험을 제공한다는 의미에서 스타벅스는 매장마다 '경험'이라는 단어가 삽입된 슬로건을 내걸었다. 내게는 너무도 단 도넛을 판매하는 크리스피는 달콤한 냄새와 소리를 체험 마케팅 수단으로 삼았다. 지하철역마다 있는 베이커리나 할인마트 시식 매장들도 이 방법을 많이 쓴다.

청각은 의외로 예민한 감각 기관이다. 건물 로비에서 미니 폭포수를 만나면 거기 머물고 싶어진다. 비 오는 날에 빈대떡이 많이 팔리는 이유는 빗소리와 전 부치는 소리가 비슷해서라고 한다. 술집에 물레방아를 설치하고 물 떨어지는 소리를 들려주면 매상이 20퍼센트 증가한다는 보고도 있다. 시각과 자연의 결합도 중요한 수단이다. 화장품 가게 중앙에 큰 나무가 천장까지 이어진다면 멋스런 자연 이미지에 더 오래 매장에 머물게 된다.

향기 마케팅도 많이 쓰는 방법이다. 천연 향을 추구하는 사람들에게는 비난을 받지만 어쨌든 영국 화장품 러시는 강한 향과 향 체험 그릇을 입구에 진열하는 후각 마케팅으로 큰 효과를 보고 있다. 영국에서는 신문지에 싸주는 추억의 포장 방법으로 효과를 꽤 보았다. 디지털 카메라 업체들의 체험·교육 마케팅, 할리 데이비슨의 "우리는 미국을 탄다"라는 슬로건과 미국 이미지 차용, 호그(H.O.G.)들의 랠리도 체험 마케팅의 대표적인 사례다.

미국 컬럼비아대학 번트 슈미트 교수는 저서 《체험 마케팅》에서 "소비자들은 자신의 감각에 호소하고 가슴에 와 닿으며, 자신의 정신을 자극하는 제품, 커뮤니케이션, 마케팅을 원한다. 고객은 느낄 수 있고 체험할 수 있는 제품과 커뮤니케이션, 마케팅 캠페인을 원하는 것이다"라고 말했다. 2004년 11월 한국을 방문한 슈미트 교수는 강연을 통해 한국 기업들의 체험 마케팅은 대부분 감각에만 의존한다고 지적했다. 행동, 인지, 관계 등의 차원 높은 체험 마케팅이 부족하다는 것이다. 5부에서 다룰 커뮤니티 마케팅은 그래서 필요하다.

Quiz 18

한국에서 최고의 성과를 낸 체험 마케팅 사례에 어떤 것이 있을까? 당신의 사업이나 브랜드가 있다면 감각-인지-행동-관계를 기반으로 한 체험 마케팅을 응용해보자.

온라인 서점에서 출판사 서평으로 소개되는 책 요약 서비스, 제품 후기, 영화 티저 등의 체험 마케팅은 매출을 올리는 데 얼마나 효과적일까?

공유가치창출 마케팅

당신이 현재 기업에 다니고 있고 주식투자를 한다면, 기업이 물건을 많이 팔아서 이익을 내고 당신 월급을 꼬박꼬박 주고 추가 일자리를 창출해내고 주주들에게 후하게 배당하고 미래를 위해 재투자하는 것만이 기업의 소명이라고 생각할 것이다. 경영자라면 "윽, 그거 하기에도 미치겠어"라고 할 것이다. 오케이, 사실 그것도 어렵다. 기업이 이렇게만 하면 사회는 알아서 잘 돌아갈 것이다. 그리고 그것이 바로 고전 경제학자들이 신봉하는 '보이지 않는 손' 효과다. 마켓 1.0과 2.0까지의 기업이 잘하면 사회도 좋아질 것이라는 가정 (assumption)이기도 했다.

그런데 기업이 늘 그렇게 착하지는 않다. 일자리 불안, 소득 불균형, 자원 분배의 모순, 소비자 오도, 부의 상속, 건전한 사회제도의 파괴 등 문제도 많이 일으킨다. 정말 심각해진 기후위기 주범도 70퍼센트는 기업이다. 그래서 요즘 소비자들은 기업에 요구하는 것이 많아졌다. 유럽이나 미국 기업들 일부는 먼저 나서서 이런 요구들에 선제 대응을 하기 시작했다.

2019년, SK그룹 최태원 회장은 "사회적 가치를 거래하는 기업이 되겠다"고 천명했다. 놀라운 선언이었다. 실제로 SK는 그 분야에서는 독보적이다. 삼성, KT 등이 그 뒤를 잇는다. 사회적 가치를 고민하는 기업은 제조업이 좀 많은 편이다. 이처럼 업계에서 부쩍 자주 거론되고 실행도 되고 있지만 아직도 많이 부족한 분야가 바로 공유가치창출이다.

공유가치창출(Creating Shared Value, CSV)은 기업이 당면한 사회적 요구를 파악하고 그 문제를 해결하는 과정에서 경제적 수익과 사회적 가치를 동시에 창출하는 경영 전략이다. 이 전략은 하버드대학 비즈니스 스쿨의 마이클 포터 교수가 2011년 1월 〈하버드비즈니스리뷰〉에 기고한 '자본주의를 어떻게 치유할 것인가'란 제목의 논문을 통해 알려졌다. 2008년 글로벌 금융위기를 계기로 기존의 자본주의 문제를 극복할 수 있는 새로운 경영 패러다임의 필요성이 대두되면서 등장한 공유가치 창출은 기업의 지속가능한 성장을 위해 그들이 속한 공동체와 공존하며 함께 성장해야 한다는 인식에 기초한다. 포터 교수는 그러기 위해서는 기업의 가치사슬이 바뀌어야 한다고 주장한다. 필립 코틀러도 저서 《마켓 3.0》에서 "소비자의 이성에 호소하던 1.0의 시대와 감성·공감에 호소하던 2.0의 시대에서, 소비자의 영혼에 호소하는 3.0의 시대가 도래했다"고 주장하며 공유가치 창출을 바탕으로 한 미래 시장의 경영 전략을 옹호했다.

여기서 주의할 것이 있다. 전통적인 기부와 자선 문화, CSR (Corporate Social Responsibility), 공유가치창출 그리고 요즘 화두가 되고 있는 ESG 경영은 서로 겹치면서도 많이 다른 기업 활동이다. 기부는 부자들이 프로테스탄트 윤리에 입각해서 불특정 다수에게 하는 행위다. 빌 게이츠, 워런 버핏, 저커버그 등 부자들은 자기 재산을 더 기빙 플레지(The Giving Pledge)에 기부한다. 카카오의 김범수 의장, 우아한 형제들의 김봉진 대표도 각각 재산의 50퍼센트, 5천억 원을 기부했다. CSR도 유사해 보이지만 기업 자산으로 특정 사회에 공헌하는 것이 차이점이다. 오뚜기가 그런 경우다. 이 기부 행위는 기업의 이익을 위해서 하는 것은 아니다.

반면 공유가치 창출은 기업의 수익 창출과 사회공헌 활동이 별도의 활동으로 이루어지는 것이 아니라 기업의 가치사슬이 사회적 가치를 창출하는 동시에 경제적 수익을 추구한다는 점에서, 기업의 사회적 책임과 비교된다. 이 때문에 CSR은 영업 외 비용으로 처리되지만, CSV는 그 자체가 주요 경영 활동의 예산과 비용으로 인식된다.

포터 교수는 CSR과 CSV의 차이를 공정무역 사례를 통해 쉽게 설명한다. 예를 들어 케냐 농부가 재배한 농작물을 기업이 고가에 구매하는 것은 일시적으로 경제적 지원을 하는 CSR 관점이다. 반면 CSV는 기업이 농작물 재배 환경을 개선하고 농부를 위한 협력 체계를 구축해 농부들이 효율적이고 지속가능한 방법으로 작물을 재배해 수확량과 품질을 개선하도록 도움을 주는 것이다. 이는 궁극적으로 기업의 이미지를 개선하고 소비자에게 제공되는 상품의 질을 높이는 데 기여해 수익을 창출하는 가치사슬 상의 선순환 구조를 가진다. 그래서 꾸준하고 체계적으로 해야 한다. 수질정화 세품을 판매하는 기업이 개발도상국에서 오염수를 식수로 바꾸는 환경친화적인 사업을 추진하면서, 이를 비즈니스와 연계한 뒤 현지 판매원과 관리원을 고용해 시장을 확대하는 전략, 통신 기업인 보다폰이 통신 인프라가 부족한 아프리카 케냐에서 휴대폰의 통화 기능을 넘어선 모바일 송금 서비스라는 사회적 상품을 개발한 것, 네슬레가 아시아 지역 저소득층의 영양상태를 고려해 영양가 높은 제품을 저가격 소포장의 보급형 상품으로 출시한 것 등도 CSV 사례다.

CSV의 성공 여부를 결정짓는 '진정성', '지속성', '가치사슬 구축'은 서로 맞물려 있는 세 개의 고리다. 패스트푸드에 대한 집중포화가 쏟아지자 맥도날드는 어린이 비만 퇴치 운동 등 공감을 살 만한^(?) 마케팅을 선보였다. 하지만 소비자들은 이런 행위가 요식 행위에 불과하다고 여기고 맥도날드 불매 운동에 더욱 속도를 올렸고 슬로푸드 운동의 확대로 이어졌다. 스타벅스, 나이키, 애플, 도요타, 페이스북 등 굴지의 기업들도 진정성과 지속성, 가치사슬 구축 면에서 소비자들을 만족시키지 못해 수치를 당했던 적이 있다.

콘텐츠 마케팅

사회 감시기구이면서 권력자로서 기능하는 신문이 기업은 부담스럽다. 돈도 많이 든다. 그래서 브랜드 저널이 나왔다. 브랜드는 말하자면 기업과 독립된 실체 같은 것이다. 어떤 브랜드는 기업보다 강력하다. 브랜드는 제품만이 아니라 콘텐츠(스토리텔링과 구분되는, 일종의 메시지)도 생산한다. 콘텐츠를 저널처럼 제작 유통해 직접 고객, 업계와 소통하는 것이다. 이를 브랜드 저널리즘(Brand Journalism)이라고 한다.

기업과 언론의 협업과 갈등은 늘 뜨거운 감자다. 기업이 이처럼 자체 저널을 갖는 것은 언론의 게이트키핑과 필터링을 넘겠다는 의지이기도 하다. 남인용, 정승혜 교수가 공저한 《이성 설득 전략》에 따르면 브랜드 저널리즘이라는 용어는 맥도날드의 글로벌 마케팅 매니저 래리 라이트가 2004년 뉴욕에서 개최된 광고 콘퍼런스에서 처음 사용했다. 그는 "소비자들이 경험할 수 있는 혜택과 가치를 전달함으로써 해당 회사가 가치 있는 존재로 차별화될 수 있도록 동영상이나 블로그, 사진, 에세이 등 웹 콘텐츠를 만들어내는 것"이라고 정의했다. 작은 규모이지만 나도 2009년에 '상콘 아카데미'란 이름으로 브랜드 저널을 만들었다. 스토리텔링이 단편적이고 일시적이라면, 브랜드 저널리즘은 장기적 관점에서 특정 테마의 스토리를 제공함으로써 안정적이고 효과적인 마케팅이 가능하다. 블로그, 다큐멘터리, 소셜 미디어 등 대안 채널들을 복합적으로 활용하는 트랜스 스토리텔링을 통해 설득력과 진정성을 극대화할 수 있기 때문이다. 그런데 내가 지자체를 돌며 지자체 정체성과 지향을 위해 그렇게 추천해도 죽어라 안 한다. 왜 에코 서울, 하동 미슐랭, 밀양 해맑은 상상, 통영 바다의 북소리 같은 테마 저널을 만들지 않는 걸까?

코카콜라는 마케팅의 교과서라고 할 만한 회사다. '콘텐츠 엑설런스'라는 개념 아래 2012년부터 차별적이고 독특한 브랜드 콘텐츠를 다량으로 생산하고 소셜 미디어를 비롯한 디번화된 매체를 통해 유통하고 있다. 코카콜라 홈페이지의 '코카콜라 저니(Coca-Cola Journey)'는 전 세계 코카콜라 직원들과 40여 명의 전문 프리랜서 작가들, 그리고 '오프너'라는 파워 블로거 등으로 구성된 350명의 외부 집필진이 만들고 편집권은 독립되어 있다.

시스코가 2011년 구축한 테크놀로지 뉴스 플랫폼인 '더 네트워크'는 시스코의 보도자료, 블로그 포스트 등 브랜드 콘텐츠를 담고 있다. 회사와 직접적인 연관이 없다 해도 테크놀로지 업계의 중요한 이슈들을 다룬다. AP, 〈월스트리트저널〉 등 언론 기자들의 기고도 싣는다. 신세가 역전된 것이다. 그중 '포커스'는 매월 특정 주제에 대해 8가지 콘텐츠 아이템으로 구성되고 다양한 멀티미디어 콘텐츠 생산 방식으로 운영된다.

미국의 항공우주국(NASA)은 레이건 정부 이후로 찬밥 신세가 되었는데 30명의 소셜 미디어 담당자들이 700여 개의 채널을 동시에 운영한다. 복잡한 연구 결과를 알기 쉽게 풀어내고 계속해서 이벤트를 만들고 사람들의 관심을 불러 모으는 역할을 하는 것이다. 나사에 대한 미국인들의 관심이 식어가고 정치가들이 너무 많은 예산에 부담을 느끼기 시작하면서 나온 고육지책이다.

스타벅스 뉴스룸에서 만드는 '업스탠더스'는 커피 이야기는 한마디도 없다. 더 나은 세상을 만들기 위해 노력하는 주변 사람들의 이야기를 담는다. 카페인 음료인 레드불은 아예 "우리는 스포츠 음료도 만드는 미디어 회사"라고 농을 할 정도다. 레드불 미디어하우스는 열정과 도전을 주제로 다양한 콘텐츠를 쏟아내고 있고 유료 매거진 '레드불레틴'은 11개국에서 발행하는 부수가 무려 200만 부에 이른다.

한국에는 '삼성전자 뉴스룸', '채널 현대카드', '채널 CJ', 현대자동차 'HMG저널', '미디어SK' 등이 있다. 이 중 '채널 현대카드'는 현대카드 브랜드의 철학과 관점을 담은 '브랜드 에세이', 음악을 주제로 하는 보이는 라디오방송 '라디오 인 뮤직 라이브러리', 전문가와 함께하는 '북 토크'처럼 예능, 다큐멘터리, 드라마, 애니메이션 등 장르도 다양하다. 그 결과 자발적인 팬을 구축할 수단을 얻게 되었다. 네이버 녹색 창을 디자인한 조수용 대표가 2011년 창간한 〈매거진 B〉는 브랜드 다큐멘터리 매거진인데 팬덤이 강하다. 표지 디자인이 일본 여행 매거진 〈디앤드디파트먼트〉와 흡사해 잠깐 구설수에 오르기도 했는데 배달의민족과 합작해 〈매거진 F〉를 출간해 소금 등 식재료 테마도 다룬다. 앞으로 브랜드 저널은 현재 주목받고 있는 동영상 콘텐츠 서비스인 OTT(Over The Top. 톱은 셋톱박스를 의미. 자체 영상 콘텐츠를 만드는 넷플릭스가 대표적인 OTT. 쿠팡 등도 가세 중이다)로의 전환이 예상된다.

Quiz 20
웅진코웨이, 삼다수, 요쿠르트, 에이스침대 등은 어떻게 브랜드 저널을 기획하면 좋을까?

이상으로 주변부가 사랑하는 스토리텔링, 체험 마케팅, 콘텐츠 마케팅, 공유가치창출 마케팅 등을 소개했다. 이 마케팅들은 5부에서 커뮤니티 전략을 설명할 때 다시 만나야 한다.

다음은 마케팅 기법은 아니지만, 주변부가 중심부를 가격하는 와해성 혁신 이야기다. 스타트업 창업자들이라면 꼭 와해성 혁신을 노려야 한다.

와해성 혁신

와해성 혁신(Disruptive Innovation)은 단순하고 저렴한 제품이나 서비스로 시장의 밑바닥을 공략한 후 빠르게 시장 전체를 장악하는 방식의 혁신을 말한다. 상대어는 '존속적 혁신'이다. 주로 작은 개선을 통해 혁신을 일군다. 소심한 이들 대부분은 존속성 혁신을 사랑한다. 미국의 크리스텐슨 교수가 1997년에 출간한 책 《혁신 기업의 딜레마》에서 파괴적(destructive)이라는 용어를 쓰지 않고 '와해'라는 표현을 쓴 데에는 의도가 있다. 와해를 뜻하는 'disruptive'는 '불온한', '교란', '방해되는' 등의 의미가 있다. 초기에 핵심 시장이 요구하는 조건을 만족시킬 정도로 우수하지 않지만, 와해성 혁신 기업들은 더욱 매력적인 수익 이윤을 추구하면서 존속적 개선 경로를 따라 공격적으로 고급 시장에 진출한다. 기존 기업의 제품들에 비해 저렴하며 사용이 간편하고 중심부에서 떨어져 있는 지점에서 성장 기회를 창출하는 것이다. 월마트, 페이스북, 에어비앤비, 우버가 그랬다. 한국 기업으로는 풀무원, 하이트, CJ E&M, JTBC, 스카이72 골프, 네이버, 카카오, 쿠팡, 토스 등이 있다.

2007년 스마트폰의 등장은 스마트 IT 경제를 빠르게 확대하는 계기가 되었다. 그동안 하드웨어 중심의 기업이 글로벌 IT 산업을 주도했다면, 애플의 아이폰 등장은 플랫폼과 앱이 IT 생태계의 중심축을 이루는 와해성 혁신을 이뤘다. 반면 휴대전화 시장의 절대강자였던 노키아는 혁신가의 딜레마에 빠져 급격한 실적 악화를 내고 있으며, 소니는 명성을 잃었고 세계 최초 휴대전화 개발 업체인 모토로라는 구글에 인수되었다. 애플과 구글의 경쟁우위 원천은 플랫폼 역량, 새로운 비즈니스 모델 창출, 인터페이스 혁신 및 생태계 통합 능력, 특허 선점 등인데 안심하기에는 이르다. 일본이 저렇게 될지 누가 알았을까? 성공에 취해, 편견에 빠져, 폐쇄적인 문화로 갈라파고스 신드롬에 빠질 줄이야.

와해성 혁신은 끝이 보이지 않는 전쟁이다. 와해성 혁신의 핵심은 '중심부가 아닌' '다른 기술'로 '성장 기회를 찾고', '기회를 잡는 순간 단숨에 치고 올라가는' 것이다. 기업가 겸 투자자인 리드 호프먼이 쓴 《블리츠 스케일링》에서도 위험을 감수하고서라도 단숨에 거침없이 치라고 조언한다.

그런데 와해성 혁신은 쉽지 않다. 사람이나 기업은 성격과 기질, 외부 평판, 능력, 네트워크 등이 있는데 그것이 한 번에 바뀌지 않기 때문이다. 그래서 축적 과정이 있어야 하고 늘 주변부에 서 있어야 한다. 그래야 중심부를 가격할 좋은 위치에서 와해성 혁신이 가능하다.

Quiz 21
당신 기업이 현재 중심부 기업이라면 와해성 혁신을 어떻게 이룰 수 있을까?

08

제3지대
마케팅

세상에는 중심부와 그를 둘러싼 넓은 주변부 그리고 그들 사이 군데군데 존재하는 독특한 국지성 지역, 즉 제3지대(The Third Zone)가 있기 마련이다. 이 세 번째 지대로 인해서 세상은 의외성이라는 변수를 갖게 된다. 제3지대 마케팅은 소규모 기업이나 혁신적 단체들이 비정규, 저예산, 속도전, 인적 네트워크의 방법으로 소규모 지역을 타깃으로 정해 충격적으로 공략하는 마케팅이다. 전략이라기보다는 창의적 전술에 가깝다.

애자일 마케팅

특히 소프트웨어 개발자에게 친숙한 '애자일(agile)'은 유연하고 민

첩하다는 뜻인데 문서작업 및 설계에 집중하던 개발 방식에서 벗어나 프로그래밍 본질에 좀 더 단기 집중하는 방법론이다. 코틀러는 《마켓5.0》에서 빠르게 변화하는 고객의 욕구에 신속하게 대응하는 방법으로 애자일 마케팅을 제시한다. 이 방법론은 2000년대 초에 기존의 개발 방식, 즉 대규모, 장기, 방대한 문서작업 등을 반성하면서 대두되었다. 2001년 2월, 17명의 소프트웨어 개발자는 '애자일 연합'을 결성하고 다음과 같은 선언문을 만들었다.

───────── 애자일 소프트웨어 개발 선언 ─────────

우리는 소프트웨어를 개발하고 또 다른 사람의 개발을 도와주면서
소프트웨어 개발의 더 나은 방법들을 찾아가고 있다.
이 작업을 통해 우리는 다음을 가치 있게 여기게 되었다.

공정과 도구보다 개인과 상호작용을
포괄적인 문서보다 작동하는 소프트웨어를
계약 협상보다 고객과의 협력을
계획을 따르기보다 변화에 대응하기를

여러 가지 애자일 방법 중 대표인 XP(eXtreme Programming)의 14가지 실천사항은 고개과 같이 만들되 고객의 욕구는 바뀐다는 길 수용한다. 개발자 우선이 아니라는 말이다. 그리고 실천사항에 나온 '스토리, 짧은 주기(short cycle), 함께(pair), 개방, 심플, 메타포(동일 개념을 공유하는 비유)'

등의 단어들이 특기할 만하다. 미래에도 중요한 말이고 개발뿐만 아니라, 마케팅과 우리 일상에서도 중요한 단어들이다. 애자일 마케팅은 이제 애자일 경영으로도 승격 중이다.

CEO 마케팅

내가 스타트업 또는 중견 CEO들에게 권하는 방법이다. CEO는 조직에서 제3지대에 있는 존재다. 그는 조직 안에 있기도 하고 바깥에 있기도 하다. CEO라는 1인이 차지하는 비중은 엄청나게 클 수도 있고 아닐 수도 있는데 테슬라의 일론 머스크와 영국 버진 그룹의 리처드 브랜슨은 매우 큰 존재로 홍보 기능을 한다. 한국에서는 CEO 마케팅 사례가 거의 없다. 그 이유는 넷 중의 하나다. 콘텐츠가 없거나, 샤이(shy)하거나, 악플이 두렵거나, SNS 시대의 의미와 CEO 마케팅의 파워를 모르거나. 현재 경기도지사 이재명은 사이다 발언으로 CEO 마케팅을 톡톡히 해내고 있다.

SNS 시대의 1인 기자인 소비자는 CEO의 사업 철학과 진솔한 내면 또는 놀라운 퍼포먼스를 선호한다. 좋은 인상을 받으면 공유와 리트윗이 바로 들어간다. 돈 안 드는 홍보에 팬덤 만들기다. 2021년 4월에 나는 느닷없는 페친 신청을 받았다. 소문만 무성했던 나비아트센터 관장이었다. 그녀의 격 있고 진솔한 페이스북 글을 읽으면서 막연히 가졌던 편견과 오해가 많이 사라지고 심지어 우호감이 생겼다.

빌 게이츠부터 일론 머스크까지 미국의 CEO들은 글로벌 소비자들에게 스스럼없이 자기 의견을 표출하면서 직접 소통을 즐긴다. 한국에서는 정용진 신세계 부회장, 정태영 현대카드 대표, 우아한 형제들의 김봉진 회장이 소통을 위한 SNS 활동을 한다. CEO는 일단 ▲네이버 인물정보 등록 ▲SNS 활용(가능한 한 진정성이 담긴 텍스트 중심 미디어가 효과적) ▲뉴스 와이어 등을 이용해 알리는 온라인 뉴스 기사 ▲매거진을 통한 정기적인 글쓰기와 고객에게 보내는 편지 ▲방송 출연 ▲관련 산업 강의(김봉진 회장은 독보적이었음) ▲자신의 철학을 담은 책 발간 ▲ESG 실천 등으로 CEO 마케팅을 할 필요가 있다. 그러려면 책을 많이 읽고 글쓰기 연습도 필요하다. 이렇게 하다 보면 어록이 만들어지고 그것이 또 강력한 스토리텔링이 된다. 알리바바 마윈의 어록은 진정성과 촌철살인의 힘이 있다. 어떤 CEO는 독특한 패션이나 조직문화, 즐겨 나타나는 장소, 즉 노웨어(know-where)로 자신을 마케팅하기도 한다. 단, 역풍도 각오해야 한다.

참고 | 악플과 모욕은 반드시 따라오니 선플의 힘으로 견뎌야 한다. 어쨌든 악플도 관심이 있다는 뜻이니까. 악플을 단 사람을 면담해서 과감하게 채용하거나 파트너, 베스트 악플러로 홍보 등을 하면 저질 악플은 줄고 명성은 올라간다.

인플루언서 마케팅

SNS 시대에 셀럼, 기자, 방송 대신 등장한 인플루인서(Influencer)는 영어 단어가 일단 암시적이다. 어근 '플루(flu)'는 전염병을 뜻한다. 종편 TV를 보다 보면 젊은 중국 아가씨들이 카메라를 들고 상품 진열대 앞에서 열심히 방송하는 장면을 볼 수 있다. 젊고 예쁘고 밝고 수다스러운 물신(物神) 수호자 '왕훙'들이다. 왕훙(网红)은 '网络红人'의 줄임말로 인터넷상(网络)의 유명한 사람(红人)을 뜻하는데, 중국의 SNS인 웨이보, 웨이신, 왓챕 등에서 최소 50만 팔로워를 확보한 소셜 스타를 가리킨다.

2014년 광군절 당시 중국 최대 쇼핑몰인 타오바오 판매점 10개 중에 왕훙이 운영하는 판매점이 포함되면서 이들의 경제적 가치가 주목받기 시작했고 2015년에는 상위 20개 판매점 중 무려 11개가 포함되면서 급기야 '왕훙 경제'라는 말까지 생겨났다. 탤런트처럼 유명하지는 않지만 나름 브랜드 세일에서는 원더우먼이다. 이들이 쓰는 미디어는 생방송, 포스팅, 후기, 인터뷰 등이다. 한국의 파워블로거들이 이들의 선배라 할 만한데 세일즈 파워는 왕훙을 절대 따르지 못한다.

이러한 현상의 사회심리적 요인을 들여다보면 결정장애증후군의 파생이라고 볼 수도 있고, 프랑스 문학이론가 르네 지라르가 말한 '욕망의 삼각형' 모델(주체의 욕망은 대상을 바로 향하지 않고 중개자를 통해 이루어진다는 이론. 그래서 이를 '낭만적 거짓'이라고 한다. 돈키호테의 기사 행위는 그가 즐겨 읽던 기사 소설에 나오는 12세기 갈리아 지방의 전설적 기사 아마디스를 모방한 것이다. 현대에는 유명인, 브랜드, 광고 등이 그 중재자 역할을 함)에서의 욕망의 중재자, 즉 왕훙을 따르는 것이라고 설명할 수도 있다. SBS에서 2013년부터 방영한 21부작 드라마 〈별에서 온 그대〉에 출연한 전지현은 가히 왕훙의 원조다.

최근에는 가상 인플루언서도 주목을 받고 있다. 세계 최초 디지털 슈퍼모델인 슈두(사진작가 카메론 제임스 윌슨 제작), 290만 팔로워를 거느린 릴 미켈라(로봇 인공지능 스타트업 브루드 사 제작), 논란을 몰고 다니는 바뮤다(트럼프 대통령 지지)와 블라코(마스크로 얼굴을 가리고 험한 말을 함) 그리고 KFC의 커널 (colonel, 전통적인 대령 아이콘 재해석) 등이 그들이다. 실물 인플루언서들처럼 개인 이슈로 스캔들을 일으킬 위험이 없고 메타버스 세대인 Z세대 에게 잘 어필한다.

인플루언서 마케팅은 SNS 덕에 진화한 셀럽+입소문 마케팅의 혼합이다. 스스로는 판단이 어려워 누군가에게 선택을 맡기는 사람들의 결정장애를 공략하며 주로 SNS 채널에서 이루어진다. 국내에서는 2013년에 런칭한 애드픽(ADPICK, www.adpick.co.kr)이 최초의 인플루언서 마케팅 플랫폼이다. 마케팅 성과가 발생했을 때만 광고비가 지불되기 때문에 광고주는 효율성을 높일 수 있고, 인플루언서로 참여하는 개인들은 영향력의 크기만큼 수익을 가져갈 수 있다. 영향력이 작은 마이크로 인플루언서도 참여가 가능하고 팔로워 모객을 통해 영향력을 키울 수 있다.

이들 인플루언서 마케팅은 효과가 있을까? 인플루언서 마케팅 플랫폼인 부줄레(Buzzoole)는 2018년 인스타그램 광고 관련 포스트 건수를 전년 대비 42퍼센트 증가한 262만 건으로 집계했다. 이는 2018년 인스타그램 전체 게시물 수인 29억 건의 약 10퍼센트에 해당한다. 인스타그램 게시물에 광고(#ad), 스폰서(#sp, #sponsored)와 같은 해시태그가 포함된 게시물 수는 매년 늘고 있다. 인스타그램 내 인플루언서와 연계된 게시물을 가장 많이 제작한 브랜드는 패션(32퍼센트),

뷰티(16퍼센트), 식음료(12퍼센트) 순이다. 효과는 분명히 있는데 소비자는 주의할 것이 있다.

첫 번째는 이들 SNS가 자기가 듣고 싶은 것만 듣고 편한 사람만 만나게 하는 확증편향을 강화한다는 점이다. 그리고 특정한 인플루언서를 우상화한다. 이는 엘리 프레이저가 자신의 책《생각 조종자들》에서 생생하게 짚었다. 아마도 사회적으로 성찰의 반격 시기가 올 것이다. 두 번째는 신뢰 문제다. 파워 블로거들이 기업에 매수당해 거짓과 과장된 글로 소비자를 기만한 전력이 있다. 세 번째는 주로 영어, 먹방 또는 다이어트, 뷰티, 돈 되는 글쓰기, 주식, 득템 정보 등에서 활동하는 인플루언서들의 문제인데 그들은 "미디어와 타깃 세대가 너무 빠르게 변해서 인기와 돈이 되는 기간은 고작 몇 년입니다. 30대 초반이면 벌써 올드해져요"라고 말한다. 지금은 핫한 이들도 그만큼 빠른 속도로 인플루언서 경쟁에서 밀려날 걸 안다. 그동안에 빨리 벌어야 하니 무리를 하게 되고 자신보다 더 젊은 친구들을 끌어들여 회사를 만들고 돈을 끌어오고 그러다가 파탄이 난다. 이 역시 신뢰 문제를 초래한다.

바이럴 마케팅

한양사이버대학 광고미디어학과 서구원 교수 글을 발췌, 인용한다.

바이럴은 사람들이 메시지에 노출되는 현상이 바이러스에 전염되는 것과 닮았기 때문에 붙인 이름이다. 유사한 용어로 구전(word-of-mouth)이 있는데, 미국마케팅학회에서는 구전을 '사람들이 제품이나 프로모션에 대한 정보를 소비자, 친구, 동료, 지인 등과 공유하는 것'이라고 정의한다. 구전은 기업이 아니라 소비자나 개인에 의해 전파되는 정보이며 긍정보다는 부정적인 경향이 높은 것으로 알려져 있다. 바이럴은 온라인 구전으로 취급된다. 바이럴과 유사한 용어로 버즈마케팅(buzz marketing)이 있는데 버즈는 벌의 앵앵거리는 소리에서 유래된 의성어로 구전의 자잘하고 밀도 있는 형태를 지칭한다. 구전과 대비되는 정보 시대의 용어로 '바이럴'과 '버즈' 용어가 탄생했으며 버즈는 실무, 바이럴은 학술적으로 사용된다.

이 용어는 1997년 벤처기업가 스티브 저벳슨이 '핫메일'의 이메일에 광고를 첨부하면서 사용하기 시작한 것으로 알려져 있다. 핫메일의 바이럴은 1996년 7월부터 시작된 캠페인으로 핫메일 메일박스에 'Get your free email at Hotmail'이라는 문구를 이메일 하단에 첨부해 이메일을 받는 사람이 문구를 클릭하면 핫메일의 홈페이지로 안내되어 무료 이메일 계정을 만들 수 있게 한 것. 미국의 한 연구에 의하면(Dye, 2000), 바이럴 마케팅으로 큰 영향을 받는 산업은 13퍼센트 정도다. 장난감, 스포츠용품, 영화, 방송, 위락 레크리에이션 서비스, 의류 등이 여기에 포함된다. 부분적으로 영향을 받는 산업은 54퍼센트 정도이며 금융, 호텔 숙박, 전자, 출판 인쇄, 담배, 자동차, 제약, 건강, 운송, 농업, 식품 음료 등이 포함된다. 여기에서 벗어나 있는 산업은 33퍼센트 정도이며 정유, 가스, 화학, 철도, 보험, 공공 분야다. 바이럴 마케팅은 인터넷, 웹, 소셜 미디어, 스마트폰 등을 활용하며 콘텐츠는 동영상, 게임, 전자책, 카드뉴스, 이미지, 인포그래픽, 텍스트 등 다양한 형태로 제작된다. 바이럴 콘텐츠는 재미있거나 경이롭고 스펙터클한 영상, 유용하고 독창적인 영상, 그리고 논쟁적인 영상이 효과적이다. 세계 7대 자연경관을 선정하거나, 새로운 세계 7대 불가사의를 선정하는 과정에서 네티즌 투표는 바이럴 효과를 거두기 쉽다. 2004년 버거킹은 고객이 주문하는 레시피대로 만들어주는 신제품 치킨 샌드위치를 출시하면서 신제품 콘셉트에 맞춘 '복종하는 닭(Subservient Chicken)' 캠페인을 했다. 이 사례는 이후 바이럴 마케팅의 원조 격으로 인정받고 있다. '복종하는 닭'은 소비자가 하단에 짧은 명령어를 입력하면 명령대로 복종하는 영상이 노출되는 방식의 바이럴 영상이다. 처음 홈페이지의 20명에게 사실을 알린 뒤 3주 후에 1억 5,000만 조회 수를 기록한 매우 성공적인 사례다. 무명의 작은 믹서기 제조회사인 블렌드텍은 CEO 톰 딕슨이 모든 제품을 갈아버리는 장면을 시연하는 '윌 잇 블렌드(Will it blend)' 시리즈를 유튜브에 올렸다. 아이패드, 아이폰 등을 CEO가 직접 갈아버리는 모습이었다. 엄청나게 퍼져나간 이 영상으로 톰 딕슨은 TV와 라디오에 출연했으며 2008년 클리오 광고상 바이럴 비디오 동상을 수상했다.

충주시 홍보 K 주무관의 속 시원한 B급 유튜브가 대박 행진이다. 세스코의 유머 답글과 고양시의 '○○냥' 답글 등도 유명했다. 바이럴은 분명 낮은 예산, 신속함, 높은 파급력이라는 장점이 있는데 대신 악플과 왜곡 전파의 위험도 있다. 2021년 서울시장 보궐선거에서 여당 측 후보가 LH 사건으로 다급해지자 흑색 바이럴을 많이 했는데 20대 남성들의 반감을 사 오히려 득표 격차만 벌어졌다.

Quiz 22

아마존 어소시에이트(Amazon Associate) 제휴 네트워크에서는 웹사이트나 블로그를 가진 개인이 제품 홍보 콘텐츠를 만들어 올리고 이것이 구매로 연결되면 매출의 일부를 수수료로 받는다. 트래픽이 높을수록 수익이 창출될 가능성이 크다. 과거 브로커가 받는 거간료와 비슷하다고 볼 수 있는데 대중화, 콘텐츠화가 다르다. 아마존 어소시에이트 프로그램은 다음 중 어떤 마케팅으로 분류될까? 그리고 그 이유는?

① 인플루언서 마케팅 ② 바이럴 마케팅 ③ 퍼포먼스 마케팅 ④ 커뮤니티 마케팅

퍼미션 마케팅

모르는 사람의 이메일, 식사 중에 걸려오는 텔레마케팅 전화, 재밌는 방송 중 흐름을 끊는 중간광고 등 소비자를 귀찮게 하는 인터럽션(interuption) 마케팅은 소비자를 불쾌, 불안하게 한다. 이에 대해 인터넷 마케팅의 선구자인 세스 고딘은 사전 허락(permission)을 구해 자발적 주의를 얻도록 설득해야 한다고 제안한다. 일종의 넛지 방식이다. 이태원에서 다짜고짜 "'텅 앤 그루브' 어떻게 가요?"라고 물으면 불쾌하겠지만 먼저 "실례합니다. 짐낀 징소 좀 가르쳐주시면 고맙겠습니다" 하면 대부분 받아줄 것이다. 전을 부칠 때 먼저 프라이팬을 달구고, 기름을 뿌린 다음에, 반죽을 올려, 고루 펴주고, 익는

상태를 봐가며 몇 차례 뒤집어줘야 하는 순서와 같다.

세스 고딘은 퍼미션 마케팅의 4개 원칙을 제시한다. 1. 퍼미션은 고객으로부터 직접 받아라. 주소록 구매는 안 된다. 2. 고객에게 혜택을 주어라. 그것도 수 초 안에. 3. 퍼미션의 깊이는 고객과의 상호 작용의 질에 달려 있다. 4. 퍼미션은 양도될 수 없다. 친구를 대신 데이트 장소에 보내면 안 되는 것과 같다. 이런 원칙 하에 다음의 5단계를 밟으면 효과적이다.

스텝1 소비자가 자발적으로 참여하면 인센티브 제공.

스텝2 e메일로 제품을 설명하면서 어떤 혜택을 줄 것인지 설명.

스텝3 소비자 각자의 상황을 상세히 파악해 맞춤형 인센티브 보강.

스텝4 고객으로부터 얻어낼 수 있는 퍼미션 수준의 단계(취미, 특기 등)를 끌어올림.

스텝5 소비자의 허락을 소비자와 마케터 모두에게 유리하게 활용. 고객의 관심 보유 단계.

이상이 제3지대 마케팅 중에서 주로 인터넷이나 SNS를 통해 전개하는 마케팅이라면 소규모 지역, 인적 네트워크, 속도전, 쇼크 효과, 적은 예산을 활용해 진행하는 마케팅도 있다.

게릴라 마케팅

게릴라는 전투에서 소규모 병력이 일정한 진지 없이 지형 지물이나 뛰어난 전술을 이용해 대규모의 적군을 기습한 뒤 신속하게 빠져나와 반격을 피하는 전법이다. 이를 마케팅 기법으로 응용한 것이 게릴라 마케팅인데, 잠재적 고객이 많이 모여 있는 장소에 마치 게릴라처럼 나타나 상품을 선전하거나 판매 촉진 행위를 펼치는 것이다.

플래시몹(flashmob) 방법도 효과적이다. 플래시몹은 일종의 퍼포먼스 기법인데 불특정 다수가 정해진 시간과 장소에 모여 주어진 행동을 하고 곧바로 흩어지는 행위를 말한다. 갑자기 접속자가 폭증한다는 뜻의 플래시크라우드(flashcrowd)와 참여 군중을 뜻하는 스마트몹(smartmob)의 합성어로, 2002년 10월에 출간된 하워드 라인골드의 저서 《참여 군중》에 기원을 두고 있는 용어다. 플래시모버(Flashmober)들의 이러한 행동은 단지 의미 없는 행위가 재미있어서 즐기는 무목적이 목적이라고 하는데 이를 마케팅 전략으로 활용하기도 한다.

2002년 붉은 악마 캠페인도 거대한 플래시몹이라고 볼 수 있는데 후원 기업이 SK텔레콤이다. SK텔레콤은 앰부시 마케팅을 한 셈이다. 게릴라 마케팅은 대개 후발 기업이 시장경쟁력을 확보하기 위해 선발 기업들이 진입하지 않은 틈새시장을 공략하거나 적은 비용으로 고객에게 밀착하는 마케팅이다. TV나 신문 등 마케팅이 비용 대비 고객 반응에 한계가 있어 활용하는 고객 위주의 새로운 내안 마케팅이다.

그러나 자주 쓰면 격이 떨어지고 악플이 나올 수 있다. 스텔스 마케팅(Stealth Marketing), 래디컬 마케팅(Radical Marketing), 앰부시 마케팅(Ambush Marketing) 등도 게릴라 마케팅 전략의 일환이다. 스텔스 마케팅은 소비자의 생활 속에 파고들어 그들이 알아채지 못하는 사이에 제품을 홍보하는 기법이다. 예를 들어 지하철 안에서 홍보요원들이 제품에 관한 이야기를 자연스럽게 나눔으로써 듣는 사람들이 은연중에 구매 욕구를 일으키도록 하는 방식이다.

래디컬 마케팅은 일반적인 시장조사에 의존하지 않고 고객들이 있는 현장에 뛰어들어 연대감을 구축함으로써 장기적인 효과를 노리는 전략인데 할리 데이비슨의 굉음, 괴짜 경영자로 소문난 리처드 브랜슨의 버진 애틀랜틱, "판매와 마케팅의 비교는 섹스와 자위행위를 비교하는 것과 같습니다. 마케팅은 캄캄한 방 안에서 여러분 혼자서도 할 수 있습니다. 판매는 다른 사람과의 대화가 개입되고, 실제적인 결과물을 낳습니다"라고 말한 보스턴 맥주의 짐 쿡 등이 대표적 사례다. 한국의 경우는 초기 백세주, 선운사 복분자 술, 카스 등이 있다. 비즈니스 전문기자로 활동하는 글렌 리프킨은 자신의 책 《래디컬 마케팅》에서 래디컬 마케팅의 원칙으로 소수정예의 마케팅 조직을 갖추고, '최고경영자가 직접 뛰어라', '시장조사에 매달리지 마라', '마케팅 믹스를 바꿔라', '소비자 중심의 공동체를 만들라'고 제시한 바 있다. 이들 마케팅은 비용 대비 효율성, 소비자 직접 접촉의 효과를 노리는 방법들이다. 내가 KT&G 지역본부에 있을 때 예산이 없어 '상콘' 조직과 상콘 아카데미를 직업 운영했던 것도 래디컬 마케팅 사례일 것이다.

앰부시 마케팅

앰부시(ambush)는 '매복'을 뜻하는 말로, 교묘히 규제를 피해가는 마케팅 기법이다. 주로 대형 스포츠 이벤트에서 공식 후원사가 아닌데도 TV 광고나 개별 선수 후원을 활용해 공식 스폰서인 듯한 인상을 줘 홍보 효과를 극대화하는 전략이다. 1984년 LA올림픽 때부터 부상했다. FIFA와 IOC는 공식 후원사를 지정해 수익을 올리는 대신 이들에게 올림픽 마크나 올림픽 단어, 국가대표 선수단 등과 같은 용어를 사용할 수 있는 독점권을 보장해주고 있는데, 기업으로서는 효과는 크지만 스폰서 금액도 비쌀뿐더러 독점권을 가질 수 있는 수가 제한되어 있어 생겨난 현상이다. 주로 선수나 팀의 스폰서가 되는 방법을 쓴다. 그래서 IOC는 2012년 런던올림픽을 앞두고 상표 및 광고와 관련한 새 규정인 '룰40(Rule 40)'을 공지하고 앰부시 마케팅과의 전쟁에 나섰다. 이를 어기면 해당 선수와 팀에 거액의 벌금을 부과하고, 메달을 획득하면 박탈해, 올림픽 사상 가장 엄격한 방어 장치로 꼽혔다. IOC는 화장실 휴지에 찍힌 브랜드 로고까지 검정 테이프로 덮었고, 영국 정부는 300명에 달하는 '브랜드 경찰'을 동원해 불법 행위가 적발되면 최소 2만 파운드의 벌금을 부과했다.

당연히 반발도 있었다. 2012년 런던올림픽에서 개별 기업 후원이 많은 미국 육상 선수들은 트위터에서 '룰40' 완화를 요구하는 릴레이 캠페인에 나섰다. 광고 카피에 '올림픽', '국가대표 선수단' 등을 의미하는 용어 사용을 비롯해 각종 매체에서 올림픽이나 대표선수단을 위한 이벤트를 진행하는 등의 다양한 기법, 다수 업체가 국가 대표선수단의 선전을 기원하는 공동 광고도 이 마케팅의 한 유형이다. 2002년 월드컵의 경우 KT가 공식 스폰서였지만 '붉은 악마 캠페인'으로 정작 큰 덕을 본 기업은 SK텔레콤이다.

MGM 마케팅

MGM은 '멤버스 겟 멤버스(Members Get Members)'의 머리글자로, 고객이 고객을 끌어온다는 뜻이다. 기존 고객이 다른 고객에게 자신이 이용하는 상품을 권유해 판매로 이루어지면 기존 고객 또는 기존·신규 고객 모두에게 다양한 형태의 인센티브를 제공함으로써 새로운 고객을 유치하는 방식이다. 일종의 네트워크 마케팅(암웨이의 피라미드 마케팅이 대표적)으로, 권유 마케팅 또는 추천 마케팅, 소개 마케팅이라고도 부른다. 고객을 유통망으로 이용하는 판매 기법이라 할 수 있다. 은행·주택업계·유통업계에서 널리 사용되고 있다.

새로운 고객을 소개해주는 기존 고객에게 제공되는 인센티브는 사례비, 상품권, 포인트 적립, 선물, 이용료 할인, 항공 마일리지 등으로 다양하다. 은행의 경우 주로 대출, 프라이빗뱅킹 등의 영업 분야에서 활용된다. 신규 고객을 소개해주는 기존 고객에게는 금리 및 수수료 우대, 선물 등의 혜택이 제공된다. 기존 고객을 통해 신규 고객의 성향 및 재무 상태 등에 대한 정보 수집 비용 등의 거래비용을 크게 들이지 않고 고객을 확보할 수 있고, 기존 고객의 충성도도 높이는 이점도 있다. 한편 기업의 임직원들이 주변의 친인척, 지인 등을 통해 고객을 유치하고 일종의 포상금을 받는 판매촉진 방식은 SGM(Staffs Get Members)이라고 한다.

유머 마케팅

스카이72 골프앤리조트는 펀 마케팅으로 탁월하다. 권위적이었던 골프장 분위기를 바꾼 뒤 붕어빵을 무료로 주고 종래에는 금기였던 반바지 착용과 막걸리 음용도 가능하게 했다. 빅 홀컵 운영, 재미난 글판들이 골퍼들을 즐겁게 해준다. 롯데리아의 신제품 폴드버거가 티저로 펼친 '버거, 접습니다'는 편도 유머 마케팅 사례로서 꽤 관심을 끌었다. 오래전 펩시맨 광고도 유명한 유머 마케팅 사례였다. 펩시 용기가 맨으로 나와 망신을 당하고 찌그러지는 모습들이 대중들의 공감을 자아냈다. 미국에 수출을 시작한 폭스바겐의 '싱크 스몰(Think Small)' 중 딱정벌레 유머 마케팅도 유명하고, 미국의 원스톱 항공사인 사우스웨스트 항공사도 일찍부터 유머 마케팅으로 이름을 날렸다. 이 항공사는 아예 유머감각이 뛰어난 직원들을 뽑았다. 잘 알려진 유머 마케팅 사례는 "담배를 피우실 분은 비행기 바깥으로 나가서 피우십시오. 함께 들으실 음악은 '바람과 함께 사라지다'입니다"라는 비행기 내 금연 멘트다. 이러한 마케팅은 전파력이 매우 높다. 사람들은 기본적으로 유머를 좋아하기 때문이다. 그리고 브랜드 광고에 대한 경계심을 누그러뜨려 호감을 갖게 한다.

이외 B급 방법으로 스웨그 마케팅(Swag Marketing)도 있다. 사실 정식 마케팅으로 분류하기에는 애매하지만 새롭고 효과도 있다. 언어유희, 패러디 등을 통해 재미있게 전달하는 일종의 B급 마케팅이다. 스웨그는 힙합에서 쓰이는 용어로 으쓱댐, 허세를 뜻한다. 스웨그 마케팅은 ^(가벼운) 사회 이슈에 빠르게 반응하며 주로 20~30대들의 SNS 등을 통해 전파된다. 광고 같지 않은 광고, B급 감성, 일시적, 폭발성 등의 특징이 있다. 브랜드 네임^(로고체)을 가지고 장난친 '꽐도 네넴띤^{(꽐도비빔면－출시 5일 만에 온라인 판매 7만 5,000개 완판. 가독성에 문제가 있는 로고는 사}실 너구리가 원조임)'에서 시작해 띵곡, 커엽, ㅂㅂㅂㄱ, 댕댕이, 갑붕싸^{(갑자기} ^{붕어싸만코가 먹고 싶다)} 등 일명 야민정음, 급식체가 스웨그 마케팅 사례다.

족 마케팅

1970년대 미국을 흔든 히피족에서 시작해 한국이 자체 생산한 오렌지족, 낑깡족, 보보스족, 밈족, 싱글족, 영국의 프라브족^{(1970년대 영}국의 패션을 주도한 사람들. 저렴하면서도 자신만의 패션을 추구. 빈티지 문화를 유행시킴)과 차브족^(싼 것만 사는 사람들), 바이크족, 미국 포틀랜드의 힙스터족 그리고 비교적 최근에 나타난 잇족, 로하스족, 혼족, 나홀로족^(글루미 제너레이션), 포미족, 홈카페족, 집콕족, 코피스족 등 신흥 부족들을 대상으로 하는 마케팅을 족 마케팅(Tribe Marketing)이라고 한다. 이들 부족은 큰 규모는 아니지만, 자신만의 제품 철학과 라이프스타일, 지향 모델, 특정 공간^{(가로수길, 샤로수길, 경리단길, 북촌과 서촌 등 특색 있는 핫플레이스. 과거 오렌지족들이 사치만 추}

구하던 압구정과는 다름)을 추구하며 자신들끼리 연대한다. 기업 마케터가 이들을 놓칠 리 없다. 삼성전자는 잇족을 겨냥해 자사의 노트북 브랜드 센스 슬로건을 'it Sens'로 바꾸었다. 국민카드도 it 카드를 선보였다. 디자인에 팝 아트 요소를 넣고 모양도 세로로 만들었다. 잇폰 카드, 잇스터디 카드도 나왔다. 사회적 웰빙을 추구하는 로하스족을 겨냥해 스파(북유럽 찜질 문화)가 생겨나고 담백한 허브차, 소주 대신 저렴하고 달짝지근한 와인, 유기농 채소들도 식탁을 차지하기 시작했다. 이를 '웰빙 마케팅'이라고도 부른다. 이들 로하스족은 장바구니 사용, 천으로 만든 기저귀나 생리대 사용, 일회용품 배격, 프린터의 카트리지 재활용 등 라이프스타일이 다르다. 여기서 웰빙과 로하스는 구분하자. 웰빙은 기본적으로 개인(가족) 지향이다. 식품을 고를 때 자기(아이)를 위해 조금 비싸도 무농약 NON-GMO 유기농 농산물을 고른다면 웰빙족이고, 동물이나 지구 환경을 위해 비건을 한다면 로하스족이다. 최근 몇 년간의 대세는 역시 혼족이다. 나홀로족이라고도 부른다. 아래 내용은 2017년 월간 〈CEO&〉 3월호에 실린 기사 '마케팅 타깃으로 급부상한 혼족' 중 일부다.

2016년 가을에 종영한 tvN 드라마 <혼술남녀> 역시 시대 상황을 반영해 혼술족을 주인공으로 화제를 불러일으켰다. 혼술족에게는 상당히 공감을 주었겠지만, 드라마 속 주인공처럼 고급 술집에서 혼술을 즐기는 것은 아니다. 현실 속에서 혼밥, 혼술족들은 누구에게도 방해받지 않는 집에서 즐기는 것이 대부분이다. (중략) 유통업계는 이미 오래전 이러한 트렌드를 반영해 도시락을 출시했으며, 최근에는 혼밥족을 겨냥한 '1인 세트'를 출시하고 있다. 파파존스는 혼자 즐기기에 적당한 크기의 레귤러 세트를 선보였고, 세븐일레븐은 혼밥족을 겨냥한 분식 세트메뉴 'Mr 김떡만(김밥, 떡볶이, 만두)'을 출시했다. 통큰치킨으로 인기를 끌었던 롯데마트는 일반 닭보다 20퍼센트 정도 작은 닭을 이용해 저렴한 1인용 치킨인 '혼닭'을 선보였다. 이마트의 '피코크(Peacock)'는 포장지에 쓰여 있는 간단한 조리법에 따라 쉽게 조리할 수 있는 가정간편식 상품을 출시해 뜨거운 반응을 얻고 있다.

이러한 족 마케팅은 기업이 편승할 수도 있지만, 기업이 주도해서 만들 수도 있다. 혼족을 넘어 화상(ontact)족, 반려식물족, 에코족 등이 나올 수도 있다는 말이다.

지역 마케팅

이 마케팅에는 국가 마케팅, 향토 마케팅 그리고 한국만의 K(한류) 마케팅이 포함된다. 지역 마케팅(Area Marketing)은 애국심과 애향심을 기반으로 한다. 사람들의 가슴속에는 우리라는 동지애가 있다. 그래서 기왕이면 우리 것을 선호한다. 우리 것의 대표 주자는 국가(민족)다. 국가는 집단 원형, 상징, 문화, 신념 등을 공유한다. 이런 공통의 요소들을 활용하면 정체성 회복에 도움이 된다. 잘못하면 시대착오라는 비판을 받고, 잘하면 엄청난 폭발을 일으킨다. 1990년대 중반에 나왔던 프로스펙스의 '독립했소?'라는 광고가 전자의 경우이고, 88올림픽 때의 아리랑 열풍과 2002년 월드컵 때 한국을 달궜던 SK텔레콤의 '붉은 악마' 캠페인은 후자의 경우다. 잘 쓰이지 않던 치우천왕, 도깨비 상징을 현대적으로 각색한 붉은 악마는 젊은 층에서도 큰 사랑을 받았다.

이외 같은 지역 내 동질성과 다른 지역과의 차별화 요소로 한복이나 한옥, 한식을 이용한다. 제주도, 밀양, 남원 등 지역 전통을 활용하면 브랜드 기억과 이해에도 도움이 된다. 장어는 풍천, 아구찜은 마산, 물은 제주 삼다수, 배는 나주 등 애향심을 자극하는 마케팅 종류는 많고 효과도 대체로 만족할 만하다.

축협 한우 캠페인도 마찬가지다. 상식적으로 생각하면 소고기를 오랫동안 먹지 않았던 한민족이라 수백 년 이상 소고기를 개량해온 미국이나 호주보다 질이 떨어질 텐데도 신토불이 한우가 더 우월한 것이라는—더 가격을 치르고도—믿음을 산다.

이런 마케팅은 보수적인 계층이나 민족주의 성향을 지닌 중장년층에게는 좋은 영향을 미치지만, 글로벌 세대에게는 오히려 조롱을 받기도 하니 선택적으로 잘 써야 한다. K-마케팅은 특히 화장품, 식품 등의 분야인 한국 수출기업들의 해외 마케팅에 큰 우산효과를 주고 있는데 과연 무엇이 'K-류'인가? 이 질문에 대한 연구는 아직 학문적으로 이뤄지지 않고 있다.

레트로 마케팅

켈로그 첵스 파맛은 느닷없이 트로트 가수 태진아를 내세워 "미안 미안해"라는 광고를 했다. 뜬금없지만 MZ세대는 이를 신기해했다. 이것이 레트로 광고다. 복고 마케팅으로, 노스탤지어(nostalgia) 마케팅이라고도 한다. 진로 두꺼비처럼 과거의 제품이나 서비스를 현재 소비자들의 기호에 맞게 재해석해 마케팅에 활용하는 방법이다. 복고는 오래된 것들을 다시 찾고 들춰, 이전 세대들에게는 향수를 불러일으키며 반가움과 위로를 줄 수 있고, 젊은 세대들에게는 'Old is New'의 신선함을 줄 수 있다. 내가 1996년에 스티브 맥퀸 주연 영화 〈빠삐용〉을 패러디해서 광고했을 때 최고 선호도를 보인 층은 뜻밖에도 고등학생이었다. 복고 마케팅은 단순히 과거에 유행했던 것을 그대로 다시 파는 방식이 아니라 현대적 감각을 가미해 제3의 트렌드를 제시해야 효과적이다. 패션을 비롯해 식품, 디자인, 음악, 방송, 영화 등 다양한 분야에서 가능하다. 7080세대들에게 사랑받는 트로트 열풍, 달고나, 짱구, 옛 골목길 등 복고는 소비자에게 어린 시절과 젊은 시절의 자신을 만나게 하고 부자 또는 모녀지간을 연결해 마케팅에 대한 수용성이 높은 편이지만, 늘 통하는 것은 아니다. 주로 불황기에 레트로 마케팅(Reteo Marketing)이 나온다는 것을 명심하자.

서원대학 광고홍보학과 김병희 교수는 "레트로 마케팅이 효과를 발휘하려면 재발견을 고려해서 시간을 초월하고 소비자 가치와 연계하고 본질을 유지하되 현대화해서 공동체를 형성하도록 해야 한다"고 말한다. 또 북아일랜드 얼스터대학 스티븐 브라운 교수의 "레트로가 광고 마케팅의 혁명이라며 한정, 신비, 증폭, 재미, 장난기라는 5가지 기본 원리에 충실한 레트로 광고는 옛것과 새것의 혼합을 통해 브랜드의 재활성화에 가여한다"는 주장을 인용해 레트로 마케팅을 설명한다.

대표적 성공 사례는 tvN 드라마 〈응답하라〉 시리즈, CJ제일제당의 남산 N왕돈까스, 웬디스의 소고기 햄버거, 동원 F&B의 쿨피스, 샘표식품의 우리 엄마 반찬 통조림, 델몬트의 따봉 주스, 주윤발이 광고했던 롯데칠성음료의 밀키스 등이 있다. 국민 SNS였던 사이월드를 모 기업이 인수해서 레트로를 노려볼 수도 있을 것이다.

뉴트로 마케팅도 있다. 뉴(New)와 레트로를 합성한 말이다. 온고지신 마케팅과 같다. 뉴트로는 단순히 과거의 물건을 그대로 재현하는 것이 아니라, 현대적 감각을 더해 재탄생시킨다는 데에 초점이 있다. 뉴트로를 통해 세대 간 공감대 형성이 가능하다. 이 현상의 원인은 뭘까? 경희대학 글로벌커뮤니케이션학부 이택광 교수는 대기업이 주도해 천편일률적인 문화계에서 대중(특히 밀레니얼 세대)이 과거의 것을 신선하게 인식했기 때문이라고 보았고, 성신여자대학 이향은 교수는 디지털 시대의 세련되고 완전한 것과 달리 아날로그적인 것은 투박하고 불완전함이 주는 미학이 있어서 매력적으로 여겨졌을 가능성을 제기했다. 1994년생인 내 아들은 실제로 힙합과 함께 1980년대 노래를 좋아하는데, 80년대의 노래 가사가 특히 마음에 와닿는다고 했다. 깊이감 같은 것 말이다.

한편 서울대학 교수이면서 트렌드 전문가로 잘 알려진 김난도 교수는 코로나19에 초점을 맞춰 "코로나19가 없었던 과거를 향한 그리움에 소구"한다고 뉴트로를 진단했다. 이런 분석들이 있지만 세대가 변하는 시점에서 과거를 그대로 가져오는 것은 매력적이지 않다. 동시대의 감수성을 부여하는 건 어쩌면 당연한 것이다.

디마케팅

기업들이 자사의 상품(특히 명품이나 희소·고가 제품)을 많이 판매하기보다는 오히려 고가 정책이나 한시 판매, 가기 어려운 플레이스 선정, 드레스 코드, 까다로운 예약 등의 방법으로 고객들의 구매를 의도적으로 줄임으로써 적절한 수요를 창출하고, 장기적으로는 수익의 극대화를 꾀하는 방법이다. 명품이나 명소들이 주로 쓰지만 의무적으로 해야 하는 것도 있다. 흡연·음주 예방 경고 문구 등도 디마케팅 (Demarketing)을 한다. 20:80:30 법칙을 들어본 적 있을 것이다. 파레토 법칙처럼 20퍼센트의 우량고객이 80퍼센트의 이익을 낸다'는 의미와 함께 거꾸로 30퍼센트의 불량고객이 80퍼센트의 불만 민원을 만들어낸다는 의미를 담고 있는 법칙이다.

그러면 기업은 어찌해야 할까? 현대카드는 불만 민원을 예의 없이 하는 고객은 상대하지 말라고 고객센터에 공식적으로 지침을 내렸다. 이처럼 수익에 도움이 되지 않는 고객을 밀어내는 마케팅, 즉 돈이 안 되고 불만만 퍼트리는 고객과는 거래를 끊고 우량고객에게 차별화된 서비스를 제공해 인력과 비용을 절감하고, 수익은 극대화하려는 모든 유형의 기법이 디마케팅이다. 금융기관이 거래실적이 별로 없는 휴면계좌를 정리하거나 채무 규모가 적정 수준을 넘은 고객의 거래 및 대출한도를 제한하는 것, 온라인 게임업체가 청소년 회원에게 부모의 동의를 얻은 시간에만 게임을 할 수 있도록 하는 것, 인터넷 커뮤니티 사이트가 유료 회원제로 전환하거나 휴면계정을 삭제하는 경우, 맥주 회사가 고급 브랜드를 일정한 업소에만 선택적으로 공급하는 것 등이 디마케팅 기법이다.

내 이름을 문에서 떼어낼 때

— 레오 버넷

때가 되면 언젠가는 제가 이 회사에서 물러날 때가 올 것이며 그때는 여러분이나 여러분의 후임자 중에서 아마 우리 회사 이름에서 제 이름마저 없애고자 하는 사람이 있을 것입니다. 그러고는 트웨인, 로저스 등의 새로운 이름을 붙일지도 모르겠습니다. 만일 그렇게 하는 것이 낫다면 저 또한 반대할 이유가 없습니다.

그러나 만약 그 이전이라도 제가 지금부터 열거하는 이런 날이 온다면 오히려 제 쪽에서 먼저 여러분들에게 우리 회사 이름에서 내 이름 레오 버넷을 떼주기를 강력하게 요구할 것입니다.

그날은 바로,

광고 일에 종사하는 여러분들이 좋은 광고를 (그냥 광고가 아니라 우리가 추구하는 철학이 담긴 광고를) 만드는 것보다 돈을 버는 데 더 많은 시간을 보낼 때,

우리 회사를 떠받치고 또 끌고 나가는 카피라이터와 아티스트, 그리고

140

AE나 경영층이 광고 회사만의 크리에이티브한 분위기, 즉 광고 만들기의 순수한 즐거움과 그를 통해 얻는 성취감이 돈 이상으로 중요하다는 사실을 잊어버릴 때,

여러분들의 마음속에서 더 좋은 광고를 만들어야겠다는 의지가 사라지는 날,

그리고 우리 회사의 가장 중요한 원동력이며 본질인 성실에 대해 여러분들이 적당히 타협하려고 할 때,

여러분들에게서 불완전함이나 부적절함 혹은 무능력의 징조가 나타나기 시작할 때, 즉 여러분이 사물이 갖는 미묘한 특성이나 차이를 이해하지 못할 때,

여러분의 시야가 점점 좁아져 급기야는 사무실의 창문 수나 세고 있을 때,

여러분이 겸손함을 잃어버리고 모든 것을 아는 체 분수에 어울리지 않는 허풍쟁이가 될 때,

여러분들이 만들어내는 사과가 우리 회사만의 분위기나 특성을 나타내는 것이 되지 못하고 단지 먹기 위한 사과나 번쩍거리는 사과뿐일 때,

해놓은 일이 마음에 들지 않을 때 그 일보다 그 일을 한 사람에 대해 비난의 화살을 돌릴 때,

강력하고도 살아 있는 아이디어를 생각해내지 않고 그저 일상적인 제작 과정에 의존하려고 할 때,

그리고 마지막으로 타이프라이터와 씨름하는 사람들(카피라이터), 마카 펜을 들고 사는 사람들(아트디렉터), 카메라에 매달려 사는 사람들(포토그래퍼), 밤새워 매체 계획을 짜느라 골머리를 앓고 있는 사람들(미디어플래너) 이 모든 외로운 사람들에 대한 존경심을 잊어버리게 되는 그날,

여러분들이 오늘의 우리 회사를 있게 해준 이 고독한 사람들을 잊어버릴 때, 그리고 그들은 각고의 노력을 통해 우리가 감히 범접할 수 없는 경지, 즉 잠시나마 별을 따는 희열을 맛보았던 사람들이라는 사실을 우리가 잊어버리는 그날,

바로 이러한 날이 오면 저는 여러분에게 오늘 당장 회사 현관문에서 제 이름마저 없애달라고 요구할 것입니다. 정말 그날에는 제 이름이 현관에서부터 사라질 것입니다. 그날이 오면 며칠 밤이 걸리더라도 아무리 힘이 들더라도 나 스스로 돌아다니며 층마다 붙어 있는 내 이름을 모조리 떼어버릴 것입니다. 그리고 이 모든 것을 없애버리기 전에 나는 우리의 별을 향한 추구의 상징, 즉 우리 회사의 심벌마크를 페인트로 지워버리겠습니다.

사무집기를 깡그리 불태워버릴 것이며 이왕 내친김에 벽에 걸려 있는 광고물도 몇 쫌 발기발기 찢어버릴 것입니다. 그리고 접견실에 있는 사과들은 모두 엘리베이터 통로에 던져버리겠습니다.

다음 날 아침, 여러분이 출근했을 때 회사는 알아볼 수 없을 정도로 달라져 있을 것입니다. 바로 그날 아침, 아마 여러분은 이 회사에 붙일 새로운 이름 하나를 찾아내야 할 것입니다.

이상은 미국의 광고기획사 레오버넷 창립자인 레오 버넷의 연설문이다. 1900년대 중반 광고계에는 전설적인 카피라이터이자 창업자들이 있었다. 1911년생 영국인인 데이비드 오길비는 온갖 영업일을 하며 전전하다가 1948년에 뉴욕 매디슨 가에 '오길비앤드매더'를 설립했다. 그는 광고계의 유명한 한 축인, 무엇을 말할 것인가(What to Say)를 대표한다. "카피의 단어들은 계산되어야 한다", "만약 소비자를 즐겁게 할 목적으로 광고비를 쓴다면, 원하는 제품을 팔 수 없을 것이다"라고 주장했다. 대표작은 '해더웨이 셔츠를 입은 남자', '시속 60마일로 달리는 신형 롤스로이스에서 나는 가장 큰 소음은 바로 전자시계 소리뿐'이 있다.

오길비의 'What to Say' 반대편에서 'How to Say'를 주장한 카피라이터는 유대계 미국인 윌리엄 번벅이다. 1960년대에 미국 광고 크리에이티브의 황금시대를 연 천재로 불린다. 1949년에 DDB를 창립했다. 디자인 감각이 남달랐고 철학, 사회학, 소설 등 인문학 지식이 깊었고 독서와 음악감상이 평생 취미였던 그는 카피와 비주얼의

드라마틱한 일대일 결합을 추구한 크리에이티브 지상주의자였다. 대표작은 에이비스 넘버 투 광고다. "에이비스는 고작 2등입니다. 그런데 왜 고객들이 우리 차를 이용할까요?" 유명한 이 광고는 실제로는 응답자 절반이 비호감을 표시했다. 당시 번벅은 "나머지 절반은 좋아하지 않는다"면서 4년간 캠페인을 지속했다.

레오 버넷은 1891년 미시간 주의 건어물 가게 주인 아들로 태어나 시카고 유파를 이끌었으며 광고 역사상 가장 열정적인 인물로 꼽힌다. 말보로맨, 졸리 그린 자이언츠, 켈로그 캐릭터 토니 등 전설적 광고 캐릭터를 창조하면서 가장 미국적인 가치와 정서를 구현했다. 내재적 드라마(inherent drama)는 버넷이 개척하고 확산시킨 시카고 유파의 핵심 크리에이티브 코드다. 이것은 광고할 "제품 자체에 숨어 있는 독특한 극적 요소"로 정의된다. 버넷은 "모든 제품은 스스로 타고난 내재적 드라마가 있다. 크리에이터가 할 일은 그 드라마를 찾아내 뉴스 스토리처럼 신뢰감 있게 제시하는 것"이라고 주장했다. 대표적 사례가 1945년 집행된 미국식용육협회 광고다. 버넷은 'Red on Red' 캠페인이라 불린 이 광고에서 '살아 있는 싱싱함'을 구체화하기 위해 빨간색 살을 날것 그대로 보여줬다. 생고기 사진은 당시 금기사항이었다. 주부들이 징그럽게 생각할 수 있다는 이유 때문이었다. '커먼 터치(common touch)' 철학도 기억할 만하다. 탁월한 광고 제작물은 조사에 의존하기보다는, 제품 자체가 지닌 독특한 편익을 찾아내어 그것을 소박하고 흥미진진하게 표현할 때 나온다고 주장했던 버넷은 "광고 표현에서 날카로운 표현보다는 솔직하고 다정스러운 묘사를 사용"하기를 선호했다. 커먼 터치를 위한 두 개의 가이드 라인은 첫째 활자체와 심벌은 사람들에게 익숙하고 편안한 것으로 하고, 둘째 당대의 사회문화를 배경으로, 소비자 욕구와 믿음을 제품과 연결할 역사적 소재나 민담을 채택하는 것이었다. 대표적인 사례가 졸리 그린 자이언트(The Jolly Green Giant) 통조림 광고 캠페인으로, 미국 민담에 나오는 초록색 거인 폴 번연(Paul Bunyan) 스토리를 채택했다. 대중심리 속 집단 원형을 활용하는 방식은 당대의 다른 크리에이터와 확실히 구별이 되는 특징이었다. (《10명의 천재 카피라이터》, 2013, 김동규)

이들은 광고 회사를 창업하고 전설을 만든 크리에이터 겸 경영자였다. 그럼 한국의 현실은 어떨까? 내로라하는 광고 회사는 거의 대기업 자회사들이다. 1위인 제일 월드와이드(삼성)부터 이노션(현대), 대홍(롯데), TBWA(SK), HS(GS), LG 애드, 오리콤(두산) 등을 보라. 웰콤 등 극소수만이 독립 광고 회사다. 그래서 광고 회사 대표 중에 전설은 없다. 거의 다 그룹에서 고액 연봉을 받는 관리자다. 임기직이라 당연히 독특한 철학도 없고 방법론도 없다. 현재 제일기획 등은 주식 값이 오르고 연봉도 오르고 직업 평판도 좋아졌는데 1990년대 광고인들의 미션과 자부심, 깡과 끼는 잊은 듯하다. 크리에이티브 회사임에도 크리에이티브의 보고인 문화예술 쪽과 연계되는 지원과 투자 등의 활동은 카드 회사, 담배 회사보다도 약하다. 제일기획 파워는 여러모로 콘텐츠진흥원보다 한 수 위임에도 그렇다. 정부 시각도 문제다. 광고는 훌륭한 콘텐츠 산업인데 정작 문체부 기관인 콘텐츠진흥원은 광고계와 연계하지 않는다.

각 그룹이 계열 광고 회사를 독립시켜야 한국 광고의 질적 변화가 올 것이라는 주
장을 어떻게 생각하는가? 계열 광고 회사 관행의 장점과 약점은 무엇이라고 생각
하는가?

2부
마케팅의 超 ABC

황소만 보는 개구리는 다치기 쉽고,

개구리만 보는 황소는 자기 역량을 착각한다.

Big Shot
Marketing ALL

09

마케팅
전략 맵 짜기

2부는 중심부 이론에서 마케팅을 애용하는 실제 방법이다. 이를 알아두고 잘 구사하면 사업도 구체적인 도움을 받을 수 있다. 내가 제일기획 사원일 때 이 방법을 박충환 교수에게 배웠다. 지금 40대의 마케터들은 1990년대에 본격 마케팅을 한국에 소개한 박충환 교수를 알 것이다. 도표2는 피츠버그대학 박충환 석좌 교수의 이론에서 가져왔다. 필립 코틀러의 마케팅 전략은 리서치(R)—STP—마케팅믹스(Marketing Mix)—실행(Implement)—평가 및 피드백(Check) 5단계다. 단계로 보면 큰 차이가 없다.

참고 | STP는 각각 시장세분화(Segmentation), 목표시장(Targeting), 포지셔닝(Positioning)을 의미한다. 포지셔닝은 소비자들 마음속에 자사 제품의 바람직한 위치를 형성하기 위해 제품 효익을 개발하고 커뮤니케이션하는 활동을 말한다.

1972년 미국의 광고 회사 간부인 알 리스와 잭 트라우트가 도입한 용어다. 소비자가 원하는 바를 준거점으로 해 제품의 포지션을 개발하는 '소비자 포지셔닝 전략'과 경쟁자의 포지션을 준거점으로 해 제품의 포지션을 개발하는 '경쟁적 포지셔닝 전략'으로 구분된다. 소비자들이 원하는 바나 경쟁자의 포지션이 변화함에 따라 기존 제품의 포지션을 새롭게 전환하는 리포지셔닝(repositioning)을 한다.

이제 박충환 교수 전략 맵 모델을 중심으로 마케팅 전략 짜기를 알아보자. 이전 모델이지만 2021년인 지금도 한국은 기업과 공공 부문에서 많이 쓰고 있다. 가장 기초가 되는 초식임에도 요즘 마케터 또는 기획자들은 생각보다 이를 모르거나 무시하는 경우가 많다.

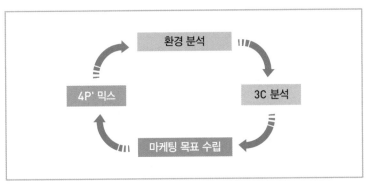

도표2 박충환의 마케팅 전략 맵

환경 분석

환경을 분석하는 것은 전략의 대문을 결정하는 일이다. 크게 인구 변인, 사회심리 변인, 라이프스타일 변화, 그 외 미디어·테크놀로지 변화와 법적 환경 등을 살핀다. 자신들과 필요도 없는 환경을 지식 자랑하듯 늘어놓는 경우가 많은데 이는 피하자. 한국 정책을 짜는데 프랑스 환경을 볼 필요는 없으니까. 이 책에서는 인구 변인과 사회심리 변인, 라이프스타일만 다루겠다. 나머지는 이들만 살펴도 어느 정도 파악이 가능하다. 예를 들면 소득, 기술·미디어의 변화는 사회심리와 라이프스타일에 거울처럼 반영된다.

데모그라피(Demography) : 어원은 그리스어의 demos(인민)와 grapho(묘사하다)이며, 인간의 집합체인 인구의 서술을 뜻한다. 인구 재앙, 인구 절벽 등처럼 인구 변화는 모든 거시 변화에 선행한다. 맬더스의 《인구론》, 《다빈치 코드》로 유명한 소설가 댄 브라운의 섬뜩한 《인페르노》가 다 급증하는 인구 관련 책이다. 이런 거시적인 인구 이슈만이 아니라 경제 운영과 경영·마케팅에도 인구 변화는 핵심 변수다. 아프리카나 베트남을 가면 가난해도 활력이 넘친다. 젊은 인구가 많아서 그렇다. 출산율이 낮고 시니어 나라인 북유럽과 일본은 활력이 안 보인다. 중국은 깔딱 고개를 넘는 중이다. 한 반에 70명을 2부로 나누어 가르쳐야 했던 1960~70년대 학교의 교육 방식은 한 반에 30명 안팎 그리고 폐교가 속출하는 2000년대와는 크게 다를 수밖에 없다. 인구 구조가 피라미드형에서 종형을 지나 역(逆)피라미드로 변하는 시대의 정책은 교육, 선서, 보험, 산업 등 모든 것이 바뀐다. 데모그라피는 인구를 주로 성, 나이, 혼인, 종교, 언어, 인종, 직업, 계급, 교육 정도 등으로 나눠 연구한다. 1855년에 프랑스의 인구통계학자 A. 기야르는 이 용어를 인구 현상의 통계적 연구에 처음 사용했다. 마케터는 이런 인구 속성 변화가 제반 환경에 미치는 영향을 검토해야 한다. 예를 들어 자식을 하나만 낳고 혼족과 노령인구가 증가하고, 2025년 초고령사회가 되는 한국, 50대 이후 소득이 급속히 줄어드는 베이비붐 세대, 구매 침체, MZ세대의 등장 등은 마케팅에서 중요한 데모 변수다. 미국은 왜 자유로운 문화가 가능할까? 다민족 인구 때문이다. 그래서 서브 문화(sub-culture)가 발달했다. 반면 단일민족인 한국은 조금만 이상한 행동을 하면 바로 왕따된다. 신기한 제품이나 서비스, 기발한 마케팅이 덜 나오는 이유다. 인구 속성은 나중에 볼 제품 개발에서도 핵심적인 변수로 작용한다.

Quiz 24

인간에 대한 신뢰를 잃어버린 사람들이 판단을 AI에게 물어보거나 미룬다면 인구 변인에 AI도 넣어야 하는 걸까? 어쩌면 A2A 마케팅이 나올지도 모르겠다. 생각하지 않는 인간을 제치고 AI가 AI에게 하는 마케팅이다.

소시오-사이코그래피(Socio-Psychography) : 다음은 J일보 2021년 4월 27일 자 기사다.

상명대학 소비자거주학과 이준영 교수는 "MZ세대는 디지털 플랫폼에 능숙하고 대체투자에 대한 이해도가 높다"며 "소비 투자 과정에서 즐거움을 찾는 '펀슈머(Fun+Consumer)' 성향이 반영된 결과"라고 말했다. 김유석 오픈루트 디지털 가치 실장은 "MZ세대는 부동산, 주식 등 기성세대가 짜놓은 질서에선 개인의 노력만으로 성공할 수 없다는 불안감이 크다"며 "새로운 돌파구로 접근 가능한 투자처를 발굴해나가는 과정"이라고 전했다.

그래서 이들 세대는 네이버 스노우의 '크림', 무신사의 '솔드아웃', KT엠하우스의 '리플', 바이셀스탠다드의 '피스', 서울옥션블루의 '소투' 같은 플랫폼이 내놓은 부동산, 롤렉스 시계, 스니커즈 한정판, 명품, 미술품 등의 조각 투자와 공동구매에 영끌(영혼까지 끌어)투자 한다고 기사는 전한다. 위의 인용문 중 밑줄 친 대목이 바로 그런 대체 투자를 이끈 사회심리다.

한국 노인들의 자살률 증가, 코로나19 때 20~30대 여성 자살률이 가장 높은 이유는 무엇일까? 한국의 사회심리 변인을 분석해야 답이 나온다.

2016년 말 광화문 촛불집회 이후 갑질, 미투, 소수자 등 이슈들이 불거졌는데 이전까지는 한국에서 별로 문제가 되지 않았다. 그러나 달라졌다. 인권, 평등, 직장 등에 관한 사회심리가 바뀐 것이다. 소득 2만 달러와 3만 달러 시대의 사이코그래피는 바뀐다. 기술과 미디어도 영향을 미친다. 스마트폰의 등장은 사회심리를 엄청나게 바꿨다.

반대로 사회심리에 의해 어떤 문화, 어떤 기술은 배척당한다. 내 친구는 아들이 대학을 졸업하자 나름 쿨하게 보이려고 "아들, 취직도 안 되는데 해외여행이나 다녀오지?" 했더니 "집에서 다 볼 수 있는데 굳이 왜 가요? 그 돈 저를 주세요. 주식이나 사게요" 하더란다. 친구는 아들이 MZ세대임을 간과했던 것이다.

해외여행이 늘 버킷리스트가 아닌 때도 온다. 실제로 일본인들은 어느 시기를 지나자 해외여행을 줄였다. 그리고 그 자리를 한국, 중국 사람들이 채웠다. 이는 사회심리 변화에 따라 사회 구성원들의 라이프스타일이 바뀐 사례다. 2007년 처음 등장한 스마트폰과 SNS 문화의 만개, 만성적 경기 침체 등은 사회심리에 영향을 미치는 중요한 요인들이다. 스마트폰 문화가 발달하면서 한국에는 소통이 늘었으나 부작용으로 악플, 페이크도 늘었고 양극화와 사회적 불평등으로 묻지마 폭력도 증가했다. 전에 없던 세대 갈등(과거에는 "어린 것이~ 너 몇 살이야?" 하면 '꼼짝 마'이고, 요즘은 "아저씨 꼰대 같은데~" 하면 '꼼짝 마다)이 일어나면서 적극성·소극성, 미래 긍정·부정, 개인주의·공동체주의 등의 사회심리가 생겨났다. 출판업 대신 먹방 등이 뜨는 것은 유튜브 문화와 소극적 사회 참가, 미래 부정 등의 영향을 받은 것이다. 시장과 마케팅은 이런 사회심리의 영향을 받는다.

Quiz 25

코로나19로 인해서 축제, 공연, 여행 등이 위축되고 넷플릭스, 게임, 혼밥 산업이 급성장했다. 이런 변화로 생성될 20대 남성과 여성들의 사회심리는 각각 어떤 것들이 있을까? 스스로를 코로나 세대로 생각하는 2020년 대학생, 취준생들은 어떤 사회심리를 가질까?

라이프스타일(Lifestyle) : 초미세먼지가 사회적 이슈가 되면서 사람들은 아웃도어 라이프를 피하기 시작했다. 유럽은 테러 공포증 때문에 다수가 모이는 곳에 가지 않는다. 지속가능한 지구를 지키자는 운동으로 플라스틱, 일회용 소비를 삼간다. 30대 도시 여성들 사이에서는 휘게(hygge, 편안함과 아늑함을 뜻하는 덴마크어. 노르웨이어. 가족이나 친구와 함께 또는 혼자서 보내는 소박하고 여유로운 시간. 일상 속의 소소한 즐거움이나 안락한 환경에서 느끼는 행복을 의미) 코드가 뜬다. 이런 것들이 라이프스타일의 변화다. 외국에 갔을 때 지하철 타보기와 지역 핫플레이스에 가보기 둘만 하면 그 나라가 어느 정도 파악된다.

라이프스타일은 가치관 때문에 나타나는 다양한 생활양식, 행동양식, 사고방식 측면의 문화적·심리적 차이를 나타내는 말이다. 양식은 이성적인 다수에 의해 공유되면서 표현적 행위로 구성된다. 이들은 근대성 발전과 관계가 크다. 라이프스타일은 원래 사회학과 문화인류학에서 명확한 정의 없이 사용되던 말이었으나, 최근에는 마케팅과 소비자 행동 연구 분야에서 관심이 높아졌다. 시장세분화에서 소비자의 가치관을 고려할 필요가 커졌고, 제품의 새로운 의미 부여와 신제품 개발 등에서 소비자의 잠재적 욕구를 파악할 필요가 있기 때문이다. 이는 소비자가 합리성과 주체성을 가지고 자신의 생활을 설계하는 생활자로서의 의식을 갖는다는 것을 전제로 한다. 디지털 코쿠닝, 키치니즘, 슬랙디비즘, 소확행(무리카미 하루키의 에세이 《랑겔한스 섬의 오후》(1986)에서 쓰인 말. 갓 구운 빵을 손으로 찢어 먹을 때, 서랍 안에 반듯하게 정리된 옷을 볼 때 느끼는 작은 즐거움. 비슷한 의미의 용어로 스웨덴의 라곰, 프랑스의 오캄. 덴마크의 휘게 등이 있다),

욜로 등은 현재 특기할 만한 라이프스타일이다.

참고도서 | 《라이프스타일을 팔다: 다이칸야마 프로젝트》(마스타 무네아키)

이상의 내용을 바탕으로 예를 들어, 당근마켓의 경쟁자로 '가정 내 중고제품 판매 사업'에 뛰어들 가칭 '우맘지(우리 맘 지구)' 회사의 마케팅 전략 환경 분석을 하면 다음과 같다.

2022년 '우맘지'의 마케팅 환경 분석

▪ 데모그라피

: 사회 문제와 개념소비에 관심을 갖는 MZ세대 증가(서울의 경우 350만 명 추산)

: 도시에 거주하는 30~40대(특히 여성층)의 혼족 증가

: 집 사이즈 축소(10평대: 45퍼센트〉 20평대: 30퍼센트〉 셰어하우스 등)

: 주식투자와 과외 경비 증가로 실질소득 감소(월평균 250만 원)

▪ 소시오 사이코그래프

: 미래에 대한 불안감, N포, 불신 사회

: 기후위기에 대한 관심 증대, 플라스틱, 쓰레기, 동물권 문제 등

: 기성세대의 지구위기 불감증에 불만, 느슨한 행동파(slacktivist)

▪ 라이프스타일

: 소확행, 명품 보복, 개념 있는 소비로 차별화 경향

: 집에서 방으로 이동

: 가정 내 중고제품의 개인 단위 물물교환과 셰어문화 경험(대상 인구 중 30퍼센트)

: 비건, 재활용, 미얀마 지원 등에는 적극적

: 실내 인테리어, 가심비 구매 선호, 패스트 소비에 대한 죄책감

: N잡러 증가(가치와 돈 문제)

: 셀카와 인증 문화 주도

▌미디어, 모델, 결제수단

: 인스타그램 40퍼센트 > 유튜브 35퍼센트 > 페이스북 23퍼센트 > 틱톡 등

: 선호하는 광고 모델은 김태리(리틀 포레스트), 천우희, 구혜선 등

: 선호하는 결제수단은 카카오 페이 65퍼센트 > 온라인 송금 20퍼센트 > 현금 등

이들은 마케팅 전략을 짤 때 안테나와 복선 역할을 하며, 미디어와 모델 분석은 4P 믹스 후에 최종적으로 작성하는 미디어 전략의 중요한 기초가 된다. 그런데 이것은 기존에 하던 방식이다. 물론 지금도 유효하지만, 코틀러가 말하는 마켓 5.0의 핵심인 기술과의 상호 증강은 없다. 그럼 이제 마켓 5.0 시대에는 기술과 인간 마케터가 무엇을 해야 하는지 보자. 다음 내용은 코틀러의 책《마켓 5.0》을 일부 요약한 것이다.

마켓 5.0은 마켓 3.0에서 말한 인간 중심과 마켓 4.0에서 말한 디지털

기술이 합쳐진 환경을 말한다. 그래서 마켓 5.0은 '고객 여정 내내 가치를 창출, 전달, 제공, 강화하기 위해 인간을 모방한 기술을 적용하는 것'으로 정의된다. 이때 쓰이는 기술은 AI, NLP(Natural Language Processing, 컴퓨터와 사람의 언어 사이의 상호 작용에 대해 형태소, 구문 분석 등과 같은 담화 분석을 하는 컴퓨터 과학과 어학의 한 분야), 센서, 로봇공학, 증강현실, 가상현실, IoT, 블록체인 등이다. 기술은 더 많은 정보를 가지고 의사결정을 도와주며, 마케팅 전략과 전술의 결과를 예측하고 맥락적 디지털 경험을 실제 세계와 접목한다. 인간 역량도 강화해주며 마케팅 실행 속도를 당연히 올려준다. 마켓 5.0 시대의 기술은 데이터 중심과 애자일(Agile)한 조직 운영을 원칙으로 예측 마케팅, 맥락 마케팅(고객의 행동 자료에 기초해 관심사에 부합하는 광고를 노출하는 온라인·모바일 마케팅 기법), 증강 마케팅을 가능하게 해준다.

여건이 되는 기업이라면 이런 기술적 도움을 바탕으로 환경을 분석할 수 있다. 그리고 이 기술은 뒤에 나올 3C 분석과 4P 믹스 등에도 도움을 줄 것이다. 그럼 인간 마케터는? 기술은 행동만 본다. 그래서 행동에서 드러나지 않는 인간 행동의 동기, 즉 태도와 가치를 통찰력을 이용해 파악하는 것이 앞으로 인간 마케터가 할 일이지만 사실은 그것을 넘어선다. 우리는 2부 '마케팅 평가' 장에서 이에 대해 살펴볼 것이다.

10

3C와 4P 믹스

거시적 환경 분석이 끝나면 다음에는 브랜드에 중요한 요소인 3C 분석을 한다. 고객 관점이 약한 공무원들과 기술 중심의 개발자들은 특히 이 과정에 집중해야 한다.

3C 분석

시장 분석은 크게 ▲고객 ▲경쟁사 ▲자사 3개 부문으로 이루어진다. 정부, 지자체, 언론, 협력사 등은 '영향자'로 분류된다.

고객(Customer): 먼저 관련 용어를 구분하면, 소비자는 생산사의 상대어로서 일반 고객을 지칭한다. 소비자는 100여 년 전만 해도 유럽에서 경멸적인 언어로 표현되었다. 내가 들어가려는 시장의 특정 고객과는 구분된다. 고객은 내 제품과 직접적으로 관련된 소비자다. 반면 광고 회사나 컨설팅 회사 등에서 흔히 쓰는 클라이언트(client)는 일대일 고객, 즉 의뢰인이다. 고객은 기업에게 생명줄이다. 그런 고객을 알기 위해 기업들은 필사적으로 다양한 리서치를 한다. 기존 방법에는 다음과 같은 것들이 있다.

일반 자료 : 책, 기사, 트렌드 리포트 등을 활용.

정량 조사 : 다수를 대상으로 하는 설문지나 전화 조사. 최근에는 빅데이터 활용 조사를 많이 이용하는 쪽으로 이동 중. 인지도나 이해도, 선호도 조사에 유용.

정성 조사 : 핵심 고객 소수를 불러 심층 조사하는 방식. 해당 고객을 특정 장소로 불러 통상적으로 남녀, 연령대, 지역, 소득이나 직업 등 8개 그룹 정도로 분류해 그룹별로 6~10인으로 구성한 뒤 퍼실리테이터가 주도. 2~3시간 진행하는 FGI(Focused Group Interview) 방식이 대표적. 광고와 신제품 평가 등에 유용.

델파이 메소드(Delphi Method) : '델파이'는 그리스의 아폴로 신전이 있었던 곳으로, 미국 랜드(Rand)연구소가 미래 예측을 위해서 처음 사용. 적절한 해답이 없거나 일정한 합의점에 도달하지 못한 문제에 대해 다수의 전문가를 대상으로 설문조사나 우편조사로 여러 차례 피드백하면서 그들의 의견을 수렴하고 집단적 합의를 도출해내는 조사 방법.

이외 현장 관찰과 거리 인터뷰, 프로파일링(profiling. 가상 소비자의 프로필을 상상해 작성하는 방법) 기법 등이 쓰였다.

그러나 2000년 이후 많은 데이터가 축적되고 구글 애널리틱스, 네이버 데이터랩 등 다양한 툴들이 생겨나면서 고객들이 남긴 발자국을 추적해 분석하는 개인 데이터 분석 방법들이 주목받고 있는 추세다. 이런 데이터에는 빅데이터, 검색어, 비콘(beacon: 블루투스 4.0 프로토콜 기반의 근거리 무선통신 장치. 최대 70미터 이내의 장치들과 교신), 해시태그, CCTV, 후기 등과 자사 홈페이지 등에 나타나는 소비자 발자국 등이 있다.

소비자의 구매 여정(journey)을 알아두는 것도 필요하다. 소비자는 대부분, 문제 인식-정보검색-대안 평가-구매-검토의 5단계를 거치며 구매 여정을 완료한다. 마케터는 단계별로 이에 맞는 활동을 한다. 조금 더 자세한 내용을 알고 싶은 독자는 '소비자 구매 여정'으로 포털을 검색하면 된다. 유용한 자료들이 꽤 나온다.

당신의 소비자 관련 인사이트를 위해 비유를 들어보겠다. 일단 소비자를 동물이라 치자. 동물은 아직 파충류의 뇌에 의해 움직이는 단계이고 대부분의 소비자도 사실은 합리적인 선택보다는 결핍, 충동, 성적 매력, 과시 등의 비합리적 욕구에 따라 움직이므로 동물에 비유했다. 그러므로 사냥꾼, 즉 마케터들은 동물들이 있는 곳으로 가야 한다. 동물은 분류하면 세 군데에 서식한다. 야생의 자연, 대규모의 자연공원 그리고 인위적 동물원.

동물원은 소비자들의 세계로 말하면 모임, 서브컬처(sub culture, 바이크족·자동차족·인디 등), 커뮤니티, 카페 등이다. 관찰과 실험, 우군화가 비교적 쉽다. 그래서 통제 상황에서 퍼포먼스 마케팅, 그로스 해킹 등의 방법도 통한다. 야생에 서식하는 동물은 숫자가 엄청나고 사는 곳이 넓어서 추적이 어렵다. 길들이기도 어렵고 늘 으르렁거린다. 현장 잠입, 빅데이터 등이 필요하지만 실체 파악이 쉽지 않다.

중간 세계인 자연공원은 어느 정도 리얼한 실험을 해볼 수 있는 반자연·반야생의 지대다. 소비자 세계로 말하면 몰, 축제, 메타버스 등에 서식한다. 이들을 파악하려면 관찰 일지나 인플루언서, 스몰 이벤트, 팝업 숍을 운영하면서 관찰하는 것도 좋은 방법이다. 유능한 사냥꾼들은 동물들을 초대해 통제 가능한 동물원으로 만들려고 할 것이다. 그러나 동물들은 이를 감지하고 호락호락하지 않을 것이다.

이러한 다양한 기법들을 활용해 고객을 제대로 분석하려면, 이노션 월드와이드 데이터 커맨드센터 김태원 국장이 《데이터 브랜딩: 대전환 시대, 데이터는 어떻게 브랜드의 무기가 되는가》에서 말한 것처럼 데이터를 통제할 마케터의 경험, 사람에 대한 통찰력과 용기가 필요하다. 경험과 통찰력이 필요한 이유는, 고객들은 거짓말을 하거나 자신의 진정한 욕구를 모르는 경우가 많아 그 속을 읽어야 하기 때문이다. 저명한 정신분석학자·문화인류학자이자 마케팅 구루인 클로테르 라파이유 박사는 사람들 마음에 각인된 컬처 코드를 읽는 5가지 원칙의 첫 번째로 "사람들의 말을 믿지 말라"고 조언한다. 조사에 응할 때 사람들은 3개의 뇌(파충류의 뇌, 포유류의 뇌, 인간의 뇌) 중 인간의 뇌가 위치한 대뇌피질을 써서 논리적으로 말하기 때문이다. 그래서 셀프 조작된 정보만 내놓고 말과 행동도 다르다.

사람은 행동할 때 비교적 늦게 생성된 인간의 뇌보다 포유류의 뇌(감정과 감각 담당. 변연계), 파충류의 뇌(번식과 생존 담당. 뇌간)를 더 많이 쓴다. 체격이 큰 여성이 자신보다 작은 남자와 있다가 뱀이 나타나면 파충류의 뇌가 작동하면서 작은 남자 뒤에 본능적으로 숨는 이유다. 라파이유 박사는 "파충류의 뇌(본능)는 늘 승리한다"고 말한다.(이 책이 뇌과학 책은 아니지만 이상과 같은 3개의 뇌 구분에 대해서 《이토록 뜻밖의 뇌과학》의 저자 리사 펠드먼 배럿은 이런 가정은 뇌에 관한 대표적 오류이며 '뇌는 하나'라고 주장한다.)

고객을 분석할 때 용기가 필요한 이유는 데이터와 숫자로 드러난 것에 빠지지 않고 진실을 보고 결단을 내려야 하기 때문이다. 미국에서 한 여성용 프리미엄 잡지 발간을 앞두고 중산층 이상 고학력 여성들을 대상으로 조사를 했는데 모두들 예술, 품격과 관련한 스토리를 많이 다뤄달라고 했다. 하지만 그녀들 속마음은 다를 수 있다. 예술의 탈을 쓴 외설, 스캔들 관련 이야기를 원했을 수도 있다.

이와 관련된 일화도 있다. 유럽에서 국어사전 발간 축하 파티가 열렸다. 귀부인들이 편찬자 옆으로 모여들어 사전에 단어 수가 많다, 의미 해석이 풍부하다며 칭찬을 늘어놓자 편찬자가 "나는 여러분이 제일 먼저 찾았을 단어를 압니다. 사전 두께와 성(기), 섹스일 겁니다"라고 말했고, 귀부인들 얼굴이 빨개졌다는 이야기다. 이게 바로 양복 입은 원숭이, 파충류의 뇌 현상이다.

매거진 발간을 위한 조사자 중 누군가는 그녀들 말을 믿어서는 안 된다고 주장했겠지만, 대부분의 현실에서는 그 데이터를 부정할 용기가 없다. 근거는 그거 하나뿐이니까. 조사 결과를 곧이곧대로 믿은 그 매거진은 1년 만에 폐간되고 말았다. 고수 마케터가 되려면 정사보다는 뒤에 숨은 야사(野史), 비겁함과 용기, 파충류의 뇌가 조종하는 숨은 의미를 볼 줄 알아야 한다.

경쟁사(Competitor): 2007년 무렵 스카이72 골프장 그늘집에 가면 이런 기도문이 적혀 있었다. "나의 실력보다는 동반자의 실수로 돈을 따게 해주시고…." 경쟁의 핵심을 찌른 주문이다. 내가 잘해도 경쟁사가 더 잘하면 결국 못한 것이 되고, 내가 좀 시원찮은데도 경쟁사가 더 시원찮으면 내가 이긴다. 1990년대까지 하이트(조선맥주)와 OB맥주(동양맥주)는 맥주 업계의 양대 산맥이었다. 말이 양대 산맥이지, 사실 조선맥주는 OB한테 영업에서도 마케팅에서도 늘 밥이었다.

그런데 조선맥주가 브랜드를 느낌도 경쾌한 하이트로 하고 "500미터 지하 암반수 물로 만든 맥주"라는 콘셉트를 들고 나오면서 기적처럼 상황이 역전되었다. 이것은 하이트가 잘한 덕도 있지만, OB가 대응한다고 연이어 내놓은 두 개 브랜드가 표절 시비 등에 휩싸이면서 연달아 헛발질했던 이유도 컸다. 이 둘은 경쟁 관계가 분명했지만 사실은 경쟁 설정이 쉽지 않다.

경쟁사를 설정할 때 주의할 것이 있다. 기존에는 동종 산업 카테고리에 있는 기업들을 사이즈, 시장별로 구분해 1차 경쟁사, 2차 경쟁사로 정했으나 최근에는 시장과 업종 경계가 무너지면서 경쟁 상대를 누구로 볼 것인가는 매우 창의적이거나 철학적인 부분이 되었다. 예를 들어 배송회사 쿠팡은 아마존을 경쟁사로 본다. 그래서 미국 나스닥 시장에 상장했다. 펩시콜라는 코카콜라를 경쟁 상대로 보지만, 코카콜라 CEO는 콜라를 넘어 음료 시장 전체를 경쟁해야 할 대상으로 보고 그 시장 내에서의 점유율을 본다. 시야가 달라지면 시장도 달라진다. 제일제당 게토레이는 출시 당시 포카리스웨트 대신 물과 경쟁했다. 그래서 "물보다 빨라야 한다"라는 광고가 나왔다. GE는 냉장고 시장을 가정용과 공장용 냉장고로만 보지 않고 타임 냉장고, 정자 냉장고, 와인 냉장고까지 확대했다.

배우 윤여정은 2021년 오스카상 수상 소감에서 "경쟁을 생각하지 않는다"고 말해 화제가 되었다. 마찬가지로 아예 경쟁을 설정하지 않는 기업도 늘고 있다. 경쟁은 카테고리를 설정한다는 것인데 그것을 무시하겠다는 포부다. 핀테크 기업인 토스는 2020년 달 착륙 장면을 광고에 쓰면서 "금융만 생각했다면 이렇게 하지는 않을 것"이라는 포부를 보여 경쟁 너머를 보는 그들의 비전을 표현했다. 은퇴자들이 늘면서 탄생한 탤런트 뱅크 같은 인력 사이트는 경쟁 범위가 대학교, 평생학습원, 컨설팅 등의 영역으로 확대되고 있다.

Quiz 26

학령인구가 줄고 온택트 사회가 되면서 대학교들이 위기에 빠졌다. 이젠 대학교들끼리 경쟁을 해서는 힘들다. 대학교가 앞으로 진출해야 할 분야는 다음 중 어디일까?

① 씽크 탱크 ② 지역문제 해결 ③ 은퇴자 재교육 ④ 학생협동조합 ⑤ 교수 피건 사업

자사(Company): "너 자신을 알라", "닭 잡는 데, 소 잡는 칼 쓴다"라는 금언은 마케팅에도 적용된다. 황소만 보는 개구리는 다치기 쉽고, 거꾸로 개구리만 보는 황소는 자기 역량을 착각한다. 그래서 자기 회사의 인적 구성과 역량, 네트워크, 자본의 규모와 무형 자산 등을 냉철하게 분석해야 한다. 자본이 적은 회사가 큰 시장에 진입해 자본이 많은 경쟁사를 상대할 때는 자본 전쟁이 아니라 백세주의 초기 전략처럼 니치(nitche, 틈새) 전략을 써야 한다. 스타트업은 자사의 인적 네트워크와 직원 열정을 200퍼센트 활용하고 제3지대를 공략하는 기발한 아이디어, 핀포인트 미디어 전술을 무기로 삼는 것이 효율적이다.

마케팅 목표 설정

전략 만들기 두 번째 단계인 3C 분석을 마치면 세 번째 단계인 마케팅 목표를 잡는다. 박충환 교수는 마케팅 목표를 다음과 같이 잡으라고 조언한다.

1. 콘셉트 추출 (다음 장에서 별도로 자세히 설명)

2. 구매 장애 요인 제거

당연한 것 같지만 이 두 가지 목표는 기존의 통념을 깨는 엄청난 주장이었다. 기존에는 위의 1, 2번과 같은 마케팅 목표 대신 '시장점유율 5퍼센트 상승', '이익률 10퍼센트 증가' 등의 숫자로 표현했다. 숫자로 해야 측정, 평가가 쉬웠기 때문이다. 그런데 이런 방식의 마케팅 목표 설정은 폐단이 있다. 예를 들어, 모 건강식품 회사의 '나 살려' 제품은 2017년 상반기 매출이 목표 대비 20퍼센트 이상 대폭 늘었는데 증가 이유가 메르스 때문이었다. '나 살려' 제품의 면역력 향상 기능 때문에 사람들이 산 것이다. 매출이 늘었으니 담당 마케터에게 포상해야 할까? 마케터가 잘한 것은 없지만 어쨌든 목표 이상을 했으니 포상을 할 수도 있다. 그렇다면 반대로 메르스 때문에 매출이 떨어진 '뭘 해도' 제품의 마케터에게는 벌을 줘야 할까? 그건 합리적이지 않다. 더구나 숫자로만 목표를 세우면 분식회계, 단기 밀어내기, 연고 판매 등의 부작용이 일어나는 폐단을 막을 수 없다. SM 자동차 초기 사업 때 삼성과 관계사·협력사 직원들이 꽤 샀다. 숫자는 마케팅의 목표가 될 수 없다. 그래서 박 교수는 "목표는 통제 가능한 것이어야 한다"고 주장한다.

마케팅 목표로 잡은 콘셉트가 잘 전달되고 구매 장애 요인을 제거하는 구체적 방법이 바로 4P 믹스다. 바로 여기서 자본주의의 매력과 마케팅 창의력이 극대화된다.

4P 믹스

마케팅 목표를 달성하기 위한 도구는 일반적으로 제품(Product), 가격(Price), 유통(Place), 판촉(Promotion)이 있으며, 이 4가지가 4P다.

참고 | 서비스 마케팅에서는 4P에 3P, 즉 물리적 증거(Physical Evidence), 사람

(People), 과정(Process)을 덧붙여 7P라고 한다. 4P 믹스는 기본적으로 브로드 캐스팅의 매스 미디어와 대중이라는 개념에서 만들어진 것이다. 데이터 시대를 맞이하면 점점 더 데이터 기반의 개인화 마케팅이 강해진다는 점을 염두에 둬야 한다.

제품(Product): 마케팅 믹스에서 제일 중요한 요소다. 제품은 '소비자의 문제를 풀어주는' 물리적 실체다. 마케팅 대상인 제품에는 신제품과 기존 제품이 있다. 일단 제품, 상품, 상표라는 용어를 구분하자. 각각의 영어는 Product, Commodity, Brand다. 상품(商品, Commodity)은 인간의 물질적 욕망을 만족시킬 수 있는 실질적 가치를 지니고 있어 '매매가 가능한 유형자산'이다. 이름에 장사 상(商) 자가 들어가 있는데 상(商)은 상나라(주나라 이전의 나라. 우리가 은 - 상나라의 수도-으로 잘 못 알고 있는)를 일컫는 이름이다. 주나라에 망한 후 백성들이 중국을 떠돌며 장사를 했다고 해서 상나라의 '商' 자는 그 후 장사의 뜻도 지니게 되었다.

매매되는 상품은 자본주의의 핵심이다. 마르크스의 《자본론》은 그래서 '상품' 분석에서 시작한다. 상품을 자본주의 경제의 열쇠로 봤기 때문이다. 어떤 물건이 상품이 되기 위해서는 '타인을 위한 사용가치, 즉 교환가치'를 지녀야 한다. 만약 어떤 사람이 자신의 욕망을 충족하기 위해 생산물을 만들었다면 사용가치는 있지만, 타인을 위해 만든 것은 아니므로 상품이 아니다. 상품은 정치경제학에서 주로 쓰는 용어로 기업에서는 잘 쓰지 않는 단어다. 마케팅에서 중요한 것은 제품(product)과 상표(brand)다. 여기 노동 로봇 A, B가 있다. 둘은 유형의 생산물로서 실체와 기능을 갖춘 제품이다. 예를 들어 A

로봇은 수명이 20년, 32세 남자 외형, 충전 배터리 ○○kW, 요리 칩 내장, 옵션 1-3 추가 가능 정도의 제품이고 B 로봇은 A와 비슷한데 여성형 제품이다. 이 로봇들은 현재까지는 제품이다. 그런데 A를 길동, B는 제니라 불러 둘을 차별화하고, 페르소나를 부여하고, 가격도 붙이고, 유통도 다르게 한다면 길동과 제니는 각각 브랜드(상표)가 되어간다. 되어간다는 말에 주목하기를! 브랜드는 늘 동사이기 때문이다. 브랜드는 매우 중요해서 좀 더 알아봐야 한다.

(브랜드) 건양대 디지털콘텐츠학과 정경일 교수는 저서《브랜드 네이밍》에서 다음과 같이 설명한다.

> 브랜드는 제품의 생산자 혹은 판매자가 제품이나 서비스를 경쟁자들의 것과 차별화하기 위해 사용하는 독특한 이름이나 상징물의 결합체다. 다른 제품과 구별을 해줄 뿐만 아니라 제품의 성격과 특징을 쉽게 전달하고 품질에 대한 신뢰를 끌어올려 판매에 영향을 끼치는 상징 체계다. 브랜드는 Non Brand와 대비되어 그 자체로 '명품' 또는 '우수 상품'이라는 의미로도 쓰인다.
>
> 인터브랜드 등은 매년 글로벌 주요 브랜드 가치를 평가해 발표한다. 과거에는 코카콜라, GE, 말보로, 맥도날드 등이 톱의 자리를 지켰다면 지금은 애플, 구글, 아마존, 유튜브 등 테크 브랜드가 그 자리를 차지했다. 'brand'라는 단어는 태우다(burn)의 뜻을 가진 노르웨이 고어 'brandr'에서 비롯된 것으로 추정된다. 유럽에서 가축 소유주들은 자기 가축에 낙인을 찍어 소유주를 명시했고, 위스키 제조업자들은 인

두로 화인을 찍었고, 장인들은 자기 제품이라는 걸 증명하기 위해 도장을 찍었다. 이러한 표식을 통해 자신의 물건을 다른 사람의 것과 구분해 소유관계를 분명하게 했던 것이다. 또 판매상의 경우는 여러 제조자의 상품이 섞이는 것을 방지하기 위해서 표식을 했고, 품질 좋은 상품을 드러내고 보증하기 위해 특정 상표를 만들어 사용했다.

현대에서 브랜드는 제품 이상의 가치를 지닌다. 회사의 이미지를 바꾸기도 한다. 렉서스를 출시할 당시 도요타는 미국에서 별로 대우받지 못했다. 그래서 회사 브랜드를 감추고 전혀 새로운 렉서스 브랜드를 사용해 미국 시장에서 돌풍을 일으켰다. OB에 눌리던 조선맥주는 하이트라는 브랜드로 판을 뒤집었고 지금은 아예 회사 이름이 하이트다. 다음은 브랜드와 관련된 정의들이다.

• 브랜드는 복잡한 상징이다. 그것은 한 제품의 속성, 이름, 포장, 가격, 역사, 그리고 광고 방식을 포괄하는 무형의 집합체다(데이비드 오길비).

• 브랜드는 특정 판매자 그룹의 제품이나 서비스를 드러내면서 경쟁 그룹의 제품이나 서비스와 차별화하기 위해 만든 명칭, 용어, 표지, 심벌 또는 디자인이나 그 전체를 배합한 것이다(필립 코틀러).

• 브랜드란 판매자가 자신의 상품이나 서비스를 다른 판매자들의 상품이나 서비스로부터 분명하게 구별 짓기 위한 이름이나 용어, 디자인, 상징 또는 기타 요소들을 말한다(아메리칸마케팅협회).

• 상표란 상품을 생산, 가공, 증명 또는 판매하는 것을 업으로 영위하는 자가 자기의 상품을 타인의 상품과 식별하기 위해 사용하는 기호, 문자, 도형 또는 이들을 결합한 것을 말한다(상표법 제2조 1항 1호).

이들 정의를 보면 차이, 식별, 결합, 상징, 이미지 등의 단어들이 공통으로 나온다.

박충환 교수는 브랜드를 '관련해 떠오르는 모든 의미 연상의 총합'이라고 단순하게 가르쳤다. 안흥찐빵과 파리바게트, 맥도날드 하면 떠오르는 이미지를 맵에 모아보면 그 깊이와 넓이, 질이 다름을 알수 있다. 연상 이미지가 강력하고 넓은 맥도날드가 단연 브랜드 파워가 강한 것이다.

1990년대 말 이후 기업들은 물론 지방자치단체나 사회단체, 학교 등도 식별되면서 좋은 이미지를 만들려는 브랜드 경영에 집중하고 있다. 기술의 발전, 경쟁의 치열함 그리고 소득 증가로 기능 소비에서 기호 소비로 변화했기 때문이다.

그런데 브랜드의 지나친 상징 만들기, 기호 소비가 초래하는 낭비와 중복 소비, 브랜드 마니아 문제도 심각해 일각에서는 노브랜드, 안티브랜드, 버닝(burning)브랜드 운동을 벌이고 있기도 하다. 반면 Z세대에게 특히 어필되는 브랜드 액티비즘(activism)은 기업 직원, 소비자가 뜻을 모아 브랜드를 통해 사회 문제를 해결하는 선 기능을 수행하기도 한다. 나이키 재팬의 민족 차별 반대 광고, 제주도에 공헌하는 이니스프리, 집수리 기술을 가르치는 홈 인테리어 기업 리로이메를린 등이 대표적 사례들이다. 물론 이를 통해 브랜드 차별화라는 성과도 올린다.

2000년대 초반을 달궜던 브랜드 포트폴리오, 브랜드 아키텍처,

브랜드 자산, 브랜드 스위칭, 리브랜딩 등 브랜드 관련 핵심 개념을 알려면 알 리스, 로라 리스가 쓴 《브랜드 창조의 법칙》과 '브랜드 자산(brand equity)'이란 개념을 만든 데이비드 아커의 《브랜드 리더십》, 《브랜드 자산의 전략적 경영》 등을 읽어보시라. 네이버 지식백과에 나오는 내용을 봐도 도움이 된다. 아울러 애플, 구글이 등장하면서 아커가 "나는 이제 브랜드를 모르겠다"고 말했다는 것도 기억할 필요는 있다. 사실 2010년 이후 브랜드 이론은 답보 상태에 있는 것으로 보인다.

자, 그럼 브랜드 이전 단계인 4P로서의 제품 이야기를 다시 해보자. 4P에서 제품은 제품의 물리적 속성을 말하는 것이지만 그래도 "우리가 파는 것이 무엇인가?"에 관한 답으로 좁혀야 한다. 제품의 모든 속성이 아니라, 소비자에게 팔릴 제품의 특성이 무엇인지 알아야 한다. 포장의 미적 특성을 강조할 수도 있고, 기능을 차별화할 수도 있으며 서비스를 차별화할 수도 있다. 제품은 판매도 중요하지만, 개발(development)과 시장 설정도 중요하다. 이에 대해서는 11장 'NPD(New Product Development, 신제품 개발)의 마법 또는 저주'에서 별도로 다루겠다.

가격(Price): 가격은 원가 기준, 시장가 기준, 사장 철학 기준, 충격 효과를 통한 입소문 기준 등 여러 가지 방법으로 매길 수 있다. 기억해야 할 것은, 소비자는 가치를 잘 모른다는 점이다. 가치를 알 수 있는 유력한 기준은 '0이 몇 개 붙었나'로 아는 가격이다. 비싸면 명품, 싸면 비지떡이라는 말도 있다. 그러나 가격을 싸게 한다고 해서 잘 팔리는 것은 아니다. 명품을 구매하는 소비자들 일부는 비싸다는 이유로 사는 요상한 경우도 있다. 가격은 단순히 숫자가 아니다. "돈값 좀 하라"는 말처럼 많은 것을 유발하는 드라이버(driver) 역할도 한다. 그래서 가격이 중요하다. 다음은 내가 했던 강의 내용 중 한 토막이다.

여러분, TV 향토 프로그램들은 이상한 프레임에 빠진 것 같습니다. 동해안 어느 허름한 식당에서 '대충 차려입은 아줌마'가 '양푼 냄비'에 '푸짐하게' 생선찌개를 내놓고 '단돈 5,000원' 받는 것을 '우리네 인심'이라고 표현하며 칭찬합니다. 그런데 한국의 젊은 여행자 사라는 월급을 아껴뒀다가 지중해 해안의 이탈리아 식당에 가서 콧수염에 흰 턱시도를 입은 종업원("우리는 3대째 내려온 정통 프리미엄 식당입니다", "저기가 헤밍웨이가 앉았던 자리지요"라고 뻐꾸기도 날리는)이 수제 소스+이탈리안 자기로 플레이팅해서 내오는 한 접시의 생선요리 '(가칭)Old Story Fish W/Royal Garlic'을 일단 찰칵 사진으로 찍어 SNS에 올리고 일개 종업원에게 예의를 다한 뒤 40유로를 기꺼이 냅니다. 그런데 그 생선은 둘 다 청어입니다. 그래서 지중해의 그들은 인당 국민소득 4만 달러, 한국은 아직도 2만 7,000달러입니다. 인심 마케팅과 스토리 마케팅, 어느 것이 1만 달러로 기는 미기딩일까요?

마케팅을 모르는 순진한 시대착오적 TV 프로그램에 울화통이

치밀고. 지역에서 서비스 경쟁력 운운할 때 내가 답답해서 한 소리다. 사라는 이탈리아 생선 5만 원이 한국 동해안 생선 5,000원짜리보다 만족도가 더 높았다고 인식할 것이다. "와! 나의 로망 이탈리아에서 40유로라니. 셀카로 인스타에 자랑해야지" 했을 거다. 그런데 제품군별로 소비자를 가장 만족시키는 특정한 가격 구간이 존재하기는 하지만 명심할 것이 있다. 가격은 물리적 액수가 아니라 '인지된(perceived) 가격'이라는 점이다. 콜라 한 병 값이 1,000원이라고 할 때 부자에게는 인지 가격이 낮고 가난한 고시생에게는 높을 것이다. 인지된 가치도 달라진다. 사막에서 목이 타는 여행자에게 콜라 한 병은 1,000원 이상의 가치다. 여기에 얼음 한 개라는 혜택이 주어진다면 인지된 가치는 더 올라간다. 이것을 박충환 교수는 다음과 같은 공식으로 제시한다.

인지된 가치(perceived value)=인지된 가격(perceived price)−인지된 혜택(perceived benefit)

세종대학 경영학과 김지헌 교수는 저서 《마케팅 브레인》에서 박충환 교수의 공식과는 약간 다르게 '가치=혜택÷비용'으로 설명한다. 소비자의 구매를 방해하는 5가지 비용, 즉 탐색·거래·사용·처분·공유 비용은 줄이고, 대신 구매를 돕는 5가지 혜택, 즉 기능·상징·경험·이타·자존은 늘림으로써 소비자에게 선택받을 수 있도록 가치를 키우는 방법이다.

혜택을 높이는 방법은 고정되어 있지 않다. 그것은 인간 본능과 시대 감수성 변화를 읽는 분석과 창의의 영역에 존재하며 당신이 지금 읽고 있는 이 책 곳곳에 소개되어 있다. 김 교수의 공식은 가치를 키우는 방법에 초점을 맞춘 것인데, 박충환 교수가 제시한 공식의 핵심은 '인지된'이라는 단어다. '인지된'이라는 단어는 내 머리에 각인된 단어이기도 하다. 개발자나 마케터는 유무형의 제품 차별화에 노력을 기울여 (인지된) 혜택을 늘려야 한다. 가격이 고정됐을 때 인지된 혜택이 늘어나면 인지된 가치는 올라간다. 소비자는 가격을 사는 게 아니라 가치를 사는 것이다. 마케팅은 '팩트가 아니라 인지를 다루는 기술'이다.

유통(Place): 노하우(know-how)와 노웨어(know-where)가 있다. 소득이 올라가고 감성소비가 늘면 노웨어가 점점 중요해진다. 요즘 소비자는 제품을 구매하는 장소나 방법에도 큰 관심을 갖는다. 스세권(스타벅스가 있는 지역), 슬세권(슬리퍼 끌고 다녀도 되는 지역)이라는 말이 이를 대변한다. 그래서 기업은 자사의 제품이 어디에서 판매될 때 가장 어울릴지 고민해야 한다. 위에서 사례로 든 동해 해변의 허름한 식당과 지중해의 우아한 식당을 생각해보라. 생선의 격이 달라진다. 최고급의 품질을 지향하고, 최고가를 지향하는 명품이라면 백화점에 집중해야 하고, 실용성을 중시하고 합리적인 가격을 중시히는 제품이라면 다이소나 할인매장 같은 곳에서 유통되는 것이 맞다.

월마트는 "세계에서 가장 값이 싼"이 콘셉트다. 이를 구현하기 위해 값이 싼 교외에 매장을 만들어 자동차가 있는 미국의 중산층 고객을 효과적으로 공략했다. 비싼 도심을 고집한 K마트는 속절없이 무너졌다. 내 지인은 태국에서 월마트 유사 전략으로 약간 외곽에 K-바비큐(삼겹살) 가게를 열어서 성공했다. 자동차가 있는 방콕 신흥 중산층을 겨냥한 것이다. 아마존과 이베이는 유통 과정을 온라인으로 해결해 글로벌 기업이 되었고, 그 결과 '롱테일 법칙(파레토 법칙과는 거꾸로 80퍼센트의 사소한 다수가 20퍼센트의 핵심 소수보다 뛰어난 가치를 창출한다는 역파레토 법칙. 아마존닷컴의 전체 수익 가운데 절반은 서점이라면 팔리지 않을 책들임)'이 만들어졌다.

판촉(Promotion): 마케팅 활동에서 가장 창의적으로 활용할 수 있는 요소다. 기업은 제품, 가격, 유통으로 제품을 소비자 마음 어딘가에 자리 잡게 만든다. 이른바 소비자 포지셔닝이다. 그리고 이 포지션이 바로 "왜 이것을 사야 하는가?"에 대한 1차 이유를 갖게 한다. 여기까지는 개발자와 경영자의 몫이다. 그다음은 마케터와 광고 회사가 창의와 도발로 진급하는 판촉 단계가 시작된다. 영어로 프로모션은 촉진이라는 의미도 있지만 승진, 진급을 뜻하는 묘한 단어이기도 하다. 다양한 소비자들에게 기업이 원하는 포지션을 형성하려면 판촉을 해야 한다. 그 방법들로 광고, PR, 이벤트, PPL, 공간디스플레이, 플래시몹, CI/BI(Corporate/Brand Idetity)와 네이밍, 홈페이지, SNS 스폰서, CEO PI(President/Personal Identity), 공모전, 제품 협찬, 공연·대회·축제 협찬, 샘플링과 경품, DM, 할인, 데이 마케팅, 책·리플릿 발간, 브랜드 저널, 퍼블리시티, 커뮤니티 전략, 코스프레 등이 있고 매장 진열과 POP(Point of Purchase) 광고 등도 있다.

이들이 일반적으로 알려진 방법이라면, 일반인이 잘 모르는 비밀 프로모션 기법도 있다. 리서치 샘플링(리서치를 하는 척하지만 본래 목적은 규제를 피하는 샘플링으로 구전 효과 노림), 미스터리 쇼퍼(제품 출시 전후에 숍을 돌아다니면서 브랜드 소문을 퍼트리는 주문 및 구매 유도 행위), 브랜드 연출(클럽, 페스티벌, 외국 유학생 파티, 핫플레이스 등에서 트렌드 세터들이 제품을 사용하는 장면을 연출하는 기법), 선물 보내기 프로모션(당첨과 선물은 브랜드 호감도를 확 올림), 제품 체험 후기와 AI·쿠키를 이용한 자동 추천 프로모션, 채용 면접 홍보(예를 들어 직원을 10명 뽑는데 3,000명이 응시할 경우 떨어진 2,990명에게 면접비를 주거나 메일을 보내 위로와 감사 표시를 한다. 잠재적 충성층 확보 전술) 등이다. 이 중 광고, PR, PPL은 좀 더 자세히 소개하겠다.

(광고) 영어로는 advertizing. 매체의 지면을 사서 기업이 원하는 메시지를 시각 이미지, 텍스트, 영상 등으로 소비자에게 어필하는 행위다. 광고는 ▲카피 ▲비주얼 ▲모델 ▲제품 ▲사운드 ▲상징과 기호로 구성된다. 카피는 헤드카피와 서브헤드 그리고 바디카피로 구성되는데 헤드카피는 제품을 사야 하는 이유를 드러내는 간결한 전략이다. 모토로라를 물리친 애니콜의 "한국 지형에 강하다", 야후를 놀라게 한 다음(Daum)의 "장군님, 한국은 다음이 지키겠습니다" 등이 좋은 카피의 사례다.

서브헤드는 소비자의 2차 욕구를 표현하는데 현장에서는 광고주가 무리하게 요구할 때 마지못해 달아주는 카피로 활용된다(예륵 득면 변비약 '아락실'의 헤드카피는 "하루 세 번 밥은 먹으면서 왜 화장실은 못 가는 거죠?"이고 서브카피는 "천연 성분 변비약"이다). 바디카피는 대부분 내용이 길기 때문에 읽는 재미와 몰입을 위해 문학적 내러티브를 활용하는 게 좋다. 대교 눈높이 광고는 바디카피를 통해 스미소니언 박물관에서 허리를 낮춰 미술품을 아이들 눈높이에서 본 교사의 일화를 다뤄 신선한 감동을 줬다. 동자가 노인을 회초리로 때리는 백세주 이야기도 좋은 내러티브의 예다.

비주얼 임팩트도 중요하다. 사람들이 시각적 요소에 민감하기 때문이다. 비주얼은 점, 선, 면, 입체와 컬러로 구현된다. 간결·복잡, 축소·확대, 충격적 컬러, 팝 아트 등의 기법이 이용된다. 카피와 비주얼은 광고의 핵심 요소다. 주도권을 위해 카피라이터와 디자이너(아트)는 늘 갈등하는데 카피가 강하면 비주얼은 좀 단순하게 하고, 비주얼이 강하면 카피를 단순하게 처리해 조화를 이뤄야 한다.

모델은 인물을 쓰거나 캐릭터를 쓴다. 한국 대기업은 빅 모델을 선호하는데 효과는 물론 있지만 비용이 너무 비싸고 크리에이티브가 떨어진다. 제품도 가능하면 연출이 필요하다. 사운드는 음악, 음향, 멘트와 징글(jingle, 상업적으로 사용되는 짧은 길이의 곡)을 쓴다. 상징·기호는 슬로건이나 시각적 이미지를 기업·브랜드에 붙여 상시로 쓰는 것이다. 유한킴벌리의 '우리 강산 푸르게 푸르게', '하루 한 번 화장실—아락실', 'OK! SK', '그래, 빙그레' 등이 그 사례다. 상징·기호는 소비자의 연상 기억을 강화한다.

광고 매체의 형식은 매출에 큰 영향을 미친다. 인쇄물 중심이던 과거에는 광고 매체 비중이 크지 않았지만, 전파를 활용한 매스 미디어의 영향력이 커지면서 광고 파워도 커졌다. 인터넷 등장 전의 매체는 주로 4대 매체, 즉 TV, 신문, 라디오, 잡지 등이었다. 2000년대 이후에는 SNS와 포털, 메타버스, 다양한 플랫폼이 등장하면서 검색 광고, 링크, SNS 광고(sponsored), 아바타 가상 숍, 인플루언서를 통한 입소문 온라인 광고 등으로 무게중심이 이동했다.

TV 광고는 프로그램에 붙는 광고, SB(Station Break, 프로그램과 프로그램 사이 광고) 광고, 프로그램 중간 광고, 가상 광고, 시보 광고 등으로 나뉜다. 신문은 1면 광고, 내지 광고, 제호 광고, 에디토리얼(editorial, 기사 같은 광고), 별지(삽지) 광고, 후면 광고 등으로 분류된다. 광고는 광고주가 직접 지면을 사서 하는 활동이기에 기업 마음대로 할 수 있다. 대기업은 광고를 선호하지만 "에이, 저거 광고야"라는 소비자 불신과 무시를 받을 수 있다는 단점이 있다.

광고와 유사하게 쓰는 말로 선전(propaganda)이 있는데 '어떤 사물의 존재나 효능, 주장 등을 남에게 설명해 동의를 구하는 일 또는 그 활동'을 말한다. 16세기 그레고리우스 13세 통치하의 로마에서 신앙의 보급(데 프로파간다 피데)을 위한 교단이 설립되었을 때 '프로파간다'라는 라틴어를 선교활동을 의미하는 단어로 사용했다. 선전은 종교의 포교에서 비롯되었지만, 오늘날은 종교, 도덕, 정치, 사상, 경제 등 광범한 분야에 쓴다. 단, 상품에 대한 소비 대중의 구매욕을 자극하기 위한 상업 선전은 광고로 구별한다.

그런데 아지프로(agipro, 공산주의를 위한 선전. 구소련 시절 공산당 중앙위원회이 한 부서)라는 말도 있고 "흑색선전, 백색선전이 난무"라는 표현들처럼 부정적인 뜻으로 많이 쓰여 광고인들은 경멸하는 단어다. PR은 게이트키퍼가 언론사나 방송국 편집 파트이지만, 광고는 게이트키퍼가 기업일 수 있다. 광고비로 연 수조 원을 쓰는 대기업은 공중파 방송국과 조선일보조차 감당하기 힘든 대상이다. 종종 한국 언론과 방송이 공정하지 않은 숨은 이유다. 광고를 움직이는 이들은 광고 에이전트들이다. 요즘 젊은 층들이 선망하는 직종이기도 하다.

(광고 크리에이티브) 이전의 광고들은 일방적이어서 기피 대상이었으나 MZ세대는 광고를 일종의 콘텐츠로 소비하는 경향이 있다. 예를 들어 오스카상에서 아시아인 최초로 여우 조연상을 탄 윤여정을 모델로 한 광고는 MZ세대에게 훌륭한 콘텐츠가 된다. 많은 나이에도 불구하고 자유분방해 보이는 그녀의 캐릭터 때문이다. 여성 온라인 패션 플랫폼인 지그재그 광고에서 윤여정은 "니들 맘대로 사세요"라는 말을 툭 던진다. 중의적 표현이지만 MZ세대에게는 선택은 지그재그이니 욕망을 해방하라는 메시지로 다가간다. 이런 재미있는 콘텐츠 매력뿐만 아니라 SNS에서 스킵이나 거부 또는 싫어요 등을 표시할 수 있고 바로 구매로 링크되기 때문에 소비자들이 주도권을 가질 수 있게 된 이유도 크다. 그리고 일종의 '소비자 리터러시 (literacy, 문해력을 의미하지만, 필자는 이를 '소비자 예의'로 표현함)'도 좀 안다. 왜냐하면 뒤에 붙는 콘텐츠를 무료로 이용하는 이유가 광고임을 알기 때문이다.

크리에이티브는 광고의 꽃이고 고객을 매료시키는 결정적 트리거(trigger)다. 광고 크리에이티브는 제품, 메시지, 이미지·스토리 3개로 이루어진다. 혹자는 여기에 캐릭터를 넣기도 하지만 캐릭터가 꼭 필요한 것은 아니다. 광고가 예술이 될 수 없는 것은 제품이 들어가야 하기 때문이다. 제품을 팔아야 한다는 목적성이 분명히 있는 한, 예술일 수는 없다. 광고 크리에이티브는 전략과 예술 사이에 있어야 한다.

이제부터는 크리에이티브에 관련한 내 제안이다. 하나는 이 책을 읽는 지적인 소비자에게 하는 제안이다. 광고 크리에이티브는 사고를 자유롭게 해준다. 광고인들은 머리가 좋다. 그러니 소비자는 제품을 사려고만 하지 말고 '광고 콘텐츠의 생각법'을 잘 봐두면 머리를 말랑말랑하게 만드는 데 도움이 될 것이다. 역발상, 심플, 큰 것은 작게, 작은 것은 크게, 낯설게 하기, 패러디, 밈 등 좋은 크리에이티브를 발휘하는 방법은 이 책 곳곳에 나와 있는 사례를 살펴보면 되고 시중에도 다양한 책이 나와 있으니 참고해도 된다.

또 하나는 케이블TV에 크리에이티브 채널을 만들면 좋겠다는 생각을 해왔다. 크리에이터 아카데미와 축제를 연 1회 열 수 있다면 금상첨화다. 차세대 한국인의 크리에이티브 업(up)을 위해서 말이다. 여기에 덧붙여 개인만의 '크리에이티브 사전(archive)'을 만들기를 권한다. 장기적으로 매우 좋은 습관이 될 것이다.

다음은 전문 크리에이터를 위한 제안이다. 당연하겠지만 크리에이터는 아이디어를 내기 전에 유사 카테고리에 있는 다른 광고를 충분히 검색해야 한다. 표절이라는 법적 문제나 모방이라는 도덕적 문제가 생길 수 있기 때문이다. 그리고 다음 3가지는 꼭 기억하자.

첫째, 좋은 광고 크리에이티브는 제품이 기억되고 팔리게 하는 것이라는 점이다. 광고만 기억되는 크리에이티브, 어느 제품에 붙여도 다 말이 되는 크리에이티브는 광고주에게는 예산만 낭비하는 도둑질과 같다. 둘째, 소비자들 사이에 회자될 만큼 탁월한 빅샷 크리에이티브를 추구하라는 것이다. 광고주 입맛에 맞춘 무난한 광고! 이런 것은 백번을 성공시켜도 존재 가치가 없다. 이를 위해 '사회적 통념 리스트'를 늘 작성해두고 그것들을 깨버려야 빅샷이 된다. 셋째, 가능하면 단발성보다는 지속성 있는 캠페인으로 전개하는 게 좋다. 캠페인은 지속성을 담보로 한다는 점에서 시리즈와 같지만, 제품에 사회를 바꾸는 메시지를 얹는다는 점에서는 다르다. 동아제약 '박카스', 유한킴벌리 '우리 강산 푸르게 푸르게', SK텔레콤 TTL의 '크리에이티브 트웬티(twenties)', 오리온 초코파이의 '정', KT&G의 '상상', 인천광역시의 '지구인의 두 번째 직업-버리스타' 등은 사회에 유용한 메시지를 던져 기업 이미지도 올리고 제품 판매에도 도움이 되는 좋은 캠페인이다.

(**광고 에이전트**) 제일기획(제일월드와이드), 이노션, LG애드, HS, TBWA, 대홍기획 등은 굴지의 광고 회사(agent)들이다. 이들은 그룹의 지배를 받는 대기업 계열사(house agency)라는 점에서 독점, 관료주의, 광고 철학 빈곤 등이 논란이 된다. 입찰에 참여해서 클라이언트들을 영입한 후 그들의 광고를 연간 단위로 대행하는데 수익은 주로 커미션(commission)과 피(fee)로 나뉜다. 대부분은 방송국, 신문사 같은 매체들의 피에서 수익의 60~70퍼센트가 나오고 기획료, 제작비, 이벤트 등은 커미션 수입으로 잡힌다. 공중파 방송 광고는 코바코(Kobaco)라는 관 조직에서 일괄 관리한다.

그런데 앱 경제가 열리고 광고 분석 엔진이 발전하면서 매체 광고 환경이 혁명적으로 바뀌고 있다. 수많은 앱 광고주들이(전 세계 앱은 550만 개 이상이다) 등장하면서 속도, 적절한 매칭, 효율성 등이 중요해졌다. 그래서 광고주와 광고 매체를 연결하는 수단은 점점 AI 딥러닝을 통한 고속 연결로 변해가고 있고, 매체 피는 '애드 서포티드 TV(광고 시청 여부에 따라 이용가격이 할인되는 모델)' 방식으로 바뀌고 있다. 예들 들면 실리콘밸리의 몰로코사(대표 안익진)는 모바일 광고 엔진으로 연 5,000억 원의 수익을 올린다. 이 회사는 실시간으로 앱에 접근하는 사용자를 분석하고 광고주에게 연결해주는 기술(오픈 RTB, Real Time Bidding)로 1초에 200만 개의 앱에서 오는 광고 요청을 실시간으로 광고주와 연결한다.

(PR) 2019년 7월 서울혁신센터에 센터장으로 부임하니 나를 홍보 전문가로 알았던 모양이다. 그러나 나는 홍보 전문가는 아니다. 서울혁신센터는 광고·홍보 예산이 별로 없었다. 그래서 나는 홍보팀에 이런 주문만 했다.

"콘텐츠가 없는데 홍보만 잘하면 나쁜 놈이요,

콘텐츠는 있는데 홍보를 못하면 그건 못난 놈입니다.

시대가 바뀌었으니, 콘텐츠가 스스로 홍보하게 하세요."

지금은 시민 모두가 리포터이고 잠재적 바이럴 마케터다. 콘텐츠만 좋으면 시민들이 알아서 홍보해준다(단, 어느 정도의 자발적 서포터 그룹은 운영하는 게 좋다. 이에 대해서는 5부 커뮤니티 전략에서 다루겠다). 서울혁신센터에서 생성한 콘텐츠는 '지구를 생각하는', '지구 집현전', '맛있는 정원', '웃음 문화 팀', '혁신 나눔 왓에버–길러리 프로젝트', '미래청 포위 작전',

'그린 데이', '해볼까, 그까짓것', '전설의 메이커' 등 온·오프라인 콘텐츠였다. 나는 이것이 동시대의 홍보 방법이라고 생각한다. 앞으로는 메타버스 내의 홍보도 반드시 필요하다. 그래서 나는 한국임업진흥원에 메타 포레스트 TF 운영을 제안하기도 했다.

그것이 현재와 미래라면 이제까지의 홍보는 대체로 다음과 같다. 아래 소개 글은 대부분 관련 전문가들의 의견을 취합한 것이다.

홍보는 영어로 PR이다. PR은 'Public Relation(공중과의 관계)'의 약자다. 한자 '弘報(홍보)'는 널리 알린다는 의미로 광고와 별 차이가 없지만, 영어는 확실히 구분된다. 기업 혹은 단체가 관계하는 공중의 이해와 협력을 얻기 위해 자신의 목표 방향과 의지를 선전·설득하는 행위다. 자사의 활동을 알리기 위한 각종 온·오프 간행물 발간, 정부 기관에 대한 재정적·정보적·기술적 지원, 방문객 안내, 회사 시설의 일반 대여 등 고객을 포함한 일반 대중에게 제공하는 일체의 편익과 관심이 모두 PR에 속한다.

PR의 대상은 소비자, 종업원, 주주, 협력회사, 지역사회, 정부 공공기관 등 광범위하다. 각각 PR의 내용과 범위가 다르지만, 기본적으로 '공중의 이익'과 관련된다는 점에서 광고와 구별된다. 또한 PR은 유료 커뮤니케이션이 아니라는 점에서 광고와 구별되지만(언론사의 게이트키핑에 걸리기 일쑤. 그래서 대중들이 신뢰하는 경향이 있는데 사실 이는 해당 매체에 대한 신뢰에서 온다), 요즘은 넓은 의미로 광고를 포함하는 개념으로도 쓰인다. 그리고 일반인은 잘 모르는 중요한 PR 기능이 있는데 바로 리스크

관리다. '이해관계자 갈등 관리'라고도 한다. 젠더 이슈, 소수자 인권, 차별, 갑질, 노사갈등, 지역갈등 이슈 등이 어느 때보다 폭증하는 시대이다 보니 갈등 관리는 PR 업무에서 수십 년 잔뼈가 굵은 고수들의 중요한 업무다. 기업이나 단체에서 PR 담당하시는 분들 정말 힘들다. 광고는 돈을 주고 하는 것이니 매체 사에 갑이지만 PR은 그렇지 않아서 기자나 데스크 앞에서는 늘 을의 처지이고 전화와 메일에 시달리며 언제 터질지 모르는 리스크를 관리해야 한다. 그래서 "피가 나고 알이 배는 제기랄 피알"이라는 말도 있다.

참고1 | 지금 활동하는 홍보 회사들은 거의 광고 회사와 구별이 안 될 정도로 다양하게 활동한다. 다만 광고비가 상대적으로 적어 TV 광고 등은 잘 다루지 않는다.
참고2 | PR은 퍼블리시티(publicity)와 혼동이 되기도 하는데, 퍼블리시티는 자사와 관계된 뉴스 성격의 정보를 신문, 잡지, 방송국에 게재·방송되도록 하는 PR 행위의 일종이다.

(PPL) 〈007〉 영화에 나오는 콘셉트 카, TV 드라마 〈도깨비〉에서 공유가 보던 책과 주인공들이 놀러간 용평 리조트, 연극에 나오는 브랜드, 영화에 나오는 주인공이 멋지게 담배 피우는 장면, 여자 기상캐스터의 매일 바뀌는 의상 등은 의도된 PPL 광고들이다. 'PPL(Product Placement, 제품 배치)'은 원래 영화를 제작할 때 소품을 적절한 장소에 배치하는 일이었다. 초기에는 영화 제작부서에서 기업이나 점포를 방문해 각 장면에 필요한 소품을 요청해 배치했다. 그런데 거기 나온 제품이나 브랜드에 소비자들이 반응을 보이고(識闖下.

subliminal 광고 효과—관객들이 의식 아래 영역에서 그 브랜드를 부지불식간 인식해 매출에 영향을 줌),

매출도 증가하자 거꾸로 기업들이 먼저 요청하고 제작비도 지원하기 시작했다. 영화 〈ET〉에 나온 허쉬 초콜릿은 영화 개봉 전 대비 65퍼센트의 매출 상승을 보였고 〈별에서 온 그대〉에서 전지현이 사용했던 소품들은 말 그대로 PPL 대잔치였다. 윤여정과 이서진의 진솔한 연기가 매력이었던 〈윤스테이〉에 등장한 주방기기 에델 코첸도 월 매출 10억 원대에서 40억 원대까지 치솟았다.

PPL은 이처럼 주로 영화, 방송, 연극 등에 제품이나 제작비를 협찬해주고 그 대가로 기업이나 제품, 브랜드 로고를 노출하는 것이다. 대부분은 영화나 프로그램 엔딩 크레디트에서 자막으로 확인할 수 있는데 지나친 광고라는 반론들이 있어 일부 공중파 프로그램들은 PPL을 받지 않았다. SBS는 개국 초창기에 드라마에서 노골적으로 PPL 광고를 해서 "참신하다"는 반응과 "상업적이다"라는 비난을 동시에 받았다.

PPL의 유형은 브랜드가 얼마나 두드러지게 나오느냐에 따라 '온셋(on-set) 배치'와 '크리에이티브(creative) 배치'로 구분한다. 온셋 배치는 단서를 제공하는 소품으로 제품을 등장시키거나, 연기자의 멘트, 실제 사용되는 제품으로 노출하는 것이다. 크리에이티브 배치는 화면을 구성하는 자연스러운 요소로서 비교적 짧은 시간 동안 노출하는 것이다. 당연히 온셋 배치가 비싸다.

기업이 만든 영화나 뮤직비디오에 제품을 배치하는 것은 '브랜디드 엔터테인먼트', '애드버테인먼트', '마이크로필름 애드버타이징'

등으로 불린다. 소비자가 기업 제공의 오락물에 높은 수준으로 몰입하는 가운데 브랜드를 체험하는 것이다. 대표적인 것이 2001년 처음으로 인터넷에 발표된 BMW의 '더 하이어(The Hire)' 시리즈다. '더 하이어'는 이안, 왕가위, 오우삼, 토니 스콧, 데이비드 핀처, 리들리 스콧 등 세계적인 영화감독과 클리브 오웬, 마돈나 같은 유명 배우가 출연한 6~8분 길이의 단편영화로서 총 8편이 제작되었다. 이 시리즈는 불과 4개월 동안 1,100만 명이 시청했고 BMW는 이 영화를 DVD로 만들어 매장에서 상영했다. 이를 계기로 2001년 매출이 전년 대비 12퍼센트나 상승했다. 국내에서는 삼성전자가 뮤직비디오 형태로 제작한 〈애니모션〉, 〈애니클럽〉, 〈애니스타〉, 〈애니밴드〉 등의 시리즈가 대표적인 브랜디드 엔터테인먼트다. 남자의 얼굴이 매일 바뀌는 것을 소재로 한 2015년 영화 〈뷰티 인사이드〉는 인텔과 도시바가 브랜디드 엔터테인먼트 차원에서 제작한 동명의 광고 콘텐츠가 원조다.

일반적으로 마케터는 이런 방법들을 폭넓게 구사한다. 내 사례로 보면 제일기획 시절 광고주들 제품의 PPL과 퍼블리시티와 홍보는 물론, 부광약품의 바퀴벌레 제거제인 '로취큐'를 명화 〈빠삐용〉을 패러디한 TV 광고로 제작해 런던, 뉴욕, 아시아 TV 광고제 등에서 국제 광고상을 받았다. 지금도 인스타그램에서 1만 2,000건의 '좋아요'가 달리는 숙명여대 '울어라! 암탉아', '나와라! 여자 대통령' 시리즈 신문 광고를 기획했고, 숙명여대 재학생을 모델로 뽑는 콘테스트를 최초로 실시했다. KT&G 마케팅 기획부장 시절엔 '서태지와 상상체험단' 해외 이벤트를 했고 이어서 온라인과 홍대 앞에 '상상마당(공간 디스플레이)'을 기획했으며 대학생 대상의 상콘과 상상 유니브라는 커뮤니티를 만들었다. 나는 경쟁사였던 말보로 한국 지사장이 한국을 떠나면서 "우리가 전 세계를 점령했지만, 상상이란 걸로 치고 나오는 나라는 처음 봤다"는 말을 했다고 전해 들었다. 춘천마임축제 감독을 맡았을 때는 현대백화점, 강원랜드, 강촌 레일바이크 등에서 협찬을 받았고 서울혁신센터장으로 일할 때는 신한카드, LG U+의 협찬으로 아름人 도서관과 2,000권의 도서, 기기 등을 받았다. 각각 PPL, 홍보, TV 광고, 신문 광고, 콘테스트, 해외 이벤트, 공간 마케팅, 커뮤니티, 협찬 사례들이다.

프로모션은 인식을 만드는 게임이다. 현대카드 시티 브레이크와 BC카드의 "부자 되세요" 광고를 비교해보라. 판촉은 한계도 정답도 없다. 그냥 창의와 전환의 블루오션이다.

참고 | 나는 여기에 두 개의 4C를 첨부한다. 하나는 고객 관점에서 기존 4P를 고객가치(Customer value), 가격(Cost), 편의성(Convenience), 소통(Communication)으로 대체하자는 이론이다. 다른 하나는 사이트 마케팅에 적합한 콘텐츠, 커뮤니케이션, 커머스, 커뮤니티다. 사이트 운영업체들은 고객에게 4C 서비스를 제공하고, 솔루션 업체들은 4C 기술 개발을 목표로 한다. 콘텐츠와 커뮤니케이션으로 커뮤니티를 형성하고 이것이 커머스로 이어져야 수익이 발생한다.

신제품 개발의
마법

제품은 기업과 소비자를 잇는 핵심 고리다. 제품에는 마케팅 시점을 기준으로 한 기존 제품과 신제품 두 종류가 있다. 물론 시장도 기존 시장과 신시장이 있다. 그래서 다음과 같은 표가 만들어진다.

제품/시장	기존 시장	신시장
기존 제품	①	②
신제품	③	④

도표3 제품과 시장

판타지 여행기인《걸리버 여행기》를 예로 들어보자. 걸리버가 그냥 영국 땅에 있었으면 그는 기존 제품 인간이고 기존 시장에 있는 것이다(①). 그런데 걸리버가 거인국, 소인국, 후이늠국(말이 지배하는 나라. 여기에서 야후가 나오는데 인간을 닮은 원숭이족이다) 등에 들어가면 그는 신시장에 나타난 셈이고 그 나라 종족들이 보면 새로운 인간 제품이다(②). 그래서 기존 제품인데 신제품 역할을 한다. 유럽이 대항해 시대에 신대륙에 가서 황금기를 누린 것도 ②전략에 따른 것이다. 맥도날드, 나이키, 스타벅스 등은 미국에서는 기존 제품인데 아시아, 아랍, 러시아 등으로 가면 신제품이 된다. 기존 제품은 마케터들이 '현금젖소'나 '개(dog. 보스턴 컨설팅 그룹이 'BCG 매트릭스'에서 포트폴리오 제품을 4개로 분류한 용어. 캐시카우는 젖소처럼 돈을 많이 벌어주는 제품이고 개는 이제 노쇠해 쓸모없는 제품. 그 외 별과 물음표 영역이 있음)'처럼 쓰는 제품이지만 문제는 신제품이다.

신제품 개발의 마법 8가지

개발자들이라면 전화, 세탁기, 포드, 인터넷, 퍼스널컴퓨터, 진공청소기, 반도체, LED TV, 아이폰, 햇반, 네스카페, 라면, 3D 프린터, 비아그라, 핀테크 등 세상을 바꾼 신제품, 신기능, 신유통을 늘 동경한다. 이들은 대체로 태양 아래의 신기술, 신기능에 집착하지만 정작 마케터들은 '태양 아래 새로운 것은 없나니'를 신조로 삼고 유연하게 신제품을 보는 경향이 강하다. 신제품은 정의가 모호하지만, 대부분 소비자 인식에서 기능, 모양, 용도와 개념이 전혀 새로운 제품을 뜻한다. 그중에서 포드, 아이폰, 마켓컬리 같은 획기적 신제품은 시장을 새로 만든다.

Quiz 27

김치냉장고 딤채는 신시장을 만들었다. 그렇다면 냉장고처럼 생긴 신제품 'LG 식물재배기'와 'LG 스타일러'는 각각 새로운 시장을 만들 정도로 획기적 신제품일까? 새로운 시장을 만들려면 어떤 요소를 갖춰야 할까?

신제품은 시장 활동이 활발한 자본주의 토대에서 만들어지는데 당연히 '소비자의 여러 문제를 풀어주는 너그러운' 과정에서 나온다. 신제품 개발에 대한 이론은 많다. 경우의 수가 너무 많아 갈피를 잡기 힘들 정도다. 그중 명쾌해 보이는 것은 결핍, 왜곡, 모순이라는 3가지 상황에서 신제품이 나온다고 정리한 제일보젤 출신의 프리랜서 신병철 박사의 말이다. 그런데 이는 인간이 합리적 존재라는 가정 아래 말한 것으로 보인다. 하지만 행동경제학에 따르면 실제 인간은 그렇게 합리적이지 않다. 또한 신제품 개발 과정은 더 복잡하다. 그래서 나는 다음과 같은 상황에서 신제품이 만들어진다고 생각한다. '7가지(CCRMMFR)+1(T)'이다.

1. 상황 변화(Change of Situation)**:** 자동차가 있다. 좋다. 말이나 수레보다 빠르고 다양하니까. 그런데 운동 부족으로 비만도 일으키고 골목과 거리를 파괴한다. 21세기에 들어와 기후위기로 탄소 문제도 대두되었다. 심각한 상황 변화다. 이산화탄소를 내뿜고 자연, 거리, 건강을 파괴하는 자동차는 이제 문제의 원흉이다. 이렇게 상황이 바뀌면 사람들의 욕구가 변한다. 이때 신제품이 나와야 한다. 전기차, 자율주행차, 수소차는 솔직히 훌륭한 대안은 아니다. 전기(탄소로 만드

는)를 쓰고 거리와 골목을 망가뜨리는 것은 매일반이므로.

2. 창조적 모방(Creative Mimesis)**:** 모방은 창조의 어머니라고 하니 창조적으로(?) 모방하면 그것도 신제품이 된다. 일본은 가이젠(改善) 문화로 프로세스를 개선해 신제품처럼 보이게 만들었다. 맥도날드는 기존의 몽골 버거를 '누구라도 빨리 만들고'와 '저가'로 표준화해서 획기적으로 개선한 것이고, KFC는 여기에 소고기 대체 레시피로 치킨을 끼워 넣어 신제품 흉내를 냈다. 이전에 국수는 삶는 데 시간이 걸리고 국물도 면발도 들쭉날쭉했는데 이 문제를 개선한 것이 '국수 나라의 햄버거' 격인 라면이다. 이 라면이 자체 상품을 모방해 컵라면, 컵밥 등 새로운 제품으로 출시되었다. 페이스북 이전에 한국엔 싸이월드가 있었다. 휴대용 데이터 저장 장치로 USB 이전에 CD가 있었고, 음원 저장 및 재생 장치로는 아이리버가 있었다. 모방과 개선인데 페이스북과 USB, 아이팟은 신제품으로 인정받는다. 독일의 벤처 투자자이자 전자상거래 업체인 로킷 인터넷은 아예 대놓고 빠른 모방과 프로세스 개선을 사업 모델로 표방한다.

3. 용도의 재발견(Rediscovery of Usage)**:** 반창고는 기존 제품이다. 여기에 살색 반창고가 나와도 그 정도는 기존 제품의 변형이다. 당연히 소비자 반응도 시큰둥. 그런데 이후 캐릭터 반창고가 나왔다. 요건 좀 재미있다. 그러자 아이들이 별로 아프지도 않은데 패션으로 이 캐릭터 반창고를 붙이고 다닌다. 아이들이 하니 키덜트들도 따라했다. 반창고 용도의 재발견이다. 이 제품은 소비자도 생각하지 못한 욕구(needs) 창출의 사례이니 신제품이라 할 만하다. 3M의 대박 신

상인 포스트잇이나 스티커, 스카치테이프 등이 그런 것들이다. 군사기술이나 첨단기술의 대중화도 중요한 신제품 개발 방법이다. 비행기, 화약(폭죽), 일론 머스크의 스페이스X 사업, 인터넷 등이 그런 예다.

Quiz 28
은둔의 과학자 테슬라를 존경한다는 일론 머스크! 그의 화성 프로젝트 일환인 '스페이스-X' 사업의 진정한 마케팅 의도는 무엇일까? 화성 사업이 돈이 되려면 100년은 걸릴 텐데 그 수익(현재 로킷 발사 대행과 우주여행 예약 판매 중)은 어디서 나오며 투자자들은 왜 이 뻥 짓에 투자하는 걸까?

4. 차원의 이동(Move of Dimension): 여성들은 독서실 가기가 부담스럽다. 공부에만 집중해야 하는데 화장해야지, 머리 감아야지, 남자들 시선 신경 쓰이지, 밥 먹느라 시간 뺏기지, 신경 써야 할 것이 많아서다. 그래서 화상 솔루션 회사 구루미가 '온라인'에 독서실을 만들었다. 구루미 온라인 독서실 서비스인 '캠스터디'는 오프라인 독서실을 온라인 차원으로 이동시킨 신제품이다④. 세컨드라이프, 로블록스, 네이버 제페토, 줌 화상 솔루션 같은 메타버스 서비스들과 나이키 플러스 같은 O2O 제품, 오디오북 등이 차원을 이동시킨 신제품들이다.

5. 욕구의 믹스(Mix of Needs): 인간 욕구는 하나가 아니다. 동시에 두 개 이상인 경우도 많다. 기존 제품들은 이 중 하나를 푸는 데 주력했다. 그런데 동시에 두 개의 욕구를 풀게 하자 놀라운 신제품이 된다(

③). 바이크(자전거와 동력의 믹스), 스마트폰(컴퓨터와 전화), 해산물 뷔페(뷔페와 해산물), 짬짜면(소스 짜장과 국물 짬뽕)이 그랬다. 프랑스 인사이드 경영대학원 석좌교수인 김위찬 교수가 저서 《블루오션 전략》에서 제일 먼저 예를 든 태양의 서커스는 서커스 기예와 예술 욕망을 믹스해서 성공한 경우다.

6. 유희와 모험 본능의 충족(Fullfilment of Play&Venture): 요한 하위징어가 발견한 '호모 루덴스(Homo Rudens, 유희적 인간'는 개발자들이 참고할 만하다. 스마트폰엔 이런 유희 기능이 많다. 디즈니 활동 사진, 픽사 애니메이션, 이모티콘 등도 유희 본능을 이용한 것이다. 그래서 아이들도 좋아한다. 인간은 분명히 유희와 모험 본능이 있다. 이것은 결핍, 왜곡, 모순 등의 상황과 상관없는 신제품 개발 요인이다. 닌텐도, 블리자드, 넥슨 같은 게임 산업이 대체로 이에 해당한다. 공포, 슬픔, 놀라움, 펀 등이 녹아 들어가면 신제품을 만들 수 있다.

7. 시장의 재정의(Redefinition of Market): 비아그라가 기존의 병원 시장에 들어갔다면 신제품이 아니다. 그런데 발기부전 보완재로 재정의해서 획기적인 신제품으로 인정을 받았다. 기존의 여러 기능을 모아 놓은 아이폰은 컴퓨터일까? 전화일까? 폰이라는 이름이 있으니까 당연히 전화기다. 그러나 여기에 욕망을 믹스함으로써 컴퓨터 시장이 재정의되었다④. 이른바 '휴대용', '간편과 대행(컵라면, 배달 등)' 기능이 들어간 시장에 이렇게 신제품들이 등장했다. 개발자들은 마케터의 판단에 의한 신시장 창출이라는 변수를 염두에 둘 필요가 있다. 개발자들이 좋아하는 공법의 변화와 성분의 추가나 변화는 소비자

의 차이 인식의 허들을 넘지 못하는 한 생각보다 효과가 없다.

Quiz 29

사이즈와 디자인의 변형 방법은 얼마나 유효할까? 예를 들어 비타민 1000mg을 500mg으로, 담배 타르 5mg을 0.5mg으로, 소형 사이즈 옷을 울트라 빅 사이즈(비만자 증가 감안. 코리언 빅헤드들은 모자 사이즈에 불만 많음)로 바꾸는 것, 옷 재질을 동물 가죽에서 천연 섬유로, 사각과 원형 · 원통을 삼각형으로 바꾸는 발상 등.

신제품 개발의 함정

특허청에 있는 수십만 특허들은 왜 우리가 아는 제품이 되지 못했을까? 신제품 전략이 마냥 통하는 것은 아니다. 성공 확률은 대체로 3~10퍼센트 미만. '혁신의 함정'만큼이나 '신제품의 함정'도 많다. 잘나가던 회사가 신제품 개발로 한 방 노리다가 훅 가는 경우는 많다. 코카콜라의 야심작 뉴코크가 대표적이다. 특히 모험적인 개발자나 혁신적 경영자는 기존 제품보다는 신제품으로 시장을 치려고 하는 경향이 많은데 조심해야 한다.

신제품은 일단 ▲불확실한 시장(특히 '이노베이터의 오판'과 '소비자의 변덕' 조심) ▲뜻밖의 기술 결함 발생 ▲많은 개발 비용과 기간 ▲품질 표준화 문제 ▲저작권 시비 또는 신규 규제 ▲타이밍 오판 ▲시징 하이에나들의 모방과 담합 등으로 과실을 뺏길 위험이 크다. 초기에 돌풍을 일으켰던 삼보컴퓨터, 아이리버(아이팟의 선구자), 싸이월드, 녹즙기, 콤보, 위성TV, 조개구이, 꼬꼬면, 쏘카의 타다 등이 다 이렇게 당했다.

> **Quiz 30**
> 타임뱅크, 정자은행도 있다. '신제품 리스크 뱅크'를 만들어서 리스크를 줄이는 정책은 어떨까? 정부가 50퍼센트 출자하고 개발자가 일부 부담하면 리스크 헤지가 가능하지 않을까?

이런 위험에도 불구하고 신제품 신시장 매력은 매우 강하다. 혁신가 소리를 듣고 잘만 하면 시장 선구자 겸 리더가 되어 '사자의 몫(lion's share)'을 가져갈 수 있기 때문이다. 다니엘 핑크는 신제품으로 승부하는 벤처의 경우 'TB, SS, FQ, SU' 이 여덟 자를 유의하라고 당부한다. "꿈은 크게 꾸되 작게 시작하고 아닐 것 같으면 빨리 접고 문제를 개선해서 크게 키워라(Think Big, Start Small, Fail Quickly then Scale Up)." 리드 호프먼 등이 쓴 《블리츠스케일링》도 유사한 주문을 한다. FAANG(페이스북, 아마존, 애플, 넷플릭스, 구글) 같은 미국의 유니콘들이 대부분 그렇게 컸다.

참고도서 | 《딜리트》(김유열), 《디퍼런트》(문영미), 《모방전략》(스티븐 P. 슈나즈), 《기술지능》(정두희)

아이데오의 '디자인 싱킹'
제일기획 시절 박충환 교수 이론을 6개월간 내게 직접 가르쳐준 마케터 K 선배가 광고 회사 퍼시픽 사장으로 있을 때다. 그는 30년 경력을 마무리하면서, 한 강의에서 "결국은 아이디어"라는 말을 남겼다. 광고맨이라면 몰라도 마케터가 이런 말을 하기는 쉽지 않다. 대부분 마케터는 시장 진단, 문제 해결의 이성적 프로세스를 중시하기 때문이다. 감성을 건드리는 아이디어는 문제를 푸는 라스트 트리거다. 문제를 아무리 잘 진단해도 아이디어가 나오지 않으면 무용지물이다. 그래서 현장에서 수많은 마케터, 광고 기획자, 크리에이터들이 아이디어를 짜내기 위해 꿈에서도, 화장실에서도 "어디 아이디어 없나?" 애타게 찾는다. 그런데 아이디어는 하늘에서 뚝 떨어지지 않는다. 갓뎀 아이디어! 누구나 자기만의 아이디어 발상법이 있겠지만, 세계적인 아이디어 그룹인 아이데오의 '디자인 싱킹'을 먼저 소개하는 것이 예의일 것 같다.

아이데오는 스탠퍼드대학의 데이비드 켈리와 영국인 빌 모그릿지가 만든 회사다. 주요 고객으로 애플, 휴렛패커드, 갭, 도요타 등이 있으며 '디자인계의 매킨지'로도 불린다. SAP의 공동 창업자인 하쏘 프래트너는 2005년 300만 달러를 기부해 스탠퍼드대학에 D-스쿨을 개설했다. MBA가 아니라 MFA 과정이 탄생한 배경이다. 여기서 F는 Fine Art를 뜻한다. 용어의 의미는 디자인이지만 이들이 하는 일은 우리가 아는 심미적 디자인이 아니라 문제를 해결하는 혁신적 아이디어 설계라는 표현이 더 정확하다. 그 중기기 이들 멤버 구성에 있다. 엔지니어, 경영, 공학, 정치, 미디어, 의학, 심리학자, 인류학자 등이 다양하게 모여 아이디어 팀을 구성하고 있다. 이를 다학제 시스템이라고 한다.

디자인 싱킹의 3요소는 일명 '인간 중심 디자인'이라고 불리는데 적합성(desirability), 실현 가능성(feasibility), 지속성(viability)으로 구성된다. 적합성은 사람들의 니즈와 꿈, 행동들을 듣고 파악하는 것이고 실현 가능성은 기술적으로 가능한가를 묻는 것이고 지속성은 경제적으로 지속가능한가를 묻는 것이다. 각각 인간, 기술, 사업적 측면을 살펴보는 것이다.

디자인 싱킹의 프로세스는 크게, 듣기(hear)-창작하기(create)-전달하기(deliver) 3단계로 이루어진다. 듣기 단계에서는 현장 조사, 관찰, 공감과 이입 등이 이루어지며 창작하기 단계에서는 수집한 자료들을 추상화한 후 문제 해결을 위해 구조화된 패턴, 프레임워크, 기회 영역, 솔루션 및 프로토 타입으로 구체화한다. 마지막 전달하기 단계에서는 신속한 수익-비용 모델링, 역량 평가, 실행 계획을 수립한다(IEDO 인간중심 디자인 툴킷)(IDEO.org)).

이러한 훌륭한 아이디어 발상법이 있지만 사실 일반 회사는 드림 팀 구성, 비용, 시간이 많이 들어 쉽지 않다. 내가 하는 '1인 아이디어 발상법'은 우선 앞에서 배운 3C 분석과 SWOT 모델에 기초해 거기서 문제와 기회를 찾는 것이다. 이건 필수다. 이 자료들을 토대로 문제를 진단하고 핵심 의제를 도출한 후 머리를 비운 뒤 자유연상에 의해 아이디어를 도출한다. 자유연상이라고는 하지만 앞에서 말한 아이데오의 디자인 싱킹 3요소, 즉 적합성, 실현 가능성, 지속성이 고려되어야 한다. 나는 3요소 외에 '탁월함'도 중요하게 생각한다.

아이디어가 신문 헤드라인에 올라갈 만한 구상인지를 상상해보는 것이다. 물론 경험에서 오는 통찰력이나 직관도 들어간다. 그리고 3일 동안 나 몰라라 내버려두고 딴짓을 한다. 이 정도 기간이면 '와, 나 천재야' 하며 흥분했던 마음이 가라앉으면서 아이디어의 실체가 보인다. 대부분 자아도취에 헛꿈으로 가득한 아이디어이지만 3일 후에도 그 아이디어가 괜찮으면 고객에게 전달한다. 이후 토의를 통해 실질적인 문제들을 걸러내고 실행 계획을 짠다. 이때 가까운 친구에게 "이 아이디어 어떠냐?" 묻지 않는다. 친구는 술 마실 때 외에는 절대 도움이 안 된다.

다음은 내가 프리랜서 컨셉추얼리스트로서 다양한 곳에 아이디어를 낸 사례 중 일부다.

사례1_ 스타트업 페스티벌 2019년 중소벤처기업부 주최로 스타트업 페스티벌이 부산 해운대 부근 구남로에서 열렸다. 그동안은 코엑스몰 같은 곳에서 스타트업 관계자들만 참가하는 폐쇄형 이벤트였는데, 신설된 변화혁신실이 "창업은 문화다"를 알리기 위해 지역거점 개방형으로 전환한 것이다. 나는 중소벤처기업부 소통분과 위원장이었다. 그 페스티벌 기획안의 메인 이미지는 번개였다. 스타트업 이미지에 부합하기는 하지만 '창업은 문화'라는 메시지를 알리기에는 너무 날카로웠다. 그래서 착안한 것이 사과! 사과처럼 맛있는 창업! 세계를 비꾼 6개의 사과가 있다. 이브의 사과, 파리스의 황금사과, 빌헬름 텔의 사과, 뉴턴의 사과, 백설공주의 사과, 애플의 사과. 사과는 유혹과 혁신의 상징이다. 그래서 나는 중소벤처기업부에 '제7의 사과'를 페스티벌 이름과 로고 마크로 쓰자고 제안했다. 그러나 결국 대행사 작업을 통해 '컴업(Come Up), 스타트업(Start Up)'으로 결정되었다. 러브 마크에 필요한 신비감, 감각, 친밀감은 어디에도 없는.

사례2_ 강원도 동계올림픽 강원도는 평창 동계올림픽을 맞아 민간 주도의 강원도민운동협의회를 만들어 강원도 문화를 바꾸자는 캠페인을 3년간 벌였다. 나는 카피 워싱(washing)을 의뢰받아 참가했다. 목적은 강원도민의 행동 유발. 몇 가지를 분석해보니 1. 동계올림픽 후엔 경기가 안 좋아진다, 2. 강원도는 관광객이 많이 오지만 젊은 층 선호도는 글로벌과 제주도에 밀린다, 3. 강원도 정서는 감자바위로 상징될 만큼 무뚝뚝하다, 이렇게 정리되었다. 그러나 강원도는 청정 자연과 물, 숲, 겨울이 어느 곳보다 아름다운 지역이다. 이런 것들이 속성이었으므로 가치로 거듭나야 했다. 나는 동계올림픽이 끝나도 강원도가 활용할 캐치프레이즈와 상징 이미지가 필요하다고 판단했다. 그래서 제안한 것이 'WINK^^, 강원도!'였다. 윙크는 동계올림픽을 맞아 일차적으로는 '겨울의 초대─자연의 땅 강원도(Winter's Invitation─ Natureland Kwangwondo)'라는 뜻을 담았지만, Winter는 계절에 따라 Woods(숲, 봄·가을용), Water(물, 여름용) 등으로 응용이 가능하도록 했다. 속성을 담으면서도 사랑스러운 윙크라는 가치와 "이제부터 윙크해요"라는 행동 제안 기능을 담은 것이다. 4P 요소로 강원도청 홈페이지, 강원도 입구 옥외광고 등에 할아버지, 어린이, 미스 강원, 대학생 등 강원도민들이 즐겁게 윙크하는 사진 이미지로 채우자고 제안했다. 협의회 회장님 등 다들 너무 좋아했는데, 도 국장이 갑자기 바뀌면서 B급 아이돌 공연과 신문광고로 예산을 다 써버렸다.

사례3_ 사랑으로의 여행 경남 하동은 박경리의 소설 《토지》의 TV 드라마 배경이 된 평사리 최참판댁과 화개장터가 유명하다. 여기에 더해 하동은 군 호수 옆 2만 평 부지를 아메리칸 빌리지로 만들고 싶어 했다. 남해의 독일인 마을과 맥주 축제 성공에 자극을 받은 듯했다. 그런데 빌리지를 어떻게 설계하는 게 좋을지 청사진이 없었다. 최참판댁, 화개장터 그리고 아메리칸 빌리지를 꿰는 콘셉트가 필요했는지 군에서 프로젝트를 의뢰했다. 세 공간은 너무 달라서 고민을 하다가 나는 《토지》를 탁월함의 기억 키워드로 보고 '토지, 사랑으로의 여행'이라는 테마로 묶었다. 역사문학이기는 하지만 《토지》에는 서희와 길상, 별당 아씨와 구천, 김평산과 귀녀 등 많은 남녀의 다양한 사랑 이야기가 있다. 혼자 상상도 해봤다. 최참판댁 남녀들은 화개장터에서 은밀한 사랑을 했을 거라고. 그렇다면 저 뜬금없는 아메리칸 빌리지는 어떻게 사랑으로 묶어야 할까? 다행스럽게도 미국에도 토지와 비슷한 테마의 소설이 있다. 바로 마거릿 미첼의 《바람과 함께 사라지다》. 두 소설 다 여성 작가가 썼고 전쟁, 가문의 흥망과 남녀 간의 엇갈린 사랑과 죽음이 있고, 서희와 스칼렛 오하라라는 강인한 여성성을 지닌 이들이 주인공이었다. 그래서 최참판댁, 소설에 등장하는 남녀들이 놀며 사랑하던 화개장터, '바람과 함께 사라지다'를 재현한 아메리칸 빌리지, 이 셋을 묶어 '토지–사랑으로의 여행' 벨트를 제시했다.

이외에 프리미엄 문구 회사인 7321디자인에 '좋은 습관' 캠페인, 서울혁신센터에 국내 유일의 '웃음문화팀' 신설 운영, 한국임업진흥원에 '메타 포레스트' TF와 포레스트 축제, 서울시 마을공동체 본부에 '화로의 요정' 캐릭터, 대전 대덕구에 '넷 제로 문화발신기지' 등등 아이디어를 제안했다. 아이디어는 사회를 살아나게 하는 특급 영양제다.

12

나를 알고 적을 알고
'때'를 알라_SWOT 전략

자, 이제까지 박충환 교수의 마케팅 전략 맵 중에서 환경 분석과 3C 분석 그리고 마케팅 목표 설정과 4P믹스를 파악했다. 이 과정을 당신은 이 책을 통해 몇십 페이지로 정리해서 보지만 나는 제일기획 시절 2년에 걸쳐 배웠다. 당시 정말 많이 배웠고 세상을 보는 눈이 틔워졌다. 그리고 20여 년에 걸쳐 수백 번의 실전과 실패와 성공 경험이 있었다. 그러면서 거듭 느낀 것은 마케팅의 ABC인 이것만 제대로 구사해도 A급 마케터가 될 수 있다는 사실이었다. 당신의 철학과 기호를 담아 창의적으로 구사한다면 그렇다.

독자들에게 당부하는 것은, 이 마케팅 기법에 대해 구글이나 네이버로 검색해서 더 풍부한 사례와 설명을 들어보라는 것이다. 지금은 제대로 된 개론서가 나오기 힘들다. 너무 빨리 변화하고 변종들이 많이 나와서다. 그래서 집단지성으로 불리는 인터넷을 수시로 항해해보면 좋다. 지금부터 설명할 'SWOT 전략'도 마찬가지다. 좀 더 깊이 알아보면 훌륭한 사례도 만날 수 있다.

환경 분석을 한 후 3C 분석이 이루어지면 마케팅 목표를 세우기 전에 'SWOT 분석 모델'을 만들어두는 것이 효과적이다. 이러한 요령을 활용하면 전략 짜기 순서가 ① 환경 분석 ② 3C 분석 ③ SWOT 모델 작성 ④ 마케팅 목표(콘셉트 추출, 구매 장애 요인 제거) 설정 ⑤ 4P 믹스 실행 ⑥ 피드백 이렇게 6단계로 이루어진다. 기초가 탄탄한 회사에 가면 기업, 본부, 부서, 브랜드별로 이 모델이 잘 만들어져 있음을 확인할 수 있다. 기업은 무엇을 해야 하는지, 직원들 수준은 어떤지를 한눈에 볼 수 있다. 투자자라면 반드시 이 모델을 봐야 한다.

SWOT는 기업의 내부 환경과 외부 환경을 분석해 강점(Strength), 약점(Weakness), 기회(Opportunity), 위협(Threat) 요인을 규정하고 이를 토대로 경영 전략을 수립하는 기법으로, 미국의 경영 컨설턴트인 알버트 험프리에 의해 고안되었다. 1차로 기업(브랜드)의 내부 환경을 분석해 사분면 상단에 강점과 약점을 기록하고, 2차로는 외부 환경을 분석해 사분면 하단에 기회와 위협을 찾아내어 기술하는 것이다(SWOT 분석 도표는 2부 내용 뒤 박스 글에서 소개). 그리고 나서 3차 단계로 강점은 살리고 약점은 죽이고, 기회는 활용하고 위협은 억제하는 마케팅 전략을 수립한다. 이때 사용되는 4요소를 강점·약점·기회·위협(SWOT)이라고 하는데, 강점은 경쟁 기업과 (반드시) 비교해 소비자로부터 강점과 약점으로 인식되는 것은 무엇인지, 기회와 위협은 환경 관점에서 기회인지, 위협인지를 찾아낸다. 이는 나를 알고 적을 알고 특히 '때'를 알기 위한 것이다.

기업 내부의 강점과 약점에 기업 외부의 기회와 위협을 대응해 목표를 달성하는 SWOT 전략은 다음과 같다.

가. SO 전략(강점-기회 전략): 시장의 기회를 활용하기 위해 강점을 사용하는 전략
나. ST 전략(강점-위협 전략): 시장의 위협을 회피하기 위해 강점을 사용하는 전략
다. WO 전략(약점-기회 전략): 약점을 극복함으로써 시장의 기회를 활용하는 전략
라. WT 전략(약점-위협 전략): 시장의 위협을 회피하고 약점을 최소화하는 전략

주의할 것은 이 중에 한 전략만 구사하면 안 된다는 것이다. 4가지 전략을 다 짜놓아야 한다. SO와 WO 전략은 공격 전략이고 나머지 둘은 방어 전략이다. 경영은 늘 공격과 방어(리스크 완화) 전략을 병행해야 한다.

경쟁과 환경의 정의

SWOT 모델을 만들 때 주의할 점은 자사의 강점과 약점을 분석힐 때 경쟁자와 환경에 대한 철저한 파익이다. 경쟁은 기업 철학과 비전에 의해 결정된다. 오늘날은 산업 간의 경계가 무너지면서 경쟁이 심화되고 있다. 이를테면 게임 업계의 부상이 소비자들의 실내

시간 점유율을 높여 나이키, 노스페이스 같은 아웃도어 브랜드들의 이용량을 줄이는 현상이다.

아웃도어 스포츠 상품의 강자인 나이키를 예로 들어보자. 관행적으로 스포츠화인 나이키의 경쟁자는 누가 뭐래도 아디다스, 리복 그리고 최근에는 언더 아머 같은 회사들일 것이다. 이들을 다 잡으면 안 된다. 하나만 잡아야 타깃이 분명해진다. 타깃이 정해지면 경쟁사로 분류되어 SWOT 분석 대상이 되어야 한다. 그런데 마케터는 닌텐도 등 게임 회사 브랜드가 10~30대 핵심 소비자들의 아웃도어 라이프스타일에 위협이 된다고 판단했다. 나이키는 이미 스포츠화 업계에서는 1위다. 그래서 아주 창의적으로 닌텐도를 경쟁자로 설정했다고 가정해보자. 그러면 '나이키의 경쟁은 닌텐도'라는 명제가 성립한다. 과거에는 이런 일이 적었다. 그런데 이제 경쟁자 너머 경쟁자가 생긴 것이다. 그러면 이것은 경쟁이 아니라 환경이 된다. 환경 분석 측면에서 위기 또는 기회로 파악하는 현명함이 필요해지는 것이다.

나이키는 자신들의 약점인 IT 기능을 개발, 환경에서 위협 요인(즉 시 측정과 평가, 연대를 선호하는 IT 선호 경향)과 접목하는 WT 전략으로 '나이키 플러스'라는 기능을 추가해 새로운 시장을 열었다. 한샘퍼시스는 가정용 가구 브랜드에서 세계적인 강자 이케아가 한국에 지점을 열자 위기에 빠졌다. 그러나 환경 요소인 신혼부부 맞춤 트렌드에 맞춰 가구시장을 열어 오히려 매출을 늘렸다. 이는 자신들의 강점을 강화해 위기를 돌파한 ST 전략 덕분이다. 또 하나 예로 영화와 비디오를 들 수 있다. 1970년대에 비디오가 나오자 영화 제작 업체들은 이 산업을 경쟁 관계로 파악했다. 위협은 컸다. 실제로 콜롬비아 픽처스나 유니버설 등은 1990년대에 주인이 다 바뀌었다. 그런데 디즈니는 새로운 기회로 보았다. 테마파크 사업에 집중하던 디즈니는 파라마운트 영화사 사장 마이클 아이즈너를 대표로 영입했고 아이즈너는 영화의 본질인 즐거움에 더욱 치중해 〈슈렉〉, 〈라이언 킹〉 등을 만들어 어린이와 가족용 애니메이션 시장을 공략하면서 비디오 사업으로까지 확장했다. 그 결과 당시 매출 상위 10개 비디오 중 9개가 디즈니 차지가 되었다.

지금은 바야흐로 유통 전쟁의 시대다. O2O(Online-Offline 연결)가 그 핵심에 있다. 심야까지 여는 할인마트는 기존에 시간이 없는 직장인과 신혼부부, 겸업 주부들 대상으로 시장을 형성했는데, 지금은 새벽 배송을 표방하는 마켓컬리 같은 O2O 유통이 MZ세대를 중심으로 빠르게 시장을 침투하고 있다(2020년 기준 연 매출 9,700억 원). 이는 강점·약점 관점이 아니라 미디어·라이프스타일 등의 환경에서 위협 ·기회 요인이 발생한 것이다.

그렇다면 위의 4가지 전략 프레임을 어떻게 창의적으로 바꾸어 대응해 나갈 것인가? 궁금해진다. 고민하는 사이에도 상황은 또 변하고 있다. 인구 구조의 변화 때문이다. IBM의 트렌드 마케터에 의하면 '포노사피엔스(Phono Sapiens, 어릴 때부터 스마트폰을 사용하는 세대)'라고 불리는 Z세대는 밀레니얼 세대와는 다르게 직접 매장을 찾는 경향이 있다고 한다. 온라인으로 주문하는 것보다 득템 경험이 더 빠르고 현장 확인이 가능하기 때문이다. 이들의 또 하나의 특징은 기업가 정신이 강하다는 점이다. 유튜브 등을 이용해 어릴 때부터 돈을 벌어본 경험이 상대적으로 많아서 자기 사업화 가능성을 늘 살핀다. 이런 변화는 SWOT 전략에 어떻게 담아야 할까?

Quiz 31

넷플릭스, 쿠팡이츠 같은 OTT가 뜨고 있다. 이는 위협이 아니다. 제조 업체나 공간 운영 업체들에게도 기회가 된다. 만일 강원랜드, 에버랜드 같은 오프라인 공연 사업자나 '더현대'의 운영자라면 어떤 OTT를 기획하면 좋을까? 앞에서 설명한 브랜드 저널과 연동해 아이디어를 짜보라.

"미련은 먼저 나고 슬기는 나중 난다"

여기까지 끝나면 이젠 드디어 마케팅 목표를 설정해야 한다. 그중 중요한 것이 첫째, 콘셉트 추출이다. 콘셉트는 마케팅 목표를 설정할 때 가장 우선해야 하는 정성적·심리적 목표다. 보통 3~5개 이내의 단어로 구성하는 것이 좋다. 콘셉트는 실제 현장에서는 여러 단계로 나뉜다. 제품 콘셉트-브랜드 콘셉트-커뮤니케이션 콘셉트-크리에이티브 콘셉트-미디어 콘셉트 등 계속 세분화되는데 이는 각각 개발자-브랜드 매니저-광고기획자-크리에이터(디자이너, 카피라이터, PD 등)-미디어 플래너 등에 의해 만들어지는 하위 콘셉트들이다. 이 중 우리는 가장 근간이 되는 브랜드 콘셉트를 알아볼 것이다.

브랜드 콘셉트는 나무 뿌리와 같아서 일반 소비자에게는 보이지 않고 슬로건이나 카피, 이미지 형태로 변형되어 드러난다. 예를 들어 풀무원의 브랜드 콘셉트는 '유기농 세상 추구'다. 커뮤니케이션 콘셉트는 '자연을 담는 큰 그릇'이다. 미니 쿠퍼는 '키덜트를 위한 소형 프리미움 카'가 브랜드 콘셉트이지만 차량 뒤에 부착된 표현은 깜찍하게도 '나를 괴롭히거나 귀찮게 하지 마세요(Please do not tease or annoy the MINI)'다. 브랜드 콘셉트는 100년 이상 지속되면 좋겠지만 상황이 바뀌면 조금씩 변화해도 된다. 콘셉트는 너무 중요하므로 다음 장에서 더 자세히 다루겠다.

참고 | 속담에 "미련은 먼저 나고 슬기는 나중 난다"는 말이 있다. 그래서 현장에서의 마케팅 목표를 잡은 후에는 SWOT 모델을 다시 짜는 것이 좋다. 3C 분석 후에 짠 SWOT 모델이 마케팅 목표와 맞지 않는 경우가 왕왕 있기 때문이다. 특히 마케팅 목표를 너무 잘 짰을 경우에는 빨리 SWOT 모델을 수정하고 3C 분석도 달리 해봐야 한다. 안 그러면 3C, SWOT, 마케팅 목표가 따로국밥이 된다.

13

구슬이 서 말이라도
꿰어야 보배다

현장의 개발자, 지자체, 중소기업들은 특히 '콘셉트'와 '가치'에 대한 이해가 필요하다. 프로젝트, 브랜드, 홍보에서 콘셉트의 중요성은 이루 말할 수가 없는데 콘셉트가 없거나 약하거나, 심지어 무시하는 경우가 너무 많다. 뿌리 없는 나무를 보는 느낌이랄까! 과연 필요가 없어서일까, 아니면 콘셉트를 잡을 능력이 없어서일까? 물론 콘셉트는 시대에 따라서 어느 정도는 바뀌어야 한다. 산업 또는 브랜드 특성에 따라서 콘셉트 주기는 길거나 짧을 수도 있다. 그러나 필요 없는 경우는 없다. 나는 스스로를 소개할 때 마케터보다는 컨셉추얼리스트(conceptualist)라고 한다. 콘셉트는 마케팅의 대들보이고 뿌리다. 보통 '핵심 개념', '에센스' 정도로 이해하는데 그러면 그 뜻을 온전히 알 수 없다. 영어로 콘셉트는

con^(같이, 함께)과 cept^(줄로 꿰다)가 합쳐져서 이루어진 말이다. '하나로 꿴다'는 뜻이고 속담 "구슬이 서 말이라도 꿰어야 보배다"와 정확히 일치하는 용어다.

콘셉트는 '우리는 왜 이 제품을 만들었는가?', '소비자는 왜 이 제품을 사야 하는가?'라는 두 가지 질문에 이유를 제시해주는 하나의 압축된 개념이다.

Quiz 32
강남 주부들은 비싼 값에도 불구하고 왜 풀무원 두부를 살까? 50대는 왜 그랜저를 사고, 20~30대는 왜 AS도 안 좋은 아이폰을 굳이 사며, MZ세대는 왜 네이버 대신 구글로 검색을 할까?

좋은 콘셉트를 뽑으려면 다음의 두 가지 이론을 선행해 익혀두자.

우리가 제품을 사는 이유

인간이 제품을 사는 이유는 단순하지 않다. 소나타를 산다면 아마도 첫째 잔 고장 안 나고 AS 잘되는 무난한 중형차여서, 둘째 사용 편리성 때문에, 셋째 합리적인 가격, 넷째 애국 등의 이유로 살 것이다. 나는 그랜저 하이브리드로 바꿨는데 두 번째 이유에 연비 두 배, 공립주차장 50퍼센트 할인이 추가되고 지구 환경에 대한 생각이 하나 더 추가됐다. 루이스 거트만 이스라엘 아카데미 교수는 1982년 제안한 '수단-목적 사슬^(Means-Ends Chain) 이론'으로 구매 이유의 3단계를 압축해서 보여줬다. 그는 일대일 심층 면접 기법인 래더링 기법을 사용해 인간들이 추구하는 가치를 중심으로 연구 대상과의 관계 및 구조를 밝혔다. 인간이 제품을 구매하는 이유를 '속성'에서부터 그 제품이 주는 '편익^(결과)' 그리고 '가치'로 분석했는데 그 단계는 속성-편익-가치 순의 위계를 이룬다.

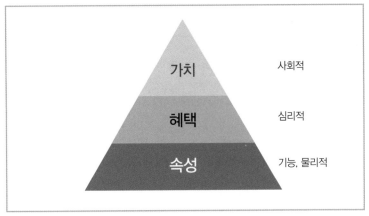

도표4 루이스 거트만의 가치-수단 사슬

하나의 예로 안흥찐빵과 파리바게트를 보자. 둘의 속성은 1차로 밀가루 빵이다. 안흥찐빵은 팥을 많이 썼고 싸다는 2차 속성을 강조하는 반면 파리바게트는 한국 빵이지만 신선한 베이커리로 유명한 파리 이미지를 쓴다. 이때 '신선'은 혜택이 되고 '파리 이미지'는 가치가 된다. 안흥찐빵의 가치는 무엇일까? 50대 이상 분들에게는 추억 정도 될 것이다. 둘 중에 어떤 브랜드가 MZ세대에게 더 가치가 높을까? MZ세대에게 애플의 가치는 혁신이고 갤럭시는 애국이다. 구글은 신뢰이고 네이버는 친구 같은 이웃이다. 리바이스는 자유, 디젤 청바지는 파격이다. 축제도 가능하다. 코로나19로 위기를 맞은 2020년 춘천마임축제는 '백신(100 Scene) 마임 축제'를 집행했다. 마임 공연, 물, 불의 도시(속성)로 이루어져 있고 편익은 찾아가는 100가지 축제의 다양한 즐거움이지만 100신을 감행한 '도전과 모험'이라는 최종적 가치를 제시했다. 이런 사슬 덕분에 2020년 춘천마임축제는 국무총리상, 예술경영대상을 수상했다.

최종적 가치가 기억되는 제품이 사랑받는다

가치는 스탠퍼드대학 연구소에서 기원한 'VALS(Values and Lifestyles)'와 그를 발전시킨 미국 심리학자 밀턴 로키치의 '가치 조사(RVS)'를 결합해서 보면 좋다. 특히 RVS는 '최종적(terminal) 가치' 18개 항목과 수단적 가치 18개 항목으로 구분하는데 최종적 가치는 개인이 도달하려는 최종 목표를 말하며, 수단적 가치는 최종적 가치에 도달하기 위해 개인이 선호하는 행동 양식을 의미한다. 마케팅이 의미가 있는 활동이 되고 강력해지려면 결국 최종적 가치와 연결되어야 한다. 제품의 구체적 속성들이 소비자의 수단적 가치 및 궁극적 가치와 사슬처럼 연결되어 있음을 소비자들이 느끼지 못한다면 그 제품과 판촉 메시지는 수정되어야 한다. 최종적 가치 18개 항목을 보면, 다음과 같다.

안락함, 신나는 생활, 성취감, 평화로운 세계, 미적인 세계, 평등, 가족 안전, 자유, 행복, 내적 조화, 성숙한 사랑, 국가 안전, 즐거움, 구원, 자존, 사회의 인정, 진실한 우정, 지혜.

수십 년 전 미국인의 가치관이긴 하지만 지금 한국인의 가치관과 크게 틀리지는 않을 것이다. 한국(남한)은 미국과 동조화가 강한 나라라서 더욱 그렇다. 젊은 층들을 중심으로 삶의 목적이 된 소확행이나 욜로도 안락함, 평화로운 세계의 가치와 다르지 않다. 그리고 현대인이 필사적으로 추구하는 가치인 행복은 위의 최종적 가치 18개 중 하나일 뿐이라는 것도 유의하는 것이 좋다. 좋은 콘셉트는 이런 가치들과 닿아 있을 때 소비자에게 기억되고 사랑받는다. 자연스럽게 구매와 충성도로 이어진다. 최종적 가치 18개 항목이 서로 믹스(예: 즐거움+구원=즐거운 구원)되면 가치는 훨씬 버라이어티해진다.

Quiz 33
한국의 3대 놀이 체험 공간인 서울랜드, 롯데월드, 에버랜드는 최종적 가치 중에서 각각 어느 가치와 어울릴까? 또 미래에 추구하면 좋을 가치는 뭘까?

Quiz 34
신흥 유니콘인 네이버, 카카오, 배달의민족 그리고 지구를 생각하는 기업인 알라딘 중고서점, 지구인 컴퍼니, 당근마켓, 알맹 상점의 최종적 가치는 뭘까?

선행 이론 두 가지를 살펴보았으니 이제는 좋은 콘셉트가 갖춰야 할 3가지 조건을 보자. 우리는 점점 더 고급 마케팅의 문으로 들어서고 있다.

좋은 콘셉트의 3가지 조건

같은 자동차인데도 볼보는 '안전'을 상징한다. 여기에는 역사적 이유가 있다. 볼보는 안전띠를 제일 먼저 개발했다. "안전은 독점 대상이 아니다"라는 철학으로 경쟁사에게 무상으로 기술을 오픈해 안전의 대명사가 되었다. 반면 BMW는 '궁극의 드라이빙 머신'을 광고한다. 검색 사이트인 구글은 검색을 통한 정보 민주주의를 말하고 네이버는 이웃 같은 포털을 강조한다. 신라면은 얼큰함을, 스낵면은 밥 말아 먹기 좋은 라면이라고 홍보한다. 속성은 비슷한 제품들인데 가치, 즉 콘셉트는 완전히 다르다. 이면에 숨은 콘셉트가 달라지면서 비전과 이미지 모든 것이 달라지는 것이다.

글로벌 브랜드들은 이처럼 독특한 러브마크(love mark)가 될 콘셉트를 통해서 소비자에게 확실히 다른 포지셔닝을 한다. 러브마크는 영국 광고 회사 사치앤사치 대표를 지낸 케빈 로버츠가 제안한 개념이다. 사랑받는 요소로 '신비감', '감각' 그리고 '친밀감'을 제시했다. 요즘은 시대기 너무 빨리 변해 **콘셉트는** 오히려 짐에기 된다고 말히는 마케터들이 있는데(특히 게임 산업 쪽), 이해는 가지만 그런 말을 하기 이전에 매력적인 콘셉트를 만들려고 노력했는지 먼저 묻고 싶다. 콘셉트가 없으면 널뛰기 또는 망나니 브랜드가 될 가능성이 크다.

좋은 콘셉트는 3가지 조건, 즉 ▲욕구 적합성(relation) ▲차별성 (difference) ▲ 탁월함(salience)을 갖춰야 한다.

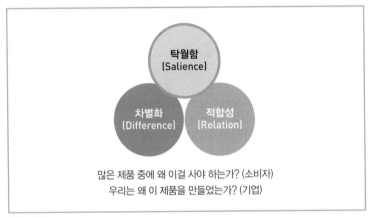

도표5 매력적인 콘셉트의 3요소

제품이 소비자 욕구에 적합해야 하는 건 당연한 조건이고 늘 경쟁해야 하니 경쟁사와의 차별성도 있어야 한다. '욕구 적합성'은 일단 제품을 3개 카테고리로 구분하는 게 중요하다. 일반적으로 제품은 기능성 제품, 감각적·경험적 제품 그리고 심미성 제품 3가지로 나뉜다. 고객이 기능을 원하는 제품인데 심미성으로 소구하면 고객 욕구에 적합하지 않다. 예를 들어, 가정용 망치를 원하는데 구찌처럼 심미성을 말한다거나, 오디오처럼 소리가 경쾌하다고 강조하면 고객의 욕구와 맞지 않는다. 그 반대의 경우도 마찬가지. 구찌를 싸고 튼튼하다고 말하면 꽝이다. 기본적으로는 그렇다는 말이다. 미니쿠퍼는 어른들에게 이동 수단이 아닌 어린 시절의 장난감(경험·감각형 제품)처럼 느끼게 하는 전략을 써서 성공했다.

이번엔 '차별화'를 알아보자. 참고할 것이 USP(Unique Selling Proposition) 전략이다. 광고계의 대가였던 로저 리브스가 1960년대에 제시한 이 전략은 오늘날 차별화 전략의 개념을 대부분 포함한다. 로저 리브스는 USP 전략으로 첫째 자사 제품만의 독창적인 장점을 전달하고, 둘째 자사 제품만의 독창적인 장점을 경쟁사에서는 찾아볼 수 없다는 것을 소비자들에게 알리고, 셋째 그 장점을 수백만 소비자들의 마음이 움직일 만큼 대규모로 강력하게 알릴 것을 제시했다.

1960년대에는 차별화의 중요성을 크게 인식하지 못했다. 오늘날처럼 경쟁이 치열하지 않았기 때문이다. 1980년대에 들어와 모든 분야에서 경쟁이 치열해지면서 기업들은 차별화 요소로 ▲최초, 최대, 최저 등을 이용한 차별화(최초의 미용 티슈 크리넥스, 사륜구동 차량의 원조 지프, 최초의 김칫독 냉장고 딤채, 기네스북 등재, 세계 최대 등) ▲전통을 이용한 차별화(프랑스 왕조에 납품하던 루이뷔통, 스위스 시계 등) ▲속성의 차별화(안전의 볼보, 구취 제거 치약 콜게이트, 충치 예방 치약 크레스트 등) 등을 적극적으로 활용했다. 이외 원료 차별화(죽염·천일염, 제주도 삼다수·백두산·심층 해양수·히말라야 빙설 등), 매체 차별화(자포스는 전화주문만 고집), 모델 차별화(소주에 여자 모델 수지·아이유·하지원, 여자 화장품에 남자 모델 전략), 유통(백화점 브랜드, 무인 숍, 교외 등)과 가격(최저, 천원 숍)과 제작자(스카이72와 조수용이 디자인한 네스트 호텔) 그리고 디자인 차별화 등의 방법이 있다. 그러나 차별화는 점점 어려워지고 있다.

그래서 요즘처럼 무한 경쟁 시대에 시장의 경계까지 허물어질 때는 '탁월함'이 무엇보다 중요하다. 소비자가 점점 머리를 안 쓰니 일단 탁월해져서 빅샷을 친 뒤 소비자 기억으로 들어가야 한다. 소비자는 보통 같은 카테고리 내 3개 브랜드만 구매 고려 대상으로 기억한다. 그리고 기억 단어 수는 대부분 7청크(chunk)를 넘지 않는다. 청크는 단기기억의 용량 제한 단위인데 보통 7±2개다. 그래서 과거에는 전화번호, 차번호가 7자리를 고수했다. 욕망의 전쟁이 아니라 기억의 전쟁인 셈이다. 그러니 툭 튀어나와 기억 속으로 들어가야 한다. 탁월함을 의미하는 영어 단어 'salience'는 그냥 탁월함이 아니라 탁 튀어나오듯 두드러진다는 뜻이다. 그렇다면 뭐가 두드러짐일까? 세스 고딘은 이런 상상을 한다.

아메리카 평원을 열차를 타고 달리는 관광 집단이 대평원을 보는데 멀리서 소떼들이 마구 달려간다. 여기 두 개의 입장이 개입한다. 열차 안 구경꾼들은 "와, 소떼가 엄청나군"이라고 말할 것이다. 그런데 그 소떼 중의 각 소들은 다른 소와 자신을 구분한다. "나는 뿔이 더 길어", "흥, 난 다리가 더 길고 잘 달려" 등등. 그런데 멀리 빠르게 스쳐가는 관광객들에게는 그냥 다 소떼로 보일 뿐이다. 눈에 탁 띄는 두드러짐이 없기 때문이다. 그런데 만일 이 중에 보랏빛 소가 있다면? 사람들은 "와, 보랏빛 소가 간다" 하며 금세 주목하고 집에 돌아가서도 "내가 보랏빛 소를 보았어"라고 친구들에게 자랑할 것이다.

세스 고딘은 《보랏빛 소가 온다》라는 제목의 책을 통해 폭스바겐을 보랏빛 소의 대표 사례로 꼽았다. '더 데일리 아프리칸' 광고를 만들고 '비 스투피드(Be Stupid)' 캠페인을 하는 청바지 디젤, 애플의 사용자 경험(User Experience), KT&G의 상상마당, 당근마켓, 쿠팡 로켓배송 등도 각각 이 분야에서는 보랏빛 소다. 이들 기업의 제품을 쓰는 사용자들의 공통점이 있다. 이거 디젤이야, 난 애플 써, 너 홍대 앞 상상마당 가봤어?, 이거 당근 득템이야, 정말 로켓이야! 자랑을 하는 거다. 그러면 자연스럽게 팬덤이 만들어진다. 그래서 높은 브랜드의 자산 가치를 갖는다. 즉 소비자들이 돈을 더 지불할 의사가 있고 주변에 추천을 자발적으로 한다는 말이다. 갤럭시의 시장점유율은 세계 1위이지만 애플이 매출 점유율 기준으로 갤럭시의 2배인 42퍼센트인 이유다. 또 하나 탁월함이 좋은 점은 브랜드 확장이 쉽다는 것이다. 카카오와 네이버가 포털과 메신저에서 택시, 뱅크, 웹툰, 게임, OTT까지 빠르게 사업 확장을 하는 것을 보라.

내 기대가 커서 그런지는 모르겠으나 한국의 중소벤처기업 브랜드나 지자체 프로그램 등은 이런 탁월한 두드러짐이 별로 없다. 몇몇 예외는 있지만 대체로 그렇다. "모난 돌이 정 맞는다", "일찍 일어나는 새가 먼저 죽는다"며 튀는 거를 조심한다. 겸손미(?)를 사랑하는 윤리관 때문일까? 한국은 대체로 가치중립적인 기술적 속성 또는 편익만 말한다. 브랜드가 죽고 사는 문제인데도 그렇다. 그래서 소비자가 보면 다 '쇼때'로 보인다. 존경받는 기업 1위, 입시 희망 1위 기업인데 과연 삼성 제품 쓴다고 자랑하는 컬트 소비자가 있는가?

다음은 2019년 1월 7일자 J일보 1면 헤드라인들이다.

– 임세원의 희생, 유가족의 품격 (헤드라인, 상단 5단 통)

– 화천산천어 축제 이틀간 26만 명 (사진, 중간 5단 4/5)

– 판교 가서 마음껏 창업하라. 스타트업이 비빌 언덕 있다.

　한국 미래의 심장, 판교 밸리. IT 거인 카카오, 네이버서 투자

　(하단 5단 통)

– 상하이 민족대표 29인 "대한민국은 민주공화제"

　임시정부 100년, 임정 루트를 가다 (우측 중 2단)

– 기록소년단 BTS 6관왕, 2년 연속 음반 대상 (우측 중 2단)

– 가이드 폭행, 접대부 요구 XX군의회 국제 망신 (우측 중 1단)

　데스크에서 이들 내용을 1면으로 내보낸 것은 독자 욕구와의 적합성과 콘텐츠의 두드러짐 때문일 것이다. 정신병 환자에게 희생당했으나 유가족들이 조의금을 고인의 유지를 받드는 사업에 기증한다는 감동적인 콘텐츠부터 '지자체 갑질의 전형－외국에서 접대부 요구로 빛난다(?)'라는 내용까지 눈에 쏙 들어온다. 그러니 콘셉트의 탁월성 기준을 '우리 콘셉트가 신문 1면에 나올 만한가, 아닌가?'로 잡아보면 어떨까.

　이렇게 수단－목적 사슬 이론과 좋은 콘셉트 3가지 조건을 이해하고 나면 거리와 지하철 역사에서 보는 광고가 달리 보일 것이다. 서울시의 '잘 생겼다, 서울' 광고, '서울로7017', 제로 페이 네이밍 등

은 전형적인 속성 중심이고, 'I SEOUL U'는 가치 중심임을 알게 된다. 미원의 '나는 오늘 소 한 마리를 살렸다'라는 광고도 MSG라는 속성보다 가치를 드러낸 광고로 보일 것이다.

14

마케팅 평가는
소비자 피드백이 중요하다

4P까지 실행한 뒤에는 피드백을 해야 한다. 피드백은 평가와 개선이다. 평가는 당연히 마케팅 목표가 제대로 수행되었나를 보는 것이다. 평가 기준은 콘셉트는 잘 세워졌나, 구매 장애 요인은 충분히 제거했나를 핵심 지표(KPI)로 삼으면 되는데 이를 보여주는 지표가 뭘까? 흔히 기업에서는 매출과 시장점유율, 영업이익을 본다. 공헌이익을 보는 회사도 있다. 그런데 앞에서도 잠깐 '나 살려'와 '뭘 해도' 브랜드 사례를 들여다봤지만 그다지 합리적이지는 않다. 운과 편법이 따르기 때문이다. 어쨌든 매출, 시장점유율과 영업이익은 중요하니까 평가 비중은 60퍼센트 정도는 되어야 한다.

그런데 이 기준들은 과거 및 현재 지표다. 통제와 개선 가능한 미래 지표는 따로 있다. 소비자의 머릿속에 적금통장처럼 인지되어 있는 것, 즉 ▲브랜드·광고 인지도 ▲이해도 ▲태도 형성 ▲구매 의향 ▲재구매 의향 ▲순고객추천지수(NPS)가 그것들이다. 인지도는 순수 상기율과 보조 상기율로 나뉘며 순수 상기율은 최초 상기율, 구매고려대상군(Top of 3)을 보면 된다. 정인지율과 오인지율도 있다. 이해도는 제품이나 광고에 대한 이해의 내용을 보는 것이고 태도는 긍정·중립·부정적 태도를 볼 수 있다. 구매의향률과 실제 매출은 당연히 차이가 나는데 이것은 구매 장애 요인을 개선하는 지표가 되며, 소비자 정량·정성 조사를 통해서 알 수 있다. 그렇다면 풀무원 '정 비빔면'을 통해 이들 지표를 간단하게 살펴보자.

인지도) 비빔면 하면 제일 먼저 생각나는 것 하나만 적어주세요. (최초 상기)

비빔면 하면 생각나는 3개를 적어주세요. (Top of 3)

＊이상은 순수 상기(비보조 상기)율을 재는 지표다.

정 비빔면을 아시나요? 어떻게 아셨나요? (보조 상기)

정 비빔면을 만드는 회사를 알고 있나요? (정인지/오인지)

이해도) 정 비빔면의 특징은 무엇일까요? 다음 중 골라주세요. 복수 응답 가능

태도) 정 비빔면에 대한 평가를 해주세요. ('매우 싫다~매우 좋다'까지 7점 척도)

그 이유는요? (가격, 디자인, 핑크, 모델, 맛, 유통 등)

구매) 정 비빔면을 구매할 의향이 있다면 다음 중 어느 정도인가요?

(1~7점 척도의 구매 의향)

한 번 이상 구매하셨다면 다시 구매할 의향은? (1~7점 척도의 재구매 의향율)

주로 어디서 구매하시나요?

이들 질문에 대한 답은 대부분 데이터를 포함한 소비자 조사를 통해 알게 되는데 이 중 '순고객 추천지수'는 섬세하게 조사되어야 한다. 이 지수를 알기 위한 질문은 대부분 "당신은 다른 사람들에게 ○○○(제품·서비스)를 추천하시겠습니까?"이다. 그런데 소비자들은 응답할 때 대부분 중립 답변을 선호한다. 별 사연 없는 소비자들은 10점 만점에 대체로 7~8점을 주는 경향이 많다. 이는 중립 점수다. 9~10점을 주는 사람이 추천 의사를 실행할 가능성이 있는 고객들이다. 6점 이하는 비추천 고객이다. 순고객추천지수인 NPS 점수는 추천고객비율(퍼센트)에서 비추천고객비율(퍼센트)을 뺀 값으로 계산하면 된다.

NPS=추천고객(9점 이상)**비율−비추천고객**(6점 이하)**비율**

따라서 NPS 점수는 최대 +100점에서 최소 −100점 범위에서 나온다. 이렇게 계산한 뒤 그 점수를 준 이유를 3문항 정도 물어보면 브랜드·광고에 대한 경쟁력을 가늠해볼 수 있다. 분석의 신뢰도를 위해 최소 100명에서 250명 정도의 설문조사 대상자를 확보하면 좋다. 미국의 온라인 신발 판매 회사인 자포스는 유선전화와 온라인 판매를 고집하는데도 순고객추천지수가 90점 이상으로 높다.

마케팅 평가에서는 두 가지만 강조하겠다. 첫째는 기업에서 중요

브랜드나 광고는 꼭 소비자 조사를 통해서 인지도-이해도-태도-
⑩구매의향율-순고객추천지수 결과를 피드백받으라는 것이다. 사
실 대기업들도 피드백 조사는 거의 하지 않는다. 게으르거나 이런
조사를 불신하기 때문이다. 결국 매출, 점유율, 영업이익만으로 평
가하는데 이럴 경우 브랜드의 잠재 자산을 평가하기 힘들다. 담당자
평가도 공정하지 않게 된다. 왕왕 이런 경우가 있다. '뭘 해도' 브랜
드 매니저가 할 때는 성과가 잘 안 났는데 '나 살려' 매니저가 하니
성과가 좋은 경우. 그 이유는 둘 중 하나다. 나 살려가 잘했거나, 뭘
해도 매니저가 뿌려놓은 자산 효과가 뒤늦게 나타났거나. 후자의 경
우라면 뭘 해도 매니저를 포상해야 한다. 포상을 하지 않으면 구성
원들은 운을 믿지, 평가를 믿지 않는다.

둘째는, 마케팅 전략 수행에서 발생한 여러 가지 팁들을 놓치지
말고 다음 전략 수립에 반영하라는 것이다. 팁 중에는 고객의 의견,
프로모션 아이디어, 신규 유망 고객 발견, 자발적 인플루언서 출현
등이 포함된다. 이런 팁들을 얻으려면 현장을 수시로 관찰하고 공감
하는 '현장 공감력'과 SNS에 떠도는 이야기를 잘 듣는 '360도 센싱
시스템'이 갖춰져야 한다. 내가 2004~2006년까지 '서태지와 상상
체험단', (온·오프라인) 상상마당을 기획한 것은 홍보실에서 "대한민국
젊은 상상을 응원합니다"라는 TV 캠페인을 한 후였다. 네이버를 들
여다봤더니 20대 후반에서 30대 초반 소비자들 중 "그래서 상상을
구체적으로 어떻게 응원할 건가?"라고 질문하는 이들이 있었다. 그
에 대한 응답으로 시작한 프로젝트였다.

상생의 배려가 필요하다

　배려, 이것은 작으면서도 큰 이슈다. 우리가 흔히 빠뜨리는 것이 마케팅 전략의 전개 과정에서 발생하는 표절, 협력사 대우 문제다. 이를 소홀히 하면 갑질과 아이디어 표절, 차별, 저작권 시비 등의 소송 문제가 발생하기 쉽다. 마케팅 교과서에서는 잘 다루지 않는데 실제 비즈니스 현장에서는 기업 평판을 하는 데 아주 중요한 요소로 작용한다. 특히 요즘처럼 SNS를 통한 바이럴이 활발한 경우에는 더 그렇다. 그러나 외부로는 잘 드러나지 않기에 내 사례를 중심으로 이야기를 해보겠다. 담배 브랜드 관련 내용이 나온다. 비흡연자 독자분들은 그냥 제품으로 생각해주시길.

　광고주의 역할: 나는 제일기획 때 을부터 KT&G의 갑, 축제 때는 병 그리고 자문과 교수로서 슈퍼 갑까지 다 해봤다. 이 중에서 제일 중요한 자리가 광고주로서의 갑이다. 광고는 광고 회사가 만드는 것이 아니라 광고주가 만든다. 그래서 광고주는 '主님'이 된다. 광고 회사 크리에이터들은 궁극적으로 돈을 대는 주님을 설득할 뿐이다. 이와 관련해서 내 경험 두 가지만 오픈한다. 협력사들이 꼭 널리 전해달라고 요청해서다.

　경험1 2002년 KT&G 마케팅 기획부장으로 자리를 옮겼을 때가 마침 월드컵 기간이었다. 그때 KT&G도 응원 광고를 했다. A 광고 회사가 대행해 신문 전면에 컬러로 내보냈다. 축구판을 신문 배경 사진으로 축소한 광고 시리즈였다. 반응이 좋았고 〈애드 타임스〉에서 그달의 광고상을 받았다. 당시 이원홍 담당 디렉터가 수상 평을 썼다. "할 말은 하고, 하지 않을 말은 하지 않은 광고주가 있어서 가능했다."

경험2 2006년쯤, 강남 호프집에서 친구와 얘기 중인데 30대 중반의 여성이 와서 인사를 했다.

"황 부장님이시죠? 저, 2년 전에 부장님에게 광고 제안했던 ○○○예요. 그때 저를 만나주고 프레젠테이션도 듣고 거절하셨어요."

(뜨끔하며) "아, 제가요?"

"정작 담당 브랜드 부장들은 만나주지도 않고 제안서 보내라고 하면서 말로만 긍정적으로 검토하겠다고 했지요. 그래서 저는 그 말만 믿고 몇 주를 기대 속에 기다렸거든요. 그런데 부장님은 담당도 아닌데 다 들어주시고 KT&G가 그 안을 왜 못 사는지를 그 자리에서 정확하게 알려주셨지요. 많이 배웠고, 늘 기억해요. 이제라도 술 한 잔 올리고 싶습니다."

이런 대화는 마켓 5.0 시대의 AI가 아무리 딥러닝을 해도 할 수 없을 것이다.

협력사 리베이트: 대부분의 기업들은 제품 디자인을 선택할 때 경합 붙이는데 떨어진 회사에는 상례상 아무것도 주지 않는다. "실력이 없어 떨어진 건데요, 뭐" 한다. 그런데 만일 리베이트를 준다면? KT&G 디자인실은 10여 개 디자인 풀에서 3개 사를 골라 경합을 시키고 떨어지면 회사당 1,000만 원을 리베이트로 줬다. 대신 저작권은 KT&G가 갖는다. 그래서 KT&G의 평이 좋다. 디자인 회사들도

무리한 디자인을 하지 않고 열심히 한다.

감사 표현: 2007년에 '에쎄순'이라는 브랜드를 출시한 적이 있다. 기안하고 대표 결재 후 6개월 만에 신제품 개발-숯 제조사 육성-공공연구소 실험 및 인증서 확보-제조-유통-광고가 나가서 출시가 될 정도로 초스피드였다. 6퍼센트 점유율이 목표였는데 무려 12.5퍼센트를 한 달 내에 달성했다. 초대박! 10여 개의 협력사 공이 컸다. 그래서 출시 한 달 후 협력사 사장님들을 불러 삼겹살 파티를 열었다. 정말 약소한 표시였는데도 그분들 반응은 달랐다. "수십 년을 일해왔지만 이런 경우는 처음이다", "KT&G 일이라면 최우선으로 하겠다"며 뜻밖의 반응을 보였다.

상생: 에쎄순은 '대나무 활성 숯으로 만든 우리 자연의 담배'를 슬로건으로 잡았다. 제품 반응도 폭발적이었지만 편의점 진열대에 설치된 왕죽 POP 반응도 좋았다. 항아리 받침대에 이끼를 깐 뒤 그 위에 생왕죽을 40센티미터 높이로 설치하고 조화 댓잎도 꽂아서 편의점 분위기를 풋풋하게 만들었다. 이것을 기획할 때 나는 2개월만 진열할 거니까 그 후 2차분 생산은 하지 말라"고 미리 담당 매니저에게 말했다. 그렇게 2개월을 진열하고 왕죽이 말라 그만 치우라고 했는데 담당 과장이 생각지도 못한 보고를 했다. 협력 업체 (여)사장님이 시장 반응이 좋고 우리가 속도를 중시하니 2차분 재료를 미리 준비했다는 것이다. 실비만 1억 원! 보통 회사는 이러면 "나는 몰라"하며 발을 뺀다. 그런데 일은 벌어졌고 협력사 여사장님은 애가 탔다. 다른 데 쓸 곳도 없었다. 나는 머리를 굴려 진로 J 상무를 찾아갔

다. 모르는 분이었다. 진로 참이슬도 '대나무 숯으로 4번 걸러'라는 슬로건을 쓰니 뭔가 해결책이 있을 것 같아서였다. J 상무 덕분에 협력사는 재고 전량을 진로에 납품했다.

특허와 소송: 에쎄순을 대박 성공시키기는 했지만 특허침해와 과장광고 혐의 등으로 경쟁사, 금연단체, 특허권자 등으로부터 받은 8건의 고발로 3년에 걸친 소송을 치러야 했다. 큰 나무에 벌레 많다고, 특히 큰 성공을 거둔 경우에는 이런 일이 비일비재하다. 숟가락 조금 담근 걸로 자기가 그거 다 했다는 내부 사람도 많다. 그런데 이런 일들에 걸리면 사업 진도가 안 나가고 사람도 다친다. 사전에 반드시 신성분이나 신기능, 신제품일 경우 관련된 특허 사항을 변리사를 통해 확인하고 반론의 논리를 만들어둬야 한다. 또 공인된 연구소에서 효과나 성분을 꼭 인증받아 경영자에게 보고해야 한다. 안 그러면 독박 쓴다. 그리고 바이럴 여지도 차단해야 한다. 지인에게도 소송 이야기는 하지 않는 게 회사나 제품 평판에 좋다. 출시 참여자 명단을 작성해서 역할과 일지를 만들어 공유하는 것도 지혜다. 큰 성공을 거둔 사람에게 세상은 잔인한 동물농장이라는 사실을 명심하자.

15

4P에 숨겨진
거짓들

대형마트는 달걀이 들어간 즉석식품과 소시지 등 비가열 식육 가공품 판매를 중단했다. 음식점에서는 라면과 비빔밥 등에 달걀이 사라졌다. 여성들은 화학물질 생리대를 버리고 면 생리대를 다시 꺼낸다. 살충제 달걀을 비롯해 햄버거, 생리대, 요가 매트까지 연이은 포비아(공포증)에 먹을거리, 생활용품에 대한 소비자의 불안이 확산하면서 가뜩이나 어려움을 겪고 있는 내수 위축이 우려되고 있다. (2017년 9월 11일 자 이투데이)

독자들도 이런 기사를 많이 봤을 것이다. 기업에 대한 불신을 담은 내용들이다. 이 책은 지금까지 마케팅의 좋은 점, 기발한 선(善), 아름다운 사례들만 다뤘다. 이쯤이면 독자 중에서 이 책이 너무 기업과 마케팅을 미화하는 것 아니냐는 불만을 갖는 사람도 있을 것이다. 소비자들이 마케팅을 과대포장, 사기라고 말하는 것은 그냥 악심에서 나온 것이 아니다. 사기성 가격, 팩트가 아닌 꿈의 제시를 들었기 때문이다. 뉴올리언스대학의 마이클 르뵈프 교수는 물건을 팔지 말고 꿈을 팔라고 하면서 "내게 옷을 팔려고 하지 말고 좋은 인상과 멋진 스타일 그리고 매혹적인 외모를 파세요"라고 예시한다. 제품이 훌륭하면 좋지만 그렇지 않으면 꿈을 이용한 사기다. 이외에도 조작된 후기, 거짓 댓글 등에 당해봤기 때문이다.

최근 30년 동안 라면의 공업용 유지 사용, MSG 유해 논쟁, 가습기 살균제 피해, 짝퉁, 사기성 할인, 플랫폼 노동자 착취, 내용 없는 베스트셀러, 성 역차별, 골목 상권 파괴, 환경 파괴, 오보, 국뽕, 괴담, 뺑 이론 등등 사건이 참 많았다. 길거리 약장사가 아니라 버젓이 브랜드 있는 제품들에 당했을 때는 배신감도 더 크다. 사람들은 에비앙(evian)을 뒤집어서 '나이브(naive)', 빈폴을 '빈티 나는 폴로', 일론 머스크의 암호화폐 구매를 '먹튀 전략', 기레기, 폴리페서, 워스트셀러, 페미나치, 구루는 '개 구루?'라고 비웃는다. 이 중에는 마케팅과 관련된 것도 있고 아닌 것도 있다.

그래서 이제부터 앞에서 말한 4P 믹스 활동에 숨은 거짓 마케팅 외 일부를 보려고 한다. 특정 이름을 거명하지는 않겠지만 혹시 가슴이 뜨끔하다면 수치심을 느껴도 좋다.

과잉구매, 과잉소비를 조장하는 제품들

카카오가 정부에게 개인정보를 사찰당했다고 해서 텔레그램으로 대거 이동한 사건이 있었다. 2021년 남양유업은 불가리스가 코로나19를 예방하는 효과가 있다고 했다가 철퇴를 맞았다. 과거 모 우유 회사는 타 경쟁사 제품을 고름 우유라고 비방했다가 우유 업계 전체가 파동을 겪었다. 2020년 n번방 사건은 1990년생 남성들이 주도한 희대의 사이버 범죄 제품이었다. 이들 사례는 제품에 대한 소비자 불신을 일으킨다. 그런데 이들보다 더 은밀한 소비 호도가 있다.

당신은 30평대 아파트에 사는가? 그럼, 일단 집의 거실을 둘러보라. 꽤 많은 제품이 보일 것이다. 다 쓰는 것들인가? 이번엔 창고를 보라. 켜켜이 쌓인 물건들이 보일 것이다. 꼭 필요한 건가? 아마도 쓸데없는 물건이 꽤 많을 것이다. 역사학자 유발 하라리는 《사피엔스》에서 현재 선진국 중산층 한 가구가 이사할 때 보면 물건이 유목민 한 부족보다 많다고 얘기했다. 과소비다.

고객은 보통 결핍을 채우거나 왜곡된 상황 개선 또는 자신의 기호 표현용으로 제품을 산다. 그게 아니면 과잉구매다. 아이들 방에도 들어가 보자. 수많은 학용품과 읽지도 않은 장식용 전집들, 선물, 판촉물, 사은품 등이 쌓여 있는 게 보일 것이다. 나는 책을 자주 주문하는 편인데 우수고객이라며 꼭 판촉물이 같이 온다. 싸구려에 철 지난 것들이다. 하나도 고맙지 않고 자원 낭비라는 안타까움까지 밀려와 짜증만 난다. 요즘 배달 서비스, 초저가 상품들은 편리하고 구매를 부추기지만 그래서 쓸데없는 소비는 더 늘고 이는 결국 지구의 부담이 된다. 한 조사 결과에 따르면 한국인들 비만이 늘었는데 그 이유가 먹방과 심야 배달 서비스 때문이라고 한다. 클릭 한두 번이면 되고 저렴하니까 구매하는 거다. 그것도 대부분 한밤중에 모텔에서. 과식 후에는 다이어트도 해야 하고 살 빼는 약도 사야 한다. 한국은 지금 배달의 나라다. 이제 다음 세대 최대 일자리는 배달일까? 농담이 아니다. 밤에 아파트 입구에 두 시간만 서 있어보라. 절감한다.

다이소와 일본 무인양품 신화를 바라볼 때 싼 맛에 젊은 직장인들과 10대들이 쉽게 사서 구석에 던져났다가 버리는 부작용도 생각해 봐야 한다. 유니클로, 자라, H&M 등의 브랜드를 보면 마음이 편치 않다. 이런 SPA(Specialty store retailer of Private label Apparel, 자사 상품 유통점) 상품은 미국의 청바지 브랜드 '갭'이 1986년에 선보인 사업 모델이다. 의류 기획·디자인, 생산·제조, 유통·판매까지 전 과정을 제조회사가 맡는 의류 전문점을 말한다. 수수료 등 유통 비용이 높은 백화점을 피해 대형 직영매장을 운영, 비용을 절감함으로써 싼 가격에 제품을 공급하고, 동시에 소비자의 요구를 정확하고 빠르게 포착해 상품에 반영시키는 새로운 유통 업체다. 고객 수요와 시장 상황에 따라 1~2주 만에 '다품종 대량 공급'도 가능한 것이 특징이며, '패스트 패션'이라고도 부른다. 의류 브랜드 자라 사장은 전 세계 부자 1위에 오르기도 했다.

문제는 과잉소비로 쉽게 버려진 제품 쓰레기가 심각한 탄소 문제를 초래한다는 것이다. 이번엔 냉장고를 칸칸이 들여다보고 차 시트 뒤와 트렁크를 보고, 가방을 보라. 옷장과 세면실을 보고, 스마트폰에 깔린 구매 앱을 보고, 아파트 쓰레기 처리장도 보라. 마지막으로 월말 카드 사용 내역서도 보라. 어떤가? 당신은 과잉소비 진법에 빠지지 않았나? 여기에 사이렌-인플루언서들이 당연히 개입했을 테고.

이번엔 격 있게 살려면 필요한데 집에 없는 물건들의 목록을 만들어보자. 비싸지는 않은 예술작품 3~4점, 화초와 물뿌리개, 무언가를 만들거나 고칠 수 있는 공구, 추억의 사진 액자, 일기장과 노트, 기타 또는 오카리나, 고전과 미래 관련 서적, 가족들과 놀 보드게임들, 친구를 초대해서 직접 만들어 먹을 요리 도구와 집에서 키운 채소 등. 이것들이 당신에게 꼭 필요한 제품 아닌가? 그런데 이들 제품은 광고할 자금이 없다. 그래서 소비자들 마음속에서 지워진다.

가격 책정의 꼼수

1990년대 말 "옷값은 옷 만드는 데에만 들어가야 합니다"라는 돌직구 광고로 히트를 친 의류 브랜드가 있었다. 이 광고가 히트를 쳤다는 것은 그만큼 다른 의류 브랜드 가격에 거품이 많다는 증거였다. 2019년 2월 러시 화장품이 50퍼센트 세일을 했다. 긴 줄이 늘어섰다. 관련 기사가 나갔는데 "한국에서는 가격이 영국의 두 배_(소득은 2분의 1인데)다, 한국 고객들이 봉이냐?", "성분도 나쁘다", "동물 실험만 안 할 뿐 나머지는 엉망이다"라는 소비자 댓글이 꽤 달렸다. 나도 이전에 동대문 빌딩에서 외국 브랜드 제품을 사봤는데 가격을 보고는 깜짝 놀랐다. 외국의 영유아 브랜드들이 한국에 오면 현지 가격보다 2~3배 비싼 건 드문 일이 아니다. 그래도 한국 엄마들은 바보같이 "내 아이는 소중하니까" 하면서 지갑을 연다. 왜 기업들은(특히 외국 제품) 가격을 가지고 장난을 칠까? 관세 문제가 있다 해도.

사람들은 품질을 평가할 능력이 없다. 그러니 보통은 가격을 보고 가치를 매긴다. 그래서 '인지된(perceived)' 가격이라는 수식이 붙는다. 5만 원으로 가격표를 써놓았을 때는 안 팔리던 옷이 동그라미 하나를 더 붙였더니 금세 팔렸다는 우스갯소리가 있는 것은 그 때문이다. 물론 가격 장난을 치다가 들통나면 바로 망한다. 백화점에 대한 신뢰가 무너진 것은 무엇보다 무절제한 의류 할인 정책 때문이다. 철이 지나면 바로 50퍼센트 할인이 들어가니 누가 원래 가격을 신뢰하겠나? 제값 주고 산 소비자만 금붕어다.

지금은 가격 비교 사이트도 많고 해외직구도 가능하기에 가격으로 장난을 치기는 힘들다고 믿겠지만, 여전히 거품이 많다. 고속도로 휴게소의 순두부찌개가 혁 8,000원? 셀프서비스에 주변은 북새통이고 빨리 먹어야 하고 반찬도 별로 없는 걸 고려하면 도심 식당 대비 2배는 비싸다. 화장실, 인테리어, 동선 등을 리모델링하고 난 뒤 가격이 팍 올랐다. '착한 가격'이라며 된장찌개, 잔치국수 몇 개 메뉴에 남겨놓았는데 그렇다면 나머지는 안 착한 가격이다. 커피 한 잔 값이 4,500원이면 너무 비싸지 않나? 커피숍 죽돌이 소비자 몫을, 20분 정도 있다가 나가는 멍한 고객들한테 넘어씌우니 그렇다.

이제 조금 더 부차적인 속임수를 보자. 가격을 보면 1만 9,500원, 9만 9,000원 등으로 매겨놓은 제품들이 있다. 이는 행동경제학에 나오는 '닻 내리기 효과(anchoring, 기준점과 조정 휴리스틱)'를 적용한 전략이다. 기준점을 어떻게 정하느냐에 따라 소비자 판단이 달라지게 하는 효과다. 병원에서 수술 동의를 받을 때 "이 수술을 받으면 10퍼센트가 죽을 수 있다"는 기준점을 제시할 때와 "이 수술을 받으면 90퍼센트가 살 수 있다"는 기준점을 제시할 때의 수술 동의 확률은 달라진다. 질문은 어떻게 하느냐에 따라 큰 차이가 난다. 예컨대, "간디가 세상을 떠났을 때의 나이가 114세 이상이었나?"라는 질문을 받으면 "간디가 세상을 떠났을 때의 나이가 35세였나?"라는 질문을 받았을 때보다 간디의 사망 나이를 더 높게 추정할 가능성이 크다. 114라는 숫자가 닻의 역할을 하기 때문이다.

1만 9,500원, 9만 9,000원 등 꼼수 가격도 앞의 숫자가 2만 원대, 10만 원대가 아니라고 기준점을 미리 제시해서 알뜰 구매를 했다는 위안을 주는 것이다.

광고의 무분별한 오용

프로모션에서 대중광고는 늘 비난의 대상이다. 그중 톱스타 모델을 쓰는 관행은 짚어볼 만한 문제다. 연 2,000억 매출의 새벽 배송 회사가 톱스타 모델 전지현을 썼다. 광고비와 모델료를 최소 30억으로 본다면 그 비용은 당연히 공급자의 이익과 소비자의 지갑에서 나간다. 매출이 늘어도 경쟁이 치열해 회사는 꽤 적자라는데 이런 모델료에 게다가 TV 광고를? 전지현은 시간도 많을 텐데 굳이 새벽 배송을 이용할까? 광고를 할 때 한국 기업들은 유난히 톱스타 모델을 좋아한다. 이러한 관행은 1990년대에도 비난의 대상이었다. 미국이나 유럽은 리얼리티, 진정성, 유머, 주제 의식, 섹시 등을 테마로 모델 효과를 커버한다. 그래서 광고가 기발하고 재미있다. 한국의 유명 탤런트의 경우 7~8개 브랜드 광고에 겹치기 출연한 적도 있고 해당 모델이 정작 다른 제품을 쓰고 있어서 비난받는 경우도 왕왕 있었다.

소비자들은 기업들의 홍보를 거의 믿지 않는다. 최고, 최상급, 최초, 최저, 최대… '최' 일색의 표현들과 유일, 특별, 한정 등의 문구들이 불신을 초래했다. 최상급 표현이나 비교는 근거를 대야 한다는 법 때문에 구석의 작은 글자를 자세히 보면 '수도권에서 최대', '소비자 조사 기준' 식으로 써놨다. 지하철 역사의 광고를 보면 대학교나 학원, 병원 등이 전국 취업률 1위, 재발률 최저, 대학교 합격률 최고 등등의 표현들을 많이 쓰는 걸 알 수 있다. 내가 1997년에 기획했던 숙명여대 광고는 실제 재학생을 모델로 한 '울어라, 암탉아', '뛰어라, 청개구리'였다. 제작비, 모델비 거의 안 들고 학생도 참여시켜 자부심을 고취했다.

이외에도 광고의 오용 사례는 많다. 요즘 범람하는 모금 프로모션은 의문투성이다. 어제부터인가 EBS나 OBS TV를 보면 유니세프, 굿 네이버스, 세이브 더 칠드런 등 5~6개의 모금 광고들이 연달아 나온다. 방식과 메시지는 거의 똑같다. 셀럽들이 등장해 측은지심의 표정으로 "어떻게 이런 일이?"라고 말한 뒤 "매월 단돈 2만 원이면, 이들을 구할 수 있습니다"로 끝난다. 인류애를 순간 자극하는 광고인데 한편 불편한 마음도 든다. 이런 광고도 비용이 들 텐데 그 돈은 어디서 나오는 거지? 수십 년을 지원해도 기부 캠페인은 왜 끝이 없을까? 아니 왜 더 많아지는 걸까? 근본 원인이 도대체 무엇일까?

Quiz 35

댄 브라운의 소설 《인페르노》, 영화 〈블러드 다이아몬드〉, 젊은 경제학자 레이먼드 피스먼의 책 《이코노믹 갱스터》 등에는 헷갈리는 주장이 나온다. 기아, 재난 구호기금을 그들 국가에 보내면 그 돈을 군부, 테러 집단 등 부정한 세력이 착복한다는 것이다. 또 낙태 교육과 콘돔 비용을 지원해도, 선교사들이 낙태를 죄악시하고 콘돔을 버리도록 선교한다고 한다. 이처럼 사태는 개선되지 않고 기금은 매년 필요해진다. 사실일까?

Quiz 36

환경운동가들은 대체로 선의라 하더라도 팩트를 무시하고 거의 종교처럼 주장하고 행동해 세상을 오도한다는 지적도 많다. 마이클 셸런버그가 쓴 《지구를 위한다는 착각》을 보면 아마존은 지구의 허파가 아니다. 플라스틱 빨대는 바다에 버려지는 플라스틱 중 0.03퍼센트다. 바다거북을 구한 것은 플라스틱이다. 종이봉투가 비닐봉투보다 지구 환경에 좋은 영향을 끼치려면 44회 이상 재사용해야 한다. 고래를 구한 것은 석유다. 지구를 지키려면 경제개발을 인정해야 한다 등등 역설적 주장들이 많이 나온다. 〈타임〉 지가 인정한 환경 영웅이 기존 환경론자들의 주장을 뒤집고 있는 거다.

한스 로슬링의 《팩트풀니스》는 우리가 '느낌'을 '사실'로 인지하는 비합리적 본능 10가지를 분석한다. 거짓과 왜곡에 언론, 학자와 예술가, 종교인, 경영자, 율사들도 가담한다. 이런 일들이 광범위하게 꾸준히 일어나는 이유를 3가지만 기술해보자. 이유를 찾았으면 그 대안은 뭘까?

물류 서비스 전쟁

'백화점에 들어가야 명품'이라는 공식은 상식이다. 그런데 백화점에서 매기는 임대료는 무려 매출의 30퍼센트가 넘는다. 잠깐, 이익의 30퍼센트가 아니고 매출의 30퍼센트다. 이 비용은 결국 명한 소비자가 낸다. 멍한 소비자 중에 이른바 VIP로 모셔지는 5퍼센트의 고객들이 60퍼센트 매출과 이익을 낸다는데 과연 이들 VIP는 누구이며 어디서 그 많은 돈을 벌어 이렇게 멍하게 쓰는 걸까?

공정세대인 MZ세대는 백화점 대신 해외직구, 편집숍을 찾는다. 10대들이 선호하는 '무신사(무진장 신발을 사랑하는 사람들)'의 폭발적 성장을 보라. 오늘날 세상을 바꾸는 것은 '기술', '유통' 그리고 '소통'이다. 과거가 제조 중심이었다면 현재는 바야흐로 유통 혁명—속도, 신뢰, 가격—의 시대다. 인공위성으로 물류를 관리해온 월마트부터 드론 배송용 하늘 창고를 구상 중인 아마존, 쿠팡의 로켓배송까지 이른바 소셜 커머스 경쟁에서 정점을 찍고 있다. 물론 구매자들은 저렴하고 편리해서 좋을 것이다. 그런데 그 대가가 전혀 예상치 못한 부메랑이 될 수도 있다. 온라인 몰 주문, 배달 서비스가 너무 지나쳐 도시 삶의 세포인 거리와 골목 문화가 사라지는 건 아닐까? 거리와 골목은 치킨집, 세탁, 약국, 중국집, 채소가게와 분식집, 문구점과 정육점 등이 있는 공간이다. 인사를 하면 받아주고 나를 알아주는 공동체 공간. 이런 골목이 살아 있어야 자연 감시 효과로 범죄기 줄고 아이들도 뛰어놀고 평온함이 자리한다. CCTV만 늘고 배달차와 오토바이만 따따따 달리면 그런 곳들이 점점 없어진다. 영세 소상공인의 몰락 지표가 이를 반영한다.

이러한 현상이 벌어지는 건 한국뿐만이 아니다. 영국의 건축가 캐롤린 스틸은 자신의 책《음식, 도시의 운명을 가르다》에서 몰, 할인마트, 정크푸드 체인점 등의 증가로 어릴 적 골목과 추억이 붕괴하는 과정을 침울하게 기술한다. 이 책의 원제는 'Hungry City: How food shapes our lives'다. 그녀는 스페인 등이 할인마트 등을 규제하는 제도를 펼치는 것을 바람직한 미래로 서술한다.

저렴함과 편리함, 로켓배송만 미덕인 한국인에게는 멍청한 소리로 들리겠지만 기업은 미래 공동체와 삶의 질에 대한 철학이 필요하다. 정부부터 유니콘, 혁신, 창조만 숭상하고 조화, 공동체, 상생 등은 늘 3순위다. 단적으로 드러나는 곳이 바로 유통과 물류 분야다. 골목의 붕괴는 단순히 지역사회의 몰락뿐만이 아니라 우리의 기억, 아이들과 어른들 놀이터의 몰락이기도 하다. 거리와 골목이 붕괴하면 도시는 문화와 정체성이 약해지고 이동하는 사람이 줄면서 범죄 가능성에 노출되고 빈 공동체 문제에 직면하게 된다.

《미국 대도시의 죽음과 삶》(제인 제이콥스), 《파리 모더니티》(데이비드 하비), 《도시는 무엇으로 사는가》(유현준), 《골목길 자본론》(모종린), 《커뮤니티 디자인》(야마자키 료) 등의 책들이 그런 음울한 미래를 경고한다. 아닐지도 모른다고? 헐, 이미 그 징후가 사방에 보이는데? 세계적인 건축가 르 코르뷔지에의 실패한 '그린시티 비전(초고층 건물을 지어 용적률을 높이고 대신 빈터에 공원을 만드는)'을 아직도 믿는다는 말인가? 스페인과 북유럽 국가는 그래서 할인마트 허가를 규제하고 시민들의 협동조합을 지원한다. 파리의 새 시장인 안 이달고는 차량의 시내 진입을 극도로 규제하는 정책을 펼치고 있다. 거리와 골목, 소상공인을 살리기 위한 노력들이다. 미국의 포틀랜드 힙스터들은 월마트 등을 배격하고 그들이 직접 거리, 장터를 세워서 공동체를 되살리는 '킨포크라이프(kinfolk life)'를 추구한다. 현재 세계 모델로 확산 중이다. 한국의 경우 망원동 시장, 전주시, 마르쉐@혜화, 연남 센트럴, 양평 문호리 리버마켓 등이 비슷한 운동을 하고 있다. 물류 경쟁에 혈안이 된 지금의 한국 기업들은 이런 운동에 주목하는가?

Quiz 37

프랜차이즈는 기업에게는 매력적이나 "퇴직자의 퇴직금을 착취하는 것 같아 포기"했다는 홍석천(My-시리즈가 잘나가던 시절)의 말처럼 부작용도 꽤 발생한다. 가맹점주 클레임도 끊이지 않는다. 배달의민족과 국대떡볶이 등은 그래서 수수료를 받지 않겠다는 선언도 했다. 프랜차이즈의 긍정적인 측면과 부정적인 측면을 생각해보고 추천하고 싶은 프랜차이즈를 생각해보라.

개인화 마케팅

미국 컨설팅 기업 액센추어에 따르면 고객 10명 중 4명은 미흡한 개인화로 이탈한 경험이 있다. 개인화는 기본적으로 감각·기능형 제품과 이커머스 시장에서 영향력을 발휘한다. 사람마다 기호와 조건이 다르기 때문이다. 어도비 익스피리언스 클라우드 등을 이용해 데이터 기반 문화를 만들어 조직이 디지털 변형(DT)을 이루면 개인화 마케팅에서 우위를 차지하고 적절한 고객 공략이 가능하다. 닥터 디퍼런트, 미국의 벤앤제리스, 31가지 맛의 베스킨라빈슨, 이탈리아의 골든구스 드림메이커 컬렉션, 호주의 펫반, 인도의 MG모터 인디아 등은 고객 데이터를 활용해 마케팅에 성공한 사례로 꼽힌다.

개인화는 데이터 사회 이전에 VIP 마케팅이나 맞춤, 장부 기록, CRM 등에서 이미 선을 보인 개념이다. 개인화 마케팅은 그러나 가격 상승을 불러일으키고 불필요한 소비 조장, 과도한 마케팅이 될 우려가 있다. 좀 더 경각심을 가지고 보면 데이터 판옵티콘같이 일방적 감시도 가능해진다. 중국의 텐왕은 이런 우려를 이미 가시화했다.

데이터는 결정적 흔적을 남긴다. 기업은 이를 무상으로 이용해 매출을 올리지만, 소비자는 돈을 써가며 데이터를 넘겨줘 결과적으로 개인정보가 무방비로 노출이 되는 피해를 보게 된다. n번방 이용자 중에 여러 명이—물론 범죄 가담 행위자이지만— 데이터 노출 공포감에 자살한 것은 이러한 위험을 말해준다.

어포던스

혹시 지하철 좌석에 마련된 분홍색 임산부석을 유심히 본 적이 있나? 나는 일주일에 10회 이상 지하철을 타는데 거의 100퍼센트 비임산부가 앉아 있다. 아줌마가 그럴 거라고? 노, 아줌마 비율이 높기는 한데 젊은 여성과 남자도 만만치 않게 보인다. "임산부가 없더라도 자리를 비워주세요"라고 표시를 해놓았지만 잘 지켜지지 않는다. '좌우에 노약자석이 있는데 왜 굳이?', '출산 격려를 위한 간접적인 압박?' 아무리 봐도 과시 행정 같다. 이것이 바로 디자인 어포던스 문제다.

일반인에게는 좀 생소한 '어포던스'의 개념과 거기서 나온 거짓들을 보자. 마케팅에서 디자인의 중요성은 점점 커지고 있으니까. 어포던스를 알아두면 설계자의 의도를 가늠하면서 도시를 좀 더 예리하게 감시할 수 있다. 다음은 중앙대 미디어커뮤니케이션학부 신동희 교수가 쓴《인간과 컴퓨터의 어울림》에서 부분 발췌한 내용이다. (네이버 지식백과)

어포던스(affordance)의 어포드(afford)는 '~할 여유가 있다, ~을 공급하다'이고 명사인 어포던스는 '어떤 행동을 유도한다'는 뜻으로 '행동 유도성'이라고 한다. 서비스와 시스템을 만들 때 사용자가 디자인된 물건을 직관적으로 보기만 해도 어떻게 사용할지 대략 짐작해 사용하도록 할 수 있게 해주는 것이 행동 유도성 디자인이다. 일반적으로 도서관에 가면 공부가 잘된다고 한다. 책으로 가득한 공간, 정숙한 분위기, 학문에 몰두해 있는 사람 등 공부하기에 좋은 환경을 조성하고 있기 때문이다. 밀레니얼 세대는 요상하게도 그 시끄러운 커피숍에서 공부가 너 잘된다고 하지만 정신건강에는 분명히 좋지 않을 것이다. 잘못된 어포던스다.

1950년대에 보고된 바로는, 유나이티드에어의 DC-6 여객기 승객들이 우체통 구멍처럼 생긴 에어컨 구멍에 편지를 집어넣었으며, TWA

항공사에서는 일부 승객 중에 머리 위 화물칸에 아기를 넣어두는 엄마들이 있었다고 한다. 기존의 디자인 사용법을 새로운 사물에 적용해 생긴 실수였다. 그래서 <비즈니스 위크>가 선정한 세계에서 가장 영향력 있는 디자이너 중 하나인 도널드 노먼은 지각된 어포던스(perceived affordance)라는 용어를 사용한다. 노먼은 사물의 인지된 속성이나 실질적 특성이 곧 어포던스이며 이것이 바로 사물이 어떻게 사용되는지 결정한다고 보았다. 이때 어포던스가 잘되어 있다면 그 쓰임새를 사용자가 이전 경험에서 추론해 제시된 사용법으로 이용하게 되는 것이다. 예를 들어 웹에서 메뉴, 버튼, 아이콘, 기능 등이 사용자의 눈에 잘 띄도록 배치해 다음 행동을 유도하는 것이라든지, 내비게이션에서 기능들을 사용자 눈에 잘 띄게 구성해 클릭을 유도하는 것 등이 행동 유도성 디자인이라 할 수 있다. 어린이나 노인은 이런 행동 유도가 어려운데 '행동 유도성 디자인'은 물건을 쉽게 쓰도록 인도해주는 장치다. 모든 재료와 형태는 어떠한 행동을 유발한다. 어느 나라를 가든지 공공장소에 있는 누드 동상의 가슴이나 엉덩이는 사람들이 하도 만져서 그 부분만 색상이 허옇게 바래 있다. 이처럼 특정한 재료와 질감, 모양은 사람들에게 특정한 행동을 유발한다.

우리는 앞에서 '마케팅은 제품이 아니라 인식'이라고 했다. 디자인에서도 제품 그 자체가 아니라 사용자가 '인지하는(perceiving)' 내용이 중요하다.

참고도서 | 매장 전술에 적용하려면 《좋아 보이는 것들의 비밀》(이랑주)을 참고하라.

어포던스와 유사한 개념으로 웹 시대의 '메타포'가 있다. 메타포는 문학 기법으로 은유, 비유, 상징을 뜻하는데 웹사이트에서는 아이콘, 메뉴, 이미지 등을 가리킨다. 사용자들이 기존에 아는 것을 활용해 직관적으로 이해를 시키면 효과가 높다. 웹의 '폴더 · 파일'은 종이 폴더와 파일을 메타포로 사용한 것이다. 온라인 휴지통, 온라인 채팅방도 휴지통과 사랑방을 메타포로 사용한 것이다. 많은 프로그램에서 저장 버튼에 디스켓의 이미지를 사용하는데 GUI가 막 도입되었던 시절의 주된 휴대용 저장장치는 디스켓이었기 때문이다.

이들은 아주 명쾌한 데스크톱 메타포다. 애플의 소프트웨어는 박음질된 가죽 느낌의 찢는 달력, 접힌 지도를 편 모양, 종이 질감과 책 넘김 효과, 카지노의 펠트 재질 테이블 같은 스큐어모피즘(skeuomorphism) 디자인 방법을 사용한다. '스큐어모프'는 그리스어로 그릇, 도구를 뜻하는 'skeuos'와 모양을 뜻하는 'morphē'의 합성어다. 유사한 인공물로부터 모방한 디자인의 특징을 의미한다. 셔터가 없는 디지털카메라의 셔터 효과음이 그것이다.

메타포는 소비자가 살고 있고 이해할 수 있는 세상의 은유로 새로운 세상을 소개하는 방식이어서 소비자의 진입장벽을 최소화한다. 인간은 있는 그대로를 보지 않고 언제나 무의식적으로 오래되고 친숙한 면에서 이해하려고 한다. 자동차를 처음 본 시골 할머니가 "어, 저건 기계로 가는 가마구먼" 하는 게 그런 사례다.

어포던스에 대해 길게 말한 것은 우리 주변에 많은 디자인, 공공 설치물이 단지 새롭다는 이유로 과잉, 왜곡 생산되는 경향에 수치심을 주기 위해서다. 강남구에 있는 '괴물' 설치물은 흉하다. 싸이의 재밌는 말춤의 손목만 부각하는 올림픽공원 조각도 흉물스럽다. 춘천 의암호에 있는 소양강 처녀 동상을 정작 춘천 사람들은 무서워한다. 동상이 너무 커서 '♬열여덟 딸기 같은 여린~' 소양강 처녀의 모습을 못 느끼기 때문이다. 덴마크에 있는 인어공주는 실물 크기다. 작다고? 아니, 그래서 더 친근함과 공감을 자아낸다.

유행처럼 짓는 시청, 구청 건물은 푸른색 유리로 만들어서 에너지 효율이 떨어질뿐더러 앞면이 높고 외벽 구조도 너무 날카로워서 방문자를 주눅 들게 한다. 주민을 위한 곳이므로 앞쪽이 낮고 디자인도 둥글둥글해야 한다. 이런 흉물들을 만들어놓고 예술을 하는 누군가는 돈을 가져갔을 것이다. "예술작품은 주관적"이라는 말은 공공 예술의 경우 그렇게 내세울 말이 못 된다. 어포던스 개념을 적용해서 판단해야 한다. 많은 사람이 흉하고 무섭다면 그런 거다.

Quiz 38
임산부석은 어떻게 처리하는 게 어포던스가 좋은 대안일까?

우리는 앞에서 마케팅 전략 짜기의 핵심 틀을 배웠다. 이것을 이제 (만일 당신이 퍼스널 브랜딩이라는 말에 마를 하지만 않는다면) 당신이라는 브랜드에 적용해볼 때다. 마케팅 지식은 관념이 아니라 실행 전략을 위한 핵심 지침서라는 것을 잊지 말자. 사실 이 프로그램을 현장에서 진행하면 4주간 교육+1일 워크숍 과정이다. 1인당 수십만 원을 내야 하고.

먼저 노트를 준비하자. 오래 갈 노트로. 그래야 정성껏 쓴다. 일단 아래와 같은 포맷으로 마음에 찰 때까지 고치고 고쳐 채우자. 한 해를 해보고 매년 1월 업데이트된 당신을 대상으로 짜보는 거다. 제발 6개월 단위로는 하지 마시길. 세상은 그렇게 빨리 변하지 않는다. 전년도의 것과 비교할 만큼은 되어야 한다. 이 전략은 가장 친한 사람과 공유하는 것이 좋다. 대신 솔직하고 치열하게 작성하시길.

1. 당신을 둘러싼 환경 분석

기. 데모 변인 –

나. 사회심리 변인 –

다. 라이프스타일 –

2. 3C 분석

　가. 당신의 시장은 어디이고 누가 당신의 소비자인가?

　나. 당신의 경쟁자는 누구인가?

　다. 당신은 구체적으로 어떤 자산, 역량, 기질 등을 가지고 있나?

3. 당신 자신에 대한 SWOT 분석

　가. 강점과 약점

　나. 기회와 위협

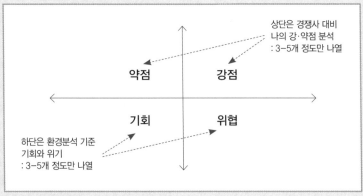

도표6 SWOT 분석

4. SWOT 전략 짜기

　가. 강점/기회 전략

　나. 강점/위협 전략

　다. 약점/기회 전략

　라. 약점/위협 전략

5. 마케팅 목표

가. 당신은 '무엇으로 기억'되어 사람들이 찾을까?

주) 헤드헌터 앞에 앉았다고 생각하고 5~6개 단어 이내로, 콘셉트 3요소 적용.

나. 당신의 구매 장애 요인은 무엇인가?

6. 4P 믹스

가. 제품

나. 가격

다. 유통

라. 프로모션

이 과정이 우습고 쑥스럽다면 당신이 경쟁자로 생각하는 사람을 대신 써보라. '재수 없는 H 부장 그 자식', '흥 여우 같은 지지배 K!' 자신은 못 봐도 상대방은 잘 보이는 법이니 처음에는 더 수월할 수도 있다. 그러나 궁극적으로는 당신 자신에 대해 기술해야 한다. 그리고 1년 후에 꼭 다시 보라.

3부
미디어와 데이터의 대폭발

마케터라면 디지털·미디어 리터러시 능력도 갖춰야 한다.

자신도 모르는 사이에 디지털 악당이 될 수 있기 때문이다.

16

3천 년 이래 대혁신, 앱스토어

"미디어란 통로로 마케팅의 피는 흐른다." 이 명제처럼 미디어와 마케팅은 불가분의 관계다. 미디어를 이해하지 못하면 마케팅은 제대로 할 수 없다. 이미지로 전송하는 TV와 글로 표현하는 신문은 특성이 전혀 다른 미디어다. 페이스북과 유튜브는 SNS이지만 다른 미디어다. 어떤 미디어를 주로 이용하느냐를 보면 그 사람을 알 수 있을 정도다. 따라서 마케팅 효과도 다르게 나타난다. 우리는 1, 2부에서 마케팅의 전반적인 모습을 보았는데 이제는 그 마케팅이 흐르는 본체로서 미디어를 봐야 한다.

미디어(media)는 자신의 의시, 감정, 정보를 서로 주고받을 수 있는 중개 수단이다. 15세기 구텐베르크 시대 이후 미디어의 변화는 아주 더디게 진행되었다. 그래서 미디어에 대한 이론은 비교적 늦게 나타났다. 이 책은 미디어 이론서는 아니므로 미디어 이론을 대표하는 두 사람만 간략히 소개한다.

캐나다의 영문학자이자 문명비평가인 마셜 맥루한은 현대 미디어의 특성을 "미디어가 메시지다", "미디어는 인간의 확장"이라는 두 명제로 표현했다. 또 미디어를 핫 미디어, 쿨 미디어로 나누었다. 그는 미디어 인사이트가 있었고 대중적으로 인기를 얻어 자주 인용되지만 대신 많은 것이 모호했다.

체코 출신의 미디어 철학자인 빌렘 플루서는 코드(code)라는 개념으로 미디어를 정의한다. 그에게 미디어는 코드가 작동하는 구조다. 그는 인류문화사를 '코드 발전의 역사 5단계'로 간주했는데 5단계인 현대는 카메라, 컴퓨터 기술에 힘입어 텍스트가 점으로 분해되면서 그 기능을 상실하는 0차원의 탈(脫)문자 시대다. 플루서는 그동안 지배적인 코드였던 알파벳이 테크노 그림에 의해 대체될 것으로 예측했다. 지금 MZ세대는 테크노 그림인 핀터레스트, 인스타와 이모티콘으로 소통하며 스웨깅한다. 플루서는 현대를 텔레마틱 사회로 정의했다. 텔레커뮤니케이션과 인포마틱이 합쳐진 이 사회는, 정보의 홍수, 즉 수억 명이 만드는 무수한 대화를 통해 과거의 담론을 붕괴한다. 이때 담론은 대화를 전달하는 체계를 뜻한다. 네트워크 구조, 사이버네틱스, 오토매틱 등이 키워드이고 무한의 n개 주체가 만드는 정보가 담론을 압도해 권위가 없는 망형 사회다. 이것은 앞으로 마케팅에서 크리에이티브가 지향할 바, 즉 이미지, 은유, 정직을 암시한다.

그런데 부작용도 보인다. 악플과 유튜버 가짜 뉴스 합성 피해가 점점 심각해지고 있다. 이 두 사람과 함께 참조할 이가 '척도 없는 (scale-free) 네트워크' 개념을 알린 앨버트 R. 바라바시다. 척도 없는 네트워크는 특정 허브에 노드들이 집중하는 네트워크다. 그의 명저 《링크》는 노드, 허브 개념 등을 제시하면서 휴대폰, 월드와이드웹, 온라인 커뮤니티에 이르기까지 자연·기술·사회 시스템에서 폭넓게 나타나는 복잡계 네트워크 현상을 설명했다.

이를 이해하면 6부에서 내가 제시하는 빅샷 퍼포먼스가 왜 필요한지를 알게 된다. 예를 들어 싸이의 '강남 일번지', 이날치 얼터너티브 밴드와 앰비규어스 댄스 컴퍼니가 결합한 한국관광공사 홍보광고 "Feel the Rhythm of Korea'는 유튜브 영상이 공유를 통해 각각 20억, 6억 뷰를 보여 척도 없는 네트워크 이론을 입증한 바 있다.

이들에 대해 더 알고 싶으면 《미디어의 이해》(마셜 맥루한), 인터넷 글 '커뮤니케이션 철학자 빌렘 플루서'(김성재), 《링크》(앨버트 R. 바라바시)를 읽어보라.

앱스토어 경제 개막

1부의 중심부가 사랑한 이론에서 다뤘던 마켓 1.0~마켓 3.0 구분을 미디어-마켓 관점에서 요약하면 다음과 같다.

미디어-마켓 1.0은 TV(특히 컬러 TV)의 상업화 시점으로 방송국이 일방적인 힘을 갖고 광고를 노출할 때다. 플루서가 말한 코드 5단계로 텍스트가 점으로 분해되는 텔레마틱 사회의 개막이었다. 1995년 케이블 TV의 전면적 등장으로 그 정점을 찍었다. 공중파와 종편 방송의 사활 게임이 벌어졌지만, 시청자들은 공중파의 독재에서 벗어나는 계기가 되었고, 브로드 캐스팅(broadcasting)에서 내로 캐스팅(narrowcasting)의 가능성도 대폭 확장되었다. 오늘날 대표 콘텐츠 그룹인 CJ E&M의 명성도 이때 시작한 온미디어 그룹에서 기인했다. 크리에이티브는 점점 시각적 이미지가 중시되기 시작했다는 점도 기억하자.

미디어-마켓 2.0은 1990년대 중후반의 PC 상용화 시점이다. 텍스트와 이미지가 비트로 전환되면서 아날로그 시대와 결별하는 디지털 시대가 열렸고 대중은 비로소 쌍방향 이용자로 정보 시장에 개입했다. 미디어 역사 3,000년 이래 대사건이다. 기계어였던 MS-DOS 체제를 대체해 마이크로소프트(이하 MS)의 윈도 운영 체제가 나왔고 MS가 독점을 추구하자, 대항마로 오픈 운영 체제인 리눅스가 생겨났다. 군사용으로 개발됐던 인터넷(www)이 대중에게 공개됐고 이를 통해 포털과 홈페이지, e-커머스와 메신저 시장, 검색 시장이 열렸다.

1995년에는 리얼 네트워크 사에 의해 스트리밍(Streaming) 기법이 개발되어 인터넷 방송이 활성화되었다. 1인 미디어인 블로그 시장도 열려 개인들의 정보 생성과 1인 에이전트 시대가 시작되었다. 답글, 댓글이라는 부차적이며 쌍방향적인 실시간 소통 형식도 만들어졌다. 블로깅을 전업으로 하는 파워 블로거도 나왔다. 메신저 시장은 싸이월드가 선구자였지만 글로벌로 크지 못해 미국의 페이스북에 선구자 자리를 물려줬다.

검색은 넷스케이프, 야후를 거쳐 구글이 석권했고 구글은 정보 민주주의를 표방하며 세계 검색 시장을 점령했다. 한국은 다음을 거쳐 네이버가 포털 1위가 되었다. 시장은 열광했다. 디지털 네이티브의 젊음이 추앙받고 글자 코드 세대는 흔들리기 시작했다. 시공간 관념과 라이프스타일도 큰 폭으로 바뀌었다.

그리고 2007년, 스마트폰 출시로 미디어-마켓 3.0 시대가 열렸다. 2.0이 열린 지 고작 10년 정도밖에 안 된 시점이었다. 피처폰을 쓰는 나에게 젊은 후배들이 스마트폰을 짠 내놓고 클릭, 드래그, 블루투스 기능들을 선보이며 으스대던 장면이 지금도 기억이 선하다. 미디어-마켓 3.0은 스마트폰과 앱이 만든 시대다. 앱은 대중 개발자를 위한 앱스토어로 질적 전환을 했다. 애플의 스티브 잡스는 그런 점에서 윈도를 만든 빌 게이츠와 구분된다. 빌 게이츠는 미디어-마켓 2.0을 연 사람이다. 그는 윈도 운영 체제를 개발했지만, 독점이라는 고전적인 경영을 구사했다. 히피 세대였던 괴짜 스티브 잡스는 시장을 개방했다. 삼성이나 마이크로소프트와 달리 애플이 컬트가 된 이유다. 스마트폰은 얼핏 기능적으로만 생각하면 휴대용 폰에 컴퓨터 기능을 장착한 것이다. 그러나 그렇게만 보면 스마트폰의 진짜 혁신을 30퍼센트도 이해 못하는 것이다. 진정한 혁신은 ▲'앱스토어' 생태계 생성 ▲'UX' 디자인 철학 두 개다.

앱은 피터 드러커가 꿈꿨던 민주주의와 개방성의 가치를 담은 혁신적 코드다. 기존의 휴대전화와 다르게 PC와 스마트폰에 개별 애플리케이션(이하 '앱')을 추가 설치해 활용하도록 했다. 기존 컴퓨터에도 앱은 있었지만, 아이폰에 이르러서야 비로소 와해성 혁신이 되었다. 스마트폰 앱은 하루에도 수백 개씩 생겨난다. 앱만 설치하면 간편하게 인터넷 뱅킹을 이용하거나, 버스나 지하철 등 대중교통의 실시간 이동 경로도 확인할 수 있다. 영화나 연극 등의 공연도 바로 예매할 수 있다. 내장된 각종 센서를 활용해 내비게이션 기능을 지원하며 각 언론사의 최신 뉴스도 일목요연하게 열람할 수 있다. 영화나 음악, 사진을 감상하고 저장·편집할 수 있는 건 기본. 현실세계와 3차원 가상세계를 접목한 '증강현실' 기술을 적용한 앱과 헬스케어에 주로 적합한 앱세서리(appcessory) 제품도 등장했다. 웨어러블 스마트 밴드, 스마트 워치 등도 앱이 초대한 신제품이다.

앱 관련 참고 데이터(아이지에이웍스 제공, '매드타임스' 재인용)

- 2021년 3월 기준 모바일 쇼핑: 3,500만 건
- 월 사용자 수(MAU): 쿠팡〉1번가〉G마켓〉위메프〉티몬〉옥션
- 소셜 커머스/오픈마켓 앱 사용자 수 3,046만 명:
  30대 여성(4.9시간/4.2개) 40대 여성(5.2시간/4.2개)
- 중고거래 앱 1,640만 개(141퍼센트 증가): 1위 당근마켓(93퍼센트 점유, 1,518만 명)

앱을 모아놓은 앱스토어는 글로벌 마켓 기능도 한다. 그래서 한국

에 있는 앱이 인도에서 상품 구매와 연결되어 시장이 무한 확장한다. 사용자가 스토어에서 유료 앱을 내려 받으면 수익은 구글, 애플과 같은 앱 마켓 운영사, 이동통신사, 플랫폼 제공사(카카오게임하기 등)와 분배해 나눈다. 이전에는 없던 마켓이다. 앱 마켓은 애플의 앱스토어, 구글의 구글 플레이 등이 대표적이고 삼성, 블랙베리 앱 월드, 마이크로소프트의 윈도 스토어 등은 지원하는 앱 수가 비교적 적은 편이다.

IT 전문가 권명관에 따르면, 2014년 기준 애플 앱스토어에 등록된 앱은 약 120만 개에 개발자 28만 2,000명, 매출은 250억 달러였다. 7년이 더 경과한 2021년 지금은 숫자를 가늠하기도 어렵다. 구글 플레이는 '안드로이드 마켓'으로 불리다가, 2012년 구글 플레이로 명칭이 바뀌었으며 2014년 기준 등록된 앱은 140만 개, 개발자 수는 38만 8,000명이었다. 그러나 구글 플레이의 개발자 누적 매출은 150억 달러로 애플 앱스토어 대비 약 60퍼센트에 그쳤다.

안드로이드용 앱은 구글 플레이뿐 아니라 이동통신사나 스마트폰 제조사의 독자적인 마켓에서도 다운로드가 가능하다. 이는 안드로이드가 '개방형·공개형' 운영 체제이기에 가능한 것으로, SK텔레콤은 'T스토어', KT는 '올레마켓', LGU+는 'U+앱 마켓', 삼성전자는 '삼성 앱스'라는 이름으로 앱 마켓을 각자 운영 중이다.

앱과는 별개로 아이폰이 추구한 색다른 제품 철학이 바로 UX다.

UX(User Experience)

사용자 경험(UX)은 사용자가 제품과 서비스, 회사와 상호작용을 하면서 갖게 되는 전체적인 느낌이나 경험이다. UX의 대상은 인터랙션 디자인, 사용성, 정보구조, 인간공학 등으로 여러 분야를 포괄하면서도 확실히 설정되는 명확한 분야가 없어 영역이 모호하다. 인간의 경험이 원래 주관성, 맥락성, 총체성을 지니기 때문이다.

결국 UX란 특정 상품에 내재한 개념이 아니라 '사용자'에 귀속된 개념이다. 제품·서비스의 사용성, 사용자의 감성, 사용자 가치에 영향을 받고 사용자가 이전에 유사한 제품을 사용하면서 얻은 경험, 바이럴 정보, 기업체의 브랜드 자산 등에도 영향을 받는다.

'사용자 경험'이란 용어는 에드워즈와 카시크가 쓴 '사이버 그래픽 터미널에서의 사용자 경험(1974)'이라는 글에서 처음 등장했다. 이후 애플의 직원이자 어포던스 이론의 주창자인 도널드 노먼이 1993년에 사용자 경험 설계자로서 컴퓨터 디자인과 HCI(Human-Computer Interaction)를 연구하는 이들에게 큰 영향을 줬다. 《휴머니타스 테크놀로지》저자 신동희 교수는 UX에 대해 다음과 같이 당부하고 전망한다.

사용자 경험이 기업을 구하는 대안인 이유는 인문학, 디자인과 기술의 융합을 통해 인간 중심의 기업 철학을 실현하는 효과적인 방법이기 때문이지 눈앞에 보이는 이윤과 투자자본수익률(ROI) 때문이 아니다. 사용자 경험에 투자자본수익률을 요구하는 태도는 아직도 기업이 구시대적 기술 마인드에서 벗어나지 못하고 있다는 증거다. 애플이 아이폰을 출시하기 전에 사용자 경험에 대한 투자자본수익률을 기대하지는 않았을 것이다. 인간에 대한 이해와 가치에 바탕을 두지 않고 단기간의 경제적 이윤과 기술적 관점으로 사용자 경험을 추구하는 전략은 스마트 시대에 실패할 수밖에 없다.

UX는 개별적 사용자가 개별 디바이스를 사용하면서 겪는 모든 경험이다. 그런 UX의 한계점은 한 개인이라는 것이고, 있는 것을 사용하는 피동적 입장이라는 점이다. 소셜 미디어처럼 개인에서 나아가 여러 사람이 함께 사용하는 개념으로 진화할 것이다. 이후 거기서 발생하는 가치가 개인 사용자의 혜택으로만 남는 것이 아니라 사회적으로 의미 있는 가치로 승화되고 환원되어야 한다. 지금까지는 스마트 기기 제작에만 관심이 있었지 거기서 파생한 가치를 사회에 어떻게 환원할까 하는 사회적 가치 창출에는 노력을 기울이지 않았다. 따라서 UX 이후는 SX(Social Experience)가 될 것이다. 즉 소셜 테크놀로지처럼 함께 경험하고 존재하는 방향으로 나아가야 한다. 새로운 가치를 만드는 데도 적극적이어야 지금의 UX, 융합 트렌드에서 한발 더 나아갈 수 있다(이상 신동희).

애플의 아이팟을 예로 들면, 파는 것은 휴대용 MP3 플레이어가 아니라 아이튠즈를 통한 음원 판매와 청취 경험이다. 소비자 경험은 수익 창출 메커니즘과 연결되어 있다. 이상이 3,000년 이래 미디어-마켓의 폭발이라면 데이터-마켓의 폭발도 있다.

데이터 시대의 개막

중국 최대 전자상거래 업체인 알리바바의 창업자 마윈은 물러나기 직전까지 "미래는 데이터 장사"라고 공공연하게 주장했다. 데이터(data)는 자료라는 뜻인 'datum'의 복수형이다. 데이터는 어떠한 사실, 개념, 명령 또는 과학적인 실험이나 관측 결과로 얻은 수치나 정상적인 값 등 실체의 속성을 숫자, 문자, 기호 등으로 표현한 것이며 데이터에 특정한 의미가 부여될 때 정보가 된다. 이 정보가 모여서 인간에게 유용한 지식(intelligence)이 되고 지식이 모여서 이론(theory)이 된다. 데이터의 협의적 의미로는 주로 컴퓨터 용어로 정보를 작성하는 데 필요한 자료를 뜻한다. 이런 데이터들이 빅데이터 시장과 딥러닝 기술과 결합해 AI, 데이터 분산 기술로 블록체인 시장을 열었다.

AI(Artificial Intelligence, 인공지능): 단순 수리(數理)와 반복적인 일을 하는 직장인들 일자리를 위협할 것으로 악명 높은 AI는 이제 마케팅에서 광고 제작, 고객 관리, 트렌드 예측, 조사 분석까지 담당하고 있다. 일본에서는 인공지능이 CF를 만들어서 화제가 되었다. 당연히 게임 업체도 주목한다. 게임 회사인 크래프톤은 딥러닝 팀을 꾸려 인간과 대화하는 '언어 모델', 광범위한 대화가 가능한 '오픈 도메인', 텍스트를 감정 입힌 음성으로 바꾸는 '보이스 액터', 사물을 인식해 자동으로 이미지를 만드는 '캐릭터 애니메이터'를 제작할 프로젝트를 가동했다. 김창한 대표는 이를 통해 버추얼 프렌드(가상 친구)를 만들려고 한다.

가상 친구라 쓰고 냉철한 지능이라 읽는 AI에 대한 관리자들의 욕망은 예전에도 있었다. 디스토피아 소설에 주로 나온다. 예브게니 이바노비치 자먀찐의 《우리들》과 올더스 헉슬리의 《멋진 신세계》 그리고 그 후에 나온 조지 오웰의 《1984년》에 등장한 빅브라더는 인공지능은 아니지만 성격은 흡사하다. 그 브라더는 인격적 실체가 없기 때문이다. 1990년대 중반 제일기획에도 '옵티맥스 모델'이 있었는데 광고비에 따라 접촉률, 이해도, 호감도를 추출하고 브랜드 타입에 따라서 몇 퍼센트의 구매가 발생할지 예측하려고 했다. 대체로 틀렸는데도 광고주나 광고 회사 둘 다 그 예측치를 믿으려고 했다. 우습고 일면 무서웠다.

인간에 대한 불신과 책임을 지지 않으려는 행정 편의주의 때문일까. 나무도 신으로 만들어 숭배하는 인간이 결국 '인간화한 기계신 (humanized machine-god)'을 만들어 미래는 AI가 장악할지도 모르겠다. 다만 AI와 공존할 수밖에 없다면 미래의 마케팅 전략은 '인간 중심'과 '공감' 철학과 습관에 기초를 세우기를 바랄 뿐이다.

Quiz 39
AI가 10년 내 기존 마케팅에서 인간을 갈아치우지 못할 영역은 과연 어디일까?

참고도서 | 《AI 시대 인간과 일》(토마스 대이븐포트), 《컨버전스 2030》(피터 디아만디스)

블록체인(Blockchain): 블록체인은 이제 일상 대화에도 자주 등장한다. 세계가 금융대란에 휩싸였던 2008년 10월 31일, 사토시 나카모토(유럽인, 단체라는 설도 있음)가 암호화 기술 커뮤니티 메인(Gmane)에 '비트코인: P2P 전자 화폐 시스템'이라는 제목의 논문을 올렸다. 이 논문에서 비트코인을 "전적으로 거래 당사자 사이에서만 오가는 전자화폐"라고 소개하고 "P2P 네트워크를 이용해 이중 지불을 막는다"고 설명했다. 그로부터 약 두 달 뒤인 2009년 1월 3일, 사토시는 논문으로 설명했던 기술을 비트코인이라는 가상화폐로 직접 구현해 보여줬다.

'P2P 네트워크를 이용해 이중 지불을 막는 기술'이 바로 블록체인이다. 블록체인은 그동안 아무도 풀지 못한 분산 컴퓨팅의 문제점(일명 '비잔틴 장군의 딜레마')을 '작업 증명 체계'로 해결한 것이다. 분산 장부인 블록체인은 '공공 거래장부'로도 불린다. 비트코인을 사용하는 모든 사용자가 함께 거래장부를 관리하기 때문이다. 비트코인 사용자는 P2P 네트워크에 접속해 똑같은 거래장부 사본을 나눠 보관한다. 새로 생긴 거래 내역을 거래장부에 써넣는 일도 사용자 몫이다. 이들은 10분에 한 번씩 모여 거래장부를 최신 상태로 갱신한다. 이때 몇몇 사람이 멋대로 장부를 조작할 수 없도록 과반수가 인정한 거래 내역만 장부에 기록한다. 최근 거래 내역을 적어 넣었으면, 새로 만든 거래장부를 다시 모든 사용자가 나눠 가진다. 이런 작업을 10분에 한 번씩 반복하는데 이 거래 내역 묶음이 '블록(Block)'이다. 블록체인은 블록이 모인 거래장부 전체다.

물론 이런 작업은 비트코인 네트워크에 연결된 컴퓨터가 처리한다. 2013년 말, 비트코인 네트워크가 지닌 계산 능력은 이미 세계 1위에서 500위까지 슈퍼 컴퓨터를 모두 더한 것을 넘어섰다니 사실상 조작(해킹)은 불가능하다. 대신 전기를 엄청나게 쓴다. 블록체인 기술을 이용해 중앙 서버 없이 사용자끼리 안전하게 메시지를 주고받을 수 있는 서비스인 '비트메시지'도 나왔다. 관리 주체가 없는 인터넷 주소(DNS) 시스템을 만드는 데 블록체인 기술을 활용한 경우도 있다.

네임코인은 인터넷 주소를 관리하는 시스템이자, 여기서 쓰는 가상화폐다. 대안 인터넷 주소 시스템 유지를 위해 자기 컴퓨터를 빌려준 사람들은 보답으로 네임코인을 받는다. 네임코인은 '.bit'으로 끝나는 인터넷 주소를 살 때 쓴다. ('용어로 보는 IT', 안상욱)

지금 블록체인 기술은 차세대를 혁신할 데이터 저장 기술로 주목받으며 세계 혁신을 실험 중이다. 그중 NFT 대해 더 알아보자.

NFT(Non-Fungible Token): 블록체인에서 유통되는 디지털 토큰의 한 종류로 토큰마다 고윳값을 가지고 있어 대체 불가능한 토큰이다. 진위와 소유권 입증이 중요한 그림, 음악, 영상 등의 콘텐츠 분야에 이 기술을 적용할 수 있고 자산에 일련번호를 부여해 복제, 위변조를 막을 수도 있다. 이렇게 되면 이현세 만화가의 '천국의 신화' 중 일정 컷, 폭풍의 화가 변시지의 시그니처 그림 컷 등을 NFT로 만들어 거래할 수 있다. 프랑스에서는 한 만화가가 일찍 시도한 바가 있는데 그때는 블록체인 기술이 없었다.

현재 NFT 시장 규모는 어떨까? '넌펀저블닷컴'이 2021년 2월 발행한 연례 보고서에 따르면, 2018년까지 NFT 시장 규모는 4,096만 달러에 그쳤으나 2020년에는 3억 3,803만 달러를 돌파했다. 최근 고가에 낙찰되는 NFT가 늘어나면서 시장의 관심도 커지고 있는데 2021년 3월 22일 트위터의 공동 창업자 잭 도시가 작성한 '최초의 트윗'에 대한 소유권은 NFT 경매를 통해 약 33억 원에 낙찰됐다. 일론 머스크는 2분 분량의 음성 게시물을 NFT로 팔겠다고 밝혔다가 경매가가 12억 원까지 치솟자 판매를 철회했다. 그래픽 아티스트인 비플의 NFT 작품 〈매일: 첫 5000일〉은 뉴욕 크리스티 경매에서 780억 원에 낙찰되었다.

NFT의 시초는 2017년 출시된 가상의 고양이 육성 게임 '크립토키티'다. 블록체인 스타트업인 대퍼랩스 사에서 출시한 게임으로 온라인에서 저마다 다른 특성을 가진 고양이를 모으고 교배시키는 수집형 게임이다. 각각의 고양이는 고유의 일련번호를 부여받고, 유저들은 암호화폐로 고양이를 사고팔 수 있는데 가장 비싸게 거래된 '드래곤' 캐릭터는 600이더리움(ETH)에 거래됐고 현재 시세로는 13억 원에 달한다. NBA 경기 장면의 NFT를 파는 'NBA 탑샷'은 35만 명 이상의 활성 사용자와 10만 명 이상의 구매 사용자를 보유하고 있는데 하루 매출이 무려 3,700만 달러! 미국 프로농구 구단인 댈러스 매버릭스의 구단주 마크 쿠바안은 USA투데이와의 인터뷰에서 "NFT 시장은 향후 10년 동안 NBA의 3대 수익원이 될 것"이라고 내다봤다.

암호화폐를 보는 시각처럼 비판적인 목소리도 있다. 블록체인 전문가 중 일부 또는 경매 전문가들은 "아무런 가치가 없으면서도 돈을 받고 팔 수 있는 자산을 발명해내고 있다"며 비난한다. (한경 경제용어 사전) 영국 출신 작가 데이비드 호크니도 비플의 낙찰액을 두고 "참으로 어리석은 짓"이라며 비웃었다.

플랫폼과
콘텐츠

인터넷과 앱 경제가 도입된 이래 기업들은 기술 기반의 경영 시스템을 구축하고 급변하는 시장 환경에서 살아남기 위해 노력하고 있다. 현재 중심부 기업들은 디지털 전환, 데이터 경영, 플랫폼, 콘텐츠에 엄청난 관심을 기울인다. 애플, 구글, 아마존, 페이스북 등 4인방이 선두주자들이다.

플랫폼(Platform) 전략: 구글의 전 회장 에릭 슈밋은 이들의 성공 비결을 자기만의 강력한 플랫폼이라고 지적했다. 이전의 4인방은 MS, 인텔, 시스코, 델이었다. PC 시대를 주름잡았던 MS와 인텔은 플랫폼 경쟁에서 뒤처지는 바람에 플랫폼을 효과적으로 활용하고 있는 신 4인방에게 자리를 내줬고 노키아도 2007년 49퍼센트에 달했던 시장점유율이 2011년 17퍼센트로 급락하면서 위기를 맞이하다가 급기야 MS에 분할 인수되었다. 이처럼 플랫폼이 성패의 핵심 요인 으로 등장하면서 플랫폼 사업에 뛰어드는 기업이 늘어나고 있다. 보 스턴대학 교수이면서 양면 네트워크 이론가인 마셜 밴 앨스타인 등 은《플랫폼 레볼루션》에서 플랫폼의 8가지 전략을 제안한다.

- 인텔의 토끼 따라가기 전략
- 페이팔, 유튜브의 업혀가기 전략
- 구글, 어도비의 씨뿌리기 전략
- MS, 스위스 우체국의 유명 브랜드 이용 전략
- 오픈 테이블, 레드버스의 단면 인디고고, 킥스타터의 생산자 주도 전파 전략
- 트위터, 포스퀘어의 빅뱅 전략
- 페이스북, 스택 오버플로의 마이크로마켓 전략

이런 다양한 플랫폼 전략은 개방형과 폐쇄형으로 나뉜다. 개방형 의 대표 플랫폼은 누구나 참여 가능한 위키피디아다. 애플, 안드로 이드 앱스토어는 폐쇄형이다. 그런데 사실 현장에서는 플랫폼 용어 가 여전히 혼란스럽다.《플랫폼이란 무엇인가》에서 저자 노규성은 이렇게 말한다.

플랫폼 관심이 폭발적으로 증가하는 주요 원인을 정리해보면 다음과

같다. 첫째, 선도 ICT 기업들이 플랫폼을 통해 수익을 확대하거나 거대 기업으로 급성장하고 있는 현상이 나타나고 있기 때문이다. 둘째, 이는 ICT의 혁명적 진화에 힘입어 플랫폼 구축과 활용이 더욱 용이해진 것과 맥을 같이한다. 셋째, 글로벌 경쟁의 심화와 고객의 다양한 니즈 생성, 기술 혁신의 가속화 등으로 제품의 수명주기가 단축됨에 따라 비용 증가를 최소화하면서 다품종 소량 생산을 해야 하기 때문이다. 넷째, 여러 학문과 산업 영역의 경계를 무너뜨리는 융복합화가 가능해지면서 이종 산업 간 결합이 플랫폼을 통해 일어나고 더욱 활성화하기 때문이다.

'플랫폼'이라는 용어는 16세기에 생성된 이후 정거장이나 예술, 비즈니스 등의 분야에서 사용해왔다. 비즈니스에서 쓰는 플랫폼 내용과 정의도 다양하다. '다양한 상품을 판매하거나 판매하기 위해 공통적으로 사용하는 기본 구조', '상품 거래나 응용 프로그램을 개발할 수 있는 인프라', '반복 작업의 주 공간 또는 구조물, 정치·사회·문화적 합의나 규칙' 등 많다. 조금씩 차이는 있지만, 경영과 마케팅에서 중요한 플랫폼은 '정거장처럼 공통의 활용 요소를 바탕으로 본연의 역할도 수행하지만, 보완적인 파생 제품이나 서비스를 개발·제조할 수 있는 기반' 정도의 의미를 지닌다.

플랫폼은 제품뿐만 아니라 제품을 구성하는 부품, 다른 서비스와 연계를 도와주는 기반 서비스, 소프트웨어 같은 무형의 형태도 포괄한다. 플랫폼은 마케팅하지 않아도 사람들이 몰려든다. 공급자와 수요자 등 복수 그룹이 참여해 각 그룹이 얻고자 하는 가치를 공정한 거래를 통해 교환할 수 있도록 구축된 환경이니까. 여기서 참여자들은 연결과 상호작용을 통해 진화하며, 모두에게 새로운 가치와 혜택을 제공할 수 있다.

플랫폼은 첫째, 집적과 지렛대 효과를 통해 단기간에 투자 대비 높은 성과를 제공한다. 애플이 2008년 7월 처음 앱스토어 서비스를 시작했을 때 앱의 개수는 적었으나 2013년 6월 90만 개 이상으로 급신장했다. 아마존은 플랫폼인 ICT와 물류 인프라를 외부에 개방함으로써 그 힘을 빌려 상품의 품목을 다양화했다.

둘째, 강력한 비즈니스 모델 구축의 토대가 된다. 방대한 정보로부터 원하는 것을 찾고자 하는 사용자와 그들로부터 목표 집단을 선별하려는 광고주들을 연결하는 구글은 검색 플랫폼을 개발했고, 지인들과 소통하려는 사용자들을 연결하는 페이스북은 SNS 플랫폼을 개발했다.

셋째, 서비스 기반 경제의 핵심 동력이다. 사용자가 필요한 만큼 자원을 원하는 순간에, 원하는 방식으로, 원하는 만큼 주는 것이 서비스라면 이는 플랫폼 속성과 잘 맞아떨어진다.

넷째, 좀 고려해봐야 할 기능이지만 참가자들의 체급을 결정짓는다. 시간이 갈수록 플랫폼 지렛대를 이용하는 사업자와 그렇지 못한 사업자의 경쟁은 미들급과 라이트급 선수가 링에서 같이 붙는 상황처럼 될 것이다.

이런 기능들을 통해 플랫폼은 여러 가치를 생산한다. 앱스토어의 예를 통해 보자. 개발자는 앱스토어를 이용하는 것이 자신이 개발한 제품을 홍보하고 판매하는 데 더 유리하다. 이미 참여자가 많이 있는 시장이니까. 마찬가지로 사용자도 개발자들의 홈페이지를 일일이 찾아다니는 것보다 앱스토어의 검색 서비스를 이용하는 것이 시간과 비용을 줄일 수 있어 효율적이다. 결국 앱스토어에 참여하는 개발자가 늘어 등록 앱이 증가하게 되면 앱을 다운로드하는 사용자도 늘어나고 이는 다시 개발자의 참여를 증가시켜 네트워크의 효과에 따른 선순환 가치가 발생한다. 일종의 '어장 효과'가 나오는 것이다. 만일 누구에게나 개방되어 있고 앱스토어 운영자가 개발자—참여자들에게 적당한 수수료만 물린다면, 완전 시장이 가지는 일반적인 가치와 비슷해진다. 그러나 애플이 앱스토어 개발자들에게 수수료를 올려 수익을 더 가져간다면 완전 시장은 깨진다.

콘텐츠

BTS, 〈기생충〉과 〈미나리〉, 만화와 웹툰 등이 뜨면서 "한국은 이제 IT 강국에서 콘텐츠 강국이 되었다." 독자들은 정부 차원의 '콘텐츠 산업 육성', "하드웨어는 있는데 콘텐츠가 없어"라는 말을 많이 들었을 것이다. 뭔가 정리가 안 된 바벨탑 용어 같다. 이 콘텐츠란 말은 아직도 그 의미가 모호하다. 2003년 내가 KT&G에서 마케팅 기획부장으로 있을 때 K 사장님이 "나는 회사를 마케팅이 강한 회사로 키우고 싶어. 다른 회사에서 우리 직원들을 막 영입해갈 정도로 말이야"라고 해서 깜짝 놀란 적이 있는데, 놀란 것은 놀란 것이고 말은 안 했지만 나는 '사장님, 저는 콘텐츠가 강한 회사를 만들겠습니다. 담배만 팔 수는 없지요'라고 속으로 중얼거린 적이 있다. 당시는 콘텐츠라는 말이 잘 쓰이지 않던 때였다. 나는 콘텐츠가 마케팅을 넘어설 수 있지 않을까 생각했을 뿐이다. 콘텐츠는 과연 뭘까? 2007년 강준만 교수는 이런 글을 썼다.

콘텐츠의 중요성이 부각되면서 '콘텐츠가 왕'이라는 말도 나왔지만, 유통 채널이 더 큰 힘을 쓴다는 주장도 있다. 권호용은 "지금은 소비자와의 소통 통로를 장악한 네트워크 업계의 영향력이 훨씬 세졌다"라며 앞으로 콘텐츠 업계의 어려움은 지속될 것으로 전망.

여기서 주의할 점은 콘텐츠와 네트워크를 구분이 되는 개념으로 다룬다는 것이다. 철학사에서 '형식과 내용' 논쟁을 들어본 사람이라면 '내용'이 단수형인 콘텐트(content)임을 알 것이다. 콘텐츠(contents)는 복수형이다. 국어사전에는 다음과 같이 정의되어 있다.

(정보·통신) 인터넷이나 컴퓨터 통신 등을 통해 제공되는 각종 정보나 그 내용물. 유·무선 전기 통신망에서 사용하기 위해 문자·부호·음성·음향·이미지·영상 등을 디지털 방식으로 제작해 처리·유통하는 각종 정보 또는 그 내용물을 통틀어 이른다.
(예문) 이 업체는 경쟁 업체가 자사 인터넷 사이트의 콘텐츠를 무단으로

복제했다며 소송을 냈다.

여기서는 디지털을 강조한다. 2000년대 초반 포털사이트 엠파스에도 '각종 유무선 통신망을 통해 매매 또는 교환되는 디지털화된 정보의 통칭'이라고 소개되었다. 그런데 성신여대 심상민 교수는 "가공이나 개발을 누가 했는지가 분명하게 나타나서 추후 저작권을 주장할 수 있는 모든 종류의 원작"이라며 오리지낼리티를 강조한다. 고려대학 국어국문학과 정창권 교수는 "참신하고 독특한 아이디어와 그를 뒷받침해주는 재미있고 감동적인 스토리로 이루어진"이라고 설명하며 스토리를 강조한다. 헷갈린다. 그래서 이 책은 콘텐츠라는 말을 마케팅 기준으로 정리할 것이다. 그러려면 먼저 역사와 사용례를 봐야겠다.

콘텐트(content)는 1990년대 중반 유럽에서 '멀티미디어 콘텐트'란 용어로 쓰이기 시작하면서 보편화되었다. 한국에서 콘텐츠는 미디어의 '내용물 전반'을 지칭하기 위해 편의상 사용하는 것이라는 일반적 정의를 일단 받아들이자. 현재 '콘텐츠진흥원(과거 문화콘텐츠진흥원)'을 두고 있는 문체부의 사례를 보면, 아날로그 콘텐츠는 별도로 문화산업이나 예술경영 진흥기관에서 다룬다. 이 점을 주목할 필요가 있다. 전통적인 문학, 음악, 미술 등을 지원하지 않는 이유는 과거 역사를 봐야 이해할 수 있다.

DJ 정부 때 IMF와 구경제에서 탈출하기 위한 신산업 육성이 절실히 필요했다. 그래서 국가 차원에서 벤처산업 육성을 시작했다.

그때 IT, BT 등 6T 중 하나인 CT(Culture Tech)를 발전시키기 위해 '문화콘텐츠진흥원'을 발족했고 초대 원장으로 서병문(전자공학 전공. 삼성 멀티미디어 사업단장)을 영입했다. 그는 2004년 5월에 열린 '과학과 영상예술의 창조적 융합 심포지엄' 주제 발표에서 문화콘텐츠 산업을 "문화콘텐츠의 기획, 제작, 유통, 소비 등과 이에 관련된 산업"이라고 공식 정의하면서 그 예로 영화, 게임, 애니메이션, 만화, 캐릭터, 음악·공연, 인터넷·모바일 콘텐츠, 방송 등을 들었다.

콘텐츠에 대한 정의는 없이 예만 들었지만 여기서 중요한 것은 문화를 '산업'과 '체인'으로 정의했다는 점이다. 만화와 캐릭터, 음악·공연 등이 포함된 것이 중요한데 이들은 아날로그이기는 하지만 디지털화되어 뉴미디어를 타기 좋은 저작물들이다. 서 원장에게 내가 직접 들은 스토리는 "DJ 정부 출범 당시 신산업으로 CT를 지원해야 하는데 마땅한 용어가 없어서 (문화)콘텐츠라는 말을 썼고, 이것은 전통문화예술 지원과는 구분되는 영역"이라는 내용이었다. 이런 정황으로 볼 때 문화콘텐츠는 기존의 보존을 위한 문화와 구별하면서 '산업적 응용을 위한 문화 소스', '미디어와의 다중 연결을 통한 새로운 가치 창출'에 초점을 맞춘 행정적 구분의 워딩이다.

실제로 문화콘텐츠진흥원이 주로 지원한 분야를 봐도 그런 가정이 타당해 보인다. 전통문화(아날로그. 보존 대상)도 물론 지원했다. 다만 과거 복식이나 상징 등의 보존과 디지털 복원을 통해 현재의 영화 제작 등에 재현·응용 가능한 분야에 투자한 것으로 보아 그 지향을 알 수 있다. 그렇다면 새로운 가치 창출을 위해 디지털화가 가능한 아날로그라면 문화콘텐츠가 된다.

　이상 콘텐츠라는 말이 나오게 된 2000년대의 배경, 하드웨어-네트워크-전통 등과 구분하려는 의도 그리고 현재 정부 기관에서 지원하는 분야의 내용 등을 보면 콘텐츠의 핵심어는 '복원과 재현', '응용', '연결'을 통한 '가치 창출'과 '산업화'다. 디지털이 필수요소는 아니다.

　우리가 여기서 콘텐츠를 한 문장으로 정의하는 것은 임무가 아닌 것 같다. 다만 마케터로서 콘텐츠가 왜 기업 경영에도 중요한지는 가늠할 수 있다. 기존 요소들을 모아 새로운 가치 체인을 만드는 것, 이게 중요하다. 콘텐츠는 단순히 상품, 서비스 따위 내용물이 아니다. 우리가 앞에서 다뤘던 콘텐츠 마케팅도 단순히 하드웨어 대비 내용물이 있느냐 없느냐가 아니라, 하드웨어와 소프트웨어를 기반으로 새로운 가치를 만들어낼 때 비로소 콘텐츠 마케팅이라는 말을 쓸 수가 있다는 점이다. 기네스 맥주의 기네스북, 미슐랭 타이어의 미슐랭 가이드, 레드불 음료의 레드불 불레틴, KT&G의 상상 콘텐츠, 쿠팡의 OTT 등은 기존 사업에서 벗어나서 새로운 가치를 창출한 콘텐츠들이다. 그래서 사회가 풍성해지고 회사는 새롭게 확장하며 소비자는 그 가치를 누리게 된다. 그러니 콘텐츠가 중요할밖에. 여기에 디지털과 연결되고 네트워크를 타면 콘텐츠는 더 강력해질 것이다.

　검색엔진 최적화를 의미하는 SEO(Search Engine Optimizing) 활동으로 검색 상위 수준을 유지하려면 키워드, 링크, 콘텐츠가 필요하다. 이 중 가장 중요한 것으로 꼽히는 것이 콘텐츠다. 검색엔진은 콘텐츠 품질을 평가하기 때문에 스팸과 유해물은 걸러질 확률이 높고, 검색으로 들어온 방문자가 오래 머무를 수 있는 양질의 콘텐츠를 만드는 것이 검색엔진 최적화에 중요하기 때문이다. 좋은 콘텐츠를 만드는 방법은 다양하겠지만 기본적인 사항에 ▲유용하고 재미있고 구체적인 메시지의 콘텐츠 구성 ▲새롭고 고유한 콘텐츠 창작 ▲다양한 멀티미디어가 함께하는 콘텐츠 구성 ▲좋은 내용은 인용하고 저작권 링크를 표시하는 것 등이 있다.

플랫폼과 콘텐츠를 이해하고 다음 기사를 보자. 2021년 5월 9일자 N신문 기사다.

카카오의 매출 구성은 크게 플랫폼 부문(53퍼센트)과 콘텐츠 부문(47퍼센트)으로 구성됐는데 광고/커머스/포털/신사업 등으로 구성된 플랫폼 부문 매출은 전년 동기 51퍼센트 증가한 6,688억 원을 기록했다. 특히 카카오톡 기반 광고와 거래형 커머스(선물하기 등) 사업을 담당하는 톡비즈 매출은 (중략) 카카오톡이 코로나19 시대 '국민 광고판'으로 역할을 톡톡히 함을 증명해냈다. 플랫폼 부문에서 모빌리티/페이/엔터프라이즈로 구성된 신사업 매출은 전년 동기 89퍼센트 증가한 1,898억 원을 기록하면서 톡비즈보다 높은 성장률을 보였다. 콘텐츠 부문에서도 일본 웹툰 웹소설 플랫폼 픽코마를 필두로 두 자릿수 성장세를 이어갔다.

이제 플랫폼과 콘텐츠의 역할과 영역이 구분될 것이다.

18

메타버스
시대가 온다

엔비디아의 창립자 겸 CEO인 젠슨 황은 2020년 10월 한 콘퍼런스 기조연설에서 "메타버스의 시대가 오고 있다"고 선언했다. 당장 그때만 해도 메타버스라는 용어는 낯설었다. 그런데 2021년 최고로 핫한 트렌드 용어가 되었다. 이는 MZ세대의 라이프스타일과 관계가 깊다. 기술은 혼자 움직이지 않는다. 반드시 지지하는 세대가 있어야 그 위력을 드러낸다.

메타버스는 메타(meta)와 유니버스(universe)의 합성어다. 현실과 가상의 경계를 넘나드는 세계를 가리키는 말인데, 먼 미래가 아니라 SNS에 빠져 사는 지금이 사실 메타버스 시대다. 오아시스라는 가상현실이 지배하는 미래를 그린 영화 〈레디 플레이어 원〉처럼 메타버스가 구현되는 미래에 가서 보면, 지금은 메타버스 1.0 정도 될 것이다. 메타버스는 '인터넷 웹의 다음 버전'으로 예상되는데 2025년이면 관련 경제 규모가 300조 원이 된다고 전망한다.

메타버스는 SF 소설가 닐 스티븐슨의 1992년 소설 《스노 크래시》에 처음 등장한다. 비영리 기술연구단체인 ASF는 '내적·외적인 것', '증강·시뮬레이션'이라는 두 축으로 메타버스를 4가지 범주로 구분했다. 도표7에서 보여주는 증강현실, 라이프로깅(lifelogging 예: SNS, 나이키플러스), 거울세계(mirror world 예: 화상회의), 가상세계가 그것이다.

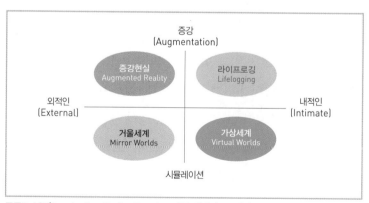

도표7 ASF(Acceleration Studies Foundation)의 메타버스 4가지 범주

이 중에서 거울세계의 대표주자인 화상 솔루션은 코로나19 이후 세상의 라이프스타일을 바꿀 미디어로 주목하는 분야다. 탄소발자국, 시간과 공간, 비용을 절감하면서 먼 지역 간 정보와 감정 소통을 강화해줄 거라고 기대해서다.

일단 메타버스를 이용해서 뜨는 마케팅과 기업을 보자. '윈도 스완(Window Swan)' 같은 가상여행 웹사이트는 증강현실 여행의 예이고 개더타운(gather town), 쿠모스페이스(kumospace) 같은 서비스는 화상회의와 가상현실+아바타를 조합한 예다. 2020년 트위터에서 가장 많이 언급된 닌텐도 게임 '동물의 숲'은 유저가 자신의 섬, 집, 캐릭터를 마음대로 꾸며 힐링하는 게임인데 자유도가 높다. 조 바이든 미국 대통령은 코로나19 팬데믹 상황에서 이 동물의 숲을 이용해 '바이든의 섬'을 만들어 유세했다. 오바마가 SNS로 유세했던 시대에서 또 한 번 변한 것인데 미국 대선의 미디어 툴을 보면 다음에 메인 미디어가 뭐가 될지 가늠할 수 있다. 2020년 4월에는 홍콩 시민들이 동물의 숲에서 민주화 시위를 하기도 했다. 마크 제이콥스와 발렌티노 같은 패션 명품도 이 숲에서 패션쇼를 했다.

루이뷔통은 '리그 오브 레전드' 게임의 로고와 캐릭터를 모티브로 제품을 내놨는데 1시간 만에 품절되었다. 미국 10대들이 좋아하는 모바일 게임 업체 로블록스에는 월 1억 명의 사용자가 접속해 아바타로 자신의 공간은 물론 게임까지 만든다. '로벅스'라는 사이버 머니로 경제 행위도 가능해서 연 수억 원대의 수익을 내는 10대도 있다. 콤플렉스콘은 행사가 어려워지자 온라인에서 즐길 수 있는 게임

'콤플렉스 랜드'를 만들어 자기 아바타가 쇼핑과 공연을 즐기고 세미나를 들을 수 있는 경험을 제공했다. 가상 공간에는 푸드트럭도 있다. 여기서 주문하면 오프라인 세계로 배달(제한된 지역, 행사기간 한정)된다. 에픽게임즈의 '포트 나이트' 파티 로열 모드에서는 미국 래퍼 트레비스 스캇이 온라인 콘서트인 애스트로노미컬을 열었다. 공연 동시 접속자가 무려 1,230만 명에 수익은 2,000만 달러! 네이버의 증강현실 아바타 앱인 제페토에서 블랙핑크가 팬 사인회를 했을 때는 무려 4,600만 명이 몰렸다. 아직은 초등생들이 80퍼센트이지만 가상세계는 현실과 계속 섞이고 있다. 또 2000년생인 Z세대의 남다른 부상을 예고했다.

메타버스가 활성화되면 세상은 또다시 몇 개의 세계로 나뉜다. 고대에는 문명과 야만, 인간과 자연으로 세상이 구분되었다가 중세에는 신과 인간으로 나뉘었고 19세기에 들어와서는 도시와 농촌으로, 20세기 후반에는 오프라인과 온라인으로 나뉘었다. 그래서 디지털 코쿤족이 나왔다. 메타버스 세상에서는 현실과 가상으로 나뉜다. 현실은 세대, 부의 크기, 지역, 메타버스화(化) 등으로 나뉘겠지만 가상은 추정하기로 '딜(D.I.L.)', 즉 콘텐츠의 깊이(Depth), 참여자의 개입

	하	중	상
깊이			
개입			
연결			

도표8 각 메타버스의 9가지 속성

(Intervention), 소프트와 현실과의 연결(Link) 정도에 따라서 9개로 나뉠 것이다.

예를 들어 가상현실은 깊이 상, 개입 상, 현실과의 연결은 하일 것이다. 화상회의나 화상교육 등은 깊이는 중, 개입은 하, 연결은 상으로 속성 평가를 할 수 있다.

메타버스 세상이 심화하면 교육, 교통과 통신, 보험, 거주 형태, 푸드, 이미지 산업 등이 크게 바뀔 것이다. 미디어로 변할 것이므로 마케팅도 당연히 바뀔 것이고. 마켓의 분류가 달라져 인마켓(in-market) VS 아웃마켓(out-market)으로 나뉠지도 모른다. 그러면 마케터들도 "저는 인마케터입니다", "아웃마케터입니다"로 세분화된다. 지금도 담당 지역에 따라 로컬 마케터와 글로벌 마케터로 구분되고 있으니 충분히 그럴 수 있다.

참고도서 | 《메타버스: 디지털 지구, 뜨는 것들의 세상》(김상균)

19

데이터 기반
마케팅

앱 경제와 데이터 기반 마케팅의 출현은 2010년 이전 마케팅과 확연히 차별화된다. 다음은 데이터를 기반으로 하는 마케팅들인데 과거에는 불가능했던 방법이다.

빅데이터: 아날로그 환경에서 생성되던 데이터보다 규모가 방대하고, 생성주기도 짧고, 형태도 수치 데이터(정형)뿐 아니라 문자와 영상 데이터(비정형)까지 포함하는 데이터를 말한다. PC와 인터넷, 모바일 기기 이용이 생활화되면서 사람들이 남긴 데이터 발자국은 기하급수적으로 증가하고 있다. 쇼핑을 데이터의 관점에서 보면 과거에는 상점에서 물건을 살 때만 데이터가 기록되었지만, 인터넷 쇼핑몰의 경우에는 구매하지 않더라도 방문자가 어떤 상품에 관심이 있는

지, 얼마나 쇼핑몰에 머물렀는지를 알 수 있고 이것이 데이터 발자국으로 남는다.

사람과 기계, 기계와 기계가 서로 정보를 주고받는 '사물지능 통신(M2M, Machine to Machine)'의 확산도 디지털 정보가 폭발적으로 증가하게 되는 이유다. 또 하나 주목할 것은 이런 숫자 데이터뿐만이 아니라 사용자가 제작하는 UCC를 비롯한 동영상 콘텐츠, 휴대전화와 SNS에서 생성되는 문자 등은 데이터의 증가 속도뿐 아니라, 형태와 질에서도 기존과 다른 양상을 보인다는 점이다. 블로그, SNS에서 유통되는 텍스트 정보로 글을 쓴 사람의 성향뿐 아니라, 소통하는 상대와의 관계까지도 알 수 있다.

트위터에는 하루 평균 1억 5,500만 건의 데이터가 생겨난다. 유튜브도 하루 평균 동영상 재생 건수가 40억 회에 육박한다. CCTV가 촬영하고 있는 영상 정보의 양도 상상을 초월한다. 센서스를 비롯한 다양한 사회 조사, 국세 자료, 의료보험, 연금 등의 분야에서도 데이터가 생산되고 있다.

빅데이터의 특징은 보통 3V로 표현한다. 데이터의 양(Volume), 생성 속도(Velocity), 형태의 다양성(Variety)을 의미한다(O'Reilly Radar Team, 2012). 최근에는 가치(Value)와 복잡성(Complexity)을 덧붙이기도 한다. 기업은 데이터를 통한 고객관계관리(CRM)를 1990년대부터 시작했다. CRM은 기업이 보유하고 있는 데이터를 통합하는 데이터웨어하우스, 고객 데이터 분석(data mining)을 통해 고객 유지와 이탈 방지 등을 위한 다양한 활동을 한다. 최근에는 구매 이력 정보와 웹로그 분석, 위치

기반 서비스 결합을 통해 소비자가 원하는 서비스를 적기에 적절한 장소에서 제안할 수 있는 기술 기반을 갖추었다.

AI를 활용한 추천 서비스도 많이 쓴다. 구글은 검색어 빈도를 분석해 독감 환자 수와 유행 지역을 예측하는 서비스를 개발(google.org/flutrends)했고 수천만 권의 도서 정보와 유엔과 유럽의회, 웹사이트의 자료를 활용해 64개 언어 간 자동번역 시스템 개발에 성공했다. 2012년에 열린 다보스 포럼은 위기에 처한 자본주의를 구하기 위한 '사회 기술 모델'을 제시하고 빅데이터가 사회 현안 해결에 강력한 도구가 될 것으로 예측했다.

그 후 10여 년이 흘렀다. 예상대로 빅데이터는 우리의 생활과 마케팅에 위력을 과시한다. 빅데이터는 데이터 축적과 마이닝 기술도 중요하지만 핵심 경쟁의 설정과 설계, 목적, 해석도 만만치 않게 중요하다. 여기에 필요한 게 아날로그 세계에서도 필요했던 통찰력과 용기다. 트럼프 대통령 당선을 미국의 빅데이터들은 예측했던가? 《모두 거짓말을 한다》의 저자 세스 스티븐스 다비도위츠만이 구글 검색어를 분석해 예측했을 뿐이다. 또한 9·11 테러, 2008년 금융대란, 에볼라, 코로나19 같은 블랙스완 사건은 예측하지 못했다. 설사 누군가는 예측했어도 의사결정자들은 귀담아듣지 않았다.

대안으로 스몰 데이터(small data)도 나왔다. 레고는 침체 부진을 만회하고자 세계의 빅데이터를 돌려 그 결과를 경영 전략에 담고 레고 블록에 집중했다. 과거로의 노선 수정이었다. 그러나 레고의 매출은 더 떨어졌다. 그러다가 CEO는 어떤 어린이가 자신의 아주 낡은 운동화를 오래 보존하며 애착을 보이고 거기서 프라이드를 얻는 것을 관찰하고는 레고의 자산(legacy)을 활용하는 쪽으로 선회한다. 레고 제품에 〈해리포터〉, 〈반지의 제왕〉 등의 스토리 콘텐츠를 융합한 것이다. 결과는 대성공이었다. 레고는 부활하기 시작했다.

빅데이터 마케팅: 당신도 온라인 서점에서 책을 구매한 후 "이 책을 구매하신 분은 다음 책들도 구매하셨습니다"라는 안내를 받아봤을 것이다. 이것이 빅데이터 마케팅의 전형이다. 추천 마케팅이라고도 한다. 제품을 구매하는 순간 소비자는 조작 가능한 동물원으로 들어가게 되고 그때부터 조종된다. 이런 타깃 마케팅의 선두주자는 단연 아마존이다. 단골의 취향을 파악해 책을 추천해주는 동네 서점의 판매 방식을 온라인에서도 구현하겠다는 아이디어를 적용한 것이다. 아마존은 소비자의 구매 이력 등을 분석해 앞으로 구매 가능성이 큰 제품을 추천하고 미리 쿠폰을 제공하는 식으로 전체 매출을 30퍼센트가량 끌어올렸다.

미디어 콘텐츠 유통 기업인 넷플릭스도 2000년대 초반부터 맞춤형 추천 시스템인 '시네매치(cine match)'를 도입해 이용자 수를 2,500만여 명까지 늘렸다. 빅데이터 기반으로 청취자의 음악적 성향은 물론 친구들의 음악 성향까지 분석해 자동으로 추천 음악을 제안하는 방식으로 단기간에 고속성장을 이룬 음악 스트리밍 서비스 업체 스포티파이 역시 유료 서비스 및 광고 · 스폰서십까지 확보하며 탄탄한 비즈니스 모델을 구축했다.

한국에서는 카드사가 빅데이터 마케팅을 주도한다. 롯데카드는 25~39세 여성이면서 최근 6개월 동안 롯데백화점·마트·홈쇼핑에서 기저귀, 유아 내의, 아기 물티슈 등을 구매한 고객 3만 명에게 영유아 상품 할인쿠폰을 발송했는데, 쿠폰을 받은 고객의 '마케팅 반응률'이 크게 올랐다. 스마트폰은 신용카드사의 빅데이터 마케팅을 더욱 촉진하는 엔진이다. 신한카드도 빅데이터 활용을 전담하는 '인사이트팀'을 꾸렸다. 현대카드는 'CLM(Customer Lifecycle Management)팀'에서 빅데이터 분석을 맡고 있다.

빅데이터 마케팅으로 빅브라더 사회가 도래했다는 비판도 있지만, 소비자는 자신만을 위한 마이크로 마케팅 혜택을 받을 수 있어 이득이라는 주장도 가능하다. 예컨대 네이버 뮤직 라디오의 음악 추천 시스템, 미처 생각하지 못했는데 꼭 필요한 제품까지 추천해주는 아마존의 서비스, 소비자가 좋아하는 브랜드의 쿠폰만 보내주는 백화점 서비스 등이 그런 경우다.

빅데이터 오남용 사례도 있다. 미국의 전자상거래 회사가 한 10대 소녀 집에 임산부용 안내 책자를 보냈는데 격노한 아버지가 그 회사를 고발했다. 그런데 알고 보니 딸이 임신 중이었다. 임신 사실은 맞췄어도 그 회사는 신중해야 했다. 그래서 빅데이터 마케팅은 결국 윤리 문제에 봉착하게 된다. 스팸 광고에 대한 소비자들의 염증이 빅데이터 마케팅을 추동한다는 해석도 있다. 사람들은 자신의 취향과 취미 등이 고려된 할인쿠폰, 역동적이고 재미있는 광고에 대해서는 우호적이다. 당연히 정치인들이 이 마케팅을 놓칠 리 없다.

2012년 미국 대선 후보였던 오바마와 롬니의 정치 광고 캠페인은 SNS에 기반한 최초의 빅데이터가 대선에서도 매우 중요한 역할을 할 수 있음을 보여줬다.

SNS 마케팅: 컴퓨터를 매개로 한 사교적 상호작용의 역사는 아파넷, 유즈넷, ISTSERV, BBS 등과 같은 컴퓨터 네트워크의 역사와 같이한다고 할 정도로 오래되었다. (위키피디아, 2012) 아메리카 온라인, 프로디지, 컴퓨서브, 천리안 등과 같은 다이얼업 모뎀을 통한 온라인 서비스를 매개로 한 다양한 가상 공동체도 출현했는데 SNS가 폭발적으로 성장할 수 있었던 배경은 당연히 1990년대에 등장한 월드와이드웹 서비스다. 1990년대 후반에 들어서면서 이용자 신상정보 제공 기능이 SNS의 가장 보편적인 기능으로 자리 잡고 친구 찾기 같은 새로운 SNS 기술들이 개발되었다.

중부대학 황유선 교수(2012)에 따르면 '소셜 미디어'라는 용어는 가이드와이어 그룹의 창업자인 크리스 시플 리가 2004년 콘퍼런스에서 IT 관련 담당자들 대상으로 처음 사용했다. 2006년에는 시프트 커뮤니케이션스 홍보 회사가 언론 홍보를 위한 소셜 미디어 탬플릿을 개발했다. 마케터들은 트위터, 인스타그램, 유튜브, 페이스북, 틱톡 등 다른 사람들과 교류할 수 있는 앱 서비스를 활용하는데 앱마다 주 이용층과 매체 성격이 다르므로 잘 활용해야 한다.

트위터는 정치인들이나 캠페인을 하는 사람들이 리트윗 기능을 주로 활용하고, 인스타그램은 30대 여성층이 많이 이용하는데 해시태그로 연결되고 사진이 주 콘텐츠다. 동영상 커뮤니티인 유튜브는 10대와 50대가, 텍스트와 페이지가 특징인 페이스북은 40대가 주로 쓴다. 중국에서 만든 틱톡은 거의 15초 짤방에 10대 사용자가 많다. 현재 미국 시장에서 확장세다. 사진 이미지만 핀업하는 핀터레스트의 경우 광고 효과가 탁월해 재조명을 받고 있다. 핀터레스트 측이 고객이 올린 계정 내 사진 이미지를 수년간 정밀하게 딥러닝으로 학습해 광고와 고객의 니즈를 매칭한 섬세함 때문이다. 그 결과 제품 구매율이 50퍼센트에 달한다.

SNS 마케팅 기법은 대체로 3가지다. 첫 번째는 타깃을 설정해 광고 및 홍보 전략을 수립하는 것이다. SNS는 비교적 정확한 정보 프로파일을 제공하기 때문이다. 두 번째는 소비자의 온라인 상품 관련 행동, 즉 COBRA(Consumer's OInline Brand Related Activities.)를 활용하는 방법이다(Moutinga.). 페이스북의 '좋아요' 버튼과 같이 특정 상품이 게시되었을 때 선호를 직접 확인할 수 있다. 특정 브랜드를 페이스북에 올리는 경우 긍정적 태도를 가진 잠재적 구매자들이 대상이다. 세 번째는 eWOM(Electronic Word of Mouth, 전자 입소문 마케팅) 기법인데 긍정적으로 평가 및 추천되는 상품은 소비 행동으로 이어진다.

요즘에는 조작된 것들이 많아 초기처럼 쉽지는 않다. COBRA 관련 소비자의 행동 패턴을 연구한 모팅아 등에 따르면 소비자 행동은 소비, 기여, 창작으로 나뉜다. 소비 행동은 관련 비디오 시청과 오디오 청취, 이미지 보기, 브랜드 커뮤니티 포럼의 글 읽기, 브랜드 위젯 다운로드, 가상 선물 보내기 등이다. 기여는 평가, 페이지 가입,

대화 참여, 웹블로그·오디오·이미지 등에 하는 코멘트이고, 창작 행동은 관련 블로그 개설, 업로딩, 글 작성, 리뷰 등이다. (《SNS의 열 가지 얼굴》, 이재현 글 일부 발췌)

기업 특히 비영리기구나 스타트업 입장에서는 별로 비용이 발생하지 않아 유용한 미디어다. 디지털 미디어는 3가지로 나뉘는데 기업 소유(owned media: 홈피, 기업 공식 채널), 자발적 확산 미디어(earned media: 블로그 후기, 유튜브나 인스타그램에 올리는 자발적 콘텐츠), 유료 미디어(paid media: 검색 광고, 배너 광고, PPL 등)가 있다. 각각 특징들이 달라 적절하게 배분해서 활용해야 한다.

현재 한국에서 인기 있는 SNS 채널은 네이버 블로그, 페이스북, 인스타그램 등인데 각각의 특징과 단점은 다음과 같다.

네이버: 키워드 상위 노출 전략. 글, 이미지, 영상, URL 등 다양한 콘텐츠의 지속 활용도도 높은 편(long form). 영상이나 사진 중심 SNS에 밀리는 추세이며 특히 20~30대의 이용 감소 경향으로 도달률 낮음. 대신 구매 전환율이 높은 편.

페이스북: 이름부터가 앨범이므로 친구 간 콘텐츠의 확산과 공유에 유리. 텍스트의 수, 이미지, 영상의 길이 제한이 없어 정보 전달력 높은 편. 검색 로직은 취약.

인스타그램: 사진과 해시태그 검색 중심으로 20~30대가 몰리는 감성 SNS. 오가닉 게시물 내 링크가 활성화되지 않는 게 단점.

페이스북과 인스타그램, 트위터, 유튜브·틱톡 등은 적극적인 정보 구매, 쇼핑 욕구보다 킬링타임용으로 활용하려는 관성이 있어서 고객전환율은 상대적으로 낮은 편.

Quiz 41
SNS 마케팅과 소셜타이징(socialtizing)을 구분해보라. 그리고 일반에서 혼용되어 쓰이는 온라인 마케팅과 디지털 마케팅의 차이를 구분해보라.

SNS가 늘 약은 아니다. 프라이버시 보호 문제, 사적 정보의 잠재적 남용 문제, 그리고 악플, 차별과 혐오를 일으키는 사이버 불링(cyber-bullying), 즉 온라인상의 공격 행위가 문제다. 이밖에 개인 게시물의 지적재산권, 개인에 대한 감시, 성희롱 등의 문제가 사회적, 학문적으로 논란이 되고 있다.

온라인 마케팅 대행사도 급격히 늘고 있다. 주로 기업이나 대형 광고 회사의 주문을 받아 퍼포먼스나 그로스 해킹 같은 데이터 마케팅을 한다. 성장 속도는 빠르지만, 업무 가치가 높지도 않고 직원들 연륜도 짧다. 직원들의 마케팅 철학도 약한 편이며 이직률도 높다. 10년 전쯤 시작된 마케팅이고 실무적이라 내게는 낯선 분야다. 이 마케팅에 대한 인터넷 정보와 현장에서 뛰는 분들 의견을 모아 소개하면 다음과 같다.

퍼포먼스 마케팅: 최근 10여 년 동안 네이버를 중심으로 검색 광고, 블로그, 지식인, 배너 광고가 온라인 광고가 주류를 이루었다. 그러다가 온라인과 모바일 몰의 인기가 높아지더니 카카오 SNS, 유튜

브, 배달 앱 등이 나왔고 콘텐츠는 텍스트 중심에서 카드 뉴스와 동영상 중심으로 바뀌고 있다. 화상 솔루션과 오디오북, 오디오 SNS 클럽하우스까지 나왔다.

이와 같은 SNS 만개 시대를 맞이해 광고 소재와 콘텐츠를 온라인상에 다양하게 노출한 뒤 유입된 방문자가 홈페이지 내에서 어떤 효과를 내는지 확인하고 수정하는 마케팅이 퍼포먼스(performance) 마케팅이다. 분석 기능을 갖춘 사이렌 마케팅이랄까! 여기서 초점은 방문자 수가 아닌 실제 매출로의 전환을 분석하는 것이다. 분석 툴로는 구글 애널리틱스와 페이스북 픽셀을 주로 쓴다. 매출로의 전환을 위해 방문자 체류시간, 이탈률, 페이지뷰 시간, 단순 인기 콘텐츠와 매출 발생 콘텐츠를 구분해 분석 및 피드백을 한다. 온라인 신문인 허핑턴포스트의 편집이 초기에 이와 비슷했다. 독자들의 반응을 봐가면서 제목과 내용, 편집을 기민하게 바꿨다. 당시로서는 획기적인 편집 방법이었다.

독자의 이해를 위해 인터넷에 소개된 퍼포먼스 마케팅 예를 들어보겠다. 어느 식료품 업체가 갑자기 성장이 둔화된 시점이다. 이에 마케터는, 다음과 같은 고객에 대한 분석 및 피드백을 했다.

1. 홈페이지에서 높은 주문량을 기록하는 연령대 분석 – 타깃 연령층에 집중
2. 판매가 많이 발생하는 지역 선별 – 지역별 예산 재조정
3. 홈페이지 체류시간을 분석해 가장 효과적인 제품 확인 – 체류

시간 높은 브랜드를 광고 소재로 선택

4. 광고 매체별 이탈률, 체류시간 등 분석을 통해 효과적인 매체 선정

분석 및 피드백 결과, 광고 클릭률 50퍼센트 이상 개선, 구매 전환 개선은 30퍼센트 이상, 클릭당 단가 개선율은 20퍼센트 이상 증대했다. 빙고! 퍼포먼스 마케팅은 이처럼 데이터를 기반으로 효율을 재분배하는 마케팅인데 그로스 해킹과 구별해서 봐야 한다.

그로스 해킹: 온라인 마케팅의 한 종류로 창의, 분석, SNS 등을 활용해 제품을 팔고 노출하는 방법이다. 실리콘밸리의 마케터인 션 엘리스가 2010년에 처음 사용한 용어로 알려져 있다. 그로스(growth)는 '성장'이라는 뜻이고 해킹은 우리가 아는 사이버 해킹 외에 'manage', 'cope', 즉 '해결'이라는 의미도 있다. 따라서 그로스 해킹(Growth Hacking)은 '성장을 위한 데이터 기반 문제해결 방법론'으로 이해하면 된다.

위키백과에 의하면, 그로스 해킹과 관련된 중요한 개념으로 A/B 테스트, SEO, AARRR, KPI, OKR, NPS 등이 있다. A/B테스트는 대안인 A와 B를 사용하는 대조 실험이다. 넷플릭스는 프로그램 소개 화면을 수시로 바꾸면서 접속자들의 반응을 살피는데, 이는 새로운 방법은 아니다. 미국의 인터넷 신문 허핑턴포스트도 과거에 독자들 반응을 보면서 온라인 기사 헤드라인을 수시로 교체한 사례가 있다. 일반인들도 SNS에 올리는 콘텐츠를 조회수나 댓글 반응을 봐가

면서 교체하는 경우가 있다. 오프라인에서는 힘들지만 온라인 세상에서는 비교적 용이한 테스트 방법이다.

SEO, 즉 검색 엔진 최적화(Search Engine Optimization)란 사이트를 검색자에게 최적화시키는 것을 의미한다. 검색 엔진 결과에 콘텐츠를 노출함으로써 웹사이트 연결을 늘리는 역할을 한다. 검색 엔진 결과 페이지에서 높은 순위를 차지하도록 하는 과정이다.

AARRR은 목표의 기준점이 되는 사업 성장을 평가하기 위해 사용된다. 이 모델은 서비스의 성장을 획득(Acquisition), 활성화(Activation), 유지(Retention), 소개(Referral), 수익(Revenue)의 다섯 단계로 나눠 데이터로 측정한다. 매스미디어 시대의 마케팅 조사 방법인 AIDMA(Attention-Interest-Desire-Memory-Action)와 인터넷 시대 이후에 이를 변형한 AISAS (Attention-Interest-Search- Action-Share)의 방법론이 디지털 시대에 맞게 변형 발전된 것으로 볼 수 있다.

적극적으로 개입한다는 뜻을 지닌 해킹이라는 단어가 들어간 것을 보면 기존의 조사 방법론과는 의도와 목표가 더 공격적임을 알수 있다. 이 밖에 KPI는 핵심성과지표(Key Performance Indicator), OKR은 목표 및 핵심결과지표(Objectives and key results(, NPS는 순고객 추천지수 (Net Promoter Score)의 약어인데 이들에 대한 세세한 설명은 생략한다. 그로스 해킹 방법을 구사한 기업으로는 드롭박스, 링크드인, 페이스북, 에어비앤비 등이 있다.

그로스 해킹은 데이터를 기반으로 한다는 점에서 얼핏 퍼포먼스 마케팅과 비슷해 보인다. 하지만 퍼포먼스 마케팅이 마케팅 채널에 집중한다면, 그로스 해킹은 분석부터 구매까지 제품 과정의 전체를 개선한다는 점에서 다르다. 그래서 고객의 이동 경로에 대한 따른 경험을 축적한다. 예를 들어보자. 제품의 무료 체험을 제공하려는 A사가 있다. 신용카드 등록이 필수인데 잠재고객들이 카드에 대한 불안감으로 등록을 주저한다. 이에 A 사는 그로스 해킹을 이용해 문제를 풀어보기로 했다.

1. 홈페이지에 한 사람이 중복 무료 체험 신청하는 것을 방지하기 위함이란 문구 삽입.
2. 자동결제에 대한 우려를 해결하기 위해 "30일간 어떤 결제도 진행하지 않습니다"라는 설명 추가.
3. 신용카드 등록 창 옆에 해당 서비스를 이용 중인 기업들의 로고를 배치해 고객의 신뢰를 획득하고 행동을 유발함.

이렇게 홈페이지만 개선했는데 무료체험 신청률이 160퍼센트 증가했다. (데이터마케팅 코리아, 2021.4.2.)

참고도서 | 《진화된 마케팅 그로스 해킹》(션 엘리스·모건 브라운), 《마켓4.0 그로스해킹》(김진·최정아)

20

디지털
리터러시

디지털을 많이 활용하는 마케터라면 디
지털·미디어 리터러시를 키워야 할 필요가 있다. 자신도 모르는 사
이에 디지털 악당이 될 수 있기 때문이다.

위키백과에 따르면, 디지털 리터러시(digital literacy 또는 digital literacies)는
디지털 문해력이란 뜻이다. 디지털로 기록되고 저장된 정보를 사용
해 만들어지거나 전송된 여러 양상을 통해 세상의 의미를 인코딩하
고 디코딩하는 문화적 관습을 말한다. 네트워크 사회에서 참여자들
이 의미와 아이덴티티를 협상하는 스킬, 태도, 기질을 아우르며 기
술을 활용한 개인의 문법, 작문, 글쓰기, 이미지, 오디오, 비디오,
팟캐스팅, 리믹싱, 디자인을 포함할 수 있다. 리터러시는 1차적으로
특정 문화권에서 통용되는 커뮤니케이션 코드인 '언어'에 의해 규정

되지만 단지 언어를 읽고 쓰는 능력에서 나아가 변화하는 사회에서의 적응 및 대처 능력까지 포함한다. 리터러시는 미디어와 기술 발달에 따라 텔레비전 리터러시, 시각 리터러시, 컴퓨터 리터러시, 멀티미디어 리터러시, 정보 리터러시, 정보통신 리터러시, 미디어 리터러시, 디지털 리터러시 등으로 발전해왔다.

캐나다의 브리티시 컬럼비아(British Columbia, 2017)에서는 디지털 리터러시의 6가지 영역을 다음과 같이 정한다. ▲연구 및 정보 리터러시 ▲비판적 사고력 문제해결 및 의사결정 ▲창의성 및 혁신성 ▲디지털 시민의식(인터넷 안전, 사이버불링, 디지털 지문 및 평판 등) ▲의사소통 및 협동 ▲기술 활용 및 개념.

디지털 리터러시 교육협회(대표 박일준, 김묘은)는 디지털 리터러시 교육 프레임 워크를 디지털 윤리, 디지털 능력 교육 외에 디지털 활용 교육을 별도의 영역으로 구분한다. 서울혁신센터장 시절, 내가 직접 대표 두 분에게 들은 내용으로는 한국, 영국, 베트남 어린이들의 디지털 리터러시는 영역별로 달랐다. 한국 아이들은 당장 눈에 띄는 기술 활용 및 개념에 관심을 기울이는 데 반해 베트남과 영국 어린이들은 의사소통 및 협동. 디지털 시민의식 등에 관심이 많았다. 그래서 박일준 대표는 한국의 디지털 리터러시 미래를 다소 우려스럽게 보았다고 한다. 한국은 여전히 'SKY캐슬 신드롬'이 지배하는 사회가 아닌가 해서다.

이런 개념을 확대하면 소비 리터러시라는 대항 리터러시도 나올 법하다. 올바른 소비 문해력을 의미한다. 한겨레 신문 기자인 구본

권은 《당신을 공유하시겠습니까》라는 책을 통해 스마트폰과 디지털 기술을 더 지혜롭게 쓰기 위한 몇 가지 습관에 대한 지침을 권고한다. 마케터들은 소비자들의 이런 우려감에 십분 공감하면서 디지털 마케팅을 해야 할 것 같다.

1. 기기가 당신을 조종하지 못하게 하라.
2. 디폴트 세팅을 '나만의 설정'으로 바꿔라.
3. 가능한 한 자주 '방해금지 모드'를 활용하라.
4. 수시로 이메일, 알림을 삭제하고 청소하라.
5. 뇌가 휴식할 시간을 제공하라.
6. 올리기 전 프라이버시를 먼저 점검하라. "만약의 경우 신문 1면에 그대로 실려도 좋은가"라는 질문이 그 잣대가 될 수 있다.
7. 소셜 네트워크의 분칠에 현혹되지 마라.
8. 스마트폰과 동침하지 마라.
9. 검색엔진에서 수시로 스스로를 검색해보라. 내가 모르는 '디지털 나'가 있다.
10. '모바일 신언서판'이 새 에티켓이다.

디지털 리터러시 VS 미디어 리터러시

디지털을 미디어의 일종으로 보면 디지털 리터러시는 미디어 리터러시의 하위 장르로 보이지만 요즘 디지털이 인류 사회에 미치는 영향과 충격을 보면 오히려 미디어 리터러시를 디지털 리터러시의 하위 장르로 봐야 할지도 모른다.

디지털 리터러시는 디지털 미디어에 의해 이루어지는 표현과 소통에 대한 비판적 이해와 창의적 활용을 다루는 차원에서는 미디어 리터러시와 중첩된다. 그러나 디지털 리터러시는 미디어 표현과 소통뿐만 아니라 디지털 기술 구조와 영향에 대한 이해를 다루고, 21세기 디지털 환경에서 살아가는 인간의 삶과 타인과의 관계와 학습과 일을 위해 필요한 기능과 태도 교육을 중시한다는 점에서 미디어 리터러시와 구분된다.

허위정보 문제의 해결책으로는 미디어 리터러시가 제시되고 있다. 미디어 리터러시는 미디어를 읽고 쓸 줄 아는 능력과 비판적 사고의 중요성 때문에 허위정보 문제를 해결하는 대안이 될 수 있다. 그러나 미디어 리터러시 교육이 가짜뉴스와 허위정보에 속지 않기 위한 해결책은 될 수 있지만, 이런 행위를 막는 것은 불가능하다.

1인 미디어, 소셜 미디어 시대가 되면서 미디어 리터러시 참여와 시민성이 언급되지만 대한민국처럼 사회 갈등이 심한 나라에서는 이 역시 해결책이 되지는 않는다. 이런 일은 사이버수사대나 공공심의위원회에서 다룰 거리는 된다. 미디어 리터러시는 비판적 사고, 시민성 그리고 더 근본적으로는 공동체 의식, 공감 능력, 관계 능력, 갈등관리 능력이 있어야 하므로 디지털 리터러시 접근이 필요해 보인다. 그만큼 디지털은 특별한 미디어다.

차단(Block Out)

기업들이 위에 상술한 디지털 데이터 기반으로 소비자를 공격할 때 소비자는 차단 기술로 대응해야 한다. 과거 시대의 비초대, 축객과 같은 논리다. 현재와 미래는 관계와 정보의 폭발 시대다. 그런데 디지털 문턱은 개방되었거나 낮다. 시도 때도 없이 메일이 오고 카톡이 오고 선물이 온다. 봐야 할 것도 많다. 허핑턴포스트의 창업자인 아레나 허핑턴은 누구보다 디지털을 사랑하고 바빴던 사람이지만 사무실에서 쓰러지는 경험을 하면서 무엇보다 번 아웃(burn out)을 조심하라고 경고하며 스스로 전도사로 변신했다.

우리도 모르는 사이 추적도 당한다. 통계에 따르면 앱의 정보 추적을 허용한 사람은 11퍼센트에 불과하다. 국민안전관리위원회는 안전을 이유로 우리 동선을 실시간으로 다 꿰고 있다. 참으로 피곤하고 위험한 사회다. 물론 이런 연결성과 개방성이 끊어지면 신뢰와 편리의 다리는 없어진다. 디지털 사회의 딜레마다. 그러나 인간의 인지, 감정의 그릇에는 한계가 있으므로 무조건 다리를 만들어 연결할 수는 없다. 미래에는 차단 기술이 필요하다.

아래 내용은 글쓰기 플랫폼 '브런치'에 올라온 글 '집중과 몰입을 위한 차단의 기술'(2020.10.1.. 이완)에서 소개한 차단의 기술 4가지다.

1. **집중 이전에 차단하기**: 중요한 것, 필요한 것이 무엇인지 먼저 정하고 주변을 단순하게.
2. **자극을 차단하기**: 주변을 정리하고 명상 시간을 가져라.

300

3. 감정과 행동의 연결을 차단하기: 슬프다고 과식, 과로했다고 과음, 스트레스 받았다고 쇼핑, 사람과 갈등을 겪었다고 파괴적인 행동하기 등의 습관은 빨리 차단하는 것이 좋다. 이것이 지속되면 중독이 된다. 대신 글을 쓰거나 좋은 추억을 생각하거나 혼자 걷기, 다른 생각을 해보는 것이 좋다.

4. 내면의 부정적인 생각 차단하기: 수치심, 열등감, 죄책감 등을 대체할 수단을 만들어라.

자극을 차단하고 싶은 사람에게는 물멍, 불멍 등 멍때리기를 추천한다. 생각 기능의 차단이다. 스마트폰과 SNS, 셀카, 아바타와 멀티 페르소나 만들기 등도 사람들에게는 자극이 된다. 인격을 분산하는 것은 재미는 있지만 큰 에너지가 소요된다. 이것이 바로 디지털 소비자의 또 다른 실상이다. 기업과 언론, 사회심리학자들은 아직 이에 대해 언급하지 않는다. 자극 차단 기술이 개인과 기업 미래에 중요한 이유는 기업은 차단을 못하게 할 기술을 만드는 데 열심이고 개인은 기업의 압도적인 공세에 말리기 십상이기 때문이다. 모순이란 말이 딱 어울리는 상황이다. 고객의 욕구와 기업의 욕망이 엇갈리는 대목이 바로 이 패스와 차단의 갈림길이다.

Quiz 42

자극 차난는 사업 기회이기도 하다. 온라인 독서실(캠스터디)은 조용하게 공부에만 집중하게 만들어 호평을 받았다. 반면 영국의 대학교 일부는 학교 내에 토론형 카페를 만들어 큰 소음도 용인한다. 역시 호평을 받았다. 전자는 자극 차단을 활용한 사업임이 분명하다. 그렇다면 후자는 차단 기술을 이용한 공간일까?

Quiz 43

애플에 이어 구글이 구글스토어에 있는 앱들이 사용자 개인정보를 얼마나 수집하는지 알려주는 '안전 섹션'을 2022년 2분기부터 시행한다고 밝혔다. 그동안 사용자 정보를 추적해 맞춤형 광고를 해온 페이스북, 알리바바 등이 타격을 입을 것이다. 그렇다면 아마존도 타격을 받을까? 힌트: 아마존은 로그인한 사용자의 관심과 클릭 정보를 직접 수집.

이 책은 일반 사업자나 자본이 부족한 스타트업 창업자도 마케팅이라는 도구를 잘 쓰도록 돕기 위해 썼다. 앞에 소개한 재밌고 기발한 마케팅 외에 언력을 이용하는 방법이 있다. 나는 이를 '언력(言力, pitch) 마케팅'이라고 부른다.

사람들은 주로 글을 통해 의사를 소통하는데 좋은 글, 임팩트 있는 글은 사람을 설득하고 공유와 전파를 유도한다. TTIMES 등에서 잘 쓰는 카드뉴스나 짤방은 파 하고 터지면서 공유는 잘되지만 아주 짧은 시간에 사람의 마음을 파고들기는 힘들다. 그래서 나는 독자들에게 재미나고 유용한 언력 마케팅을 추천한다. 내가 강의에서 자주 인용하는 미래학자 다니엘 핑크는《파는 것이 인간이다》에서 6개의 피치(pitch, 홍보성의 짧은 글)를 잘 구사하라고 했는데 그 내용은 다음과 같다.

1. 한 단어 구사: 정보과잉 시대를 사는 우리는 하루 10만 단어를 듣기 때문에 기억할 단어가 임팩트 있어야 한다. 예) 오바마 대통령의 'Move', 'Foward'.

2. 질문: 주장의 근거가 확실할 경우 평서문보다 의문문을 활용해

상대방이 동의하거나 반대하는 자신만의 이유를 찾게 하라. 그러면 기억이 오래간다.

3. 운율: 운율을 맞추면 정보처리 유창성이 커져 전달력이 좋아진다.

예) Woes unite foes(슬픔은 적을 뭉치게 한다.), Cash는 잃었지만 Ash는 얻었다(아이슬란드 화산 대폭발 때 그 나라 국민이 조크로 한 말), 정보가 풍요해지는 만큼 관심의 결핍도 증가한다, OK! SK.

4. 제목: 이메일이나 프로젝트 제목은 유용하면서도 흥미를 자극할 만한 것으로 구체적으로 제시하라. 주목할 확률이 올라간다.

5. 트위터 피치: 트위터는 140자 이내로 써야 한다. 말하고자 하는 바를 140자 이내로 쓰면 보는 사람이 훨씬 쉽게 이해하고 빨리 판단한다.

6. 픽사 피치: 3D 애니메이션으로 유명한 픽사의 스토리 아티스트인 에마 코츠가 찾아낸 원칙. '옛날에, 매일, 어느 날, 그래서, 그래서, 마침내'라는 6개 방식의 순서대로 만들어지는 이야기 구조는 늘 빠져들게 한다. 신데렐라, 백설공주 등 구전설화나 픽사의 〈니모를 찾아서〉를 떠올려보라.

언력은 이어령 박사가 쓴 말이다. 처칠의 '철의 장막' 언력은 구소련을 따돌리는 데 미사일보다 강력했다는 데서 착안한 말이다. 이제 30대인 마크 저커버그는 "사람들은 아프리카에서 난민 수십만 명이 죽었다는 것보다 자기 집 문 앞에서 죽은 쥐에 더 신경 쓴다"고 했다. 통찰력이 있는 말이다. 일론 머스크가 로켓 회수 사업을 할 때

우주에서 로켓이 떨어지는 착륙장에 쓴 "물론, 우리는 여전히 당신을 사랑합니다(Of cause, We still love you)"라는 말은 재치 만점의 언력이다. 오바마 부인 미셸 오바마가 트럼프 캠프의 저질 선전에 대해 "그들이 저급하게 가도, 우리는 품위 있게 가자(They go low, we go high)"라고 점잖게 받아쳤을 때 세계 젊은이들의 찬탄이 쏟아졌다. "크리넥스로도 닦을 수 없는 슬픔"이라는 광고 문구는 휴지 크리넥스의 격을 올려줬고 딤채의 '김칫독 냉장고', '발효과학'이란 워딩은 브랜드 파워를 올렸다. "배는 항구에 있으면 안전하다. 그러나 그것이 배의 존재 이유는 아니다"라고 하면서 안전한 NHN을 떠날 때 김범수 의장이 한 말과 "나는 100년 후를 보고 결재한다"는 이본 쉬나드 회장의 말은 그들을 존경하게 만든 언력들이다.

우리도 일상에서 언력을 구사해 매력을 뿜뿜할 수 있다. 평창 감자꽃 스튜디오를 지나 한참 가면 '이화에 월백하고'라는 카페가 있는데 찾기가 쉽지 않다. 내비게이션을 보고 가지만 꼭 헷갈리는 지점이 나온다. 그럴 때 이정표가 보인다. "여기서 길을 잃었다고 느낄 때 2km 직진하십시오." 나는 아직도 그 피치를 잊지 못해 강의에서 언력 사례로 꼭 든다. 언력은 돈도 안 들고 빠르게 만들 수 있다. 저비용 고효율의 마케팅 수단이다. 감칠맛 미원에서 발효미원으로 재탄생한 미원이 오랜 MSG 유해 논란에서 벗어나면서 모델 김희철을 통해 보여준 "미원으로, 오늘 닭 100마리 살렸다"는 멘트의 광고는 간만에 유머, 메시지, 유쾌함을 담은 수작 언력이었다.

마케터로서 나도 꽤 언력을 구사한 편이다. 울어라! 암탉아^{(숙명여대} ^{광고 기획)}, 우유를 아는 사람들, 상상체험단^(KT&G 해외 프로젝트 이름), Go&Talk^(본사와 현장과의 소통 프로그램 이름), 청개구리 토요학당^{(마케팅국 내 공부} ^{모임)}, 화부회^(火夫會. 화요일 날 부장들 업무 공유 모임), 25년 만의 졸업, 너는 하숙 생이냐 아들이냐^(이상 칼럼), 효창성^{(효율성, 효과성과는 달리 장기적 효과를 기대하며 길} ^{게 투자하여 성과를 내는 것. 예: 아이교육, 기업의 문화투자, ESG 등)} 등의 카피와 내가 서 울혁신센터장으로 일하면서 만들었던 슬로건인 지속 감수성^(개념), 지구를 생각하는 혁신 파크^(슬로건), 지구 집현전, 앎·꿈·함, 나눔과 키움 그리고 그 후 사회에 제안한 #대한민국MCN프로젝트, 화상 사회 등이 그런 예다. 나는 언력을 중시하고 사랑한다.

문맹률 거의 0퍼센트인 한국인들은 어릴 때부터 글을 다뤄왔다. 그러다 보니 이상한 현상들이 있다. '글은 아무나 쓸 수 있다'는 착각 과 반대로 '글은 아무나 쓰나?'라는 쓸데없는 경외감이 그것이다. 누 가 카피를 쓰면 아무나 막 참견하고 반대로 글을 쓰라고 하면 "헉, 내가 카피라이터인가요?" 하고 꽁무니를 뺀다. 그래서 언력을 잘 구 사할 방법 몇 가지를 소개한다. 먼저 다니엘 핑크의 6피치를 기억하 자. 그리고 다음의 4가지 방법을 염두에 두고 쓴다. 이는 다양한 언 력 사례를 다룬 내 책《생각 좀 하고 말해줄래?》후반부에서 밝힌 내 용이다.

생각 냉장고를 두어라: 먼저 좋은 생각, 기발한 생각이 떠오르면 마 치 냉장고에 넣어두듯이 생각 냉장고에 넣어두라. 남의 생각이어도 좋다.

좋은 말을 잘 기억해두라: 남이 만든 좋은 문장이나 워딩을 잘 기억하고 메모해두라. 재료가 많아야 좋은 요리가 나오니까. 그러면 자기 언어 사전이 만들어진다.

추가, 삭제, 대체, 연결하라: 위의 생각과 기억한 워딩을 꺼내 더해보고 빼보고 연결해보자. 서울우유에 적용하려고 했던 '우유를 아는 사람들'은 내가 제일기획 신입 시절 중앙경제신문 부사장과 인터뷰할 때 그분이 '신문을 아는 사람들'이라고 했던 표현을 우유로 대체한 것이다. 그랬더니 커피를 아는 사람들, 김치를 아는 사람들 등 모작이 나왔다. 김우정의 베스트셀러《기획자의 생각식당》도 원래는 통찰력식당으로 제목을 정하려다가《생각 좀 하고 말해줄래?》에 나온 생각 냉장고를 보고 통찰력을 생각으로 바꾼 것이다.

가능하면 쉬운 말로 풀어라: '통찰력식당'보다 '생각식당'이 좀 쉽지 않나? 접근하기도 좋고. 우유 전문가보다 우유를 아는 사람들이 더 정감 있고 진정성이 느껴질 것이다. 어렵게 쓰지 말고 쉽게, 우리말 또는 영어를 믹스해서 써보는 습관을 들이자.

언력은 좋은 마케팅 툴이다. 특히 소자본가, 스타트업, 창업자, 예산이 적은 브랜드에는 더 유용하다. 근거도 없고 곧 사라질 줄임말 워딩(아나바다, 현타, 야민정음 등)도 가끔은 참신하고 좋지만 오래 사람을 움직일 수 있는 언력을 구사해보자. 마케터의 머리가 생각 냉장고, 입이 언력 자판기가 되면 그의 브랜드 파워는 강력해진다.

베르나르 베르베르처럼

언력에 대해 호기심을 느꼈다면 당장 언어 노트를 만들어라. 창의력이 탁월한 프랑스 소설가 베르나르 베르베르를 사랑하는 독자들이라면 그의 상상력 사전에 궁금증과 매력을 느낄 것이다. 그는 상상력 사전을 어릴 때부터 작성해놓고 필요할 때마다 곶감 빼먹듯이 빼어서 쓴다. 당신도 그렇게 해보라. 원칙은 없다. 다만, 내가 하는 방법을 소개한다.

1. 테마별로 나누어 계속 기록한다.

내 책《생각 좀 하고 말해줄래?》가 제목이 다소 유치하고 완성도는 약하지만 그동안 수집한 아주 다양한 언어들이 기록되어 있다. 이 책을 구매해 1부에서 주제별로 나눠놓은 내용을 당신 노트에 옮겨 적고 이후로도 계속 새롭게 접하는 매력적인 단어, 개념, 문장들을 기입하라.

2. 자신이 생각하는 신조어나 문장을 채워나간다. 방법은 빼거나 더하거나 대체하거나 다른 생각과 연결하면 된다.

SNS에서 글쓰기, 친구들과 수다를 하듯 아이디어들을 꺼내놓자. 지인들도 도와줄 것이다. 수줍어하거나 민망해하지 말자.

3. 3년만 해보라.

당신은 어느새 언력의 달인이 되어 있을 것이다.

4부
문화 마케팅

천재 발명가 테슬라와 대립했던 에디슨의 위대함은

위인전에서 말한 99퍼센트의 땀과 1퍼센트의 영감이 아니라

GE를 설립한 바로 그 경영 사건에 있다.

21

20세기의 또 다른 인류, 문화족

디지털과 미디어가 주도하는 세상이지만 현실에서는 또 다른 강력한 인플루언서 세계가 있고 거기 기대어 사는 또 다른 인류가 있다. 바로 문화족이다. 그들 숫자는 점점 더 늘고 있다. 우리는 셀카족만 보지만 셀카족들이 어디를 배경으로 찍기를 좋아하는지 잘 안 보는 것 같다. 지금 이 글을 읽는 당신에게 묻는다. 홍대 앞에 1년에 열 번은 가는가? 아는 인디들은 얼마나 되나? 예술축제나 페스티벌에 매년 몇 번이나 참가하나? 주변에 이야기가 통하는 아티스트는 몇 명이나 되나? 혹시 당신 사업에 문화예술을 접목한 적은 있는가? 스티브 잡스(인문학도이며 명상과 서예를 즐겼다. 밥 딜런과 롤링스톤스 마니아), 리처드 브랜슨(레코드 판매 가게 주인 출신) 등의 사례를 볼 때 경영학도는 예술 부전공이 필수라고 생각하나?

20세기 대사건-경영

한국에는 뮤지컬을 꼭 보는 사람이 3만 명 정도이고 극장에서 영화를 보는 사람은 2,000만 명이 넘는다. 셀카와 포토샵은 이제 대중의 습관으로 자리 잡았다. 판교나 가산디지털단지와는 너무 다른 삼청동 거리, 신사동, 북촌 거리를 보면 예술을 소비하는 아티젠(artigen, 예술 세대)도 늘고 있다.

현대카드는 슈퍼 콘서트, 시티 브레이크 등에 이어 디자인, 트래블 라이브러리를 운영한다. 선글라스 제품인 젠틀몬스터는 퀀텀(quantum) 프로젝트를 통해 다양한 예술과의 컬래버를 브랜드에 포함한다. KT&G는 홍대 앞, 논산, 춘천, 부산 등에 문화복합공간 '상상마당'을 만들어 연중 운영한다. 롯데그룹은 자라섬 재즈 페스티벌을 다이아몬드 스폰서로 지원하고 BTS 소속사인 빅히트는 콘텐츠 엔터테인먼트 회사로 성장했다.

1965년 몬드리안-입생로랑의 컬래버(collaboration)부터 앤디 워홀과 캠벨 스프, 쿠사마 야요이+스티븐 스프라우스와 루이뷔통, 다카시 무라카미와 코스믹 블라썸 등 아트와 패션의 컬래버도 활발하다. 이들은 경영과 예술의 만남을 멋지게 연출한다. 영종도 파라다이스 호텔은 카지노, 푸드코트, 끝내주는 풀도 있지만 쿠사마 야요이, 데미안 허스트 작품이 상설 전시된 멋진 갤러리도 대중에게 오픈한다.

20세기는 인류 역사에 있어 분기점을 이루는 세기였다. 인류를 바꾼 20세기의 3가지 사건이 있다. ▲경영의 대두 ▲예술의 대중화 ▲대중교육의 확산. 특히 경영과 예술 두 부문이 대중 속으로 파고들면서 수천 년 이상 고착되었던 엘리트 귀족과 대중 두 세계의 경계가 허물어졌다는 게 주목할 만하다.

"흔히 인류를 바꾼 것으로 과학과 기술을 꼽지만, 착각하지 말자. 그것은 경영의 종속변수다."

내가 이렇게 말하면 전부 의아해하고 입을 벌려 반박하려 한다. 그러면 나는 이어서 이렇게 말한다.

"과거 중세에도 기술은 발전하고 있었다. 그러나 대중들은 풍차와 수레바퀴, 철기 농기구 정도 외에는 소유할 수 없었고 대부분의 과학과 기술은 귀족과 수도사들의 실험용 오락이었다. 조선이 만들었던 활자, 신기전, 측우기, 석빙고, 온실 등의 기술도 원통하지만 대중에게는 전달되지 않았다. 기차, 엔진, 사진술, 컴퓨터, 인터넷, CCTV, 내비게이션부터 비아그라까지 사실은 군사용이거나 특수한 용도였는데 그것을 대중에게로 돌린 것이 바로 경영이다. 경영자는 시장을 만들어 이것들을 유통했다. 물론 돈을 벌려는 욕심에서. 구소련의 기술은 미국을 압도했지만 인민들은 비참하게 살았다."

이러면 좀 수긍한다. 나이가 들면서 나는 위인전은 믿지 않는 게 좋겠다고 생각하는 사람이 되었다. 천재 발명가 테슬라와 대립했던 에디슨의 위대함은 위인전에서 말한 99퍼센트의 땀과 1퍼센트의 영감이 아니라 GE를 설립한 바로 그 경영 사건에 있다. 비록 부정과 술수가 있었더라도 말이다. 발명의 땀만 흘렸다면 전기는 언제 대중을 위해 쓰일지 몰랐을 것이다. 비아그라에 경영이 개입하지 않았다면 치료제로만 쓰였을 것이다. 그러나 경영의 용도 전환 결정으로 발기부전 치료제가 되어 세계의 남성들에게 희망을 주는 대사건으로 변했다. 거듭 말하지만, 그래서 영국의 경영 사상가 게리 해멀은 20세기 최대 혁명은 기술이 아니라 경영이라고 잘라 말했고 나도 그의 생각에 동의한다.

그런데 초기의 경영은 탐욕스러운 자본으로 데뷔했다. 경영가? 글쎄. 그냥 반 양아치에 착취 자본가였다고 보는 것이 가까울 것이다. 카네기, 록펠러, 모건, 밴더빌트 등 천박했던 자본가들의 무자비한 독점시대를 거쳐 1909년 오스트리아 인문주의 집안에서 태어난 피터 드러커에 의해 비로소 현대적 경영으로 승격되었다. 독일의 나치 시대를 겪은 피터 드러커는 원래 정치에 관심이 많았다. 그러나 생각을 바꿔 기업으로 눈을 돌렸다. 애덤 스미스와 다른 길을 걸었던 경제학자 칼 폴라니에게도 영향을 받은 그는 경영으로 민주주의를 완성할 수 있다고 믿었다. 경영은 과학에도 당연히 큰 영향을 미쳤다.

지금 하얼빈에서 교편을 잡고 있는 초파리 유전학자 김우재의 《플라이룸》에는 기업이 어떻게 과학의 흐름에 영향을 미치는지 잘 나와 있다. 그가 인용한 미국의 재단 자산은 700조 원에 이르며 이것이 과학과 예술, 복지에 투자되는 마르지 않는 샘이 되었다.

20세기 대사건- 예술

과거에도 예술은 지금과 같았을까? 아니다. 예술은 기원전부터

신과 왕에게 바치는 테크닉이며 헌사였다. 예술 고유의 창조 기능은 무시되었다. 철학을 숭상하는 플라톤과 아리스토텔레스에게도 예술은 이념에 대한 모방이거나 기술(tech) 정도로 치부되었다. 중세를 거쳐 르네상스 시대에도 예술은 교회와 귀족들이 지배했다. 그러다가 20세기에 들어와 급격히 바뀌기 시작했다. 다음의 글을 보자. 근대의 예술 운동사 요약판이다.

독일 바이마르에서 전문예술교육기관으로 설립되었던 바우하우스는 전문적인 디자이너로서의 예술가를 양산해내었으며, 모더니즘 예술의 선구자적 역할을 했다. 동시에 입체파, 다다이즘 같은 전통 예술 기법을 파괴하는 운동이 확산하면서 새로운 재료와 표현 방법을 탐구하는 운동이 전개되었다. 이는 미술의 영역으로만 국한되는 것이 아닌 사회 전반적으로 다양한 분야에 걸쳐 국제적인 운동으로 확산했다. 예술의 생활화를 목표로 했던 예술의 흐름과는 다른 한편으로, 1899년 지그문트 프로이트가 《꿈의 해석》을 내놓으면서 인간의 무의식 세계와 내면세계에 대한 개념이 연구되기 시작했다. 이러한 영향으로 20세기 초, 초현실주의 사조가 등장했다. 초현실주의 사조는 1924년 앙드레 브르통에 의해 일어났으며 상상력을 통해 이성의 지배에서 벗어나고자 한 운동이다. 문학과 예술에서 전반적으로 나타났으나 이에 국한되지 않고, 정치·종교적인 측면에서도 기성 관념이 재고될 만큼 영향력이 큰 운동으로 전개되었다.

1960~70년대에 이르면 소비문화의 발달로 대중문화에 대한 개념이

확산하기 시작하면서 미국 뉴욕을 중심으로 대중 예술운동인 팝 아트가 전개된다. 팝 아트는 유럽에도 많은 영향을 끼쳤으며 그래픽 분야에도 큰 영향을 주었다. 일상생활 속에서 소재를 찾아 재구성하거나 실크스크린이나 인쇄매체를 통해서 전사 또는 확대해 작품을 만든 대중예술운동이다. 예술사업의 기초가 되었고 현대 디자인을 대표하는 예술로 발전했다. 1980년대가 되면서 다시 보수적인 틀에 반발한 예술가들의 다양한 시도가 계속되면서 포스트모더니즘 예술 양식이 전개되기 시작한다. 포스트모더니즘의 예술과 철학은 미국, 프랑스, 독일 등에서 각자의 상황에 맞게 활발하게 전개되었다. 포스트모더니즘은 탈근대 사조의 하나로서 '차이'와 '다양성'의 인정을 사상의 중심에 둔다. 상대적인 것을 인정하며, 오늘날에 이르기까지 여러 삶의 경험을 실험적이면서도 다양한 형식으로 전개하였다. (네이버 백과 《예술사》에서 발췌)

이러한 예술적 변화 뒤에는 산업혁명으로 인한 기계의 등장, 소득 증가와 중산층 대두, 라디오와 TV 등 미디어의 급격한 발달이 있었다. 조악한 기계는 미적 도움이 필요했고 대중을 위로하고 자극하기 위해서도 예술이 필요했다. 대중 대상의 예술 교육도 했다. 그 결과 책, 영화, 뮤지컬, 미디어, 갤러리, 클럽, 애니메이션 등이 침투함으로써 수천 년간 국외자였던 대중들이 대거 이 세계로 들어왔다. 제2차 세계대전 후 미국이 팝 아트와 라디오, 마돈나, 엘비스 프레슬리를 통해서 유럽의 엘리트 예술주의에 일대 타격을 가한 것도 이 맥락이다. 20세기 중반에 들어와서야 비로소 대중예술 시장이 개화하기 시작한 것이다. 그 이전의 대중예술은 그냥 민속(folk)과 환쟁이 수준으로 취급되었다.

우리는 지금 그 혜택을 풍부하게 향유하고 있다. 대중들도 코스프레, 플래시몹, 스마트 편집, 코디 등을 통해 예술에 가담한다. 예술은 우리가 학교에서 배웠던 그 이상한 괴짜 위상이 아니다. 나는 한국예술인복지재단의 예술인 역량강화 사업에도 참여했고 홍대 앞 인디 예술가와 축제 감독도 만났다. 내가 만난 예술가들은 천재, 광인, 괴짜, 환자가 아니었다. 일단은 테크니션이었다. 비틀즈, 피카소는 1만 시간의 법칙에 의해 훈련된 테크니션이다. 1만 시간의 법칙(The 10,000 Hours Rule)은 1993년 미국 콜로라도대학의 심리학자 앤더스 에릭슨이 발표한 논문에서 처음 등장한 개념이다. 그는 세계적인 바이올린 연주자와 아마추어 연주자 간 실력 차이는 대부분 연주시간에서 비롯된 것이며, 우수한 집단은 연습시간이 1만 시간 이상이었다고 주장했다. 말콤 글래드웰이《아웃라이어》에서 이 용어를 인용함으로써 대중에게 널리 알려졌다. 따라서 AI로도 대체 가능하다. 불길하다고? 아니, 이래야 예술가도 신비감의 굴레에서 해방된다. 이제 "예술이란 무엇인가, 예술가란 누구인가?"라는 화두는 진부하다. 그러니 마케터도 예술과 친구하기 좋다.

경영과 예술의 행복한 만남

그런데 아직도 기업과 예술은 대부분 친하지 않다. 기업은 예술을 "상종 못할 추상성"이라 하고 예술은 기업인을 "천박한 쌍것"들이라고 비난한다. 수소와 산소가 만나서 물이 되듯 기업과 예술이 만나면 차원이 다른 제3의 물질이 나올 텐데, 서로 적대하고 유리되어 있다.

모 망(網) 사업자의 TV 광고 사건이 있었다. 광고는 도시에 커다란 구(球)체가 나타나고 그 구체가 거리를 구르다가 한복판에 서면서 선들이 나와 빌딩과 가정으로 연결되는 내용이었다. 이 광고를 보고 홍대 앞 예술가들은 설치작가 S의 작품 '끈과 인연'의 표절이라며 흥분했다. 실제로 광고는 S 작가의 작품과 모티프, 테마, 형태 등과 흡사했다. 홍대 앞 예술가들이 내게 중재를 부탁해왔다. 내가 보기에도 표절에 가까웠다. 그러나 해당 회사는 절대 표절이 아니라며 법적으로도 문제없다는 주장이었다. 법? 기업과 예술가가 싸우면 누가 이기고 질까? 홍대 예술가들은 결국 포기했다. 몇 년 걸리는 소송에 예술가만 다칠 것이라고 진선미(당시 영화감독협회 고문) 변호사가 진심으로 조언했기 때문이다.

안타까운 일이다. 설사 베끼지 않았더라도 이런 계기로 망 회사가 TV 광고 하단에 "이 광고는 S 작가의 작품에서 영감을 받아 제작되었습니다"라고 흘려주고 회사 로비에 해당 작가의 작품 전시를 하면서 '인연, 이것이 망의 정신'이라고 하면 홍보 삘(feel)이 얼마나 잘 살았을까! 우연을 필연으로 만드는 '아트 경영감'이 아쉬웠다.

기업은 빵을 만들고 현실을 본다. 예술은 꿈을 만들고 인식을 뒤튼다. 꽤 다른 것 같지만 그들을 맺는 새로운 고리가 탄생함으로써 둘은 앉은뱅이와 장님의 협업 관계가 될 수 있다. 사용가치를 넘어 기호가치인 문화를 소비하는 아티젠, 리처드 플로리다 교수가 말한 창조계급(creative class), 문화 마케터 등은 그 플래티넘 고리다. 그러면 경영은 든든한 우군을 얻는다. 생각을 달리하면 기업은 힘이 있고 예술은 영혼이 있다. 앞으로의 일류 마케터는 '큐레이터'이고 '연결자'이고 새로운 시대의 '민간문화 행정가'가 되어야 한다. 제품과 작품이 그렇게 다른가? 변기 작품 '샘'으로 유명한 마르셀 뒤샹은 비행기 프로펠러를 보고 옆의 친구에게 "우리 예술은 이제 망했어. 예술이 저것보다 잘 만들 수 있나?" 하고 중얼거리듯 말했다. 그리고 그는 후일 개념 예술을 창안한다.

Quiz 44

코웨이 코디 복장, 한국야쿠르트 아줌마 복장에 대해 어떻게 생각하나? 이들 복장을 만일 쿠사마 야요이가 디자인한다면 세계적인 홍보가 될 텐데.

22
문화 마케팅의
부상

현재 선도적 기업들은 문화를 마케팅에 적용하려고 한다. 1990년대까지만 해도 없던 일이다. 현대카드, 신한카드 등 금융 회사의 문화 지원이 활발하다. "문화가 자신들이 가장 잘하는 일"이라고 하는 CJ E&M, 문화를 돕는 네이버 문화재단과 카카오 브런치, 담배 회사 KT&G의 상상 플랫폼, 음악 영재를 돕는 금호, 국악을 지원하고 예술경영을 주창하는 크라운해태 등이 그들이다. 이러한 지원과 활동을 통해 회사도 알리고 소비자들 만족도도 올린다. 또한 예술과 연계함으로써 사회적 공헌도 하는 3-Win 효과가 있다. 이들은 왜 예술경영을 하는 걸까?

우선 거시적 환경이 바뀌었기 때문이다. 이제는 먹고살기 위해서 일하는 시대가 아니다. 풍요사회라는 인프라 속에서 '즐기고', '가치 있는' 일을 원하는 아티젠 소비자들이 늘어났다. 문화 마케팅은 한국의 마케팅을 기술과 가격 중심의 중국 등과 차별화하고 격을 높이면서 상생 사회를 만들어갈 여지도 많다. 세종과 신윤복, BTS와 싸이, 봉준호와 김기덕, 송강호와 윤여정 보유국, 이날치 밴드와 앰비규어스 댄스 보유국 아닌가!

문화란 무엇인가?

서양에서 문화(culture)라는 말은 경작이나 재배 등을 뜻하는 라틴어 'colore'에서 유래했다. 한자권에서 문화(文化)의 문(文)도 인공적으로 만든 무늬, 디자인 등을 가리키는 문(紋)에서 온 것이다. 즉, 문화란 자연 상태의 사물에 인간의 작용을 가해 그것을 변화시키거나 새롭게 창조해낸 것을 의미한다.

그런데 문화의 개념은 18세기에서 20세기에 걸쳐 심미성, 정신, 엘리트 후원, 천재, 괴짜의 광기, 상부구조 개념 등이 섞여 꽤 복잡한 용어로 변했다. 독일의 나치와 일제강점기 시대에는 이데올로기로도 악용되었다. 오늘날의 '문화=생활양식' 개념으로 정리한 사람은 1960~70년대 영국의 마르크시즘 문화이론가이자 문화인류학자인 레이먼드 윌리엄스다. 윌리엄스는 문화=상부구조 개념을 거부하고 인류학자처럼 문화를 '일상적인 것'으로 정의했다. 이 정의는 문화를 보는 3가지 관점을 열어주었다. 존 스토리의 《문화연구와 문화이론》에 따르면 레이먼드 윌리엄스는 문화를 다음 3가지로 분류했다.

첫째, 지적·정신적·심미적인 계발의 일반적 과정

  : 서유럽의 문화에 대해 말할 때 철학자, 화가, 시인들만 언급하

   는 것은 그 때문

둘째, 한 인간이나 시대 또는 집단의 특정 생활 방식

  : 교육, 여가, 운동과 축제까지 포괄

셋째, 지적인 작품이나 실천 행위, 특히 예술적인 활동

  : 텍스트―어떤 질서에 기반해서 이루어진 기호학적 체계. 영

   화, 그림, 광고 등

여기서 두 번째 정의는 뒤에 '문화 전략 매트릭스'를 소개할 때 필요하니 잘 기억하자. 세 번째 정의는 예술(art)의 정의와 거의 같아서 혼선을 준다는 것도 같이 기억하자. 문화는 예술보다 큰 개념이지만 문화와 예술은 그러면서도 혼용되는 묘한 관계다. 윌리엄스는 모든 문화가 특별한 삶의 감각, 즉 특수하고도 특징적인 색깔을 갖고 있는데, 이것이 곧 '특정한 집단이나 계급, 사회가 공유하는 감정 구조'이며 그 세대의 문화라고 보았다. 인류가 남겨놓은 최선의 것, 정신적인 그 무엇 등 신비하게 지칭되어왔던 문화의 개념은 윌리엄스에 의해 "사회 질서가 전달되고, 재생산되며, 경험되고 체험되는 의미 체계 또는 모든 삶의 방식"으로 정의된 것이다.

오늘날 우리는 이 정의를 많이 활용한다. 문화는 일종의 밈(meme)일까? 밈은 그리스어로 모방을 뜻하는 단어인 '미메시스(mimesis)'와 '유전자(gene)'의 합성어로, 리처드 도킨스가 1976년 저서 《이기적 유

전자》에서 처음 주장한 개념이다. 사상, 종교, 이념, 관습 등 인간의 삶을 규정하는 다양한 문화적 요소들이 유전자의 자기복제 형태를 띤다고 이해하고 이들을 일종의 문화 유전자처럼 취급한 것이다.

문화 마케팅이란?

문화 마케팅을 알기 전에 먼저 마케팅에서 파생된 서브 마케팅 이름 짓는 법을 알아두자. '○○ 마케팅'이라고 할 때 앞에 붙는 ○○은 수단이나 도구다. 뒤의 마케팅은 늘 주격이다. 예를 들어 체험 마케팅, 스토리텔링 마케팅, 스포츠 마케팅, 공익연계 마케팅이라 하면 이는 각각 체험, 스토리텔링, 스포츠, 공익을 이용해서 하는 마케팅이다. 요리 이름과 같다. 김치찌개는 김치를 제료로 한 찌개이고 제육볶음은 돼지고기로 만든 볶음 요리다. 그러므로 문화 마케팅은 기업이 문화를 매개로 해 자사의 이미지와 매출을 높이는 마케팅 기법을 말한다. 절대 문화 그 자체를 위하는 것이 아니다. 그런데 결과적으로 문화가 혜택을 받는다.

문화 마케팅은 국민소득이 3만 달러가 넘어야 비로소 빛을 발한다. 한국은 2만 달러 정도였던 2000년 무렵, 즉 IMF 외환위기 이후 좀 이르게 발아했다. 1999년 DJ 정부가 IT를 포함한 정보, 바이오, 나노 등 6T를 미래성장 산업으로 설정할 때 문화기술(culture technology)도 있었다. 그전까지의 문화는 산업이나 기술보다는 교양, 전통, 예술과 연관되어 있었다.

그런데 이때부터 문화에 대한 산업적 관심이 달라지면서 '한국문화콘텐츠진흥원'이 만들어졌고 '문화콘텐츠'는 기술 관련 문화 산업을 지칭하게 되었다. 이후 문화관광부 이진식 팀장과 삼성, LG전자, CJ 등 기업 문화재단, 한국문화관광연구원, 한국메세나협회 그리고 김민주, 김소영, 이병권, 채지영, 남정숙, 김우정 등 대학 교수와 기획자들이 관련 연구를 했다. 2006년 10월에 발간된《Cultural Marketing: 창조경영시대의 문화마케팅》에는 기업 문화 마케팅의 개념과 범위, 필요성 및 효과, 사례, 필드스터디, 통합 문화 마케팅 전략, 활성화 방안 등의 내용이 실렸다. 이러한 사정으로 문화 마케팅 용어는 주로 한국에서만 쓰이는데 그 후 일부 대학교에 문화콘텐츠학과, 예술경영대학원 등이 신설되면서 문화 마케팅은 문화콘텐츠, 예술경영으로 대체되어가는 추세다.

이들 면면을 보면 실제로 기업에서 문화 마케팅을 한 사람은 없다. 당시 한화그룹의 유덕종 상무, 우림건설의 이상엽 실장 등은 실제로 문화 마케팅을 하고 있었지만 이들은 위 연구 과정에 빠져 있다. 필립 코틀러는 박물관이라는 대상에 마케팅 개념을 적용한 수준의 박물관 마케팅 책을 쓰기는 했지만, 문화 마케팅이라는 용어는 쓰지 않았다. 독일, 영국 등 다른 나라에서는 '문화 매개 행정', '예술적 개입', '예술 기반 이니셔티브' 등의 용어가 쓰인다.

참고로 문화 마케팅이 시작된 역사적 계보를 좀 밝힐 필요가 있겠다. 1990년 덴마크 코펜하겐대학의 페테르 두엘른 교수가 컬처와 이코노미를 결합한 '컬처노믹스(culturenomics)'라는 개념을 제시했는데,

그 이전에는 메세나 활동이 있었다. 메세나(mecenat)란 기업들이 문화예술 지원을 함으로써 사회 공헌과 국가경쟁력에 이바지하는 활동을 말한다. 메세나라는 이름은 베르길리우스, 호라티우스 등 문화예술가들을 지원한 로마의 정치가 마에케나스(Gaius Clinius Maecenas)의 프랑스식 이름에서 유래했다.

르네상스 시대에 미켈란젤로, 레오나르도 다 빈치 등을 지원한 피렌체의 메디치 가는 메세나의 전형으로 꼽힌다. 미국의 카네기 홀, 록펠러 재단 등도 메세나 활동을 활발하게 했는데 1967년 미국에서 '기업예술후원회'가 발족하면서 이 용어를 처음 쓴 이후, 각국의 기업인들이 메세나협의회를 설립하기 시작했다. 기업 측에서는 이윤의 사회적 환원 외에, 문화적 이미지까지 높일 수 있어서 초기에는 참여도가 높았다.

메세나의 명칭은 국가마다 다르다. 1997년부터는 국제기업예술지원 네트워크(International Network of Business Arts Association)가 조직되었다. 한국은 한국기업메세나협의회가 1994년에 결성되었고 2004년 현재의 한국메세나협의회로 개칭되었다. 나도 이 메세나 회원들을 대상으로 문화 마케팅 관련 조찬 강연을 한 바 있다.

자, 그럼 또 계보를 보자. 2006년에 클로테르 라파이유의 《컬처코드》가 출간되어 큰 반향을 일으켰다. 2010년엔 내 책 《컬처 파워》가 출간되면서 《컬처비즈》, 《비자트》 등 유사한 제목의 책이 나왔다. 2012년엔 더글라스 홀트의 《컬트가 되라(Cultural Strategy)》가 출간되었다. 유사 개념으로 아트 마케팅도 소개되었다. 이 중에서 레이먼드 윌리엄스가 분류한 3가지 문화 중 2번, 3번 개념을 적용해서 비즈니스와 연결하는 것은 '컬처노믹스', '메세나', '컬처 파워', '아트 마케팅'에 해당한다. 《컬처 코드》에 나오는 컬처는 공동체에 속한 개인의 각인에 영향을 미치는 심리적 코드이고, 《컬트가 되라》에서 언급된 문화는 사회적 통념과 이념이다.

이런 계보를 정리하면서 나는 이들 용어를 다시 정립할 필요를 느낀다. 앞에서 말한 2006년 문화관광부 연구서에는 '기업이 문화를 이용해 마케팅을 하는 것'이라는 내 정의도 문화 마케팅이고, 영화나 뮤지컬, 미술관 등 개별 문화 상품이 마케팅하는 것도 문화 마케팅이라고 했는데 후자는 마케팅 명명법 관행에 따르면 '문화 상품 마케팅'이 맞다.

문화 마케팅은 여전히 확산 중이다. 유명 예술가인 이현세, 이상봉, 금난새, 고 앙드레 김 등은 기업과 컬래버를 통해 프리미엄 시장을 여는 데 도움을 주었다. 예술 가전이라는 시장도 만들어졌다. 올림픽, 월드컵, 엑스포 같은 대형 이벤트도 일종의 문화 마케팅이다. 문화 요소가 강하게 개입하기 때문이다. 수백 개가 넘는 지자체 축제도 문화 마케팅이다. 관광 효과가 올라가고 지역 정체성이 강화되며 경제 유발도 된다. 영국의 에든버러 축제, 미국 텍사스 오스틴에서 열리는 미국 최대 음악 축제인 SXSW 페스티벌은 축제기간 중에만 수천억 원 이상의 경제를 유발하며 세계의 지적 여행자, 크리에이터들을 불러 모은다. 물론 소상공인도 할 수 있다. 갤러리 카페, 서점의 토크 콘서트, 레스토랑의 미니 음악회 등도 문화 마케팅이다.

일본의 화장품 기업 시세이도는 원래는 조그만 약국이었는데 미국에서 공부하고 온 2세가 약국에 그림을 걸면서 오늘날 문화 마케팅을 잘하는 화장품 회사로 발전했다. 그러니 소상공인이라고 할인과 배달, 친절만으로 장사할 필요는 없다. 문화도 훌륭한 비즈니스 소재가 된다.

예술경영과
마케팅

다음은 한국예술인복지재단의 예술인 파견 지원 사업에서 멘토로 함께했던 홍기원 한국예술종합학교 교수가 소개한 '예술적 개입(artistic intervention)'에 관련한 내용이다.

파로크(PAROC)는 석재 단열재를 생산하는 스웨덴 기업이다. 그 회사는 이전의 업무 훈련과는 다른, 정말 새로운 액션이 필요하다고 판단했다. 그래서 배우면서 연출자인 빅토리아 브래트스톰을 영입했다. 그녀는 사진작가, 작가, 화가, 다큐멘터리 제작자를 공장으로 불렀다. 파로크 직원들은 사진작가에게서 촬영기술을 배워 공장의 일상을 기록하고 재발견하는 데 활용하고 직원들이 참여하는 그림과 글쓰기 콘테스트를 했다. 공장의 일상을 기록한《우리는 그것을 하고 있다》를 다큐로 만들었다. 이를 하고 나서 직원들은 "기계 뒤의 사람을 보게 되었다", "우리가 바퀴의 톱니가 아닌 사람으로 만나고 소통하게 했다"라는 긍정적 평가를 했다. 경영진은 생산효율성이 24퍼센트나 증가했다고 평가했다. 파로크는 '예술적 개입'을 주장하는 독일 베를린사회과학연구소 아리안 베르토인 안탈 교수가 제시하는 사례 중 일부다.

예술 기반 이니셔티브

이처럼 문화예술이 기업에 개입해서 성과를 낼 수 있다고 주장하는 사람 중 하나가 런던예술대학 혁신 인사이트 허브센터장인 지오바니 쉬우마 교수다. 그는 '예술 기반 이니셔티브(Art Based Initiative, ABI)'라는 개념을 제시한다. 이는 "경영의 난제와 비즈니스 난제를 다룸에 있어서 조직의 가치 창출 역량에 영향을 미치는 조직원과 인프라 개발을 위한 경영기획 하에 예술을 적용하는 것"이다.

조직은 문화로 6개의 요소를 이끌어줘야 하는데 그것이 '6E'다.

경험(Experience): 소비자들이 겪는 경험을 파는 것.

감정(Emotion): 조직을 구성하는 것은 인간이다. 노하우에서 나아가 노 필(know—feel)이 중요.

에너지(Energy): 경쟁우위에 서려면 조직원들의 영혼이 필요하다. 이베이, 페이스북, 트위터 등은 그래서 조직 내에 명상 룸을 만들어 제공한다.

윤리(Ethics): 가치 마인드 세트가 중요하다. 신념, 미션 같은 것.

환경(Environment): 영감을 불러일으키는 근무 환경이 필요하다.

참여(Engagement): 애착, 상상력, 창의력, 열정, 희망이 살아 있는 조직을 이끈다.

쉬우마 교수는 미래에는 예술이 창조 산업을 이끌어갈 수 있는 동인이자 조직을 변화시키는 도구 역할을 할 수 있다고 믿는다. 아울러 이러한 믿음에서 유용한 맵인 '예술 가치 맵'을 제시했는데 다음 표와 같다.

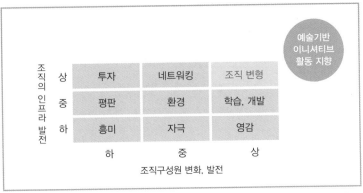

도표9 지오바니 쉬우마 교수의 예술 가치 맵 〈예술과 기업의 창발적 협력 방안 사례 연구〉, 2017, 서지혜

이 맵의 가로축은 '조직 변화', 세로축은 '조직 인프라'를 가리키며 예술과 조직이 각각 낮은 단계에서 높은 단계로 3단계씩 이행하면서 총 9가지 기능을 수행하는 과정을 보여준다. 가장 낮은 단계 '흥

미'로 시작해서 최종 단계인 '조직 변형(transformation)'에까지 이르게 된다. 이 맵의 총 4개의 영역은 가장 낮은 흥미 단계인 점화의 영역, 내재적 영역(자극, 영감), 도구적 영역(평판, 투자) 그리고 ABI의 최종 단계인 예술적 영역(환경, 학습과 개발, 네트워킹, 조직 변형)으로 나뉜다. 아모레퍼시픽, 현대카드, KT&G, CJ E&M, 포스코, 네이버, 카카오, 우아한형제들, 금호, 크라운해태, 젠틀몬스터와 관계된 사람이라면 지금 자사가 어느 영역, 어느 단계에 있는지 이 도표를 적용해보라.

이 모든 것을 결정하고 수행하는 것은 결국 경영자다. 쉬우마 교수는 예술경영과 관련해서 경영자를 3가지 유형으로 나눈다. 첫 번째 유형인 '관찰자'는 그저 생각날 때 어쩌다 한번 예술에 눈길을 주는 정도의 경영자다. 후원, 예술 행사도 열지만 진정으로 조직 변화를 이끄는 데에는 관심이 없다. 두 번째 유형은 예술을 마케팅의 일종으로 보고 이벤트 기획 등에 활용하는 '적용자'다. 나는 경영자는 아니지만 아마도 이 유형에 속할 것이다. 이상봉 디자이너, 이현세 만화가, 김지운 감독, 서태지 등 예술가와의 많은 컬래버 작업에도 불구하고 조직을 예술 기반 회사로 만들기에는 역부족이었다. 세 번째 유형은 '통합자'다. 예술을 조직의 DNA로 보고 기업의 일상에 예술적 활동, 원칙, 과정을 접목한다. 쉬우마 교수가 이상적으로 보는 이런 기업은 애플과 구글이다. 한국은 현대카드의 정태영 사장, 예술경영 철학을 지닌 크라운해태 윤달영 회장이 해당할 것이다.

쉬우마 교수는 통합자 유형에 왜 애플(스티브 잡스)과 구글(래리 페이지)을 포함
했을까?

24

문화혁신이론

한 여학생이 내게 추천해준 책《컬트가 되라》는 마케터들에게 통찰을 줄 만한 책이다. 이 책의 내용은 '소비자 문화이론(Consumer Cultural Theory, CCT)'을 배경에 깔고 있는데 CCT는 마케팅과 소비와 관련해 흥미롭고 정교한 아이디어를 소개하는 이론이다. 대표 저자인 더글라스 홀트는 옥스퍼드대학의 로레알 마케팅학과 교수이자 '문화 전략그룹(Cultural Strategy Group)'의 공동 대표로 '문화 브랜딩'을 주요 전략으로 정립했다.

한국에도 고향에서 떠나온 여자들을 잡은 다시다, 강남 아줌마의 유기농 욕구와 연결된 풀무원, 사적 통신을 원하는 시대와 관계된 카카오, 혼족 라이프와 관련된 배달의민족 등 이 이론에 맞는 사례가 다수 있다. 다만, 문화 해석을 받지는 못하고 있다. 아직은 사회

담론, 신화, 기호 등을 포함하는 심층적 문화 읽기가 약하기 때문이 아닐까 싶다.

소비자를 팬으로 만든 컬트 브랜드

더글라스의 주장을 요약하면 대략 다음과 같다. 반드시 그리고 늘 정답은 아니지만 탁견이다.

요약: 사회마다 통념이라는 것이 생긴다. 시간이 지나면 자연스럽게 생겨나는 고정관념이다. 마케팅을 지배한 오래된 통념은, 낮은 원가에 우수한 기능을 가진 '더 좋은 쥐덫'을 만들면 더 많은 소비자의 지갑이 열릴 것이라는 생각이다. 그러나 '더 나은 쥐덫' 이론으로는 평범한 기능으로 돌풍을 일으키고, 탁월한 제품이 시장에서 고배를 마시는 이유를 설명할 수 없다. 혁신에 관한 통념을 깨고 성공의 신화를 써온 이들 브랜드의 비밀은 바로 '문화혁신'에 있다. 이제까지 문화혁신은 직관에 의해 우연히 발견되는 횡재 같은 것이었다. 그러나 문화혁신을 통한 컬트 브랜드의 창조는 가능하다. 실행을 도와주는 6단계 기본 전략 원칙을 정리하면 다음과 같다.

1. 업종의 문화적 통념을 확인하라.
2. 사회적 파괴를 확인하라.
3. 이념적 기회를 찾아라: 소비자들의 집단적 욕구와 불안감을 확인

하기 위해 '정체성 프로젝트 인터뷰' 실시.

4. 적합한 소재를 선별하라: 하위문화, 사회운동, 매체 신화, 브랜드 자산 등에서 선별.

5. 문화적 전술을 적용하라: 전술 6가지- 이념적 대결 구도 유발(벤 앤제리스), 기업 신화화(잭 다니엘스), 반동적 이념 부활(말보로), 문화자본 트리클다운(스타벅스, 비타민 워터), 문화적 캐즘 건너기(나이키), 문화적 주짓수(퓨즈).

6. 문화 전략을 개발하라: 이념과 신화 그리고 문화 코드로 구성된 문화 표현. 구체적이고 명확한 지침과 방향 제시.

도표로 구현하면 다음과 같다.

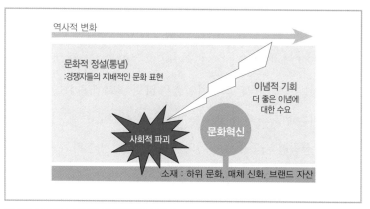

도표10 더글라스 홀트의 문화혁신이론 6요소

흔히 스타벅스의 성공 원인을 '고급 커피의 대중화', '문화적인 만남의 장소' 등으로 꼽지만 나의 분석은 다르다. 비슷한 시기에 스타벅스처럼 저렴한 가격에 고급 커피와 사교 공간을 제공하던 커피 전문점이 무수히 많았지만, 스타벅스처럼 성공한 곳은 없었다. 스타벅스가 성공한 것은 고급스럽고 비싼, 대중화하기 어려운 커피 문화를 대중이 수용할 수 있는 형태로 번안해서 제공한 '문화의 패스트 팔로워 전략' 때문이다. 또한 스타벅스의 한때 추락 역시 같은 관점에서 본다. 기업영농에 대한 광범위한 반대를 바탕으로 부상한 유기농 열풍, 슬로푸드 흐름을 탄 패스트 팔로워 전략으로 입지를 넓힐 기회가 있었으나 반대로 기존 패스트푸드 시장에 진출하면서 싸구려 대중 제품으로 전락했다.

대형 소비재 기업 대부분이 기존 비즈니스 관리는 타의 추종을 불허하지만, 정작 중요한 문화혁신을 위한 역량은 부족하다. 왜냐하면 '더 나은 쥐덫' 모델에 사로잡혀 있기 때문이다. 더 나은 쥐덫 이론은, 쥐를 잘 잡으려면 기능이 더 뛰어난 슈퍼 쥐덫을 만들면 된다는 기능주의 발상 전체를 일컫는 말이다. 그들이 더 나은 쥐덫에 사로잡혀 있는 동안 신생 벤처 기업들은 사회 변화에 관심을 쏟고, 거기서 생기는 변화의 틈을 파고들어 혁신적 문화로 브랜드를 구축한다. 이에 성공한 기업들은 변화의 작은 틈을 엄청난 기회로 삼아 결국 시장을 지배하는 떠오르는 신성이 되고, 소비자들의 열광적인 지지를 받게 된다. 그 핵심 슬로건은 이렇게 요약된다.

"모두가 좋아할 뻔한 제품이 아니라, 소수가 확실히 좋아할 이념을 창조하라."

개발자들과 경영자들은 오래전부터 기술에 의한 시장 혁신을 신봉해왔다. 물론 가치는 있다. 그러나 소비자들은 생각보다 혁신에 관심이 없다. 서강대학 전성률 교수의 소비자 조사 사례는 이 점에서 흥미롭다. 전 교수는 삼성 스마트폰과 LG 스마트폰을 비교 조사했는데 LG 스마트폰을 쓰지 않는 이유를 '기술이 부족해서'로 꼽는 비율이 압도적으로 높았다. 그런데 사실 이들의 생각은 틀렸다. 전문가들은 LG폰이 기술적으로는 더 좋다고 말한다. 다만 1위, 사회 이슈 선점, 반도체, 이건희 등의 이유로 삼성 이미지가 더 좋았을 뿐이다.

이 조사를 믿고 LG는 기술우위를 위해 더 투자했지만 결국 시장에서 철수할 수밖에 없었다. 이런 오류 외에도 소비자들은 평범해 보이지만 조금 다른 또는 자기를 이해해주는 무언가를 오히려 혁신적이라고 생각하는 경우가 많다. 한국의 1990년생들은 이른바 B급 문화에 열광한다. 새로운 대박 사업이 반드시 새로운 기능과 성질을 담아야 하는 것은 아니라는 뜻이다. 평범한 제품으로도 더 좋은 '이념'을 정립해서 컬트를 만든 사례가 무수히 많다.

《컬트가 되라》에는 나이키, 파타고니아, 스타벅스, 말보로, 더바디샵 등 다양한 브랜드 사례가 나오는데 그들의 성공 이유가 우리가 익히 듣던 것과는 다르다. 그중 한국에서는 생소한 벤앤제리스 사례를 보도록 하자. 아이스크림 브랜드인 이 회사는 베트남전 이후 반전운동을 토대로 꽃핀 히피문화를 따라 기업의 이념을 정립한 문화혁신 사례 기업이다. 자유와 평화, 전근대적인 음식문화에 대한 히피문화를 토대로 브랜딩을 한 벤앤제리스는 1970년대 자유주의 중산층에 크게 어필하며 엄청난 성공을 거뒀다. 이들에게는 남들과 다른 '문화적 교양'이 있다. 또 대량생산한 획일적 소비재가 아닌 엄정하고 품격 있는 '장인정신'이 있다. 이런 문화에 대한 소비자들의 끓어오르는 수요가 성공 이유가 되었다. 다른 브랜드이지만, 똑같은 기술력을 앞세워 고만고만한 성적을 내던 임신진단시약 업계를 평정한 클리어블루 역시 제3세대 페미니즘에서 문화적 이념을 빌려온 덕에 여성 소비자들의 절대적인 신뢰와 지지를 받을 수 있었다.

소비자들의 문화적 욕구를 읽기 위해서는 제품의 기술적 특성이나 마케팅 예산이 필요한 것이 아니다. 오히려 사람들의 삶을 파고들어 사회적 파괴를 초래하는 변화의 싹을 찾을 수 있는 능력이 중요하다. 문화혁신이론은 업계의 통념을 거스르라고 강력하게 권한다. "소비자들의 니즈를 기업의 통념에 맞추려 해서는 안 된다. 그들의 라이프스타일에서 기업이 나아갈 바를 확인하라." 사람들이 원하는 문화 전략을 기업의 혁신 이념으로 만들기 위해 이들 기업은 히피나 극렬 사회운동가들의 선언문, 행동, 운동 방향에서 아이디어를 얻는다.

다시 벤앤제리스를 보자. 이 회사는 버몬트 주 벌링턴에 버려진 주유소를 개조해 작은 아이스크림 가게를 시작한 지 채 10년도 되지 않아 미국의 2대 슈퍼프리미엄급 아이스크림 브랜드로 발돋움했다. 2000년 3억 2,600만 달러에 벤앤제리스를 인수한 유니레버는 현재 자사의 주요 브랜드 중 하나로 홍보하며 벤앤제리스를 전 세계 시장에 진출시켰다. 이 성공이 더욱 놀라운 것은 원조제품 하나 없이 이런 위업을 달성했다는 점이다. 레이거니즘 출현에 대한 완벽한 이념적 대조로 도발적인 문화 표현을 개발한 것이 성공의 일등공신이다. 이 회사는 1980년대 로널드 레이건 대통령이 미국 사회를 급진적으로 '개조'하고 과거로 회귀시키려 할 때 이에 대한 반발로 생겨난 이념적 기회를 잡았다.

2007년 5월 25일 코카콜라가 글라소를 41억 달러에 인수했다. 설립자인 다리우스 비코프가 자기 집 부엌에서 제조한 소프트 음료를 판매하던 11년 역사의 회사를 인수한 것치고는 놀랄 만큼 큰 액수였다. 코카콜라가 이토록 큰돈을 지불하고 손에 넣은 브랜드는 바로 알록달록 무지개색의 비탄산 과일 맛 음료인 비타민 워터다. 비타민 워터는 2000년에 발생해 2006년까지 증가했던 강력한 '사회적 파괴'를 적극적으로 활용했다. 뭐였을까? 바로 미국인의 건강에 대한 관념이다. 미국인들이 건강에 대해 가졌던 '비타민'과 '생수' 신화를 절묘하게 결합해 그 어떤 기업도 성공시키지 못했던 일을 단숨에 해치운 것이다.

Quiz 46

1990년대 중반에 한국 맥주 시장을 평정한 하이트, 유기농 콩나물과 두부로 강남 주부들을 휘어잡으면서 성공한 풀무원을 문화혁신이론으로 설명해보라.

이제 정리를 해보자. 문화혁신은 철저하게 소비자의 삶으로 들어가 그들이 원하는 바(달라진 이념과 문화 표현)를 디테일하게 파고들어야 가능하다. '혁신적인 문화이념'을 수립하려면 기업가와 경영자들이 사람들의 삶에서 사회, 문화, 정치의 담론을 읽고 분석할 줄 알아야 한다. 마케터들이 매일 기업 뉴스와 디지털 기술, 마케팅 이론서만 들여다보면 이런 혁신은 없다. 젠틀몬스터, 배달의민족, 에어비앤비, 우버, 넷플릭스 등의 성공이 더 나은 쥐덫 이론으로부터 나온 것이 아니란 얘기다. 현재 공유 오피스에서 문화, 담론은 무시하고 비슷한 사람들끼리만 의견을 나누며 창업을 준비하는 스타트업 창업자들은 새겨듣기를!

25

문화 전략
매트릭스

앞에서 ABI와 문화혁신이론을 주마간산
으로 짚었다. 이제 문화와 기업이 만나는 세 번째 방식은 내가 《컬처
파워》에서 제안한 문화 전략 매트릭스 모델이다. 좀 미숙하지만, 기
업에서 활용하기에는 좋을 것이다. 나는 현업에서 꽤 많은 문화 마케
팅을 집행했는데 거기서 얻은 심득으로 만든 모델이다. 문화혁신이
론이 광고 캠페인 중심, ABI가 문화를 통한 조직 변형에 초점을 맞춘
것이라면 문화 전략 매트릭스 모델은 기업과 문화가 만나 여러 차원
의 브랜딩을 해나가는 것에 초점을 맞춘다는 점에서 구분이 된다.

좁은 의미와 넓은 의미의 문화

레이먼드 윌리엄스가 문화의 정의에서 짚었듯이 문화는 좁은 의미(정의3. 즉 텍스트로서의 예술)와 넓은 의미(정의2. 생활양식)로 나눌 필요가 있다. 이것이 매트릭스의 가로축이 된다. 그리고 세로축은 기업 브랜드의 에센스와 일치하는 정도를 높음과 낮음으로 구분한 것이다. 그렇게 하면 아래 표처럼 4개의 면이 나타난다. 그 면의 특징에 맞게 각각 우측 하단부터 시계 반대 방향으로 인형-컬래버-산타-사랑방이 라는 이름을 붙였다. 여기에 전략이라는 이름을 붙이면 각각 인형 전략, 컬래버 전략, 산타 전략, 사랑방 전략이 된다.

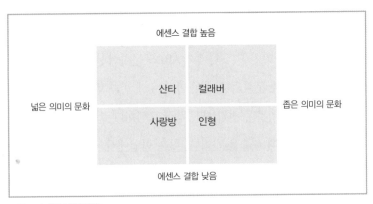

도표11 4개의 문화 전략

좁은 의미의 문화는 아트 같은 심미적 텍스트를 뜻하고, 넓은 의미의 문화는 삶의 양식으로서의 의미를 갖는다. 이 문화 전략 단계는 인형-컬래버-산타-사랑방 단계를 거치는 것이 일반적이다. 각각 그 특성과 효과, 사례를 기술하면 아래와 같다.

1. 인형: 예술가나 모티프를 차용하지만 브랜드 에센스와 접목 수준이 낮다. 단기 주목성과 입소문 효과가 높다.

사례_ 진통제 펜잘: 구스타프 클림트 그림을 제품 포장지와 차량에 부착

아디다스: 〈쇼미더머니〉, 〈언프리티 랩스타〉 등 후원. 래퍼 도끼 모델

갤러리 카페: 카페에 그림 전시

중고서점 알라딘 양말: 양말 이름에 전설적 작가 책 패러디

미인활명수: 바이럴 뮤직 비디오에 여성 래퍼 자이언트 핑크, 도끼 출연

현대자동차 '브릴리언트 이스': 브릴쑝(리쌍의 길 프로듀싱, 힙합 뮤지션)

2. 컬래버: 예술가와 컬래버해서 브랜드에 적용. 에센스와 접합 정도 높음. 고가 한정판 브랜드로 프리미엄 이미지 창출

사례_ KT&G 프리미엄 담배: 이상봉, 김지운 감독 등

에비앙: 폴 스미스 한정판

롯데마트: 러버 덕 등 설치

하슬라 아트월드: 마리오네트관

스케처스: 브리트니 스피어스

아디다스 재팬: 보아

루이뷔통: 쿠사마 야요이 등

3. 사랑방: 예술보다는 문화적 공간 제공, 브랜드 에센스와 접합도 낮음. 고객 접점 확대, 사회공헌으로 기업 이미지 향상

사례_ **KT&G**: 상상마당

> **현대카드**: 디자인 라이브러리
>
> **LG**: 아트센터
>
> **코카콜라·사려니숲길**: 브랜드 저널
>
> **현대백화점**: 문화센터
>
> **삼성**: 리움, 호암미술관, 블루스퀘어
>
> **지자체**: 문화예술회관, 박물관, 축제 등

4. 산타: 문화적 포용성이 높고 기업 가치에도 직결, 조직문화 변형 수준으로 업계 내 상징이 됨.

사례_ 코카콜라, 기네스, 미쉘린, 말보로, 시세이도, 그 외 나이키, 더바디샵, 파타고니아, 포스코, 애플, 구글, 스타벅스 등

사례 기업들을 찾아보면 꽤 많은 것 같지만 전체 기업 중 0.01퍼센트도 안 된다. 그 기업들조차도 영업이익의 1퍼센트를 문화 전략에 쓰는 것으로 추정된다. 문화 전략은 아직 갈 길이 멀다. 글로벌 대기업들이 교육, 환경, 의료, 스포츠, 복지 등 다양한 사회 지원 활동은 하지만 이들 기업이 문화를 어떻게 전략화하는지는 제대로 알려져 있지 않다. 한국의 플랫폼 기업인 카카오, 네이버 그리고 한류로 급성장한 콘텐츠 회사인 SM, YG, 빅히트 엔터테인먼트, CJ E&M 등도 문화 전략을 360도 적극적으로 펼치는 수준이라고 보기에는 아직 부족하다.

"우린 돈, 네트워크도 없는데 어떻게 문화 전략을 씁니까?" 하는

기업들에게 나는 인형 전략과 컬래버 전략을 추천한다. 현실적으로 문화를 "지원하자니 바보 같고, 안 하자니 욕먹겠고(일명 '하·바·안·욕·딜레마')"라며 망설이는 경영자 태도가 문제인데 쉬우마 교수가 말한 관찰자, 적용자 수준의 경영자라면 시도해볼 수 있다. 스타트업과 중소기업, 정부나 지자체도 가능하다. 특히 큰 규모의 광고 회사들이 컬래버 전략에 투자하면 국내외 효과가 클 것이다.

그러나 아쉽게도 대부분의 기업들은 단순 후원, 일회성 캠페인, 홍보대사, 광고 모델 같은 피상적 수준 또는 단기적 효과에 만족한다. 나는 이를 '방패(shield) 문화 전략'이라 부른다. 욕먹기 싫어서, 언론이 무서워서 마지못해 방어 차원에서 하는 전략!

그런데 사랑방 전략부터 산타 전략은 차원이 다른 문화 전략이다. 내가 '창(spear) 전략'이라고 부르는 적극적인 문화 전략이다. 투자가 필요하고 전문가 직원이 담당해야 하기 때문이다. 문화사랑방을 운영하려면 무엇보다 진정성이 보이는 기업 철학이 필요하며 특히 산타 기업이 되려면 통합자 유형의 경영자가 반드시 있어야 한다. 여기에 조직문화와 역량까지 변형되는 세월의 축적이 있어야 가능하다. 그런 점에서 위에 나열한 기업 중 진정한 산타 기업은 나이키, 코카콜라, 파타고니아, 더바디샵, 기네스, 미쉘린, 시세이도 정도를 꼽을 수 있을 것 같다.

한국 기업 중 문화 지원을 많이 해온 포스코, 현대카드, KT&G, 금호, 젠틀몬스터 등은 좀 더 지켜봐야겠다. 아직 시간이 얼마 안 됐기 때문이다. 한 나라에 산타 기업이 5~10개만 있으면 그 나라는 문화 강국이고 마케팅 선진국이다. 그만큼 산타 기업이 미치는 영향은 크다.

전략의 단계

전략은 보통 장기간에 걸쳐 이루어지므로 절차와 전개 과정이 있어야 한다. 쉬우마 교수의 예술가치 맵도 흥미(entertainment) 단계에서 조직 변형(transformation)에까지 이르는 9개 과정을 주문한다. 문화 전략도 마찬가지다. 기업의 문화 전략은 광고에 의존하는 초기 '인형 단계'에서 아트와 창조적으로 연결되는 '컬래버레이션 단계', 그리고 소비자인 대중들과 폭넓은 접점 공간을 가지는 '사랑방 단계', 마지막으로 이들 단계가 장기적인 기업의 조직문화이자 사업 전략으로 정착하는 '산타 단계'를 거치게 된다. 아, 법칙이기보다는 일반적으로 그렇다. 아직 그것을 법칙이라고 말할 근거는 확보하지 못했다.

그러나 아이의 성장 과정과의 유사성(아이는 처음에는 흉내를 내다가 청년이 되

346

면 훌륭한 작품을 보면서 자기도 해보고 싶다는 열망을 가진다. 그리고 많은 예술인, 문화 대중과 만나면서 자기만의 철학을 가진 예술가로 성장한다), 기존 문화 전략 기업들의 전개 과정을 고려하면 대체로 이 순서대로 전개되는 것이 무난하리라고 본다. 물론 여기서 거두절미하고 갑자기 컬래버만 하는 사례도 왕왕 있다. 앞에서 예를 든 컬래버 문화 전략들이 그런 경우다. 그러나 대부분 단기로 끝난다. 전략이 아니고 프로모션일 뿐이다.

KT&G 문화 마케팅은 초기의 TV 광고에서 컬래버 브랜드, 그리고 KT&G 상상마당까지의 과정을 보면 2002년부터 그 경로를 따라왔고 현재는 사랑방 단계에 위치했다. 현대카드 발전 과정도 유사하다. 초기 M카드의 독특한 광고로 주목을 끌고(인형) 세계적 디자이너 하림 라시드와 컬래버한 카드 디자인, 슈퍼콘서트와 슈퍼매치를 통한 글로벌 아티스트들과의 컬래버레이션(컬래버) 그리고 시티 브레이크로 확대했다가 디자인·오디오·트래블러 라이브러리 운영(사랑방) 등으로 발전 중이다.

두 경우는 대기업 사례인 데 반해 창업 기업이었던 젠틀몬스터는 바로 컬래버에서 시작했다. 타투이스트 등과 브랜드 컬래버를 하고 이것이 〈별에서 온 그대〉의 전지현 득템 패션으로 주목을 받았다. 지금은 폐 목욕탕·이발소, 메트로놈 등 다양한 문화 코드를 탑재한 '퀀텀 프로젝트'를 하는 매장 중심 전략에 집중하고 있다.

이상 기업의 4가지 문화 전략을 기술했다. 문화 전략을 제대로 펼치면 ▲기업 평판이 올라가고 그 가치를 브랜드와 공간 등에 실현해

▲새로운 사업 기회와 차별화된 마케팅(예: 레드불 미디어하우스, 미슐랭, 기네스 북 등)을 만들 수 있다. 또한 인적 차원에서는 ▲아티스트와의 네트워크가 만들어지며 ▲새로운 유전자를 갖고 있는 직원들이 합류해 조직 구성원의 질이 달라진다. KT&G 신입사원들 학벌이 갑자기 좋아져서 물으니 "뭔가 상상 관련 일을 할 수 있을 것 같아서 지원"했다고 답했다는데, 이런 데서 실제로 확인이 된다. 산타의 경지까지 올라가면 ▲업계 아이콘이 되어 지속가능한 경영도 가능하고 ▲경쟁사가 쉽게 모방할 수 없다. 기술은 쉽게 모방하지만, 문화는 동경의 대상이 되기 때문이다.

Quiz 48

돈이 별로 없는 회사라도 홈페이지나 사무실 등을 활용해 문화 마케팅은 얼마든지 할 수 있다. 홈페이지를 팝 아트 이미지나 X게임으로 꾸며보라. 그러면 분위기가 달라진다. 뉴스레터를 활용해 자사의 이미지에 맞는 문화 콘텐츠를 보내줄 수도 있다. 비건 같은 특정 부족들을 지원할 수도 있다. 문화 마케팅을 하지 못하는 장애 요인이 조직 내에 있다면 그것이 무엇인지 찾아내고 극복할 방법을 모색해보라. 시세이도는 작은 약국 시절부터 문화 마케팅을 시도했다.

당신이 현재 기업에서 마케팅 담당자이거나 회사 또는 소상공인 대표라면 현재 실행하고 있는 마케팅을 검토한 후 문화 마케팅을 접목해서 다시 짜보기를 권한다. 기업 문화 전략 4개 모델, 즉 인형-컬래버-사랑방-산타-를 선택해 적용해보는 것이다. 만일 당신이 기업에 다니지 않는 일반 독자라면, '이케아'나 '그랜저 차' 또는 당근마켓 중에서 선택해 실행해보기를 권한다. 이케아는 신혼부부를 위한 매장 문화 전략, 그랜저는 주 사용자층인 7080세대 노스탤지어 공략, 당근마켓은 3040세대의 ESG 경영 측면에서 각각 학습해볼 만하다. 그러기 위해서 다음의 5단계를 거치는 것이 좋다.

1. 환경 분석: 특히 고객층의 라이프스타일을 문화 현상과 관련해서 분석한다. 현재 주된 라이프스타일은 혼족 문화, 온택트, 힐링과 휘게, ESG 실천 등이다.

2. 3C 분석: 소비자의 문화적 욕구를 중점 분석한다 당신이 만약 배달서비스업에 종사한다면 고객이나 라이더, 가맹점들의 문화적 욕구를 들여다보면 된다. 빅데이터 분석은 힘들 테니 SNS, 후

기 자료 등을 참고하자.

3. 모델 선택: 기업 문화 전략 4개 모델 중에서 인형 전략이나 컬래버 전략을 적용할 근거를 찾아라. 근거가 없다면 그것은 전략이 아니다. 이미 이들 전략을 적용했다면 사랑방 전략으로 넘어가도 좋다.

4. 전략 실행: 전략을 선택했으면 구체적인 실행 방법을 PPT 5~8페이지 분량으로 기술하라. 개략적인 기간과 예산도 짜라. 이들 계획이 없으면 실행하기 어렵다.

5. 기대 효과: 전략에 대해 정량적·정성적 기대 효과를 기술하라. 문화 전략에 대해 회의적인 경영진을 설득할 근거가 된다.

*참고로 이 실전 과제는 내가 경희사이버대학원 문화창조학과 원생들에게 주는 리포트 과제다.

5부
커뮤니티 마케팅

고독한 군중, 괴물이 되어가는 사람들을 묵인하고 조장하는 신자유주의에 대항해서 '창의적으로 살라', '활력을 주는 공동체를 만들라'는 주장들은 SNS 관계가 주도하는 세상에서 치유자로서의 마케터가 마케팅의 가치로 새겨볼 만하다.

Big Shot
Marketing ALL

26

깨어 있는 자본주의의
경영 모델

자본주의로 촉발된 대규모 도시화가 진행되면서, 그리고 손바닥 안의 세계인 스마트폰 세상이 빠른 속도로 변화하면서 커뮤니티는 실낙원처럼 되어버렸다. 배달경제와 구독경제는 사람들의 직접접촉을 더 소원하게 만들어버렸다. 개별 존재를 드러내는 육성은 스무스한 기계 클릭에 죽어버렸다. 주식투자, 암호화폐, 콕—족! 그런데, 뭔가 불길하다. 매슬로가 말한 대로라면 우리는 소속감을 갖고 싶고 인정도 받고 싶은데 전부 파편화되어간다. 그것도 인지하지 못할 정도로 말이다. 미래학자, 휴머니스트, 도시 재생 전문가들은 그 대안으로 '새로운 커뮤니티'를 말한다. 지겹고 답답하고 구속이 심해서 우리가 기꺼이 버렸던 커뮤니티 아닌가? 그런데 왜 커뮤니티를 다시 꿈꿀까? 우리는 먼저, 깨어 있는 자본주의를 주장하는 학자들을 만나볼 필요가 있다.

경쟁사에 대한 예의와 환대

마케팅의 구루로 불리는 미국 벤틀리대학 라젠드라 시소디아 교수는 '깨어 있는 자본주의 연구소'를 운영한다. 2003년에는 영국 마케팅 전문 연구소가 선정한 '뛰어난 마케팅 사상가 50인'에 선정되었다. 그의 이야기는 시간이 갈수록 들을 것이 많다. 다음 내용은 그가 했던 특강의 한 대목이다.

2005년 11월 9일, 이케아가 미국 매사추세츠 주 남쪽 해변 스토턴에 첫 매장을 열었습니다. 이케아는 개장식을 앞두고 파란색과 노란색의 로고를 지하철에 붙이고 100만 부 이상의 카탈로그를 지역 주민들에 나눠주는 등 대대적인 홍보활동을 펼쳤습니다. 첫 고객이 되기 위해 1주일 넘게 주위에서 캠핑한 사람도 있었고, 멀리 애틀랜타에서 온 고객도 있었습니다. 이날 매장에는 자그마치 2만 5,000여 명이 찾았습니다. 35만 제곱미터나 되는 주차장(축구경기장의 6.5배)이 턱없이 부족했습니다. 이때 경쟁 관계인 조던스 퍼니처와 코스트코가 주차장을 내주고 '이케아를 환영한다'는 광고를 거리에 내걸었습니다. 고객과 종업원, 공급업체, 지역사회 사람들은 새로운 경쟁자를 맞는 두 업체의 태도에 경탄했습니다.

자료를 찾아보니 조던스 퍼니처는 유서 깊은 가구 업체로 직원 1,200명을 한꺼번에 플로리다 동부 해안 버뮤다 섬으로 여행을 보냈던 회사다. 직원들을 위해 점보제트기 4대를 전세 냈다. 한국에도 진출한 코스트코는 눈앞의 수익보다 커뮤니티의 상생이란 큰 목적을 추구하면서도 많은 이익을 남기는 회사다. 자유로운 환불정책으로 고객의 사랑을 받는다. 이들이 바로 사랑받는 기업이다. 시소디아 교수에 의하면 '사랑받는 기업'은 주가 순익 등 수치 목표보다 사회(society), 협력업체(partner), 주주(investor), 고객(customer), 직원(employee) 등의 이익과 행복을 극대화하는 데 경영의 초점을 맞추는 스파이스(SPICE) 기업이다. 여기에 환경(environment)을 더해 'SPICEE'라고도 부른다.

시소디아 교수는 기업들의 마케팅 효과를 분석하다가 마케팅에 많은 돈을 퍼부어도 고객만족도나 신뢰도, 직원의 충성도가 크게 높아지지 않는 기업이 있는가 하면, 홍보조차 하지 않는데도 종업원과 협력사, 고객들로부터 사랑을 받으며 수익성도 뛰어난 기업들이 있다는 걸 알았다. 그는 "이들 기업은 이해당사자들의 정서적 유대관계가 특별"했다고 말한다. 놀라운 점은 이들 기업의 수익성이었다. 지난 10년간 S&P 500지수에 편입된 500대 기업의 주가 상승에 따른 누적 투자수익률이 122퍼센트인 데 비해 사랑받는 기업 중 상장 13개 사의 누적 투자수익률은 1,111퍼센트로 무려 9배나 높았다. 짐 콜린스가 《좋은 기업에서 위대한 기업으로(Good to Great)》에서 선정한 기업 수익률 331퍼센트의 3배를 웃도는 수치다. 시소디아 교수는 "사랑받는 기업은 '깨어 있는 자본주의'를 추구하고, 이해관계자들의 이익을 극대화해 시너지를 끌어내며, 자기만의 비즈니스 문화를 갖고 있다"고 설명한다. 대표적인 스파이스 모델로는 유기농 업체인 홀푸드를 꼽았다. 홀푸드의 존 매키 대표와 책도 함께 쓴 시소디아 교수는 이렇게 말한다.

홀푸드는 회사와 고객, 종업원, 주주 등 SPICE가 모두 의존관계에 있다고 보고 '상호의존선언문'을 발표해 실천합니다. CEO나 임원의 보수는 다른 직원의 19배 이상을 받을 수 없도록 했습니다. 일하는 목적이 돈이 아닌 기업문화 확산이기 때문입니다. 스톡옵션도 임원에게는 7퍼센트만 주고 나머지 93퍼센트는 직원들에게 나눠줍니다. 심지어 가축에게 스트레스를 주지 않는 양육 환경까지 규정해두고 있습니다. 마케팅 비용은 미국 기업 평균의 10퍼센트 수준, 마케팅 담당 임원은 아예 없습니다. 그래도 10년간 누적수익률이 1,800퍼센트로 미국 식품유통업계 중 최고를 기록했습니다.

시소디아 교수와 홀푸드 존 매키 회장이 쓴 책은《돈 착하게 벌 수는 없는가(Conscious Capitalism)》다. 그들은 당연히 많은 반대에 부딪혔다. 시소디아 교수가 잭 웰치 전 GE 회장을 만나 "사랑이 기반이 되면 더 뛰어난 비즈니스 성과를 거둘 수 있습니다"라고 말하자 잭 웰치는 "공산주의"로 일축했다고 한다. 이에 교수는 "사랑받는 기업의 전체 매출은 줄지 몰라도 순이익률은 높아진다"고 되받아쳤다. 그 이유로 ▲종업원들의 이직률이 줄어 채용과 교육, 조직관리 비용이 절약되고 ▲열정과 창의력이 넘쳐 생산성이 높고 ▲노사관계가 좋아 파업이 사라지는 등 노사 관련 법률 비용이 줄어들고 ▲고객의 충성도가 높아져 입소문이 퍼지기 때문에 막대한 마케팅 비용을 절약할 수 있어 ▲경제적 위기상황에서도 흔들리지 않는 점들을 꼽았다.

파타고니아가 딱 이렇다. 시소디아 교수는 눈앞의 수익을 위해 납품 단가를 쥐어짜다 좋은 협력업체를 놓친 GM을 반면교사의 예로 들며 "납품가를 올려주면 당장은 이익이 줄겠지만, 협력사들이 경쟁적으로 좋은 제품을 만들기 때문에 결국 수익성도 올라간다"고 주장한다. 이 대목을 읽으면 중소기업이나 창업자들은 복잡한 상념으로 머리를 휘저을 것이다. 시소디아 교수는 "시장 참여자들의 교육 수준이 향상되고, 인터넷을 통해 정보를 공유하는 등 새로운 가치체계가 형성되고 있지만, 기업은 그 속도를 따라가지 못하고 있다"며 "지난 100년 동안 변하지 않은 경영 모델을 이제는 '깨어 있는 자본주의 모델'로 바꿔야 한다"고 강조한다.

우리가 같이 사는 터전이 커뮤니티이고 커뮤니티 마케팅을 이해하려면 시소디아 교수의 이런 주장을 먼저 들어두는 것이 좋을 것 같아서 길게 소개했다.

Quiz 49

배달의민족 김봉진 회장이 사재 5,000억 원을 더 기빙 플레지에 기부하겠다고 하자 SNS에는 극찬과 함께 비난의 소리가 높았다. 기존 대기업들에게서는 못 보던 쾌척이라며 응원도 해줬지만 직원 복지, 라이더 처우 개선, 골목상권 붕괴, 생색내기 등을 언급하며 비판도 했다. 김봉진 회장은 기부 이전에 깨어 있는 자본주의를 어떤 경영 방식으로 실천했을까? 전지현 같은 빅모델을 광고 모델로 쓰는 마켓컬리, SSG는 새벽배송 시장에서 큰 매출을 올리지만 현재 적자 상태를 면하지 못하고 있다. 반면 매출 2,000억 원대의 기업 오아시스는 100억 원의 흑자를 내고 있다. 이들의 차이는 무엇일까?

27

우파 파브릭
커뮤니티

독일이라는 나라는 묘한 나라다. 과학과 철학의 나라, 유럽의 경제 강국, 메르켈 총리, 히든 챔피언의 나라, 비스마르크&프리드리히 2세의 국민학교 제도 시행, 규율과 합리성 토론 그리고 레고를 좋아하는 나라. 얼굴이 있는가 하면 수천만 명이 죽은 1, 2차 세계대전과 유대인 홀로코스트를 저지른 20세기 범죄 국가라는 악의 얼굴을 동시에 가진 나라다. 유대인에 대한 사과도 "유대인이 힘이 있으니 사과하는 것"이라는 비아냥을 받아야 했다. 침략당한 다른 나라에는 제대로 사과를 안 했기 때문이다. 그 독일이 다시 태어나고 있다. 악의 과거는 잊고 현재 독일을 찬미하는 한국 예술가와 여행자도 많아졌다.

깨어 있는 자본주의의 신커뮤니티와 관련해서 독일의 한 공동체를 보자. 참고로 1960~70년대 한국의 경제성장 모델은 전후 독일이었다.

다른 방식으로 생각하고 삶을 바꾸는 방법

독일 베를린의 중심가에서 차로 20여 분 떨어진 남쪽의 템펠호프 지역은 분단 시절 서베를린의 유일한 관문이었던 옛 템펠호프 공항이 있던 곳이다. 2008년 이 공항은 폐쇄됐으나 건물이나 활주로, 관제탑 등을 남겨 시민공원으로 새롭게 단장했다. 당시 아파트, 상가 조성 등 공항 신개발을 위해 다양한 논의가 있었으나 시민들의 강력한 요구로 결국 공원이 조성되었다.

이 공원과 1킬로미터 정도 떨어진 곳에 우파 파브릭(Ufa Fabrik)이 있다. 1920년대 우니베르줌 영화사(Universum Flim Aktien Gesellschaft)의 공장(fabrik)이었던 곳이다. 지금 우파 파브릭은 생태와 대안 공동체로 유명한 곳이 되었다. 우파는 1917년에 설립된 독일의 영화사인데 나치 시대에는 나치즘 선전 영화를 제작하기도 했다. 이 영화사 건물의 서쪽은 촬영소로, 동쪽은 현상소로 사용되고 있었는데 1961년 분단이 되면서 동부와 서부가 갈라져 종합 영화 촬영소로 유지할 수 없었다. 영화사가 1965년경부터 이 공간을 사실상 방치하자 서베를린 시가 매입했다. 68혁명 이후 베를린으로 이주해온 젊은 예술가들이 공간을 재구성하고 새로운 문화를 창출한 사례가 많은데 우파 파브릭도 그중 하나다. 1979년부터 가난한 젊은 예술가와 숙련공들은 우파로 모여들었다.

처음 이 공간이 공개됐을 때, 영화사가 친나치 선전 영화를 많이 제작했다는 이유로 헐어 없애자는 의견도 많았다. 하지만 초기에 이곳에 자발적으로 모여든 사람들이 스스로 주거와 노동을 위해 시설을 리모델링하고 협회를 만들면서 공동체 안의 다양한 시스템을 구축하자, 시가 1년 단위 임대 계약 방식으로 장기 대여했고 이 과정에서 우파 영화사도 렌트비를 지원하고 각종 인프라를 제공함으로써 이 공간이 탄생했다.

시는 이 협회와 2067년까지 장기사용 계약을 맺었다. 협회는 일자리도 200여 개 창출했다. 또 젊은 세대의 예술적 상상력이 대안적 삶에 대한 고민과 만나 새로운 주거와 문화를 창출한 특별한 공간이 되고 있다는 평가도 받고 있다. 이 공간에는 예술가들의 작업장과 전시장과 극장이 있고 아이들을 위한 대안학교가 있다. 게스트하우스와 카페, 공동 식당과 동양 무예, 발리 춤, 음악 등을 배우는 강습소도 있다. 1년 내내 예술 작품이 전시되고 공연이 이루어지며 매주 3~4차례 세계 각국의 생태문화 전문가들이 모여 세미나와 워크숍도 연다. 연 방문자는 30만 명이 넘는다. 방문자들은 이곳의 모토인 "다른 방식으로 생각하고 삶을 바꾸는 방법(To Think Another Way and Change Life)"이 어떻게 도시 공간에 구체화되고 있는지를 목격하고 간다.

이 커뮤니티는 또한 생태적 삶을 서구적으로 실천한다. 빗물을 받아 작물을 가꾸고 건물 지붕에 흙을 덮어 풀이 자라도록 했다. 세계 최초의 태양열 목욕탕과 물을 내리지 않는 자연 발효 화장실도 개발되었다. 태양열을 이용해 난방을 하고 이곳에서 나는 유기농 식재료로 만든 빵이나 꿀 등도 판다. 문화예술뿐만 아니라 경제, 사회와 유기적으로 결합하고 복합적으로 작동하는 대안적 삶의 공동체인 것이다. '지속가능한 발전'에 대한 문화예술적 고민과 상상력이 만들어낸 하나의 성공 사례다.

어린이 놀이 공간 한쪽에는 말과 돼지, 토끼 등 가축을 기르는 축사도 있는데 생태적 환경에서 사육되는 탓인지 냄새가 전혀 나지 않는다. 카페에서는 저녁에 다양한 공연을 펼친다. 우리는 문화와 생태주의 커뮤니티가 일으키는 놀라운 변화를 우파 파브릭 커뮤니티에서 볼 수 있다.

Quiz 50

전환도시(transition city) 개념이 지금 활발하게 논의 중이다. 전환도시는 '기후변화와 피크오일에 대한 공동체의 대안' 도시로서 대안 에너지, 자원 순환, 지역 중심과 로컬 이코노미 등을 통해 다가올 위기의 시대를 예비하자는 개념을 담고 있다. 영국 데번 주의 토트네스, 남서부에 위치한 스트라우드, 킨포크 라이프로 유명한 미국 포틀랜드 등이 주요 사례다. 전환도시에 대해 더 알아보고 서울시 동작구 성대골 마을, 성미산 마을, 시흥시 월곶마을을 참고하면서 인구 10만 명 이내의 한국 지자체에 적용 가능한 지역을 선정해보라.

참고도서 | 《전환도시》(이유진)

이 소규모 커뮤니티를 보면서 '던바의 법칙'이 다시 궁금해진다. 공동체 내의 사람 숫자는 과연 공동체 운영에 어떤 영향을 미칠까?

던바의 법칙

1947년생, 영국 옥스퍼드대학 인류학과 교수인 로빈 던바는 《발칙한 진화론》이라는 책을 펴냈다. 원제는 'How many friends does one person need?'다. 그는 영장류들의 사회적 털 고르기 이론으로도 유명하다. 우리는 앞에서 본 우파 퍼브릭을 포함해 뉴커뮤니티 구성 및 운영과 관련해서 던바의 이론 두 가지를 참고할 필요가 있다.

신자유주의, 사람들은 어떻게 괴물이 되어가는가

하나는 일명 던바의 수(數)인 '150의 법칙'이다. 던바는 친구의 수는 최대 150명이라고 주장하는데 여기서 친구의 기준은 불쑥 저녁

자리나 술자리에 합석해도 어색하지 않은 사이를 말한다. SNS를 통해 친구 숫자가 수천 명 단위로 늘어나도 진짜 친구의 숫자는 변화가 없다. 그는 이 숫자를 1차로는 원숭이류 관찰에서 얻었다. 1970년대 아프리카에서 야생 원숭이들의 털 고르기를 관찰해온 던바는 인간을 포함한 영장류의 뇌 용량에는 한계가 있어서 친밀한 관계를 맺는 대상이 150명을 넘지 않는다고 보았다.

근거는 영장류 대뇌 신피질의 상대적 크기다. 그는 집단의 크기와 대뇌 신피질의 크기 사이에 어떤 상관관계가 있는지 개코원숭이, 짧은꼬리원숭이, 침팬지 사회 등에서 확인했다. 그래서 인간 집단의 적정 규모는 약 150명이고 그 숫자를 평범한 한 개인이 맺을 수 있는 사회적 관계의 최대치로 보았다.

인간 사회에도 유사 근거는 많다. 현존하는 수십 개의 부족 사회 구성원 평균 규모는 153명. 영국 시민들은 연말 크리스마스카드를 1인 평균 68곳에 보냈는데 그 가정의 구성원을 포함하면 약 150명. 로마군의 기본 전투 단위인 보병 중대 인원은 약 130명, 현대 군대의 중대도 대개 130~150명. 기독교 개신교의 근본주의 일파인 아미시(Amish)는 공동체 규모가 평균 110명. 고기능 섬유 회사인 고어사는 공동체식 조직 경영으로 유명한데 공장의 조직 단위를 150명으로 정해 운영하고 회사가 커지면 분할한다.

우리가 참고할 그의 두 번째 주장은, 인간은 관계의 양적 크기보다는 질적 깊이, 즉 곤란한 지경에서 도움을 청할 수 있는가를 더 중요하게 생각한다는 것이다. 그래서 아주 친한 관계는 3~5명, 그다음은 15명, 그다음은 30명 정도다. 골프는 4명, 예수의 제자들은 12명이다. 배심원단, 야구와 축구팀도 대체로 이 범위다.

한편 경제 분석학자 토머스 대본포트는 《관심의 경제학》에서 유한한 자원이자 화폐로서 '관심'을 분석했는데, 정보기술 사회가 되면서 정보 수용자들을 대상으로 한 정보 공급은 크게 늘었어도 정작 사람의 관심은 비례해서 늘어나지 않았다고 주장한다. 소셜 네트워크 환경에서 관심을 요구하는 친구가 늘어날수록 제한된 관심 자원은 부족해지고 이는 관계의 질적 저하와 피상화를 초래한다.

그렇다면 SNS 친구가 늘어나도 우리는 다시 '고독한 군중'이 되는 걸까? 고독한 군중은 소셜 시대에서는 구닥다리 이론 아닌가? 맞다. 국부론처럼 구닥다리 이론이다. 그런데 지금 일본에서는 고독사가 늘고 있고 한국에서도 고충상담센터가 늘고 자살률도 증가 추세다. 페이스 팝콘도 자발적 고독인 코쿠니즘이 트렌드라고 말했다. 게다가 코로나19 상황이니 한 번 더 고독한 군중 구닥다리 이론을 다시 소환하는 것도 나쁘지는 않을 듯하다.

《고독한 군중(The Lonely Crowd)》은 미국의 사회학자 데이비드 리스먼이 지금으로부터 70년 전인 1950년에 출간한 책이다. 제2차 세계대전이 끝나고 도시가 급팽창할 때다. 그는 인구성장의 3단계에 따라서 사회적 성격을 1. 전통 지향, 2. 내부 지향, 3. 외부 지향으로 구분했다. 전통 지향 사회는 전통과 과거가 지배한 1차 산업사회다. 르네상스 시대부터 19세기 초기 공업시대까지인 내부 지향 사회는 인구성장이 고도화되고 가족으로부터 학습한 내면적 도덕과 가치관을 중심으로 하는 사회다. "유아기에 연장자로부터 그 기동력이 심어지고 그 향하는 목표가 일반화된 목표이고 동시에 숙명적으로 피할 수 없는 목표다." 이 시대는 일이 중요하고 놀이는 부차적인 것이었다. 제3의 단계인 외부 지향 사회는 3차 산업이 주를 이룬다. 동료나 이웃, 또래 집단의 눈치를 살피며 타자들의 기대와 기호에 민감했다. 사람들은 격리되지 않으려고 타자로부터의 신호에 항상 세심한 주의를 기울였다. 겉으로 드러난 사교성(social)과는 달리 내면적으로는 고립감과 불안으로 언제나 번민하는 고독한 군중이 현대인의 자화상이었다.

우리는 이런 전형을 에드워드 호퍼의 그림에서 본다. 호퍼는 미국인이 가장 사랑하는 화가다. 신세계 쓱(SSG)은 역설적이게도 호퍼의 그림을 연상시키는 광고로 주목을 끌었다. 리스먼은 외부 지향 사회에서는 "일의 세계에서 자동화를 진행하는 것은 현명한 일이지만 일 자체를 위한 것이어서는 안 된다. 그것은 기쁨과 소비를 위한 것이어야 한다"고 주장했다. 왜? 타자들로부터 인정을 받기 위해서. 이후 70년 동안 사람들은 남을 의식하며 기쁨과 소비를 추구했지만 그래도 그것은 아날로그 사회에서의 고독이었다. 가족도 여전히 위로를 주는 작은 공동체로 남았었다.

지금은 혼자 사는 사람이 늘었다. 가수 자이언티의 노래 '꺼내 먹어요'에는 이런 가사가 나온다. "쉬고 싶죠, 시끄럽죠, 다 성가시죠, 집에 가고 싶죠. 집에 있는데도, 집에 가고 싶을 거야." 2018년 트렌드로 선정된 나만의 케렌시아 현상이 이와 같다. 집이 그냥 집이 아니다. 소파도 1인 소파가 팔린다. 1인 오피스텔은 늘 부족하다. 집 안에서도 스마트폰으로 게임을 하면서 방으로 점심 넣어달라는 사식 자녀들이 늘었다. 지하철을 타면 귀에 이어폰을 굳게 꽂고 스마트폰만 보고 있지 옆 사람에겐 관심도 없다. 이제 인간은 디지털·소셜 문화에 의해 역으로 다시 고독한 군중이 되어가는 건가?

당당한 혼족을 말하지만, 한편에서는 반대로 관심병이 늘고 있다. 관심병은 타인에게 관심을 받고 싶어 하는 욕구가 병적인 수준에 이른 상태를 나타내는 단어다. 인터넷 게시판에 튀는 글을 작성하거나 댓글을 달고, 멋진 여행지에 가서 셀카 사진이나 영상을 올리기도 한다. 10~20대가 주류를 이루는 틱톡(Tiktok)에는 관심병 영상이 넘친다.

이러한 증세가 있는 사람을 '관심 병자', '관심 종자, 줄여서 관종'이라고 한다. 그 고독한 현상은 린다 그래튼의 진단에서도 확인된다. 영국의 경영 사상가인 린다 그래튼은 10년간 여러 나라를 관찰하면서 기술한《일의 미래》에서 디지털에 의해 파편화된 일상, 3분이 생각의 한계가 된 인간, 편안한 동료관계의 실종과 가족의 붕괴, 고립과 소외 그리고 승자 독식 현상이 더 커지면서 대중들은 불안감과 수치심이 증가하고, 생각하지 않는 사람들은 과시형 인간으로 강화된다고 했다.

이는 정신분석학자인 파울 페르하에허가 쓴《우리는 어떻게 괴물이 되어가는가: 신자유주의적 인격의 탄생》에서도 잘 확인된다. 이 책은 왕따, 묻지마 살인, 총기난사 등 이유도 없이 사건을 일으키는 괴물 인격들의 출현을 언급한다. 페르하에허는 이런 결핍을 의미로 바꾸기 위해 창의적이고 끈질긴 노력을 기울이라고 권한다. 어떻게? 우리는 그 대답을 두 아이를 둔 엄마인 린다 그래튼에게서 찾을 수 있다. 그녀는 고독의 동굴에서 나와라, 워라밸을 추구하라, 그러려면 협력과 참여, 창조 활동이 필요하다, 나만의 네트워크를 만들라, (가치) 수색대를 구성하고 아이디어 집단과 제휴하라고 권한다. 이 권고들을 한 문장으로 줄이면 "그들과 제휴하면서 휴식과 활력을 주는 공동체를 만들라"이다.

영장류들의 사회적 털 고르기, 던바의 수, 관심의 경제학, 타자 지향 사회에서의 고독한 군중, 괴물이 되어가는 사람들을 묵인하고 조장하는 신자유주의에 대항해서 창의적으로 살라, 활력을 주는 공동체를 만들라는 주장들은 점점 SNS 관계가 주도하는 세상에서 치유자로서의 마케터가 마케팅의 가치로 새겨볼 만하다. 그게 소비자 문제를 풀어주는 너그러운 행위이니까. AI 개발 연구가 진행될수록 인간은 더 고독한 군중, 관심 병자가 될 것이다. 그리고 이는 곧 사업 기회가 된다. 너그러움을 표할 수 있는.

29

브랜드
커뮤니티

가평군 설악면 유명산을 가본 사람이라면 산 정상을 쌩 달리는 일명 바이크족들을 봤을 것이다. 주말이면 서울 교외에 두-둥, 두-둥 소리를 내며 달리는 호그(H.O.G.)들도 꽤 볼 수 있고, 서울 한복판에서 플래시몹을 하는 젊은 그룹, 비건 페스티벌에 몰려드는 비건 부족들도 심심찮게 보인다. 이들은 일명 '브랜드 커뮤니티' 회원들일 가능성이 크다. 한양사이버대학 서구원 교수에 따르면 '브랜드 커뮤니티(Brand Community)'는 한국에 브랜드 개념이 아직 낯설었던 1996년에 뮤니즈와 오권이 제시한 용어다. 두 사람은 "브랜드 찬미자들 간의 구조화된 사회적 관계에 기초한, 전문화되고 지리적으로 제한되지 않은 커뮤니티"라고 정의했다. 브랜드 커뮤니티는 할리데이비슨, 지프, 미니쿠퍼, 새턴, 코란도 등과 같은 값비싼 자동차나 바이크 브랜드에서 많이 나타났다. 스타벅스, 애플부터 영화 〈매트릭스〉 코드를 분석하는 콘텐츠 커뮤니티, 레고 어덜트들도 유명하다. 회원들은 능동적이며, 몰입이 강하고, 브랜드와의 일체감을 경험하면서 높은 브랜드 충성도로 이어진다. 고독한 군중에서 벗어나고자 하는 모임들일 것이다.

커뮤니티 회원을 향한 기업들의 새로운 전략

브랜드 커뮤니티는 21세기에 들어와 기업 경영 활동에 점점 중요한 역할을 하고 있다. 많은 제품이 성숙기에 돌입해 제품 차별화가 어려워졌고, 새로운 소비자 유입보다 기존 고객을 유지하는 것이 중요해졌기 때문이다. 신규 고객을 유입하고 유지하는 것은 기존 로열티 높은 고객보다 통상 마케팅 비용이 3배 더 들어간다. 브랜드 커뮤니티가 강화되면 의식, 의례, 헤리티지 및 책임감이 만들어진다. 이를 뒤집으면 기업에서 의식, 의례, 헤리티지 등을 만들어 커뮤니티의 결속력을 강화할 수도 있다는 것이다. 서구원 교수의 앞의 글에서 인용하면, 칼맨은 커뮤니티 회원을 4단계로 구분한다.

유망 고객(prospects): 아직 구매는 하지 않는 사람

중립자(non-commitals): 아직은 선호 없이 습관적으로 상표를 선택하는 사람

브랜드 찬미자(admirers): 진실로 상표를 선호해 브랜드를 칭찬하는

사람

브랜드 열정자(enthusiasts)**:** 상표를 선호, 다른 사람에게 브랜드를
권유하는 사람

브랜드 커뮤니티는 온라인 소셜과 오프라인 커뮤니티로 나눌 수
있다. 오프라인 커뮤니티의 대표적인 사례는 할리데이비슨 오너 그
룹 호그다. 1983년 화재와 일본, 독일의 중소형 저가 모터사이클의
시장 잠식 등으로 위기에 처했을 때 자발적으로 만들어졌다. 1980
년대는 제2차 세계대전 후 몰락했던 일본과 독일 브랜드들이 도요
타, 폭스바겐, 혼다 등 고성능 저가 제품을 앞세워 미국 시장을 파상
적으로 공격할 때다. 미국인들은 처음에는 싸고 성능이 좋아 멋모르
고 이용하다가 점점 자국 브랜드들이 몰락하자 이에 대한 반작용으
로 미국주의를 발흥시켰다. 제2차 세계대전 이후로 승승장구하던
할리데이비슨도 혼다, BMW에 몰려 한때 파산선고를 했는데 새로
운 CEO 티어링크가 나타나 저성능 고가격이라는 역발상을 했다.
그를 지지한 문화혁신 전략이 "미국을 타자"라는 이념 제시였다. 나
이키가 "저스트 두 잇"을 문화혁신 전략으로 성공시켰던 때도 1980
년대다.

한국은 독재 타도와 이념 논쟁이 극을 달릴 때였다. 호그는 할리
를 상징하는 점퍼, 패치, 핀, 티셔츠, 두건 등 액세서리를 산다. 여
기엔 미국을 상징하는 독수리, 태양 등이 새겨져 있다. 그들은 바이
크를 타는 것이 아니라 "미국의 자부심을 탄다"며 일종의 정신승리

를 자랑한다. 또 호그 잡지와 e뉴스레터를 통해 정보를 공유하고 지부(chapter)에 소속되어 랠리 이벤트, 안전 운행 기술 프로그램, 투어링 콘테스트, 세계 주행 등 체험을 공유한다. 기업이 제공하는 박물관 회원, 멤버 서비스센터, 10년·25년 회원증, 도난 보상 프로그램, 고장 수리 서비스 등을 통해 혜택과 자부심도 강화한다. 10년 전쯤, 할리데이비슨 코리아 사장에게 들어보니 호그는 "다른 할리 소유자보다 의류, 액세서리, 할리 스폰서 이벤트 등을 30퍼센트가량 더 많이 소비하며 또한 반복 구매와 대를 잇는 충성"을 보인다고 했다. 2017년부터는 아웃도어 라이프스타일 변화로 새로운 국면을 맞이하는 중이다.

기업과 상생하는 고객 인게이지먼트

온라인 브랜드 커뮤니티의 대표 사례는 P&G다. 비누, 샴푸, 칫솔, 기저귀 등 다양한 종류의 생활용품을 제조 판매하는 미국의 다국적 기업이며, 전통 마케팅 사관학교로 불리는 회사다. 명성에 걸맞게 이 회사 출신들 다수가 다른 기업의 마케팅 디렉터와 CEO로 옮겨갔다. 특히 연구개발(R&D)로 유명했던 이 기업은 2000년 A.G. 래플리가 CEO로 부임하면서 과거의 자체 개발 전략에서 '연계개발(connect&develop)' 모델로 변화해 큰 화제가 된 적이 있다. P&G의 기존 자산은 9,000명의 연구원과 150개의 기술, 40개의 기술 커뮤니티였는데 C&D로 전략을 바꾸면서 외부에 100만 명의 연구원, 1,500

개의 과학대학, 벤처 캐피털, P&G 공급자로서 10만 명의 R&D 인력, 정부 연구소의 10만 명 과학자들로 확대되었다. 이런 활동에 힘입어 생산성이 60퍼센트나 증대되었으며 50퍼센트 이상의 아이디어를 외부에서 가져오는 효과를 거뒀다. 그동안 1만여 개 이상의 제품, 아이디어, 유망 기술 등을 찾아냈다. 문제를 단선적으로 푸는 것이 아니라 문제를 해결하면서 새로운 연결과 승수효과를 창출하는 이런 경영 방식을 로저 마틴과 래플리는 통합적 사고라고 부른다.

참고도서 | 《승리의 경영전략》(A.G. 래플리·로저 마틴), 《생각이 차이를 만든다》(로저 마틴)

P&G의 온라인 커뮤니티로는 '트레머(Tremor)'와 '보컬 포인트(Vocal Point)'가 있다. 트레머는 2001년, 13세에서 19세 사이의 청소년 패널을 대상으로 시작되었으며 이들을 커넥터(connectors)로 활용한다. 이 커뮤니티의 유용성을 확인한 후인 2005년에는 맘을 대상으로 보컬 포인트를 만들었다. 최근 데이터는 확인이 안 되는데 2006년 기준으로 회원이 트레머는 23만 명, 보컬 포인트는 60만 명이었다.

보컬 포인트 회원들은 신제품을 개발하거나 기존 제품을 개선하는 데 참여한다. 일반인들은 보통 하루 평균 5명과 만나 이야기하지만, 보컬 포인트의 맘들은 평균 25명과 접촉하기 때문에 효과적인 구전도 창출한다. 덕분에 판매량이 10~30퍼센트 증가했다.

여기서 커뮤니티 관리자들이 주목할 부분이 나온다. 회사는 보컬 포인트의 회원에게 샘플이나 쿠폰을 제공하긴 하지만, 이것은 보상

차원이 아니며 금전적 보상 또한 이뤄지지 않는다는 점이다. 트레머나 보컬 포인트에서 회원들에게 어떤 말을 퍼뜨리라고 강요하지도 않는다. P&G에서는 자료만 제공할 뿐, 무엇을 전파하느냐는 회원들의 재량에 달려 있다. 다만, P&G에서는 윤리 규정을 만들어 회사의 정책은 정직이라는 점을 늘 강조할 뿐이다.

나도 2009년 대학생 대상 커뮤니티인 상콘 700명을 운영해봤다. 그 입장에서 보면 브랜드 커뮤니티는 필수다. 한국의 락앤락 서포터즈는 주부들 대상으로 25만 명, KT&G의 상상 유니브는 대학생 중심 50만 명으로 구성된 커뮤니티인데 이들도 P&G와 흡사한 정책을 취한다. 모방은 아니다. 락앤락 서포터즈는 몰라도 최소한 KT&G는 P&G의 트레머, 보컬 포인트의 존재를 전혀 알지 못했다.

P&G의 커뮤니티 실제 운영을 조금 더 보면, 패널들은 정기적으로 온라인 투표에 참여해 다양한 제품 개발 과정에 대한 의견을 제시한다. 시장 출시, 신제품 디자인과 광고, 광고 모델, 광고 배경음악 등에 대한 의견 수렴과 이름, 로고 선정, 판촉물 디자인 등 다양한 영역에서 이루어진다. 주 구매자를 회원으로 가입시켜 신제품을 사용하게 함으로써 구전 효과를 높이고 충성도를 높이는 것을 목표로 한다. 트레머는 커뮤니티를 만들어 연결, 협업, 공동 창조(Co-creating)를 하며, 이들의 구전으로 브랜드 옹호자는 계속 커간다. P&G만큼은 아니어도 구글, 마이크로소프트, 냅스터 등도 고객들이 자신의 사이트에 설치하고 시험할 수 있도록 베타테스트 프로그램을 활용하며, 영국의 유명한 테이트 박물관은 방문자를 초대해 전시회

이름을 결정하도록 한다. 어떤 영화사는 심지어 소비자에게 영화 제작 결정을 맡기기도 한다. 스테이플스, 이케아 등도 소비자를 혁신적인 아이디어 조사에 참여시킨다.

참고 | 하지만 이들은 커뮤니티라고는 할 수 없고 고객 인게이지먼트(customer engagement) 경영으로 봐야 한다. 그 이유는 바로 뒤 '피세스' 요소에서 살펴볼 것이다.

　이상의 내용은 역시 서구원 교수의 기고문을 참고한 것인데 시점이 많이 지난 내용임을 고려할 필요가 있다. 이젠 논의를 좀 더 확장해보자. 첫번째는 브랜드 커뮤니티는 기업을 위해 소비자에게 속칭 '빼먹으려고' 해서는 안 되지 않을까? 하는 의문이다. P&G의 회원 활동은 진정한 커뮤니티라기보다는 '마이크로 인플루언서(micro-influencer, 관심 분야에 전문성을 갖추고 소비자와 가깝게 소통하는 영향력 있는 SNS 크리에이터)' 활용 전략, 영리한 '프로슈머 전략(prosumer, producer와 consumer의 합성어. 소비자로만 보는 것이 아니라 생산자로서 그들의 아이디어와 경험을 제품 개발에 참여시키는 개념)'에 가깝다. 원래 의미의 커뮤니티 정신은 약해 보인다. 기존의 관점으로 보면 훌륭하지만 내가 곧 설명할 미래 커뮤니티 관점으로 보면 그렇다는 것이다. 두 번째는 이제 기업이 전개할 커뮤니티는 브랜드 커뮤니티만 있는 것이 아니라는 점이다. 지금부터 다양한 커뮤니티와 기업과의 새로운 상생 방법에 대해서 알아보자.

참고 | 다음에 소개되는 내용은 2016년에 경제경영 매거진 〈동아비즈니스리뷰(DBR)〉 No.162-스페셜 리포트 '브랜드 커뮤니티'에 기고했던 내용을 일부 업데이트한 것이다. 당시 독자들 반응이 좋아 〈DBR〉과 〈하버드비즈니스리뷰(HBR)〉 구독자 대상 통합 특강을

하고 정규 워크숍 프로그램으로까지 확대하려고 했다. 그로부터 6년이 지난 지금 두 개의 상황이 바뀌었다.

1. 여러모로 성향과 가치가 다른 MZ세대가 본격적으로 사회에 진입했다.
2. 대면과 텍스트 중심에서 메타버스(특히 화상사회 주목)로의 변화가 고려할 변수가 되었다.

30

3W 시대의
커뮤니티 마케팅

1990년대까지의 경쟁은 제로섬, 즉 '윈-루스' 게임이었다. 누군가 이기면 누군가는 졌다. 기업 마케팅도 마찬가지였다. 필사적으로 독점을 유지하려 했다. 그러다가 미군의 세계방어 전략으로 윈-윈 전략 개념이 나왔다. 이른바 중동도 지키고 아시아도 지키는 전략이었다. 이것이 경영에도 전이되어 2000년대에는 '코피티션(coopetition) 전략이 출현했다. coopertation과 competition의 조합어로 협력형 경쟁이라고 한다. 수학자 존 폰 노이만과 경제학자 오스카 모르겐슈테른이 펴낸 《게임이론과 경제행동》, 존 내시이 《비협력게임》을 바탕으로 생겨난 용어인데 예일대학 배리 네일버프와 하버드대학 애덤 브란덴버거 교수가 비즈니스 전략을 정확히 표현하기 위해 만든 신조어다. 애플이 스마트폰에 앱

시장을 만들고, 위키백과가 전 세계인들에 의해서 만들어지고, 리눅스의 오픈소스가 개방되고, 구글이 안드로이드를 개방해서 삼성 등과 협력하는 방식이 그런 전략의 발현이다.

지금도 당시 이 개념에 열광했던 기억이 난다. 상대방을 죽여야 하는 게임은 원시적인 쾌감은 있지만 사실 마음이 편치는 않다. 2020년대는 경쟁 상황이 또 변하고 있다. 소비자가 기업을 평가하는 관점이 바뀌고 있기 때문이다. 개념 소비자가 늘고 특히 어려서부터 풍요를 경험한 MZ세대 소비자는 좋은 제품보다 자신들과 공감하는 B급 제품을 오히려 선호한다. 개감성, 가심비, 가잼비라는 말은 이들을 대변한다. 차별 싫어하고 내가 못 가질 소유보다는 공유와 공정을 좋아하고 잘난 척 우등생은 병맛! 앞으로 새로운 세대에 사랑받는 기업이 되려면 차별 없는 3-Win 마케팅을 진즉 염두에 둬야 할 것이다.

4개의 커뮤니티 사례

이제부터 4개의 커뮤니티 사례를 보도록 하자. 내가 직접 개입했던 KT&G 이야기부터 해보려고 한다.

사례1_ 홍대 앞 피카소 거리에 있는 KT&G 상상마당은 2007년 9월에 개관해서 2021년인 지금도 홍대 앞 랜드마크 역할을 하고 있다. 기존의 만화, 음악, 사진, 영화 등 대학생 창작 콘텐츠 사이트였던 '온라인 상상마당'을 오프라인으로 확장한 복합문화센터다. 지상

7층, 지하 4층 건물로 지상에는 디자인 소품 몰, 상설 예술 전시관, 스튜디오, 아카데미, 카페 겸 레스토랑이 있고 지하에는 밴드 공연장과 독립영화관이 운영되고 있다. 연 70만 명이 방문하며 주로 대학⑴생, 문화인들이다. 현재는 논산에 폐교를 개조해 만든 논산 예술학교와 2014년 4월 개관한 춘천 상상마당까지 상상마당에 속해 있다. 2021년에는 부산에도 만들어졌고 이를 기반으로 성동구 성수동에도 소셜 벤처 입주 공간인 상상 플래닛이 설립되었다.

사례2_ IBM은 '이노베이션 잼(Innovation Jam)' 프로그램을 온라인에 론칭하고 고객과 컨설턴트, 심지어 직원 가족 등을 포함해 10만 명이 넘는 사람을 초대했다. 사은 대잔치가 아니다. 이들은 아이디어를 기업에 줄 사람들이다. 온라인에서 서명한 참가자는 물류 시스템 개선, 무역, 건강관리, 환경, 재정 문제 등 미래와 관련된 아이디어에 대해 자유롭게 토론할 기회를 갖는다. IBM은 동영상, 가상 여행, 흥미진진한 신기술 관련 정보를 제공했다. 오픈 소싱 수준까지는 아니지만, 회사는 내부에서 얻기 힘든 다양한 의견을 얻을 수 있었고 기업이 전략을 짜기 위해 사용하는 관리 과정을 참신하게 바꾸었다. 게리 해멀의《경영의 미래》에서 제시하는 '새로운 원칙을 만들어라' 중 아이디어 커뮤니티로 유전자 풀(pool)을 넓힌 사례다.

사례3_ 할리데이비슨의 호그와 우파 파브릭 사례다. 이미 앞에서 언급되었으므로 생략하겠지만 두 가지, 즉 이용자들이 자발적으로 만든 커뮤니티이고 그중 할리데이비슨은 미국주의라는 이념을 공유하고 강화한다는 점, 우파 파브릭은 생태와 대안적 삶을 추구한다는 점은 기억해두자.

사례4_ 버닝 맨 페스티벌(Burning Man Festival)은 7일간만 일시적으로 존재하는 블랙 록 시티에서 열리는 크리에이티브 축제다. 예술가를 포함한 다양한 참가자들이 미국 네바다 주의 플레야 사막에 모여든다. 블랙 록 시티는 10개의 자율적 규제를 지키면서 참가자들이 공동체, 예술, 자기표현, 자립성에 전념함으로써 만들어지는데 축제 일주일이 지나면 흔적도 없이 다 태운다. 토요일 밤이 되면 축제를 상징하는 거대한 나무 인물상을 불태운다. 켈트족 전통에서 유래한 이 행위에서 '버닝 맨(Burning Man)'이라는 축제 명칭이 지어졌다. 1986년부터 시작된 축제는 매년 8월 마지막 월요일에 시작해 미국의 노동절인 9월 첫째 월요일에 끝난다. 이 페스티벌은 주최 측이 준비한 행사를 수동적으로 관람만 하는 일반 축제와는 다르다. 수만 명의 사람들은 '관람자'가 아닌 '참가자'로 참여한다. 참가비는 1인당 40여 만원이다. 예술가, 다양한 캠프 운영자, 자원봉사자 등 수많은 입장의 사람들이 함께 축제를 만들어간다. 핵심은 사람들이 능동적으로 참여해 각자의 재능과 표현으로 서로 소통하고 도움이 되는 공동체를 형성하는 데 있다. 사막에서 열리는데도 최근 관람객 수가 7만 명을 넘어섰을 만큼 자리를 잡았다. 최근 미국의 여러 도시에서는 자신들의 거주지 가까운 곳에 버닝 맨 페스티벌과 유사한 축제를 기획해 운영하고 있으며, 유럽과 아시아 등지에서도 버닝 맨 조직과 연계된 지역 행사가 개최되고 있다. 이 축제는 일시적으로 모였다가 해체되지만 강한 연대의식과 공동의 목표를 가지고 모인다는 점에서 확실한 그리고 특별한 커뮤니티다. 래리 페이지, 토니 셰이 등 미국의 거물급 기업가들도 아이디어를 얻기 위해 이 축제에 참가하는 것으로 유명하다(나도 2018년 춘천마임축제 총감독을 할 때 춘천시 의암호 중도(中島)에 버닝 맨 같은 크리에이티브 축제를 만들려고 기획을 했지만 레고 랜드를 만들겠다는 강원도 플랜 때문에 시도조차 해보지 못했다. 중도나 서해의 섬에서 7일간 아시아인들의 크리에이티브 축제를 열면 멋질 것 같지 않나!).

이런 축제와는 또 다른 모습을 보인 일시적 커뮤니티(?)가 있었다. 없는 자들이 세계를 발칵 흔들었던 '월가를 점령하라' 시위다. 이들을 커뮤니티로 연대하게 만든 동력은 분노였다. 2018년 프랑스에서 벌어진 노란 조끼 시위도 유사하다. '월가를 점령하라'는 온라인 잡지 〈애드버스터스〉가 2011년 7월 13일 트위터 등 SNS를 통해 제안하면서 그해 9월 17일부터 시작된 시위다. 보스턴, 워싱턴 D.C. 등 미국 주요 도시로 번져나가며 규모가 커졌다. 시위대는 10월 15일을 '국제행동의 날'로 지정해 시위를 세계로 파급했는데 이 활동엔 'Political Hackathon'이라는, 특정 지휘자 없이 움직이는 소셜 미디어 군단이 있었다. 이날 82개국 900여 개 도시에서 유사 시위가 동시다발적으로 발생해 '1퍼센트 대 99퍼센트'라는 빈부격차에 대한 공감과 분노가 세계적 현상임을 반영했다. 시위대들의 직접적인 불만은 2008년 금융위기 이후 누적된 상대적 박탈감에 기인한다. 미국 정부는 2008년 리먼 브라더스 사태 이후 금융 회사 등을 살리기 위해 천문학적 규모의 구제 금융을 월가에 투입했다. 하지만 월가 금융 회사들이 보너스만으로 200억 달러를 나눠 갖는 동안 2011년 8월 말 압류주택 통보를 받은 주택은 9개월 연속 증가하는 등 국민의 삶은 갈수록 피폐해졌다. 시위대가 2011년 11월 경찰에 의해 해산되면서 시위는 사실상 73일 만에 막을 내렸지만 2012년 11월부터 빚 탕감 운동을 주도하는 '롤링 주빌리' 운동으로 이어지고 있다. 내가 센터장으로 있던 서울혁신파크에 본부가 있다.

이상 4가지 사례는 목적이나 발생 원인, 운영 방식 등의 차이는 있지만, 기본적으로 기업과 관련한 커뮤니티 활동이라는 점에서 공통점이 있다. 마지막 네 번째 사례가 기업과 무슨 상관이 있나 싶겠지만, 축제는 향후 기업과의 컬래버레이션 가능성이 크다. 운동 원인 제공을 미국 부실 금융 회사들이 했고 후속 활동 단체인 '롤링 주빌리' 역시 금융 회사들을 상대로 한 불만 고객들의 안티 커뮤니티이므로 기업들의 리스크 관리 측면에서 무관하지 않다.

이제 다음 장에서는 과연 어떤 조건을 갖춰야 좋은 커뮤니티가 될 수 있는지 알아보도록 하자.

31

하이브리드
커뮤니티 전략

1990년생 사회인들에게는 커뮤니티보다는 온라인 기반의 소셜이 더 익숙할 것이다. 소셜한 구매를 하고 소셜 네트워크 서비스에서 친구를 맺으며 적당한 거리를 두고 연결되기를 선호한다. 반면 베이비붐 세대와 X세대는 예전 시골에서 살았던 마을공동체에 대한 추억을 간직하고 있다. 서울시는 고 박원순 시장 시절 시장 직속 혁신국 주도로 마을공동체 사업에 주민회원 13만 명 이상을 가입시켰다. 지금 사회는 세대별로 각각 온라인 소셜 vs오프라인 커뮤니티의 다른 라이프스타일을 추구한다. 물론 온오프를 병행하기도 한다. 비슷하면서도 다른 커뮤니티와 소셜을 구분해보자.

커뮤니티와 소셜

영어 커뮤니티(community)는 공동체, 지역사회, 공동사회 등으로 번역된다. 문화인류학자인 마가렛 미드는 "장소의 의미로도 사용되고, 신조를 나누어 가진 사람들의 의미로도 사용된다"고 했다. 앞의 문화 정의에서도 언급했던 레이먼드 윌리엄스는 커뮤니티의 역사를 다음과 같이 분류한다.

- 신분이 높은 사람들과 구별되었던 평민, 서민 (14세기부터 17세기)
- 국가 또는 비교적 소규모로 조직된 사회 (14세기 이후)
- 어떤 지역에 거주하는 사람들 (18세기 이후)
- '이해 일치(community of interests)'나 '재산 공유(community of goods)' 등의 어구에서 볼 수 있는 공유성 (16세기 이후)
- 동일성, 공통성의 의미 (16세기 이후)

그러다가 19세기 이후 국가나 사회의 형식성 및 추상성, 수단적 관계성과 대항하면서 커뮤니티는 ▲직접성 ▲지역성 ▲자족적 관계성을 강조하는 의미가 강해졌다. 커뮤니티의 원래 반대편은 개인이 아니라 19세기 이후 등장한 공식적 국가라는 것을 아는 것이 중요하다. 그러다가 현대로 넘어오면서 개인과 공동체가 또 구분되는 개념으로 사용되기 시작했다. 공동체는 개인과 국가 사이에 있는 제3지대로 봐야 한다. 현재 국토기획자들이 로컬에 주목하는 이유도 아직 로컬에 남아 있는 공동체 때문이다.

공동체는 개인화와 익명성을 촉발하는 도시화에 반비례해서 약화되었다. 몰락해가는 시골 마을공동체, 협동조합, 일부 종교공동체, 소수의 실험적 공동체만이 유지되었다. 실험적 공동체로는 행동주의 심리학자 B.F. 스키너의 소설 《월든 투》에 자극받은 버지니아 주 루이자 카운티의 '트윈 오크스' 공동체가 유명하다.

홍성군 귀농 공동체 등도 주목받고 있다. 사이버 시대를 맞아 도시에서는 자기 캐릭터를 가지고 커뮤니티에 참가해 다른 참가자 캐릭터와 노는 이른바 '자캐 커뮤'가 유행한다지만 소셜 놀이 성격이 강해 과거 문화경제 공동체와는 정체성과 지향이 다르다. 2021년 초반 뜨거운 인기를 모았던 오디오 기반 SNS 클럽하우스는 근세 유럽의 살롱과 클럽 커뮤니티를 연상시키며 커뮤니티의 복고를 예고하는 듯했지만 2개월도 채 안 돼 열풍이 식어버렸다.

Quiz 51

MZ세대들은 클럽하우스를 꼰대들 클럽이라고 부른다. 일론 머스크 등 셀럽도 이젠 등장하지 않는다. 그러나 일부는 클럽하우스를 애용한다. 클럽하우스가 가라앉은 이유는 무엇이며(세대 특성, 미디어 성격과 인간 DNA, 아이폰, 주 이용층 등의 관점에서) 어떻게 소생할 수 있을까?

커뮤니티는 한 번은 근대 국가, 한 번은 도시화에 무너졌다가 다시 복원 추진 중이다. 그런데 이번엔 메타버스와 소셜 시대를 맞아 또 한 번 위기에 처해질 판이다. 그렇다면 소셜은 무엇일까? 'social'은 '사교적인'의 의미와 '사회적'이라는 의미 두 가지를 지니고 있다.

우리가 쓰는 소설은 전자, 즉 '사교적인'+'디지털에 의한'의 의미다. 현대사회는 스마트폰이 등장한 이후 특히 소셜한 매개 커뮤니케이션이 빠르게 확산 중이다. 전통사회의 면대면 커뮤니케이션은 이제는 구닥다리 옵션으로 치부된다.

소통 전문가들에 의하면 매개 커뮤니케이션은 얼굴을 보지 못하는 '초대규모 대화'여서 인간은 '다중적 실재(multiple realities)'로 바뀌게 된다고 한다. 다중적 실재의 개념은 현상학자 알프레드 슈츠가 1970년대에 제안한 것으로 모두가 같은 창을 보는 '텔레비전의 창'과 달리 개인이 맺는 관계망에 따라 각기 다른 세계를 보여주는 것을 의미한다. 본캐와 부캐, 멀티 페르소나 등처럼 말이다. 페이스북의 나/친구와 인스타그램의 나/친구는 달라진다. 다중적 실재의 인간은 또한 고독이라는 문제에 직면한다. 각자는 미디어로 이미지만 바라볼 뿐 서로를 바라보지 않고 "혼자여도 괜찮아" 자위하며 살아간다. 요즘 20대들은 자기 방에 들어가 스마트폰으로 게임을 하면서 혼자 맥주를 마시는 것을 더 편하게 생각한다. 심심하면 사이버로 친구를 불러 같이 게임을 한다. 베이비붐 세대들은 성장기에 자기 방이 없던 세대라서 이걸 이해하지 못한다.

'던바의 법칙'에 따르면, 친구 숫자는 최대 150명이다. 그런데 SNS 친구는 이보다 훨씬 많다. 페이스북은 한 계정에 페친 5,000명까지 둘 수 있다. 트위터, 페북, 인스타, 링크드 인 등을 다 하는 사람은 그 숫자가 엄청나다. 그러나 대체로 허상이다. 나는 페이스북 친구가 4,200명이나 되는데 어느 날 친구 삭제를 하려고 했더니 10

명 중 7~8명은 전혀 누군지 모르는 사람이었다. 이 많은 친구 중 내가 편하게 부를 사람은 30~40명 정도였다.

이처럼 SNS에서 친한 사람은 아주 소수로 아날로그 시대 때보다 역설적으로 더 적다. 그래서 '아무런 요구를 하지 않는' 소셜 방 친구 시대가 열린다.

10여 년 전 미국의 한 조사에 따르면 직장인들은 좋아하는 동료들과 맛있는 것을 먹으면서 수다를 떨 때가 행복지수가 가장 높았다. 그러나 이제는 그럴 것 같지 않다. 2,000년 이상의 공동체 역사를 보면 아주 최근에 변종이 생겨난 것이다. 메타버스 속에 몇천만 명이 모이는 팬덤 현상을 보면 '개인화된 그러나 비개인화된(각자는 개인화 되었지만 다른 방식으로 집단화되는. 예를 들면 1990년생, 글로벌 아미, 광군절 참여 인원 등)'이라는 모순 명제가 성립한 시대다. 이 명제는 사회학에서 언급되는 '고독한 군중'론에 이어 매우 중요한 연구 과제가 될 듯하다.

이러한 소셜에 대항하는 운동으로 신러다이트 운동도 생겼다. 다른 데도 아닌 실리콘밸리 IT 종사자 학부모들은 자녀를 학교에 보낼 때 아이들이 일체의 디지털 기기에 접속하면 안 된다는 계약을 한다. 선생님들이 스마트폰을 쓰는 것도 학생들에게 보이면 계약 위반이라고 한다. '롱테일 법칙'의 주창자인 크리스 앤더슨은 스마트폰과 SNS 이용률이 급증하는 미국 하류층에 반해 정작 부유층과 셀럽들은 피처폰을 사용하는 걸 보고 "앞으로는 디지털 접속이 아니라 디지털 차단에 따라서 새로운 신분이 만들어질 것"이라고 예언했다. 아이팟을 만든 스티브 잡스가 LP판 음악을 주로 들었고 자식들에게 컴퓨터를 가능한 한 쓰지 말라고 했다는 사실은 잘 알려져 있다.

인간은 이제 소셜 공동체 시대를 맞는 걸까? 진화는 대면으로 해왔고 기술은 점점 비대면으로 가는데 기업은 과연 이 어려운 딜레마를 풀 수 있을까?

피세스

대면 커뮤니티의 약화와 소셜의 대두 외에 현재 기업이 당면한 문제가 또 있다. 마케터라면 스마트 환경 확산과 세대 간 차이, 성장 정체, 기업의 역할론 변화 등으로 기업 경영이 많이 변해가고 있다는 걸 실감할 것이다. 유튜브, SNS 등 스마트 환경의 출현으로 과거 TV 시대와는 달리 매스 미디어 효율성이 현저하게 떨어지고 있고 1인 미디어 오너인 소비자를 기업이 움직이기 힘든 상황이 되었다. 소비자 참여가 높아지는 CE(consumer engaging) 시대도 열리고 있다. 덧붙여 기업에 대한 사회적 책임론도 높아지고 있다. 공존과 윤리적 경영에 대한 기대감이 커지고 기업 역할 감시 수준의 강화로 비재무 리스크가 점증하며 공유가치 창출, ESG 마케팅 요구도 늘고 있다.

기업은 기존의 대중매체 마케팅과 구태의연한 사명 의식으로는 이들 소비자와 사회적 희망을 담아내기가 어려워졌다. 기업, 소비자, 사회가 각각 원-윈하는 3W 시대가 도래하고 있다. 이를 받아들이는 기업은 계속 고객을 확보할 것이고 거부하는 기업은 결국 도태할 것이다. 나는 3-Win 전략 중에 유력한 방법으로 '하이브리드 커뮤니티 전략'을 꼽는다. 이 전략은 소셜과 커뮤니티를 구분하지 않으며 또한 인간 DNA에 기초하고 있다. 1부에서 말했던 3개의 동물원 중 두 번째, 대규모 자연공원을 기억하는가?

기업에서 운영하는 하이브리드 커뮤니티라면 자연스럽게 구성된 친족 커뮤니티와는 달리 몇 가지 요건이 필수적일 것이다. 커뮤니티 활성화를 위해서는 목적의 명확화, 유연하고 확장성 있는 정체성 확보, 지속적인 활동 기반과 의미 있는 역할 제공, 리더십 프로그램 마련, 적절한 에티켓, 정기적인 이벤트와 의식(ritual) 도입, 하위 그룹 활성화 등이 필요하다. 이것들을 다음의 5가지 핵심 요소로 나눠보자.

목적성(purpose): 무엇을 위한 것인가?

정체성(identity): 다른 커뮤니티와 무엇이 다른가?

지속성(continuity): 일회성은 아닌가?

가치 교환(exchange): 가치나 이익, 의식이 교환될 수 있는가?

'피세'(P.I.C.E.)' 이 4가지 요건을 갖추면 비로소 커뮤니티라 할 수 있다. 구체적이고 독창적일수록 강력한 커뮤니티가 된다. 여기에 진정성 있는 스토리(story)가 첨가된다면 더 강력해진다. 파타고니아는 정기적으로 팸플릿을 발간하는데 여기에는 파타고니아 고객들의 오지 체험, 시련과 극복 이야기, 환경 이야기 등이 주류를 이룬다. 이를 보면서 고객들은 환경 이념을 공유하고 강화하며 결속을 다져나간다. 그래서 그들은 고객보다는 후원자이거나 동지가 된다.

P&G 트레머와 보컬 포인트 등과는 차원이 다르다. 이것이 커뮤니티 플랜의 5요소인 피세스(P.I.C.E.-S)다.

32

커뮤니티 마케팅의
4가지 유형

유형화하면 차이가 보이고 관리가 쉬워진다. 이제부터 기업이 운영하는 커뮤니티를 유형화해보자. 일단 두 가지 축으로 분류하자. 기준은 두 축이다.

- 커뮤니티 기획과 운영 주체는 누구인가?
- 커뮤니티의 시간성, 즉 단기(일회 또는 간헐적)인가 장기인가?

다양한 분류 기준이 있겠지만 위의 두 축에 비하면 다소 지엽적 기준으로 판단된다. 단, '기업의 개입 정도'는 서브(sub)로 활용할 필요가 있다. 유형으로 분류하면 기업에서 유형별 특징이 무엇이고 관리 운영에 있어서 장단점이 무엇인가를 판단하는 데 도움이 된다.

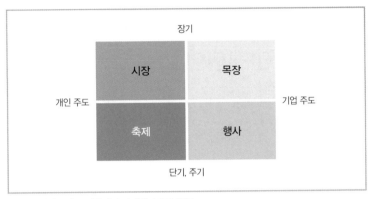

도표12 하이브리드 커뮤니티 마케팅 4가지 유형

목장 타입

목장주가 울타리를 쳐서 소를 키우듯 기업이 참여자를 이끌면서 장기적으로 운영하는 전형적인 브랜드 커뮤니티 유형이다. KT&G 상상 유니브, KT 모바일 퓨처리스트, 락앤락 서포터즈, 아모레퍼시픽의 설화 메이븐 클럽, TEDx 등이 여기에 속한다.

목장형은 기업 개입 정도에 따라서 방목형과 셰퍼드형, 혼합형이 있는데 이는 운영 대행사의 유무나 전담 운영 인력, 커뮤니티 구성원이 느끼는 자율성 등으로 판단할 수 있다. 방목형은 커뮤니티 구성원에게 자율적 운영을 맡기는 경우다. 30만 명의 주부 회원을 가진 락앤락 서포터즈나 지역과 직장 단위로 자발적으로 운영하는 TEDx 등이 여기에 속한다. 지자체라면 우파 파브릭 사례를 염두에 둘 수 있다. 기업은 최소한의 지원만 할 뿐 회원 운영은 스스로 선발한 자들이 한다. 반면 초기 온라인 상상마당이나 설화 메이븐 클럽

그리고 3년마다 800여 명의 매장 관리자가 모이는 홀푸드 마켓의 '부족 모임' 등은 세퍼드형에 속한다. 기업이 양을 지키는 세퍼드처럼 관리하는 형태다. KT의 대학생 대상 연간 커뮤니티인 '모바일 퓨처리스트'는 혼합형이다. 대학생들의 운영 자율성은 높으나 운영 대행사가 있어서 그렇다.

장단점: 운영 비용이 높은 편이나 기업이 제공하는 혜택이 분명한 만큼 충성도도 높다.

시장 타입

교환 욕구로 시장이 자발적으로 생겨나듯 고객이 자발적으로 만든 커뮤니티다. 5일 장터에 스스로 팔 물건을 가지고 모이는 시장의 본질을 닮았다. 할리데이비슨의 호그 그룹과 세계 200만 개의 비정부기구 등이 대표적이다. 호그들은 할리데이비슨의 정신과 스타일을 열광적으로 좋아한다. 블랙핑크 팬이나 BTS 아미처럼 특정 스타를 자기의 분신인 듯 좇는 팬덤도 시장형 커뮤니티에 속한다. 영국의 문화이론가 존 피스크는 팬덤의 발생에 대해 "사회 경험에 관해 스스로의 의미를 만들어내는 즐거움과 권력층의 사회적인 훈육을 회피하는 즐거움"을 이유로 꼽는다. 그는 팬덤의 주요 특성을 3가지로 설명한다. 첫째, 차별과 구별. 팬들은 자신이 선택한 스타를 통해 자신을 남과 구별하고 소속감과 안정감을 얻는다. 둘째, 생산과 참여. 팬들은 수동적인 수용자에 머무르지 않고 기호와 언어, 텍스트를 생산한다. 셋째, 자본 축적. 팬들은 스타와 상품을 수집하고 소유하고 지식을 축적함으로써 집단 내 자신들의 지위를 키운다.

고독한 군중이 늘수록 기쁨과 소비를 진작해야 하므로 팬덤은 점점 많아질 것이고 SNS 망을 타고 국제적으로 더 커질 것이다. 혜화동 자율 운영 시장인 마르쉐@, 전 세계 광고 영상 제작자와 일러스트레이터 등이 모여 자발적으로 특정 브랜드 크리에이티브를 올리는 사이트 비핸스, 그리고 전문제품이나 희귀품의 경우 모임을 만들어 정보를 교환하는 카·바이크·오디오 명품 마니아 그룹 등이 여기에 속한다.

장단점: 운영 비용이 적게 들면서도 충성도가 아주 높고 자발적 입소문 효과도 탁월하다. 이들은 자신들이 충성도를 보이는 기업·브랜드 정책에 깊이 개입한다. 협조 요청은 가능하지만, 기업 입맛에 맞는 통제는 불가능하다.

행사 타입

기업이 주도하되 연 1회 등 단속적으로 운영하고 극기, 아이디어 채택 등 소비자의 목적성이 강한 대면 커뮤니티다. 동아제약 박카스 국토대장정, IBM 이노베이션 잼, LG 글로벌 챌린지, 매년 정기적으로 시행하는 공모전 참가 팀 등이 여기에 해당한다. 특정 기간 모였다가 프로젝트가 끝나면 해체되지만, 그 과정의 축적을 통해 전통과 권위가 세워지면 자신들끼리 'OO 기수'를 만들어 비공식 모임을 하는 경우가 많다.

장단점: 운영 비용과 충성도는 중간 수준이거나 낮은 편. 그러나 꾸준히 하면 한 방울의 향수가 스며들듯이 은근한 입소문을 내게 된다. 비정기적이라도 땡큐 레터나 전체 초청 이벤트 등을 통해서 관계 리마인드 마케팅을 해주는 것이 비용 대비 효과적.

축제 타입

연간 1회 정도 개최되지만, 목적성이 약하고 대신 감정 요소가 강하게 개입된 커뮤니티다. 지금 한국에서 축제라고 이름을 붙인 것만 무려 2만 개다. 이들 축제가 코로나19로 인해 특기할 만한 변화를 맞이했는데도 비대면 온라인으로 집행을 시작했다. 참여도는 떨어지지만, 콘텐츠가 다양해지고 참여 범위가 지역성을 넘어설 수 있다는 기회가 생겼다. 축제는 일시적으로 만들어지는 흥의 커뮤니티다. 과거에는 축제를 종교 제의로 보았지만, 이제는 지역 정체성을 강화하고 경제를 유발하며 디지털 코쿠닝에 빠진 사람들의 관계를 복원하는 연결과 치유 역할도 한다. 버닝 맨 페스티벌, 자라섬 재즈 페스티벌, 록 페스티벌 등이 좋은 예다. 흥과 해방을 기본 욕구로 깔고 있지만 흥 대신 분노가 개입하면 '사회운동'이 된다. 미국의 월가를 점령하라, 프랑스의 노란 조끼, 한국의 태안반도 기름띠 제거 등이 그런 운동이다. 분노는 오래갈 수 없다. 그래서 일시적이지만 파급력과 휘발성이 높다. 기업 입장에서 축제는 연대하고, 운동은 예방해야 한다.

Quiz 52

당신이 만일 도봉구에서 카페를 운영한다면 위의 고객 커뮤니티 중 가장 어울릴 것 같은 타입을 생각해보라. 3C 분석과 SWOT 모델을 만든 후 판단하는 게 좋다.

33

제3의 브랜드
'커뮤니티'

나는 상상마당, 춘천마임축제, 서울혁신센터장 등의 경험과 특수 인연으로 기업들의 여러 커뮤니티 활동을 지켜봤는데 다음의 경우들은 그다지 성과가 좋지 않았다.

- 담당자나 CEO가 열정도 없이 '남이 한다니까 우리도 한번 해볼까' 하는 경우
- 입소문 효과만 보려는 체리피커의 경우
- 마음과 끈기보다는 자본의 힘으로 밀어붙이는 경우
- 당장 지갑을 열 수 있는 현재의 고객만 보는 경우
- 기업 내 핵심 인재가 아니라 B급 인재가 담당해서 내부에서 힘을 못 받는 경우

– 경영자가 시시콜콜 개입하는 경우

커뮤니티의 성공을 위해 나는 두 가지만 덧붙이고자 한다.

지속성과 터치

한국 기업에서는 대체로 '목장' 타입과 '행사' 타입 두 유형이 일반적인 커뮤니티다. 이 경우 제일 조건은 지속성이다. 쇼가 아니고 커뮤니티이므로 당연히 그래야 한다. 일희일비하지 말고, 단기성과를 양적인 데이터로 환산하지 말고 꾸준히 해야 한다. 말보로는 송도에서 록 페스티벌을 했는데 처음 3년은 내리 폭우가 쏟아져서 수십억씩 들인 돈이 그야말로 허사가 되었다. 그러나 그들은 꾸준히 했다. 결국 소문이 나서 더 강한 긍정의 불씨가 됐고 지금은 한국을 대표하는 록 페스티벌이 되었다.

동아제약 박카스 국토대장정도 해가 갈수록 신뢰가 쌓인다. 커뮤니티 P. I. C. E-S 중 C$^{(continuity)}$, 꾸준함의 힘이다. 한국 기업은 목적성이나 정체성은 잘 만들지만 지속성이 약하다. 가마솥 정신보다는 냄비 같은 경우가 너무 많다. 담당자가 바뀌었다고 틀어버리고, 환경이 바뀌었다고 축소하고, CEO 한마디에 훅 간다. 고객 사정이 아니라 대부분 기업 사정 때문이다. 이러면 신뢰가 쌓이지 않는다. 커뮤니티는 지속성이 제일 중요하다. SNS를 잘 활용하면 관계도는 올라간다. 지속성이 담보되려면 무엇보다 진정성이 필요하다. 진정성은 구성원 모두가 철학과 방향성을 공유할 때만 가능하다.

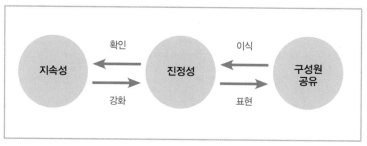

(지속성은 진정성을 통해서 **확인**할 수 있고 진정성을 통해서 **강화**된다. 또한 진정성은 구성원 모두에게 **이식**되어 공유되어야 하고 구성원은 공유된 진정성을 반드시 **표현**해야 한다. 표현되지 않으면 아직 이식된 것이 아니다.)

다음으로 중요한 것이 터치(touch)다. 공감! 현대카드 마케팅은 금융업계뿐만 아니라 한국 마케팅에서 독보적이다. 현대카드의 지속적이고도 독보적인 내부 커뮤니티 활동을 지켜보노라면 CEO의 의지가 키(key)라는 걸 알 수 있다. 임직원 이야기나 사보 등을 보면 그들의 '온리 원(Only One) 지향'이 어느덧 구성원들에게 공감받고 있음을 느낄 수 있다. 그들은 만나고 이야기하는 터치 문화와 시스템이 구축되어 있다. 한 달에 한 번 임원들 전체가 한 방에서 모여 자유 소통을 한다. 직원들에게 제공되는 자유로운 호프 공간, 레스토랑 같은 구내식당, 그들만의 자유로운 내부 구인·구직 시장 문화, 기업 문화 매뉴얼 북《프라이드》, '무례한 고객은 거부하라'와 같은 당당한 표현 등 섬세한 공유가 이루어진다. 구성원 간의 이런 터치 문화가 이루어지면 진정성과 방향성이 공유되고 그것들이 표현되면 결국 고객의 마음도 움직인다. 현대카드 직원이나 임원들은 현대카드에 대한 자부심과 정체성 공유가 꽤 높다. 그들은 "그걸 왜 하세요?"라고 물으면 "왜 안 해야 하는데요?"라고 당당하게 되묻는 문화가 있다.

다 좋은 말이지만 온오프 하이브리드 미디어 사회에서 특히 '지속성'과 '터치'가 필요한 이유는 무엇일까? 내 답을 듣지 말고 책을 덮은 후 10분만 생각해보라.

필자 의견: 요즘 고객들은 무섭다. 성장기에 풍요를 경험했고 권위 대신 공정과 신뢰를 중시한다. 1인 미디어로 무장했을뿐더러 SNS 소통은 빠르고 집요하다. 그런 그들에게 돈으로 베풀지 말고, 관심에 인색하지 말 것이며, 커뮤니티 철학을 지속적으로 나눠, 구성원들이 친구처럼 수평적 관계로 친밀감을 갖게 해야 한다. 물론 품이 많이 가고 쉽지 않다. 흔히 들리는 맘 카페 갈등처럼 민원, 투서, 왕따, 괴담도 많을 것이다. 그런데 원래 그게 커뮤니티다. 커뮤니티는 이슬들만 모인 참이슬 왕국이 절대 아니다. 이슬만 먹어도 취하는데 사람에 취하면 정신 못 차린다. 그래서 커뮤니티가 꾸준히 지속되는 경우가 드문 것이다. 호그는 이례적이다.

피세스를 갖춘 커뮤니티는 아니지만 지속성과 터치 문화가 강한 기업이 자포스다. 미국 순고객추천지수(NPI) 1위 회사인 자포스는 온라인 신발 판매 회사임에도 유선전화로 주문을 고집한다. 육성으로 감정을 터치하기 위해서다. 자포스 직원이 쓴 다음 글은 그들의 진정성이 어떻게 고객에게 전달되는지를 알 수 있게 해준다. "나는 하루하루가 미치게 즐겁다. 아침에 눈을 뜨면 오늘은 어떤 고객을 만날까 벌써 흥분된다." 어떤 직원은 8시간을 한 고객과 통화를 하고도 신발을 못 팔았다. 보통은 징계감이다. 그런데 CEO 토니 셰이는 자포스의 철학을 제대로 구현했다며 그 직원을 특별 포상했다. 그러니 GE의 제프리 이멜트 회장도 벤치마킹하는 순고객추천지수 1위 기업이다. 기억하자. 커뮤니티 마케팅의 제1커뮤니티는 누구보다 내부 직원이다.

기업에 하이브리드 커뮤니티 전략은 단순한 또 하나의 마케팅 수단에 그치지 않는다. 내부 기업 문화에 미치는 긍정적 영향이나 인재 유치, 위기나 소문 관리, 사회적 책임, 스토리텔링에도 좋고, 향후 사업 다각화 기회로도 가능하다. 이는 시소디아 교수가 스파이시(SPICEE) 관계에서 찾은 이득과 거의 같다. 나는 그걸 직접 해봤기에 권하는 것이다. 커뮤니티는 또한 제3의 브랜드로 전환이 된다. KT&G가 그간 구축한 인프라와 네트워크 그리고 상상 콘텐츠로 향후 상상 몰, 상상 파크 제국을 만들지 않을 거라고 누가 예단하겠나? 그건 이미 고객 마음속에 또 하나의 브랜드인 것을.

서울혁신파크에 입점한 '한평책방'은 부부가 운영하는데 연 200
명의 커뮤니티 회원을 중심으로 독서 관련 다양한 오프라인 행사를
한다. 적다고? 노. 버닝 맨 페스티발이나 문호리 리버마켓 등은 초기
에 4~8명이 모여서 자발적으로 시작한 커뮤니티였음을 기억하자.

그러나 오프라인 행사는 품이 많이 들어가고 관리가 어렵기는 하
다. 그러니 시작은 커뮤니티 매체를 온라인으로 하고 참여 인원은
100~200명으로 규모를 정해보자. 이는 던바의 수에 따른 것이다.
그러면 '온라인 마이크로 커뮤니티(online micro community, OMC)'가 만들어
진다.

다음과 같은 순서로 짜본다. 가능하면 현재 자신이 하는 일을 중
심으로 해야 이해도, 현실성이 높다. 그것이 어렵다면 반려식물 커
뮤니티, 독서 또는 중고 재활용 커뮤니티, 소규모 디자인 마켓 등을
가상해 짜보기를 권한다. 실행성이 높다.

1. 커뮤니티의 목적과 정체성 등을 P-I-C-E 기준으로 작성한
다. 목적성(P)과 정체성(I)이 특히 분명해야 한다. 동창회가 안 되는
이유는 목적성이 약하기 때문이다.

2. 대상 인원을 모을 방법을 구상한다. 최종 인원은 200명 이내. 그중 활성화율을 60퍼센트 적용하면 참여 가능자는 120명 정도다. 문호리 리버마켓의 셀러는 150명 수준이다.

3. 이들 인원 중 활동성, 친교성이 높은 리더 그룹을 4~6명 정도 확보하라. 던바의 수에서 가장 친한 관계는 3~5명, 그다음은 15명, 그다음은 30명 정도다. 4~6명의 중간 리더는 1인당 최소 20명에서 최대 30명 회원을 담당하게 된다.

4. 매체는 SNS, 화상 미팅, 클럽하우스 등을 활용하고 분기 1회는 오프라인 미팅을 병행하는 것이 좋다. 현재 경희사이버대학원에서 하는 방식이다. 중간에 최고 리더나 외부 전문가 특강을 열어주면 정체성과 프라이드가 올라가서 지속성이 강화된다. 비용은 회비로 충당한다.

5. 연 1~2회는 관련 커뮤니티에 관심을 보일 대상들에게 성과를 노출할 작은 이벤트 기회를 만들어라.

6. 1~2년 해보고 성과 평가에 따라 ^(기업의 경우는) 규모를 확대한다.

참고 | 온라인 상상마당, 초기 땡굴마켓, 경희사이버대학원, 성대골 전환 마을 등

6부
미래 마케팅의
5가지 희망 단어

기업가에게 고객은 언제나 기회다. 고객의 내면에서는 끊임없이

채워줘야 하는 욕구가 계속해서 생겨난다는 사실을 알기 때문이다.

기업가에게 세상은 놀라움의 연속이자 보물이 묻혀 있는 곳이다.

Big Shot
Marketing ALL

34

8가지
미래 변화 전망

이제 마지막으로 미래 이야기를 해야겠다. 미래의 스토리에는 두 개의 포지션이 있다.

– 미래는 전망하고 예측하는 것이다.
– 아니다. 우리가 만들어가는 것이다.

정답은 없다. 당신은 이 중 어떤 포지션을 선택했나?

이 책은 두 번째 포지션을 추구한다. 우리의 희망이 미래를 만들기도 하기 때문이다. 물론 현재의 기술 수준과 가치 변화의 방향성을 모아 미래를 전망해야 하지만, 배를 가게 만드는 것은 바람이 아니라 희망이다. 6부에서는 미래 마케팅이 기억하기를 바라는 희망 단어 5가지를 짚어보려 한다. 영문 이니셜로 하면 F.C.E.B.S.가 된다. 각각 신뢰(Faith), 컬처 미(Culture-Me), 이입(Empathy), 빅샷(Big Shot), 지속 감수성(Sustainable Sensitivity)이다. 그 전에 예상되는 테크 관련 현상들도 8가지 정도 살펴보려 한다.

기술 중심의 미래학자들은 대체로 융합, 증강 등을 키워드로 꼽고 마케팅 석학은 휴머니티와 연대를 중심에 놓는다. 상품 기획자들은 재미와 버킷리스트를 꼽고 지속가능성을 추구하는 NPO들은 공동체, 지구의 지속가능성을 핵심으로 본다. 휴스턴대학 경제학 교수 디트리히 볼래스는 《성장의 종말(Fully Grown)》에서 20세기 대비 21세기에 나타난 성장의 둔화 현상을 거시적으로 거론한다. 그리고 그 이유로 '생산이 상품에서 서비스로 이동-생산성 저하', '고령화 출산율 저하, 소가족 선호로 나타난 인구변화-구매 침체' 두 가지를 꼽는다. "느린 성장은 그동안의 성공의 산물"이었다는 것이다. 어쩌면 절대적 결핍-상대적 결핍 시대를 넘어 자발적인 욕망의 결핍 시대가 올지도 모르겠다. 이들에 착안하면 마케터는 다음과 같은 미래 변화를 전망할 수 있다.

1. 에스거의 증가: 에스거(ESGer)는 ESG에 –er을 붙여 ESG 가치를 옹호하고 실천하는 개인, 단체, 기업을 의미하는 용어다. 기후위기가 계속되는 한 ESG는 피할 수 없는 미래의 방향성이다. 미국 투자자들의 투자 변화를 보면 앞으로 돈, 가치, 라이프스타일이 거기서 나올 것이다. 에스거들은 지속 감수성이 높은 사람들이다. 지속 감

수성에 대한 이야기는 뒤에서 더 자세히 소개하겠다. 그리고 또 하나의 전망은 브랜드와 관련되어 있다. 기업이나 소비자들은 브랜드를 포기하지 않을 것이다. 브랜드는 단순히 물건이 아니라 자기의 기호이고 가치이고 세상과 연결하는 방식이기 때문이다.

미래에는 자신만의 브랜드로 욕망을 잠재우면서 가치를 획득하는 활동들이 나올 것이다. 이미 호그, 파타고니아 마니아, 아미, 비건 등의 모임들이 있다. 커뮤니티를 통해서 이들의 브랜드를 친구의 우정처럼 연결하는 기업 활동이나 지자체 운동이 전개될 것이다. 브렌드십(briendship)은 '브랜드'와 '프렌드십'의 합성어다. 굿 브렌드십은 브렌드십으로 ESG를 실천하는 소통이다. 현재로서는 파타고니아 구매 운동, 당근마켓이나 알맹상점, 대체육과 비건, 온라인 중고서점 이용 등에서 좋은 전조가 보인다.

그러나 극히 일부다. 앞으로는 이들 소비가 전체의 70퍼센트 이상을 좌우할 정도로 커지기를 희망한다. 이미 한국을 포함한 선진국들은 풍부한 물건을 가지고 있다. 이제는 질적으로 새로운 구매를 통해서 굿 브렌드십을 만들어가야 지구가 다시 우리 편이 된다.

Quiz 53
굿 브렌드십을 만들기에 좋은 브랜드 카테고리는 무엇일까?

2. 메타버스탄: 도원경, 달나라, 유토피아, 일론 머스크의 화성 프로젝트, 세컨드라이프, 판타지, 아바타, 레디 플레이어 원, 달러구

트 꿈 백화점 등은 육신의 한계를 벗게 해주는 미지의 공간이다. 현실에 상처받거나 지친 인간은 늘 그런 세계를 꿈꾼다. 메타버스탄은 메타버스와 메트로폴리탄을 합성한 단어다. 메타버스에서 사는 도시 인류를 말한다. 메타버스라는 버스를 탄 사람으로도 이해된다. 아마 MZ세대도 아니고 Z세대와 그 이후 세대로서 제2의 가상도시에 사는 아바타 류가 해당할 것이다. 평등과 자유 그리고 환상도 있겠지만 아바타 커뮤니티 세계는 〈블레이드 러너〉처럼 또 새로운 율법이 필요하다.

3. 화상증강사회: 많은 사람이 메타버스탄이 되기에는 꽤 시간이 걸릴 것이고 혼란과 부작용도 우려된다. 하지만 현실과 화상이 서로 만나 증강되는 화상사회는 우리(기업, 개인, 정부와 지자체)의 의지로 비교적 구현할 수 있다. 탄소발자국을 줄이고 시간, 공간, 비용의 절감과 효율화를 꾀할 수 있으며 적은 비용으로 소통을 늘리고 지역 간 갭을 즐길 수 있는 유용한 사회다. 시간대만 조절하면 글로벌 차원에서 랜선 회식도 가능하다. 비디오 기능만 소거하면 자동 클럽하우스가 되기도 하는 등 탄력적이다. 블록체인과 함께 정부와 기업이 인프라를 구축하기를 희망한다.

4. 콘텐츠머의 증가: 어릴 때부터 다양한 창조적 콘텐츠에 노출된 세대가 등장하면서 개인 크리에이터들이 증가하는 추세다. 내가 2005년 온라인 상상마당에서 대학(원)생들에게서만 크리에이티브

콘텐츠를 모았는데 1년에 무려 40만 건 이상이 업로드되었다. AI에 의해 밀려난 사람들이 대체 일자리를 찾는 이유도 있을 것이다. 이럴 때 콘텐츠를 만들고 파는 컨슈머들, 즉 콘텐츠머(contentsmer)의 등장은 필연적이다. 기업은 이들을 커뮤니티라는 큰 그릇에 담을 준비를 하고 교육부와 콘텐츠진흥원은 인구 10퍼센트인 500만 콘텐츠머를 육성해야 한다.

5. 그린 코쿠닝: 코로나19로 인해 사람들은 실내(indoors)를 재발견하게 되었다. 급성장기였던 30여 년은 아웃도어를 주로 찾았다. 소득과 자가용이 늘고 여행과 유흥, 과시 욕망, 몰 산업의 유혹이 컸기 때문이다. 그래서 남에게 보여줄 수 없는 인도어(실내)의 삶은 묻혀 있었고 코쿠닝, 폐족 등으로 살면서 우려스러웠는데 그 가치가 재발견된 것이다.

실내 관상, 수경 재배, 휘게 인테리어, 명상, 텃밭과 옥상 조경 등의 수요도 늘었다. 이른바 그린 코쿠닝. 앞으로 더 발전할 것이다. 이미 동작구 성대골에서 실험 중인데 태양광을 이용한 에코&그린 마을 만들기도 만만치 않은 즐거움과 경제 효과를 가져다줄 것이다. LG는 집에서 식물을 키워서 먹는 '식물재배기' 판매를 시작했다. 조금 더하면 150여 명이 도시 농업 풀(pool)을 만들어 키친가든을 운영하는 던바 커뮤니티들도 늘어날 것이다.

Z세대 이후가 메타버스에 거주하기를 선호한다면 주로 n86세대에서 밀레니얼 세대까지 참가할 것으로 전망된다. 맘 카페나 락앤락

서포터스 같은 커뮤니티도 대안으로 관심을 가져볼 만하다. 스토리와 농산물이 거래되는 마르셰@, 양평 문호리 리버마켓이 선구적인 사례다. 이런 공동체가 전국 도시에 10만 개 만들어지면 무려 1,500만 명의 도시 인구가 참여하게 된다. 거기서 생산되는 농업 물량도 만만치 않을 것이고 관련 산업의 발전, 커뮤니티의 이야기가 만들어지면 탄소발자국도 많이 줄일 수 있다.

6. 혼종·원격 가족: 4인 정상 가족 이데올로기는 무너졌고 현실도 이미 많이 바뀌었다. 반려견 비율이 만만치 않게 증가 중인데 반려동물이 해결해주지 못하는 것들도 많다. 그래서 다문화 아이 입양과 스티븐 스필버그 감독의 영화 〈AI〉처럼 로봇과 AI 비서, AI 가족이 함께하는 혼종 가족이 더 늘어날 것이다. 지금은 "그게 가족이야?" 하겠지만 점점 더 그들의 삶을 옹호하고 더 잘 지내는 방법 등이 개발될 것이다. 부족한 소통은 화상사회가 원격으로 커버할 수도 있다.

유토피아가 있고 디스토피아가 있는 것이 인간 세상이다. 미래가 마냥 장밋빛은 아닐 것이다. 당연히 해킹, 악플, 마약 거래, 자살 사이트 등처럼 우려되는 현상도 있다.

7. 가상 빌런 브랜드의 암약: 메타버스탄을 대상으로 한 가상 빌런 브랜드들이 나올 것이다. 페이크 브랜드, 사기, 가상 매춘과 가상 마약 등. 블록체인을 깨는 해킹이 개발되지 않는다는 보장은 없다. 레이첼 보츠먼의 《신뢰이동》에는 "2016년 6월 17일, 익명의 해커가

DAO펀드 스마트 계약의 허점을 파고들었다. 수천 억 달러 상당의 이더가 원래 펀드에서 복제 펀드로 옮겨졌다. 해커는 공개서한을 통해 코드의 결함을 설명했다"는 내용이 나온다. 아바타 모방 범죄나 아바타 바이러스의 출현도 생각해봐야 한다.

8. 칩퍼 마케팅: 칩퍼(chipper)는 마니아 소비자나 구성원 몸에 생체 칩을 투여해서 컬트화하는 미래 마케팅이다. 이미 타투를 하거나 머리를 백구 치는 동족 사인(sign) 문화가 있다. 생체 칩은 반드시 나온다. 초기에는 마니아들 대상으로 빌런 기업 또는 하이테크 산업이 담당할 것이고 불치의 환자군 대상으로 바이오 기업이 시행할 것이다. 줄기세포 이식 사업이 국경을 오가며 비밀리에 시행되었던 적이 있다. 일론 머스크는 이미 원숭이 뇌에 생체 칩을 이식해 뇌파로 간단한 컴퓨터 게임을 하는 실험도 했다. 칩퍼는 빠르고 편리하지만, 인간의 권리 침해와 원격 조정의 위험이 있다. 그 위험은 2015년 개봉된 〈킹스맨: 시크리트 에이전트〉 영화에서 이미 노출되었다. 치안 당국은 재범률이 높은 범죄자 추적과 감시용으로 쓰고 싶은 유혹을 느낄 것이다.

Quiz 54
QR 코드를 스마트폰이 아니라 우리 피부에 각인하면 어떤 편리성이 있을까?

35

신뢰

신뢰의 상징인 뱅크(bank)는 벤치를 의미하는 이탈리아어 방카(banca)에서 유래했다. 수도원에서 수도사가 보는 벤치에서 돈이 거래되면서 뱅크의 의미를 갖게 되었다는 이야기도 있다. 고대에는 양의 피를 내어 서로 마시고, 악수를 하고, 신표를 땅에 묻고, 성(姓)이나 신의 이름을 걸고 맹세를 하는 행위 등이 최대의 신뢰감을 보이는 것이었다. 이처럼 과거에도 중요했지만, 앞으로도 신뢰는 더욱 중요해질 것이다. 정보가 많아질수록 거짓과 해킹도 늘어날 테고 AI는 인간을 결코 대체할 수 없음에도 과중한 업무가 주어질 것이고 이기와 악의의 증상은 더 심해질 것이기 때문이다.

신뢰는 어느 차원에서 발생할까? 가정을 해보자.《걸리버 여행기》에 지적인 말이 사는 후이늄국이 나온다. 여기서 순차적으로 4명의 지도자 말이 있었다고 치자. 이들과 일을 해본 모 원로가 다음과 같이 역대 지도자 말을 평가한다. "2번 큰말님은 국가 위기 탈출이라는 목표를 가졌고 그 밑말들도 유능했지. 공약을 거의 실천했고 수시로 백성 말들과 달리기로 소통도 했어. 2번 큰말님은 말 백성 200마(馬) 더 늘리기 목표를 내세웠는데, 그거 하겠다고 여성 말들과 염문도 꽤 있고 야후를 많이 길러서 욕은 먹었지만 그래도 그 밑말들은 나름 잘했어. 달리기는 안 했고. 3번 큰말님은 글쎄, 뭐했는지 아직도 모르겠어. 4번 큰말님은 선했고 명분은 좋았는데 데 인사를 그르쳐서 그 밑말들이 쓸데없는 일을 많이 했지. 소통도 소극적이었어. 우리 지적인 말들이 뭘 원하는지 잘 몰랐던 거지."

있지도 않을 후이눔국 말 평가이니 다 새길 필요는 없지만 중요한 것은 원로 말이 평가한 암묵적 기준들이다. 그는 역대 지도자 말들을 신뢰의 '가치 차원', '실행 차원' 그리고 '소통 차원'으로 평가했다. 이 3가지 차원에 당신이라면 어떤 가중치를 매기겠나? 참고로 "옳은 말을 한다고, 옳은 사람은 아니다"라는 금언이 있다. 이 금언의 방점은 "옳은 사람은 아니다"라는 뒤의 문장에 찍혀 있다. 기업에서도 '전략보다 실행'이라는 말이 있다. 이런 내용을 참고할 때 나라면 가치에 30퍼센트, 실행에 50퍼센트, 소통에 20퍼센트의 가중치를 주고 싶다. A라는 기업이 위의 4번 말님처럼 가치는 훌륭하지만(28/30점) 일을 잘 못하고(26/50점) 소통도 엉망(10/20점)이면, 소비자들의 신뢰는 64점이다. 이런 신뢰지수가 만들어지면 소비자들과 직원들이 기업의 어느 차원을 신뢰해야 할지 답이 나온다. 이 신뢰를 주제로 세 권의 책을 소개한다.

《신뢰 이동》-레이첼 보츠먼: 현대를 불신사회라고 한다. 하지만 신뢰가 이동하는 중이라고 말한 사람이 있다. 바로 레이첼 보츠먼이다. 공유경제와 신뢰 전문가인 보츠먼에 따르면 신뢰의 기반이 되는 기준으로 세 번의 시대가 있었는데 첫 번째는 공동체 내의 '지역적 신뢰', 두 번째는 계약과 법 상표로 이루어진 '제도적 신뢰' 그리고 세 번째가 오늘날과 같은 '분산적 신뢰' 시대다. 분산적 신뢰 시대에서 신뢰를 얻기 위한 대안은 다음과 같다.

언론과 기업, 전문가와 정부에서 익명의 사람들에게로 인간 사회의 신뢰가 옮겨가는 시대. 신뢰의 전환기에 들어선 지금, 우리는 낯선 사람의 차를 타고(우버), 집에서 머물며 여행하고(에어비앤비), 가상화폐를 사용하고(암호화폐), 전자상거래를 하고(알리바바), SNS에 떠도는 말들을 믿는다. 이러한 시대에 우리는 누구를 믿어야 할까?

보츠먼은 분산적 신뢰가 필요한 3가지 영역으로 새로운 개념, 플랫폼, 타인이나 봇(bot)을 제시한다. 그중에서 새로운 개념을 신뢰하게 하기 위한 3가지 방법이 있다. 첫 번째는 '캘리포니아롤 원리'다. 미국인에게는 낯선 초밥을 밥과 김의 위치를 바꾼 익숙한 형태로 만들자 수요가 폭발했던 사례를 바탕으로 한, '이상하지만, 친숙하게' 만드는 원리다. 새로운 개념을 신뢰하려면 찾기 쉽고 건너기 쉬운

다리가 필요하다는 말이다. '에어비앤비'도 이 다리를 건넜다.

두 번째는 WIIFM 원칙이다. '이것은 나한테 무엇이 좋은가(What's in it for me)?'를 묻는 것이다. 자율주행 개념을 신뢰하게 만드는 원칙이 바로 이것이다. 미국의 경우 매일 통근하는 사람들이 평균 52분 이상 교통체증에 갇혀 있다. 이는 미국에서만 모두 40억 시간 이상을 허비하는 셈이다. 자율주행차를 이용하면 이 같은 시간을 활용할 수 있는 장점이 있고, 무엇보다 '안전'이라는 장점이 있다.

세 번째는 '신뢰 인플루언서'다. 새로운 방식을 신뢰하도록 만드는 의외의 사람들을 말한다. 자금 순환에 적합한 P2P 기술을 기반으로 설립된 '트래스퍼와이즈'가 대표적 사례다.

보츠먼의 글에서는 신뢰의 3가지 차원 중 실행과 소통의 전략이 돋보인다. 다음은 가치와 실행을 강조하는 책이다.

《사업의 철학》—마이클 거버: 마이클 거버는 경영자들에게 성공적인 사업 노하우를 전수하는 마이클 거버 컴퍼니의 창립자이자 CDO다. 여기서 D는 'Dream'이다. 그는 지금까지 7만 명의 기업가들을 도와 그들의 사업과 인생을 긍정적으로 변모시켜 '세계 최고의 소기업 권위자'로 불린다. 이 분산의 시대에도 사람들은 그를 믿는다. 25년간 700만 부가 팔린 이 책에는 다음과 같은 내용이 있다.

많은 이들의 통념과는 달리 내 경험에 의하면, 사업을 특출하게 잘하는 사람들이 성공한 이유는 뭘 알고 있기 때문이 아니라 늘 만족할 줄

모르고 더 알고자 했기 때문이다. 사업의 성패는 남모르는 노하우나 비법들에 있지 않았다. 사업가가 자신의 일과 삶에 대해 어떤 철학을 가지고 있느냐에 따라 좌우되었다. 내가 접했던 사업 실패의 원인은 대부분 창업자가 재무나 마케팅, 관리, 운영에 대해 잘 알지 못해서가 아니라(모른다 해도 이런 것들은 쉽게 배울 수 있다) 자기가 알고 있다고 생각하는 것을 지키려고 시간과 에너지를 낭비한 데 있었다. 반면 내가 만났던 위대한 사업가들은 어떠한 대가를 치르든 제대로 알겠다고 결심했던 사람들이다. 달성해야 하는 핵심 목표, 그리고 시장에서 선점하고자 하는 핵심 위치를 이해해 최대한 사업의 성장 속도를 조절하는 일을 당신이 해야 한다. 다음과 같은 질문을 던지면서 말이다. 내가 있고자 하는 곳은 어디인가? 언제 그곳에 있기를 원하는가? 그러자면 어느 정도의 자본이 필요할까? 무슨 일을 어떻게 하는 데 얼마나 많은 직원이 필요한가? 어떤 기술이 필요할까? 사업의 발전 단계에 따라 공간이 얼마나 필요할까?

기업가는 고객에 대한 명확한 그림이 없으면 어떤 사업도 성공할 수 없다는 사실을 이해한다. 반면에 기술자는 먼저 내부를 살피며 자신의 기술을 규정한 다음, 외부를 살펴보며 이렇게 묻는다. "어떻게 팔 수 있을까?" 그렇게 해서 생겨난 사업은 거의 사업을 하는 방식이나 팔아야 할 고객이 아니라 상품에만 초점을 맞춘다. 그런 사업은 고객이 아닌 상품을 만든 기술자를 만족시켜줄 수밖에 없다. 기술자에게 고객은 늘 골칫거리다. 왜냐하면 고객은 기술자가 제시한 가격을 절대로 받아들이지 않는 것처럼 보이기 때문이다. 하지만 기업가에게 고객은 언제나 기회다. 왜냐하면 고객의 내면에서는 끊임없이 채워줘야 하는 욕구가 계속해서 생겨난다는 사실을 알기 때문이다. 따라서 기업가는 그것이 무슨 욕구인지, 그리고 미래에는 어떤 욕구가 있을지를 찾아내기만 하면 된다. 결과적으로 기업가에게 세상은 놀라움의 연속이자 보물이 묻혀 있는 곳이다.

만일 당신이 기술자만 지향한다면 사람들은 당신을 이용하려 할 것이다. 기술만 가진 사람의 것은 쉽게 모방이 되고 약탈도 가능하니까. 그러나 내가 있고자 하는 곳이 어디인가를 묻고, 일과 삶에 대해 철학을 가진 기업가는 늘 만나고 싶고 배우고 싶은 대상으로 신뢰 인플루언서가 된다.

《진정성 마케팅》-김상훈, 박상미: 기존의 깜짝! 와우! 마케팅 방법은 MZ세대에게는 통하지 않는다. 이들은 욕망의 결핍 세대다. 가성비보다 가심비를 따지고 기업과 실시간으로 커뮤니케이션하고 기업이 제품의 장점을 과장하거나 단점을 숨기면 바로 이의를 제기하고 불매운동을 한다. 또한 직구 비교표를 꿰고 있어서 제빨리 정보를 입수하고 공유한다. 그래서 진정성(authenticity)이 신뢰의 요인이 된다. 제품은 어차피 그게 그거라는 생각에 차라리 '취향'에 따른 선택과 소비가 이루어지고, 그 취향의 배경에는 특정 브랜드에 대한 팬심과 무한 신뢰가 있다. 이들의 신뢰를 얻는 9가지 방법을 보자. 김상훈 교수와 박상미 대표 공저인 이 책에서 발췌해 소개한다.

1. ORIGINAL: 브랜드 헤리티지를 관리하라

2. RELEVANT: 위대한 브랜드는 사람에 집중한다

3. HUMBLE & HONEST: 떠들지 말고 조용히 본질적 가치를 창조하라

4. EXCELLENT: 탁월한 제품과 서비스로 고객을 감동시켜라

5. SOCIALLY RESPONSIBLE: 사회적 이슈에 반응하는 개념 있는 브랜드가 되라

6. COOL & TRENDY: 서브컬처를 표방하는 쿨한 브랜드가 되라

7. WARM: 친절하고 따뜻한 휴먼 브랜드가 되라

8. TALKATIVE: 유머와 공감으로 소통하는 브랜드가 되라

9. Be an UNDERDOG: 열정과 의지로 똘똘 뭉친 언더독 브랜드가 되라

분산 신뢰의 시대인 미래에도 가치, 실행, 소통의 3가지 차원에서 신뢰를 얻기 위한 활동은 중요하다. 신뢰는 너와 나를 잇는 다리다. '잔차 성장(Residual Growth)'이라는 개념이 있다. 예를 들어, 인적 자본에 1퍼센트, 물적 자본에 2퍼센트를 신규 투자했다고 하면 평균 1.5퍼센트를 신규 투자한 것이다. 그런데 생산성이 4퍼센트가 올라갔다면 1.5퍼센트 신규 투자 외에 다른 요소가 생산성 향상에 관여한 것이다. 집단 내 문화, 상호작용이 이러한 결과를 만든다. 그 안의 신뢰는 매우 중요한 잔차 성장 자본이다. 만일 CEO가 혁신하자고 투자를 했는데 직원들이 그를 신뢰하지 않으면 투자는 무용지물이 된

다. 영화 〈300〉에서 스파르타 왕에 대한 절대적인 신뢰가 없었으면 그 막강한 페르시아를 막을 수 없었다. 그만큼 신뢰는 주요한 자본이다. 그런데 건널 수 없는 다리, 건너서는 안 될 다리도 있다. 그래서 차단 기술이 필요하다. 차단 기술은 3부에서 설명했다.

Quiz 55

한국의 신뢰지수는 OECD 국가 중 매우 낮은 편이다. 리딩 그룹 분야가 낮은데 특히 기업은 더 낮다. 가치, 실행, 소통 차원에서 기업에 대한 신뢰를 높이는 방법은 각각 무엇이 있을까?

36

컬처 미(Culture Me)

문화는 개인의 경쟁력, 삶의 질 그리고 품격을 위해서 점점 더 중요해진다. 글로벌 마케터들과 상대하기 위해서도 필요하다. 절대적 결핍 세대는 불행하게도 문화와 예술을 접할 기회가 없었다. 사회에서는 늘 "할 일은 많고", "시련은 있어도 실패는 없다"가 금과옥조였고 그래서 경영도 마케팅도 기능적이고 전투적이었다. 그 결과 한국의 마케터들과 경영자들은 높은 수준의 고객 욕망을 건드리지 못했다. 우리 CEO들은 미국, 유럽은 고사하고 중국 마윈 수준의 어록을 남기는 사람도 별로 없다. 이제까지 그랬다고 미래에도 그럴 수는 없다. 이제는 1인당 국민소득이 3만 달러가 넘고 오스카 본상을 두 번이나 수상한 선진국이다. 전쟁 같은 경쟁 시대에서 문화의 시대로 접어들었다는 의미다.

만나는 사람을 바꿔라

한국 사람은 경제가 어려워지면 바로 공황 상태가 되지만 유럽 사람들은 그렇지 않다고 한다. 경제가 어려워도 그들은 '컬처 미', 즉 인문학적 깊이로 완충할 줄 안다는 것이다. 유럽에서 가장 부국인 독일에서 반향을 끌었던 책이 《폰 쇤부르크 씨의 우아하게 가난해지는 법》이다. 저자인 알렉산더 폰 쇤부르크는 언론계 구조 조정으로 신문사에서 퇴직을 당해 가난해졌다. 그는 자신의 경험을 바탕으로 재산 없이도 품위 있게 인간다운 삶을 유지할 방법을 현실적으로 제시했다. 삶의 군더더기, 불필요한 것을 포기하고 자신에게 진정으로 소중한 것을 인식한 후 집중적으로 즐길 때 기쁨을 극대화할 수 있다는 '포기의 호사'에 대해 역설하며 실용적인 삶의 철학을 제시한 것이다.

그래서 나는 마케터 여러분에게 "컬처 미, 즉 나를 문화화하라"를 주문한다. 매일 미술관에 가고 영화 보고 고전 읽고 뮤지컬 보라는 게 아니다. 그보다는 더 본질적인 것을 해야 한다. 무엇보다 만나는 사람을 '신선한 사람으로 바꾸라'고 권한다. 시적인 표현으로 말하면 '5월의 녹색 같은 사람을 만나라'는 말이다. 이 색은 눈을 편하게 하고 풋풋한 내음이 나며 메마른 땅을 덮어주고 만물을 생성하게 한다. 막혀 있고 계산만 하고 뒤떨어지는 사람을 만나면 마케터는 명료함과 신선도를 유지하기 어렵다. 원자력공학을 전공하고 매킨지 컨설팅 일본 회장을 역임한 일본의 석학 오마에 겐이치는 사람이 바뀌려면 매일 각오만 하지 말고 '다니는 장소', '사는 시간', '만나는 사람' 3가지를 바꿔야 한다고 했다. 신선도를 유지하려면 다음과 같은 사람이 좋다.

여성, 20대, 예술가, 활동가, 진화생물학자·뇌과학자

조던 피터슨은 자신의 책 《12가지 인생의 법칙》에서 에덴동산에서 이브가 아담의 자의식을 깨운 것처럼 생물학적 진화의 현장 그리고 현실에서도 여성들이 수컷들의 변화를 촉발할 것이라고 했다. 남성들을 향해 회초리를 든 여성들은 10년 후에 더 중요한 세력이 될 것이다. 나는 만나는 여성이 직장인, 예술가, 활동가, 문화기획자, 교수 등 다양하다. 좀 힘들게 하는 여성도 있다. 그러나 그래서 썩지 않고 있다. 디지털 유목 말인 20대는 계속 트러블을 만들 것이다. 그것이 오히려 나에게는 소금이 된다. 예술가는 늘 미지를 실험하고 낯익은 것을 낯설게 해 현상을 새롭게 보게 할 거고 활동가는 지구 위기와 실천의 중요성을 말해줄 것이며 진화생물학자·뇌과학자는 팩트를 중심으로 양복 입은 현대 원숭이를 편견과 오만에 빠지지 않도록 해줄 것이다.

피해야 할 사람들도 있다. 속이 곪은 달걀 같은 사람들! 지위도 있고 돈은 좀 벌었을지 모르나 늘 돈을 탐하고 입만 벌리면 이상한 음모와 여성·청년에 대한 비난, 자기 자랑, 세상의 가치에 대한 폄훼, 음담패설과 페이크 이야기를 하는 사람이 곪은 달걀이다. 시적인 표현을 쓰면 이들은 4월(마구 들이대는 사람), 8월(모든 걸 태우려는 사람), 11월(주변의

색을 뺏어 황량하게 만드는 사람)의 색을 가진 사람들이다. 그들을 식별하는 법은 단순하다. 그들을 만나고 나면 기운이 빠지고 세상이 갑자기 싫어지거나 세상에 대해 공격적으로 변하게 된다. 그러면 그들은 시크한 게 아니라 곯은 달걀이 틀림없다. 만나는 사람이 이렇게 바뀌면 이제 당신 차례다. 당신을 늘 싱싱하게 해주는 사람들을 만나려면 당신을 먼저 매력적으로 리셋해야 한다.

'잘하는 것이 좋아하는 것'이며 '돈이 되고', '오래 하고 싶은 것'인가?

마케팅은 객관적인 것 같지만 천만에! 마케팅은 마케터를 닮아간다. 소심한 사람은 소심하게 한다. 공학도 출신이면 기술에 빠지고 디자이너 출신이면 디자인 중심으로 마케팅하려고 한다. 그게 자연스러운 것이다. 공학도가 문학도 흉내 내면 꼭 악어가 미역 물풀 먹은 것처럼 어색하다. 잘하는 것을 안 하면 몸이 고생이고, 좋아하는 것이 아니면 마음이 고생이다. 잘하는 것이 없더라도 10년을 하면 잘하게 된다. 잘하는 것이 성과가 되고 그것이 오래 쌓이면 그에게서 저절로 빛이 뿜어져 나온다. 그게 바로 진정성 마케팅 1번, 브랜드 해리티지가 되는 방법이다.

다음으로 당신을 당당하고 의연하게 만들어줄 삶에 대한 철학이 필요한데 그것은 역설적으로 가끔 죽음을 생각하는 것이다. 이것은 차단의 기술 5번에 해당한다. 그러면 마케팅의 작은 성과에 일희일비 안 하게 된다. 로마의 장군들은 개선 행진을 할 때 전차 뒤에 광대를 태우고 다녔는데 광대는 장군 뒤에서 "죽음을 기억하라(Momento Mori)"를 외쳤다. 지금 전쟁에서 승리한 영웅인 당신도 결국엔 죽을 것이니 거만해지지 말고 겸손하라는 뜻이다. '추석이란 무엇인가?' 라는 칼럼으로 유명해진 서울대학 정치학과 김영민 교수는 《아침에는 죽음을 생각하는 것이 좋다》는 역설적인 제목의 에세이를 썼다. 죽음 앞의 순간을 기억하면 오히려 호라티우스가 말한 '카르페 디엠(Carpe Diem)'할 수 있다. 카르페 디엠은 '현재를 잡아라'라는 의미를 지닌 라틴어다. 영화 〈죽은 시인의 사회〉에서 키팅(로빈 윌리엄스 분) 선생이 학생들에게 이 말을 외치면서 유명해졌다. 키팅 선생은 영화에서 이 말을 통해 대학입시, 미래의 좋은 직장이라는 허울 아래 현재 삶의 낭만과 즐거움을 포기해야만 하는 학생들에게 이 순간이 무엇보다도 확실하며 중요한 순간임을 일깨워준다.

이상이 마케터들에게 권하는 '컬처 미'다. 그림 사고, 뮤지컬 보고, 악기 다루고, 책 보라는 이야기 따위는 안 했다. 컬처는 그것보다 더 큰 것이다.

37

빅샷(Big Shot)

다음은 그동안 내가 실행했던 프로젝트와 그에 대한 평가다.

- 숙명여대 '울어라, 암탉아' 시리즈 광고와 재학생 모델 기용: **대학교 광고 패러다임 혁신**
- 부광약품 '빠삐용' TV 광고: **패러디 광고의 최고봉**
- KT&G '서태지와 상상체험단' 프로젝트: **역대 최대 해외 원정 이벤트**
- KT&G 온라인 상상 마당: **상상 워딩 선점**
- KT&G I 브랜드: **'키샤'라는 우주 새 캐릭터를 장착한 세계 최초 스토리텔링 브랜드**
- KT&G E 브랜드: **'우리 자연을 담았습니다' 슬로건 장착**

- KT&G 컬래버 브랜드 다수 출시: **컬래버레이션과 문화 마케팅의 선구자**
- KT&G 마케팅 리그 공모전 슬로건: **'대한민국을 마케팅하라'**
- KT&G 북서울 본부 '상콘 아카데미': **기업 커뮤니티 전략의 양대 축**
- 춘천마임축제 총감독: **기업과의 코-컬처링**(Co-Culturing)**으로 축제 2.0 모델 제시**
- 서울혁신파크: **지구를 생각하는, 지구 집현전, 지구 카페 개념 제시**
- ㈜구루미 화상사회연구소: **국내 최초 화상연구소, '화상사회'를 신조어로 등록**

이 중에는 필자가 직접 기획 및 집행한 것도 있고 기획만 했거나 뒤에서 아이디어만 제안한 것들도 있다. 실패 또는 미실시로 세상에 나오지 못한 것도 있는데 그중 일부만 소개한다. 대통령 대상으로 제일기획 시절에 진행 했던 서울우유 '우유를 아는 사람들' 캠페인을 기획, 태창 '내의는 기호다' 기획, KT&G 시절에 '아시아 희망 원정대(할리데이비슨 10개 편대를 구성해 블라디보스토크에서 이라크까지 가는)' 제안, 초복엔 삼계탕, 동지엔 팥죽을 나누어주는 대한민국 '情' 캠페인 제안, 국내 최초 두 가지 맛을 내는 캡슐 신기술 개발, 이현세·왕가위·이철수 작가 및 감독과 컬래버한 컬처 브랜드 개발, 가게 점주들 스토리를 만화가들이 그려서 가게에 거는 3-Win 마케팅 기획, 홍대 앞 '문화예술상' 개최, 그룹 내 '상상 컴퍼니' 자회사 설립 제안, 코카콜라도 놀랄 쌍방향 하이테크 진열장 기획, QR코드 인식을 통한 스토리형 POP 광고, 지자체장 직속기구로 비서실 대신 '웃음 요리실' 제안 등 다수다.

위에 열거한 성공과 실패 사례를 보면 공통점은 최초, 유일, 최대를 통한 놀라움, 신기술 개발, 문화 컬래버, 사회 통합, 새로운 가치 제시 등을 겨냥했던 빅샷 제안들이었다. 집행률이 20퍼센트도 안 되지만 내가 좋아하는 경구는 "꿈을 크게 꾸라. 깨져도 그 조각은 크다"이다. 그래야 기억되는 마케터가 된다. 아니면 시장 관리자가 될 뿐이다.

스마트하지만 약한

미래는 디지털과 AI가 주도하는 세상이 될 것이다. 아, 수정한다. 그렇게 믿고 그렇게 하면 그렇게 될 것이다. 다음에 올 마케터들은 왠지 평균값과 확률, 조회율과 CPC(Cost per Click)를 사랑하고 주 4일 일하고 나머지 3일은 메타버스 게임하고, 본캐는 숨기고 부캐만 내세우고, 평가는 퍼포먼스 대행사를 통해서 받으려고만 할 것 같다. 그들은 덕분에 안전하고 스마트하다는 평가를 받지만 대신 약해질 것 같은 불길한 예감도 든다. 소비자에게서 이미 그런 전조가 많이 보인다. 3미터 인간들, 생각하지 않는 인간들, 슬랙티비즘, 집콕족, 휘게와 힐링을 가장한 신죽림현자들, 보복 소비, 시발 구매, 디지털

예의를 잃은 사람들 등이 자꾸 떠오른다. 마케터들도 이에 맞추어 대응한다. 기우일까! 1부 박스 글에서 봤던 레오 버넷의 감동적인 연설 '문에서 내 이름을 내릴 때'를 반추한다. 혹시 그도 스마트하지만 약해지는 크리에이터들을 미리 보았던 것일까!

마케팅은 물론 도구이지만 풍부한 자본과 강력한 미디어로 세상을 자극할 힘을 가지고 있다. 우리는 세상을 바꾼 수많은 마케팅 사례를 이미 앞에서 보았다. 세상의 연료가 되겠다는 디젤은 그래서 'Be Stupid' 캠페인을 선제적으로 제시했다. 나이키, 레드불, 파타고니아, 현대카드, 젠틀몬스터 그리고 NHN을 떠나면서 "배는 항구에 있으면 안전하다. 그러나 그것이 배의 존재 이유는 아니다"라고 천명하며 떠난 카카오의 김범수 의장. 이른바 빅샷터들!

나는 미래 마케터들의 빅샷 드림을 희망한다. 마켓 5.0을 쓴 필립 코틀러는 기술을 이용하라고 했다. 그의 길은 영리하고 안전하다. 중심부가 사랑한다. 반면 세스 고딘은 기억되려면 보랏빛 소(purple cow)를 만들라고 했다. 더 나아가 세상을 바꾸면서 멋지게 기억되려면 다음 표를 참조하라. '욕망의 중개자 사다리'다. 아래는 낮은 수준의 욕구이고, 위로 갈수록 고차원적 욕망을 터치하는 마케팅이다. 내 고정관념인지는 모르겠지만 글로벌 빅샷 브랜드들이 주로 그렇게 한다.

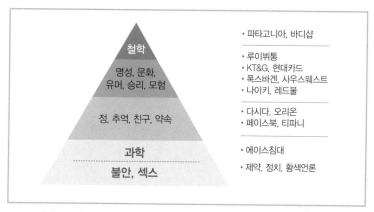

도표13 욕망의 중개자 사다리

필립 코틀러와 세스 고딘 중 선택하라면 나는 후자 편이다. 박충환 교수는 나에게 바다와 배에 대한 비유를 들려주었다. 나는 바다를 자유로이 항해하는 배를 희망한다. 빅샷⁽Big Shot⁾, 두 단어의 각 이니셜을 각각 B=Brave, S=Signature로 보기를 희망한다. 브루스 윌리스는 "죽지만 않는다면 고통은 나를 강하게 해줄 뿐"이라고 말했다. 그러니 미래 마케터들, 쫄지 말기를, 빅샷을 쏘기를!

혹자는 "왜 굳이 어렵게 빅샷을 쏴야 하나?"라고 물을지도 모르겠다. 이분들에게 굳이 어렵게 답하고 싶지는 않다. 일단 묻고 싶다. "그대들은 스티브 잡스, 일론 머스크, 보랏빛 소, 세상을 바꾼 6개의 사과를 좋아하며 강의에서 그들 이름을 자주 파는가?" 기억은 난자와 같다. 난자에 진입하는 징자는 하나, 많아야 두세 개 정도다. 난자에 기억되어야 번식에 성공하는 것이다. 스마트하고 숫자를 좋아하는 당신은 100개의 상등품 사과를 좇을지 모르나, 100개의 상등품 사과는 한 개의 황금사과 앞에서는 기억되지 않을 것이다. 황금사과를 찾아야 당신의 시그니처가 만들어지며 세상은 그 길에 대해 다시 생각하게 된다. 미래는 기술 세상이겠지만, 여전히 빅샷을 쏘는 사람들의 세상일 것이다.

혹자는 또 "어떻게 하면 빅샷을 쏠 수 있나?"라고 물을지도 모르겠다. 물론 그 방법을 말해줄 수 있다.

- 사이즈를 극대로 키워라.
- 황금사과 하나를 생각하라.
- 와우(Wow) 니스가 있는가.
- Before 그리고 After를 생각하고 당신의 일이 '그리고'가 되도록 만들어라.
- 늘 Plan B(Big Shot)를 만들어라. 그러면 당신은 꿈을 잃지 않을 것이다.

이렇게 말하겠지만 정답이라고 말할 수는 없다. 바다에서 배가 다닐 길은 하나가 아니니까. 지도를 보고 정해진 항로를 가는 사람은 목적지에는 도착하겠지만 황해이거나 동해이거나 남해를 벗어나지 못할 것이다. 하늘길은 생각하지 못한다. 나에게 그것을 구체적으로 말해준 사람도 없다. 그러나 여러 선(禪)문답 속에 그 길은 이미 나와 있다. 스마트하고 약한 당신이 안 보고 있을 뿐이다. 다시 한 번 더 쓴다. "꿈을 크게 꿔라. 깨져도 그 조각은 크다." 컵을 가지고 오는 사람에게 바다가 내어줄 것은, 컵 분량만큼의 양의 물뿐이다.

38

이입

서울 광진구에 소재한 어린이대공원에 가면 다양한 동물들이 우리에 갇혀 있다. 악어 우리에 갔더니 악어가 너부죽 엎드려 꼼짝도 안 한다. 앞에 있는 팻말에는 다음과 내용이 씌어 있다.

악어(crocodile)의 조상은 중생대 트라이아스기 말에서 쥐라기 초에 나타난 프로토수쿠스(Protosuchus)다. 이 화석종은 생존 중에 거의 진화를 거치지 않은 대형 파충류로서 악어류를 연구하는 데 없어서는 안 될 귀중한 자료다. 분류학상으로는 크로고기다인과·앨리게이터과의 2과 9속 23종으로 나뉜다. 뒷다리에는 물갈퀴가 발달했으며 앞다리의 발가락은 5개, 뒷다리는 4개다. 꼬리는 강하고 커서 헤엄치거나 먹이를 잡을 때 쓰인다.

네이버 두산백과에서 제공한 내용과 거의 같다. 관객들은 검색하면 금세 나오는 내용이라 별 감응이 없다. 그래서 내가 이렇게 써봤다.

안녕! 내 이름은 으-악이. 내 조상은 트라이아스기 말 쥐라기 초에 나타난 프로토수쿠스래. 우린 거의 진화를 하지 않았어. 왜냐고? 완벽하니까. 우린 크로커다일과 앨리게이터과로 나뉘지. 몸은 늘씬하고 뒷다리에는 물갈퀴가 발달해서 수중생활에 딱이야. 너희도 나처럼 서로 다른 두 세계를 오가며 사는 것을 배워볼래?

이러면 아이들이 재미있어하고 친근감을 느끼지 않을까? 예전에 대공원 관계자에게 이곳 동물을 '자연이 인간 세상에 보낸 홍보대사'로 관점을 바꿔보고 의인법을 써서 공원의 거목들에게도 해보면 어떻겠느냐고 제안했던 적이 있다. 2020년 말 개봉된 넷플릭스 다큐멘터리 '나의 문어 선생님'도 그런 관점에서 8년을 남아프리카 공화국 앞 바다 속의 문어와 소통하며 찍었다. 암컷 문어 로제타는 인간에게 많은 것을 깨닫게 해주었는데 그 통로가 바로 공감이었다. 2021년 오스카상을 받은 이 다큐멘터리를 본 뒤, 바닷물고기를 차마 못 먹겠다고 하는 사람들이 속출했다.

시각화, 연결화, 의미화

다음 사례를 보자.

사례1_ 사진술의 발전은 인상파와 입체파를 태동시켰다. 특히 세잔에게서 시작해 피카소에서 절정을 이룬 입체파는 기존의 2D 종이에 3D 회화를 시도해 우리가 본다(view)는 것의 의미를 혁신적으로 바꿨다.

사례2_ 한 건축가는 흰개미 집의 내부 구조를 연구해서 인간의 집에 적용했다. 그래서 별도의 에너지를 쓰지 않고도 여름엔 시원하고 겨울엔 따뜻한 집을 만들어냈다. 이것을 생체모방기술(bio-mimicry)이라고 부른다. 수억 년 살아온 곤충의 지혜를 인간세계로 연결한 것이다.

사례3_ 과거에 우주는 극소수의 천문학자, 우주항공학자, 물리학자의 전유물이었다. 그런데 〈스타워즈〉부터 〈아바타〉, 〈인터스텔라〉 등의 영화 제작자들은 그것을 보통의 인간세계로 끌어왔다. 의미 없던 것에서 의미 있는 우주로 설정한 것이다.

이상의 3가지 사례를 각각 다음과 같이 불러보자.

시각화: 보이지 않는 것을 보이게 하는 능력

연결: 서로 관계없던 것을 연결하는 능력

의미화: 무의미했던 것에 의미를 부여하는 능력

이것은 기계(AI)가 인간의 많은 능력을 대체할 미래의 인간에게 새롭게 필요한 능력으로 보인다. 이런 시도를 한 사람들은 천재 또는 괴짜로 칭해진다. 보통 사람으로서는 쉽지 않다. 그런데 좀 쉽게 번안하면 보통 사람도 이런 능력들을 키울 방법은 있을 것 같다. 먼저 '의인화(personification) 사고' 방법이다.

　의인화는 우리와 관계없거나 멀었던 사물, 현상에 감정이입을 해 인격을 부여하면서 그 본질을 다시 보는 사고법이다. 앞에 악어와 문어 사례가 그렇다. 의인화를 했더니 동물들이 '홍보대사'로 변신한다. 아니 거꾸로다. 홍보대사로 관점을 바꿨더니 의인화가 가능해졌다. 그럼 박쥐는 두 세계를 사는 지혜를, 곰은 겨울을 나는 지혜를, 뱀은 땅에서 들리는 소리를 인간에게 들려주어 서로 연결된다. 2018년 광고 회사 이노션은 반도체를 의인화해 만든 SK하이닉스 기업 광고로 '졸업', '수출' 편에 이어 '무협' 편을 선보였다. 1편과 2편 모두 조회수 2,000만 건을 넘겼고, 3편도 1,000만 건에 육박했다. 일단은 빅샷! B2B 상품인 반도체 광고로서는 정말 이례적인 호응이었다. 광고는 모든 전자기기에 들어가지만, 눈에 보이지 않는 반도체를 의인화해 소비자에게 친숙하게 다가갔다는 평가를 받았다. 이노션은 '2018 대한민국 광고대상'에서 통합미디어 크리에이티브 부문 대상을 받았다.

임신한 남자

의인화는 마케팅에서 중요한 공감과 이입, 즉 타자에 들어가기 학습에서 시작된다. 타자로 들어가기! 말은 쉬워도 실행은 쉽지 않다. 그런데 제대로 하면 반향은 매우 커진다. 1970년대 유럽은, 68혁명 이후 사회적 저항 운동이 계속 벌어지면서 기존의 많은 관념과 관습들이 도전받았다. 혁신적이었지만 부작용도 많았다. 특히 10~20대들의 성적 방종, 마약, 퇴폐문화 등이 사회 문제가 되었다. 그중에 당장 골칫거리가 10대들의 무책임한 낙태였다. 영국보건부는 낙태 방지를 위한 피임 캠페인을 숱하게 벌였는데 그 화살의 방향은 당연히 임신한 여자들이었다. 남성 중심의 보수적인 영국 사회에서는 당연한 관점이었다. 이 캠페인은 성공을 거두지 못했다.

그런데 1971년에 영국의 광고 회사인 사치앤드사치가 그 캠페인을 새롭게 맡았다. 22세의 카피라이터 싱클레어는 '임신한 남자'라는 제목으로 임신한 남자 사진을 크게 내세웠다. 당시 남성 중심 사회에 엄청난 비주얼과 메시지 쇼크를 주었다. 광고는 남자들의 반성과 공감을 이끌어 드디어 낙태율이 줄기 시작했다. 이 빅샷 광고는 여자들에게 어젠다 세팅 효과를 주었을 것이다. 관계하려는 순간 여성이 "네가 그 광고처럼 임신해도 콘돔 안 할래?" 하면 말 들어야 한다. 여자가 아니라 남자의 고정관념으로 들어가 태도를 바꾼 '타자로 들어가기' 캠페인의 효과다.

이런 시도의 연장선은 일본에서도 많이 확인되었다. 일본은 장애인 또는 노인들을 이해하기 위한 캠페인으로 젊은 층들을 대상으로 독특한 체험학습을 진행했다. 다리에 무거운 모래주머니를 달고 안경도 뿌옇게 만들고 귀에는 귀마개를 씌워 계단을 오르거나 경사진 길을 걷게 했다. 노인과 장애인의 일상 체험을 직접 해보게 한 것이다. 그러면 실험 참가자들은 '아, 울 할머니가 이렇게 힘들구나!'를 절실히 느끼게 된다.

이와 비슷한 사례로 학습지 회사 대교의 유명한 눈높이 광고도 있다. 미국 스미소니언 박물관에서 실제 있었던 일에서 착안한 광고였다. 유튜브에서 화제가 된 충주 홍보 주무관 K나 SK하이닉스 반도체 광고들을 빼면 최근에는 이런 타자 체험 사례들이 별로 없다. 지금은 '나님아! 수고했어', 혼밥, 디지털 코쿠니즘, 욜로, 관종 등에 대해서만 들려온다. 이러면 다른 사람은 전부 타자화되고 나랑 관계 없는 존재들이 된다. 그러나 우리의 행복에 대해서 진화생물학이나 행동경제학은 다른 진실을 전해준다.

Quiz 56
이입은 기업 문화에서 어떻게 성장 엔진으로 작용하고, 기업은 이입을 어떻게 문화로 만들 수 있을까? 힌트) C&D, 컬래버레이션과 사랑방 등 참고.

39

지속 감수성

다음처럼 미래를 전망해본다.

	공공재	구독경제	블록체인	ESG 경영	아카데미	로컬 공동체
기반	신뢰, 가치	신뢰, 편리	신뢰, 기술	가치, 효율	인구, 화상	가치 생존
주체	시민	소비자, 커뮤니티	기업, 지자체	기업, 투자자	50+, 지식인	청년, 시민 지자체, 기업
효과	중	중	상	상	하	중
변화	교육	마케팅	사회 시스템	경영 목적	교육정책	행안부 분권

도표14 미래의 중요 이슈와 4요소

환경 분석에서 인구변화는 중요하다. 2025년이면 한국은 초고령 사회로 진입하며 해리 S. 덴트가 전망한 인구절벽이 끝난다. 베이비붐 세대를 지나 600만 이상의 n86세대의 은퇴도 거의 마무리된다. AI 증가와 가치관 변화로 일자리가 줄고 지속가능성이 중요해지면서 20대 학생층과 30~40대 신(新)청년들의 가치 이동이 본격화될 것이다. 그리고 현재 인구가 급감하는 지자체의 생존을 위한 반격이 시작될 것이다. 로컬은 청년층과 50+, 개인 아카데미, ESG 기업과 지자체의 가치, 역량이 총집약되는 새로운 활력 공동체로 거듭나야만, 생존이 가능하다.

전환도시는 유력한 대안이다. 정부는 여기에 사활 차원에서 연 50조 원(정부 연 예산 500조의 10퍼센트)을 투자하고 현재 교부금 장난(?)하는 행자부 차원의 인형극식 지방 분권이 아니라 차원을 달리하는 정책을 펴야 한다. 국방비와 농수산부 예산을 조정하고, 미국의 주 자치와 영국의 전환도시 그리고 이스라엘의 디아스포라 부(유대인 유치 목적)를 참조해서 세계 한인 공동체까지 포함한 '더 큰 로컬 자치부'를 만들어 '활력 있는 지방 분권'을 운영해야 한다. 필립 리브 원작의 영화 〈모털 엔진〉에 제시되는 견인 도시처럼 잘하는 지방이 못하는 지방을 흡수해야 한다. 블록체인, 공유경제, 화상사회 그리고 새로운 미래를 찾는 청년과 지식·경험 자산을 겸비한 50+의 결합이 도움을 줄 것이다. 현재 수도권 중심의 메가시티 정책과 욕망의 결핍을 가속화할 기본소득 정책만으로는 지속가능한 한국을 보장하기 힘들다.

참고 | 공유와 코먼스의 구분: 흔히 에어비앤비와 우버 등을 공유경제라고 하는데 이것은 틀린 말이다. 이들은 소유자가 있다는 측면에서 그냥 셰어링(sharing) 경제다. 현재 시민사회에서 말하는 코먼스(commons, 공공재)가 공유경제 개념에 가깝다. 옛날 마을의 우물은 소유자 없이 다 공공재로 썼다. 현재 각 지자체에서 운영하는 '공원', '공구 뱅크', '마을회관' 등이 코먼스 경제다.

우리의 미래는 당연히 이런 변화들과 관계가 클 것이다. 이것들이 가능해지려면 선제조건으로 필요한 감수성이 있다. 그 감수성을 알아보기 전에 먼저 ESG를 짚어보자.

ESG가 모든 것을 바꾼다

앞에서 잠깐 ESG 마케팅으로 언급했던 것을 조금 다른 각도에서 보겠다. 2021년 4월 23일 자 J일보 경제섹션에 하나금융그룹이 'ESG 금융'을 선언한다는 기사가 나왔다. 2030년까지 환경 지속가능 부문에 총 60조 원 투자(2030&60), 2050년까지 그룹의 사업장 탄소 배출량과 석탄 프로젝트 금융 잔액을 0으로 하겠다(ZERO&ZERO)는 선언이었다.

ESG는 환경(Environment), 사회적 가치(Social), 지배구조(Governance)의 약자인데 앞의 둘은 잘 알 테고 지배구조는 그 조직이 얼마나 투명하며 의사결정 체계가 공정하고 민주적으로 잘 운영되는지를 보는 것이다. 한국은 앞의 둘의 실천이 유행처럼 늘고 있지만, 뒤의 지배구조 실천은 아직 요원해 보인다. 기업의 오너들이 벌써 몇 명이나 감옥에 들어갔는가와 협력사·직장 내 갑질, 성희롱이 얼마나 많은가를 보면 금세 안다. 미국은 스타트업에서 시작해서 유니콘이 된 곳이 많고 또한 언론과 압력단체의 감시가 활발하지만, 한국은 네이버, 카카오, 쿠팡, 토즈, 배달의민족 등 신흥 아이콘 기업을 빼면 그렇지 않다.

세계 최대 자금운용사인 블랙록(BlackRock)은 투자를 결정할 때 ESG 지수를 보고 평가한다. 한국을 보면 통신 텔레콤과 반도체 하이닉스로 잘나가는 SK는 ESG 분야에서 단연 선구적인 ESGer다(ESG를 더 자세히 알려면 SK텔레콤 팀장 겸 이노소셜랩 연구위원, 서진석 블로그 참조. blog. naver.com/campsis 〈Beyond CSR〉). 회사가 ESG 담당 실장을 따로 영입할 정도로 적극적이다. MZ세대들에게 주목받는 당근마켓, 알맹상점, 알라딘 중고서점, 비건 페스티벌 등도 진정성이 느껴지는 ESG 활동이다. 에코 건축과 에코 도시에도 도입될 수 있다. 파리는 안 이달고 시장이 생태도시 공약을 하면서 파격적으로 자전거 도로를 넓히는 등 차 가지고 다니는 시민들을 못살게 군다. 앙팡 테리블인 그레타 툰베리로 인해 확산 중인 '비행기 타는 것을 부끄러워하는' 유럽 시민 행동도 특기할 만하다. 유럽의 셀럽들은 비행기 대신 열차 타기 운동을 하고 있다. 비행기가 열차 수송량 대비 5배 이상의 탄소를 사용한다면서.

참고도서 | 《지구를 위한다는 착각》(마이클 셸런버거)

시간이 없다. 탄소를 많이 배출한 원죄를 지닌 선진국과 기업은 시간이 더 없다. 마케터들도 에코 비전과 전략을 짜야 한다. AI가 소수 기술자의 몫이라면 ESG는 무엇보다 지구를 생각하는 마케터의 몫이다. 모든 것의 ESG를 위해선 특별한 감수성이 필요해 보인다.

지속 감수성 높은 도시 만들기

'성인지 감수성(gender sensitivity)'은 성별 간의 차이로 인한 일상생활의 차별과 불균형을 인지하는 것을 말한다. 1995년 베이징에서 열린 제4차 유엔세계여성대회에서 사용된 후 국제적으로 통용되기 시작했다. 과도하다, 모호하다 등의 비판도 있지만 엄청난 사회 변화를 일으킨 것은 분명하다. 이처럼 하나의 개념은 때로 매우 파워풀하다.

이제 또 하나의 새로운 감수성을 우리 사회가 시급히 받아들여야 한다. 지구가 이상해졌기 때문이다. 2020년 9월, 미국 서부는 캘리포니아에서 캐나다 국경까지 무려 50개 지역에서 서울의 20배 면적이 불탔다. 호주에서도 2019년 말 시작해 무려 5개월 동안 서울의 100배 면적을 태워버린 역대급 산불이 발생했다. 전문가들은 이제 이런 산불은 점점 더 기록을 갈아치울 것이라고 경고한다. 원인은 인재(人災)다.

남의 나라 일이 아니다. 한국도 지금 전례 없는 오랜 장마와 코로나19 팬데믹이 더해져 큰 고통을 받고 있다. 2020년엔 일주일 간격으로 태풍도 덮쳤다. 2019년까지는 매년 폭염 경보에 시달렸고, 2021년 제주에는 몇십 년 만에 한파와 폭설이 기습했다. 다시 말한다. 지구는 점점 나빠지고 있다. 2050년 종말까지는 아니겠지만 이전에는 없던 특이점들이 나타날 것이다. 그 업보가 죄 없는 다음 세대로 넘어간다.

반세계화 운동을 하는 라즈 파텔과 제이슨 W. 무어가 공저한 《저렴한 것들의 세계사》에 따르면 이 피해는 결국 80퍼센트에 달하는 사회의 아래 칸 사람들이 집중적으로 받게 된다. 마케터들과 개발자들은 '지속 감수성(sustainable sensibility)' 개념을 일에 적용해야 한다. 이는 지속가능한 지구사회를 위한 인지, 실천 감수성을 뜻한다. 원래는 '지속가능한 지구를 위한 인지와 실천 감수성'인데, 줄인 개념이다. 쓰레기 제로, 건강한 대안 에너지, 화석연료 사용 절감, 업사이클링 등의 실천은 물론 공동체와 로컬 이코노미를 통한 자급자족 도시로의 전환 운동 등이 지속 감수성 높은 사회의 모습일 것이다. 개인의 경우는 탄소 마일리지를 줄이는 중고품·무포장 활용, 지역시장 애용, 육식 줄이기, 비 미니멀(be minimal)·버리스타(잘 버리고 덜 버리는) 실천 등이 지속 감수성이 높은 것이다. 생소하고 고통스럽고 너무 먼 이야기일 것 같지만 그래도 해야 한다.

지자체도 문화도시보다는 지속 감수성 높은 도시 만들기를 차별화된 목표로 추진하고, 학교도 지속 감수성 교육을 해야 한다. 코로나19 팬데믹 상황에서 특히 교회가 욕을 많이 봤는데 지상의 구원을 원한다면 기독교도 실천해야 한다. '지속 감수성 지수'를 개발하는 것도 방법이다. 청와대도 디지털 뉴딜, 그린 뉴딜만 말하지 말고 내부부터 실천해서 매년 지속 감수성 지수를 발표하기를 권한다. 정치권도 해묵은 성장과 분배, 진보와 보수의 딜레마를 이제는 지속 감수성 안에서 풀자. 코로나19는 첫 경고가 아니다. 늘 빨랐던 한국은 지속 감수성 이슈도 빨리 이행하자. 그 움직임 앞에 1퍼센트 마케터와 1퍼센트 개발자가 서기를 바란다.

참고도서 | 다음은 지구와 공동체, 생태, 우리가 쓰는 물건, 혁신, 소수자 등을 다룬 책들이다. 미래의 ESGer 마케터에게 추천한다. 책 표시와 저자명은 생략한다.

기후위기: 이것이 모든 것을 결정한다, 앵그리 플래닛, 수치심의 힘, 쿨 잇, 래디컬 에콜로지, 빌 게이츠, 기후재앙을 피하는 법, 물건 이야기, 지구의 꿈

공동체: 전환도시, 오래된 미래, 도시는 왜 불평등한가, 협동조합 참 좋다, 미국 대도시의 죽음과 삶, 골목길 자본론, 도시는 무엇으로 사는가, 런던의 착한 가게, 힙한 생활혁명, 지역사회를 건강하게 만드는 커뮤니티, 우리의 여행이 세상을 바꿀까,

생태: 지구의 꿈, 이러다 지구에 플라스틱만 남겠어, 향모를 땋으며, 월든, 나무 회상록, 조화로운 삶, 갈라파고스로 간 철학자, 인간의 그늘에서, 지구를 위한다는 착각

사회혁신: 메뚜기와 꿀벌, 거대한 분기점, 희망의 인문학

경제: 저렴한 것들의 세계사

여성: 이갈리아의 딸들

음식: 음식, 도시의 운명을 가르다, 식사 혁명, 진화의 배신

경영: 돈 착하게 벌 수는 없는가?, 영적인 비즈니스

교육: 우리는 어떻게 괴물이 되어가는가,

참고 | 이 책에서 언급이 안 된 마케팅 관련 내용은 아래와 같다.

카피 라이팅, 미디어 전략, 시장조사 방법론, 모델전략, 디스플레이, 글로벌 마케팅, VIP 마케팅, 축제 마케팅, 문화 상품 마케팅, 관광 마케팅, 스포츠 마케팅, B2B 마케팅, DB/DM 마케팅, 전자상거래 마케팅, 프랜차이즈 마케팅, 공유 마케팅, 공짜 마케팅, 구독 마케팅. 더 있겠지만 그 일은 또 다른 저자의 숙제로 남긴다.

나가며

    퀴즈도 풀고 실전 노트도 마련하면서 옛날 마케팅과 현재 그리고 미래 마케팅을 읽어주신 독자들에게 감사의 말을 전합니다. 30년간 익히고 현장에서 실행해본 '내가 아는 마케팅 ALL'을 거의 다 쏟았습니다. 이제 여러분 힘으로 마케팅 여정을 떠나야 합니다. 돈과 펀 (fun)과 가치를 지키는 여정이 될 것입니다. 그 길에 동무 삼으라고 시 한 편 보냅니다. 터키의 혁명 시인 나짐 히크메트의 시 〈진정한 여행〉입니다.

      가장 훌륭한 시는 아직 씌어지지 않았다.

      가장 아름다운 노래는 아직 불려지지 않았다.

      최고의 날은 아직 살지 않은 날들

      가장 넓은 바다는 아직 항해되지 않았고

      가장 먼 여행은 아직 끝나지 않았다.

      불멸의 춤은 아직 추어지지 않았으며

      가장 빛나는 별은 아직 발견되지 않는 별

      무엇을 해야 할지 더 이상 알 수 없을 때

그때 비로소 진정한 무엇인가를 할 수 있다.

어느 길로 가야 할지 더 이상 알 수 없을 때

그때가 비로소 진정한 여행의 시작이다.

그러니, Be MCN!

Big Shot only will be remembered.

BIG SHOT
빅샷,
황인선의 마케팅 All